文化价值

李洪峰 主编

文物出版社
2008年8月

封面设计	周小玮				
责任印制	陆　联				
责任编辑	李媛媛				
责任校对	周兰英	安倩敏	孙　雷	陈　婧	

图书在版编目（CIP）数据

文化价值/李洪峰主编．—北京：文物出版社，2008.8
ISBN 978-7-5010-2587-9

Ⅰ．文… Ⅱ．李… Ⅲ．文化－中国－文集 Ⅳ．G12-53

中国版本图书馆 CIP 数据核字（2008）第 133249 号

文 化 价 值

李洪峰　主编

文物出版社出版发行
（北京市东直门内北小街2号楼）
http：//www.wenwu.com
E-mail：web@wenwu.com
北京达利天成印刷有限公司印刷
新　华　书　店　经　销
850×1168　1/32　印张：14.125
2008 年 8 月第 1 版　2008 年 8 月第 1 次印刷
ISBN 978-7-5010-2587-9　定价：38.00 元

目 录

代 序

用科学发展观统领文化建设和各项文化工作
　　　　　　　　文化部部长　蔡　武……… (3)

第一辑　文　化

当代中国文化的追求与梦想
　　　全国政协副主席、中国文联主席　孙家正……（17）
坚持改革创新·推动文化大发展大繁荣
　　　　　　　　文化部部长　蔡　武………（28）
高科技、全球化浪潮中的文化创新
　　　　　　　　文化部副部长　孟晓驷………（35）
词曲二谈　　　　文化部副部长　陈晓光………（47）
加强非物质文化遗产保护　建设中华民族共有的精神家园
　　　　　　　　文化部副部长　周和平………（54）
增强文化自觉　提升经济发展的文化内涵
　　　　　　　　文化部副部长　赵维绥………（84）
故宫和中国传统文化
　　　文化部副部长兼故宫博物院院长　郑欣淼………（91）
关于文化价值的札记
　　　中央纪委驻文化部纪检组组长　李洪峰………（115）

我国文化遗产事业的发展与实践
　　　　　　国家文物局局长　单霁翔………(127)
开创中国特色的文化产业发展之路
　　　　　　文化部部长助理　丁　伟………(157)

第二辑　文化工作

文化立法与文化发展
　　　　　　文化部政策法规司司长　雷喜宁………(167)
为推动文化大发展大繁荣提供人才保障
　　　　　　文化部人事司司长　高树勋………(178)
和谐社会构建中的舞台演艺创作
　　　　　　文化部艺术司司长　于　平………(194)
科技和教育，文化建设的基石
　　　　　　文化部教育科技司司长　韩永进………(212)
以文化市场的繁荣发展推动文化的繁荣发展
　　　　　　文化部文化市场司司长　刘玉珠………(224)
文化产业：中国文化发展的必然选择
　　　　　　文化部文化产业司司长　王永章………(236)
努力构建惠及全民的公共文化服务体系
　　　　　　文化部社会文化司司长　张　旭………(243)
文化外交：软实力运用的重要载体
　　　　　　文化部外联局局长　李冬文………(251)

第三辑　廉政文化建设

论文化建设在反腐倡廉中的作用
　　　　　全国政协副主席、中国文联主席　孙家正………(265)

用战略思维思考廉政文化建设

　　　　中央纪委驻文化部纪检组组长　李洪峰………(273)

纪检监察干部要做践行社会主义荣辱观的模范

　　　　　　文化部直属机关党委书记　常克仁………(279)

发挥优势　大力推进廉政文化建设

　　　　　　　　　　驻文化部纪检组监察局………(285)

完善农村公共文化体系

　　　　　　　　　　　文化部社会文化司………(296)

把廉政文化融入反腐倡廉建设之中

　　　　　　　　　　　　故宫博物院纪委………(301)

弘扬廉政文化　促进和谐发展

　　　　　　　　　中国艺术研究院纪委………(308)

廉政文化建设大有可为

　　　　　　　　江苏省文化厅厅长　章剑华………(316)

关于廉政文化建设的几点思考

　　　　　　　　广东省文化厅厅长　方健宏………(322)

从根本上建设廉政文化

　　　　　　　黑龙江省文化厅厅长　白亚光………(328)

积极探索廉政文化建设的有效途径和方法

　　　　　　湖北省文化厅纪检组组长　杨甫念………(337)

认真推进廉政文化建设

　　　　　　　　　山东省文化厅纪检组监察室………(345)

整合优势资源　丰富内容形式

　　　　　　　　　陕西省文化厅纪检组监察室………(352)

突出特色　大力推进廉政文化建设

　　　　　　　　　福建省文化厅纪检组监察室………(358)

积极推进农村廉政文化建设

　　　　　　　　　江苏省文化厅纪检组监察室………(367)

从实际出发　加强廉政文化建设
　　　　　黑龙江省文化厅纪检组监察室………(374)
努力实践　不断创新
　　　　　广西壮族自治区文化厅纪检组监察室………(380)
打造精品　唱响廉政文化主旋律
　　　　　江西省文化厅纪检组监察室………(385)
求新　求精　求实
　　　　　安徽省文化厅纪检组监察室………(391)
努力营造清正廉明氛围
　　　　　河北省文化厅纪检组监察室………(397)
积极探索　大胆实践
　　　　　四川省文化厅纪检组监察室………(403)
立足实际　齐抓共建
　　　　　河南省文化厅纪检组监察室………(409)
加强农村公共文化服务体系建设
　　　　　吉林省文化厅纪检组监察室………(415)
关于廉政文化建设的思考与探索
　　　　　宁波市文化广电新闻出版局纪检组………(421)
开展丰富多彩的廉政文化活动
　　　　　厦门市文化局纪检组………(429)
弘扬伟人风范　精心打造廉政教育基地
　　　　　四川省广安市文体局………(434)

后　记………(442)

代 序

用科学发展观统领文化建设和各项文化工作

文化部部长 蔡武

党的十七大确立要以科学发展观统领经济社会发展全局，要实现文化的大发展大繁荣，必须以科学发展观统领文化建设，必须在文化工作中，全面、深入地贯彻落实科学发展观。科学发展观，是以胡锦涛同志为总书记的党中央立足于社会主义初级阶段基本国情，总结我国发展实践，借鉴国外发展经验，适应新的发展要求提出来的关于发展的世界观和方法论，是对党的三代中央领导集体关于发展的重要思想的继承和发展，是同马克思列宁主义、毛泽东思想、邓小平理论和"三个代表"重要思想既一脉相承又与时俱进的科学理论，是我国经济社会发展的重要指导方针，是发展中国特色社会主义必须坚持和贯彻的重大战略思想。当今时代，文化越来越成为民族凝聚力和创造力的重要源泉，越来越成为综合国力竞争的重要因素，丰富精神文化生活越来越成为我国人民的热切期望。我们要适应我国经济社会发展进入新阶段对文化建设的新要求，反映人民群众对丰富文化生活的新期待，就要全面贯彻党的十七大精神，实现党的十七大提出的推动文化大发展大繁荣、兴起社会主义文化建设新高潮的宏伟目标，要求我们把科学发展观贯穿到文化建设的全过程，切实用科学发展观统领文化建设，指导各项文化工作。

科学发展观,第一要义是发展,核心是以人为本,基本要求是全面协调可持续,根本方法是统筹兼顾。用科学发展观统领文化建设、指导文化工作,就是要把科学发展观的这些基本内涵和基本要求贯彻落实到文化建设和文化工作的具体实践中去。我认为,当前和今后一个较长时期的文化建设要努力符合以下要求。

(一)文化建设要坚持以人为本,服务人民。科学发展观的核心是以人为本,强调一切发展都必须以人为出发点,以人为目的。满足人民精神文化需要,保障人民基本文化权益,让人民共享文化发展成果,是社会主义文化建设的根本目的。文化建设根本上是人的建设,文化工作说到底是做人的工作,促进人的全面发展是文化建设的根本要求。

文化建设坚持以人为本,服务人民,就是要在文化工作中体现执政为民的思想,始终以实现好、维护好、发展好最广大人民的根本利益为本,以提高人民群众的思想道德素质和科学文化素质、促进人的全面发展为本。如果偏离了这个根本方向,不能从人民群众的根本利益出发去谋发展、促发展,保障不了人民群众的物质利益、政治和文化权益,那就谈不上以人为本。

文化建设坚持以人为本,服务人民,要求我们在工作中坚持"二为"方向和"双百"方针,尊重人民的主体地位,发挥人民在文化创造和传承中的主体作用。文化来自人民,人民是文化创造的主体,是文化创造活力的源泉所在。中国特色社会主义,是我国人民历史的选择,只有社会主义才能救中国。文化事业必须坚持为社会主义服务,这与为人民服务是完全一致的。我们所讲的高度的文化自觉,首先是要自觉高举中国特色社会主义的伟大旗帜,坚持走中国特色社会主义道路,坚持中国特色社会主义理论体系，这是新时期文化工作根本和命运之所在。同时我们要适应当代社会发生的深刻变革，在尊重差异中确立主导，在包容多样中坚持主流。要充分尊重群众的创造精神，保护一切创新成果，形成引导有力、激励有效、活跃有序、宽松和谐、不同主体踊跃参与文化创造的机制和环境，推动全社会的创造精神和创造活力竞相迸发、充分涌流，成为推动文化大发展大繁荣的不竭动力。

文化建设坚持以人为本，服务人民，要求文化工作贴近实际、贴近生活、贴近群众，使文艺创作和文化工作植根于人民大众之中。人民创造历史的实践活动，是文艺创作和各类文化事业兴旺发达的源头活水。作为文化管理者，要善于引导、鼓励、支持广大文化工作者深入企业、乡村、社区、军营、校园生活最前沿，从人民群众的伟大实践中汲取思想营养和艺术灵感，激发创作活力，不断创作出深刻反映现实生活，弘扬社会主义核心价值，体现中华民族优秀传统的让人民满意的优秀作品。

文化建设坚持以人为本，服务人民，要求文化工作准确把握人民群众精神文化生活的新要求新期待。随着经济社会的持续快速发展和人民生活水平的不断提高，人民群众文化消费多层次、多方面、多样化的特征更加明显，人们求知、求美的愿望更加强烈，热切呼唤更多高品位、高质量、多姿多彩的优秀文化产品，期盼更加优质，满足个性化需求的文化服务。文化需要人民，人民需要文化。要让文化走出象牙塔、走出文人的小圈子，走向人民大众，走向普通百姓，努力使文化发展成果惠及全体人民。

文化建设坚持以人为本，服务人民，要求充分依靠、调动和发挥广大文化工作者的积极性和创造性。邓小平同志指出，"文艺这种复杂的精神劳动，非常需要文艺家发挥个人的创造精神。"胡锦涛同志强调，文化是最需要创新的事业。我们文化战线的领导要高度重视文化队伍建设问题，必须关心、爱护文化工作队伍，善于团结文化人，和文化人交朋友，大力倡导尊重劳动、尊重知识、尊重人才、尊重创造，努力营造一种能够充分调动各类文化人才积极性、创造性的良好氛围。

文化建设坚持以人为本，服务人民，要求发挥文化塑造人、提升人的素质、培育国民精神的重要功能。文化以人为本，不仅表现在服务人民，满足人的精神需求，保障人民群众基本文化权益，而且表现在教育人、引导人、塑造人，在满足人的需求中提高人的思想道德和科学文化素质。我们必须坚持用社会主义核心价值积极引领社会思潮，用中国特色社会主义共同理想凝聚力量，用以爱国主义为核心的民族精神和以改革创新为核心的时代精神鼓舞斗志，用社会主义荣辱观引领风尚。通过健康的文化产品和文化活动，寓教育于满足人们的文化需求之中，让人们在美的享受中得到启迪，在情感的共鸣中获得教益，形成科学的理想，培养健康的人格，塑造高尚的情操，使人们的道德素质和精神境界在文化和艺术的熏陶中得到提升，成为具有现代人文精神和科学理性精神的"有理想、有道德、有文化、有纪律"的社会主义新人。这是我们文化工作者首要的社会责任和历史使命。

（二）文化建设要着眼于发展，着眼于繁荣。发展是科学发展观的第一要义。发展，对于全面建设小康社会、加快推进社会主义现代化，具有决定性意义。发展对文化建设同样具有决定性意义。贯彻落实科学发展观的第一要义，就是要更加自觉、更加主动地推动文化大发展大繁荣，兴起社会主义文化建设新高潮，把文化建设同经济建设、政治建设、社会建设一道纳入经济社会发展全局。

文化要发展繁荣，必须要充分认识文化建设的重要性、紧迫性。我国已经迈入全面建设小康社会和全方位对外开放的新时期新阶段。全面小康社会是经济建设、政治建设、文化建设、社会建设四位一体协调发展的社会。在四项建设中，文化建设的任务由于历史的欠账比较多而尤其繁重，没有文化的大发展，就没有全面小康社会。从国际环境来看，世界多极化、经济全球化的深入发展，使文化与经济、政治相互交融的程度不断加深，经济的文化含量日益提高，文化越来越成为民族凝聚力和创造力的重要源泉，越来越成为国家核心竞争力的重要因素。在日趋激烈的国际文化竞争中，我们的文化资源优势还没有转化为文化竞争优势，文化产品进出口存在严重逆差，当代文化的国际影响还很有限。随着我国加入世贸组织过渡期的基本结束，国外文化资本、文化企业、文化产品不断进军中国市场，我国文化产业面临的形势将更加严峻。我们必须把文化建设作为中国特色社会主义事业的重要组成部分和发展目标，从提高综合国力、提高国际竞争力和掌握意识形态斗争主动权的战略高度来认识加强文化建设的重要性和紧迫性，谋划文化的更大发展。

　　文化要发展繁荣，必须要进一步解放和发展文化生产力，提高国家文化软实力。总体上讲，我国文化事业底子薄，过去投入不足，历史欠账较多，文化发展严重不平衡，不但地区之间差别巨大，城乡之间的文化发展差距更为严重，许多地方，特别是基层的公共文化设施严重不足、设备陈旧、文化单位缺乏活力，以及外来文化产品大量涌入，甚至腐朽文化沉渣泛起等问题，从根本上来说，是文化生产力还有待进一步解放。没有文化生产力的解放，文化的发展就会是一句空话。

　　解放和发展文化生产力，首先要进一步解放思想、转变观念。最重要的是全面领会党的十七大关于发展社会主义先进文化的一系列新观点新论断，全面领会胡锦涛总书记在全国宣传思想工作会议上的讲话和在人民日报社考察工作时的讲话精神，树立新的文化发展理念。要在全社会尤其在各级领导层面树立高度的文化自觉。破除有些领导干部对文化建设忽视、轻视、近视、偏视的观念，克服有些地方片面追求 GDP 的增长，对文化的作用认识不足，当作软任务，没有硬指标；对文化建设只重眼前、忽视长远；文化工作"说起来重要，干起来次要"，文化投入明显不足，基层文化建设薄弱的现象等。要破除在长期计划经济条件下形成的惯性思维，比如，不善于区别不同类型的文化服务和文化产品，把文化只看作公益事业，忽视文化具有产业的属性，把文化产品只看作是产品，忽视文化产品的商品属性；在发展公益性文化服务方面，传统上是吃大锅饭、"等、靠、要"，不会和不敢用市场的办法来配置资源解决发展中的难题，推动文化事业的发展。在发展文化产业方面，重"国办"、"公办"，轻"民办"的思想严重存在，不善和不敢大胆支持和鼓励民办的、多种所有制文化企业的发展，不善运用资本市场来推动文化产业发展，也是普遍存在的现象。要破除忽视新科技革命对文化发展的复杂影响的情况。正确应对科学技术迅猛发展，信息化社会环境下，高新技术对传统文化艺术领域提出的严峻挑战，高度重视运用高新技术，积极主动引领高新技术催生的新的文化业态，重视动漫、游戏、娱乐和网络文化的迅猛发展，推动文化领域的科技创新。在文化管理理念上，要改变行政命令的思维定式，树立依法行政、科学行政的观念，努力使政府文化部门的工作重心由"办文化"向为文化发展创造良好环境，提供优质服务转变。要着力创新文化管理机制，改变较为单一的管理手段和方式，逐步实现从行政管理手段为主到运用行政、经济、法律等多种管理方式并重的转变。

解放和发展文化生产力需要大力推动改革创新。突破妨碍文化发展的体制机制的障碍，建立起符合文化发展规律和市场经济发展要求的宏观文化管理体制与富有活力的微观运行机制，是文化发展的不可缺少的体制保障。30年的改革开放，社会主义市场经济体制的初步建立，使文化发展的环境和条件发生了深刻变化，凸显了原有文化体制与不断发展变化的经济基础和体制环境不相适应的问题。最突出的问题是把经营性文化产业混同于公益性文化事业，政府统包统揽，应该由政府主导的公益性文化事业长期投入不足，应该由市场主导的经营性文化产业长期依赖政府。结果既影响文化事业的发展，又制约了文化产业的繁荣。根据社会主义精神文明建设的特点和规律，适应社会主义市场经济发展的要求，深入推进文化体制改革，使文化体制与经济体制、政治体制、社会管理体制相适应，是促进社会主义文化发展的基本要求和根本条件。所以，我们对文化体制改革要坚定不移。要加强公共文化服务体系建设，把公共文化服务体系建设放在全局工作的重要位置，切实加强领导，建立健全工作机制，加大投入力度，完善投入机制，加强队伍建设，健全服务网络。发展公益性文化事业是保障人民基本文化权益的主要途径，也是政府文化部门的最主要的职能和责任。要大力发展文化产业。发展文化产业是市场经济条件下繁荣文化、满足人民群众精神文化需求的重要途径。要实施文化产业项目带动战略，加快文化产业基地和区域性特色文化产业群建设，培育文化产业骨干企业和战略投资者。要把文化体制改革与文化创新紧密结合起来，以改革促创新、促发展，在时代的高起点上推动文化观念、内容、形式和文化体制机制、传播手段和文化科技的创新。胡总书记在八次文代会上指出，要全面贯彻党的文艺方针政策，充分发扬艺术民主和学术民主，坚持社会责任和创作自由的统一，弘扬主旋律和提倡多样性的统一。我们要努力营造有利于出精品、出人才、出效益的环境,要大力推进文艺风格、流派的积极创新,推进文艺体裁、题材、形式的充分发展,创作更多具有中国风格、中国特色、中国气派的优秀作品。

(三)文化建设要坚持统筹兼顾,实现全面协调可持续发展。科学发展观,基本要求是全面协调可持续,根本方法是统筹兼顾。只有做到统筹兼顾,才能实现文化的全面协调可持续发展。

推动文化的可持续发展,要牢固树立重在建设的思想,聚精会神搞建设,一心一意谋发展。重视文化资源的开发利用,重视文化资源的科学配置;重视文化事业的当前发展与长远规划的协调与衔接,重视文化事业与其他各项事业的平衡互补。文化建设是一种在积累中发展,在发展中创新的渐进过程。要防止和警惕急功近利的思想,避免以运动的方式搞文化,还要防止对文化资源的破坏性开发,竭泽而渔。促进文化资源和文化生态环境保护的良性互动,防止盲目的、破坏性的开发,应当成为社会的共识和决策的依据。要以求真务实的态度,从国家和人民的根本利益出发,从社会主义初级阶段的基本国情出发,遵循文化发展自身的规律,扎实推进文化建设。

统筹兼顾是科学发展观的根本方法,也是促进文化科学发展的根本方法。我们要针对当前文化建设存在的不平衡不协调的问题和薄弱环节,善于用统筹兼顾的思路和方法,逐步加以解决。

要统筹兼顾文化发展与经济发展。建设中国特色社会主义,必须坚持以经济建设为中心,其他各项工作都服从服务于这个中心。这是毫无疑问的,过去三十年的经验证明了这个观点。同时,经济发展、政治发展、文化发展和人的全面发展是相互联系、相互影响的。我们要深刻理解文化发展与经济发展的辩证关系,既不能认为经济建设上去了,文化自然而然也会上去；也不要仅仅把文化当作经济建设的陪衬，当然，更不能脱离经济建设，搞所谓的"文化革命"。经济建设为文化建设奠定物质基础，文化建设为经济建设提供思想保证和智力支持。在全面建设小康社会的四位一体的格局中，政治建设、经济建设、社会建设和文化建设是互为因果、互为前提、缺一不可、不可偏废的。处理好四位一体格局，是统筹兼顾的首要任务。

要统筹兼顾区域文化发展。我国社会主义初级阶段发展的不平衡，在文化领域十分明显和突出，首先是地区不平衡。东部、中部和西部，北方和南方，文化发展的不平衡是非常明显的。要进一步加大对欠发达地区文化事业的投入，积极协调发达地区对不发达地区文化对口支援，加快开发利用欠发达地区的文化资源，逐步缩小地区在文化事业发展方面的差距，解决不同地区公共文化服务不均衡的问题。欠发达地区尤其要在为文化发展创造更加良好的政策环境方面多作努力，加快软环境的建设，以吸引人才、资金以及项目，培育和发展文化市场，这是缩小地区文化发展差距的重要途径。

要统筹兼顾城乡文化发展。目前，我国城乡二元经济结构的特征仍很突出，农业基础薄弱。近年来，文化投入虽然逐年大幅增长，但由于欠账太多，基础薄弱，文化投入不足，文化设施落后等问题普遍存在，尤其是农村公共文化的投入严重不足，大部分农村地区文化设施仍较落后，农民文化生活相对贫乏。我曾经对外宾讲，如果你只到北京、上海、深圳、广州，你了解的不是完整的中国，到中西部地区看一下，就会发现巨大的差别，城乡差距非常明显。城乡文化差距不是在缩小，而是在扩大。我们这些年的文化投入增长幅度应该是不小的，但是在相当一部分地区的文化投入主要用于城市的大剧院、博物馆等大设施，真正用于农村和基层的还比较少。统筹兼顾城乡文化发展，要把公共财政的文化投入、文化设施建设和建立保障机制的重心下移，放到农村基层，尤其是贫困山区、边境地区和少数民族地区，并逐步建立以城带乡、城市文化辐射和服务农村的机制，改变农村文化落后的面貌。这是本届政府文化建设方面的基本任务。

在城市，在建设标志性的现代化的大型文化设施的同时，要把文化建设的重点放在社区文化建设上，高度重视与人民群众日常生活密切相关的基本文化服务和能最大程度吸引各阶层群众广泛参与的群众文化活动，为文化的大发展、大繁荣奠定深厚的社会基础。

要统筹兼顾文化事业和文化产业的发展。发展文化事业是保障人民基本文化权益的主要途径，发展文化产业是市场经济条件下满足人民群众精神文化需求的重要途径。要坚持十六大以来形成的一手抓公益性文化事业，一手抓经营性文化产业的基本思路，坚持以政府为主导，社会广泛参与，加快发展公益性文化事业，满足人民群众基本的文化需求。同时，政府通过规划和政策导向，充分发挥市场配置资源的基础性作用，引导支持文化企业在市场竞争中发展壮大，加快发展文化产业，努力打造有市场竞争力的文化企业集团，建设多种类型、多种门类、多种业态的文化产业园区和基地，满足人民群众多方面、多层次、多样性的精神文化需求，提升我国文化企业在国际文化市场上的竞争力。

要统筹兼顾不同人群的文化需求。作为新时期新阶段的一个显著特征，人们思想活动的独立性、选择性、多变性、差异性明显增强，因此文化建设既要尊重差异、包容多样，又要抵制各种错误和腐朽思想的影响；既要弘扬主旋律，又要提倡多样化。高雅艺术和通俗艺术都要有充分的发展空间，确保主流文化的主导地位，也要包容多样文化，给流行、时尚等文化提供发展空间，照顾不同人群不同的健康情趣和欣赏要求，满足人们个性化的文化消费需求。特别关注未成年人、老年人、农民、农民工、残疾人、低保家庭等社会成员的文化需求和文化消费问题，采用政府购买、补贴等方式向城乡基层、低收入和特殊群体提供免费文化服务；推进国有博物馆、革命纪念馆、图书馆等公共文化设施逐步向社会免费开放；支持国有艺术院团、影剧院每年安排一定场次主要面向低收入居民的低价演出和免费放映等，满足他们的基本文化需求。

要统筹国内国际两个大局，统筹兼顾文化"引进来"与"走出去"。不同国家、民族、地区之间的文化交流是文化发展的重要途径。加强我国文化软实力建设，对内增强民族凝聚力和向心力，对外增加国家亲和力和影响力。我们要坚持从我国国情出发，坚持以我为主，为我所用，主动引进、吸收、借鉴国外文化的优秀成果，为建设中国特色社会主义文化服务；要让中国的优秀文化走向世界，多层次、多渠道、全方位地向世界展示中华文化的独特魅力，展示中国和平、发展、文明、民主、开放的良好形象，让世界更好地了解中国，扩大中华文化在国际社会的影响力。我们要坚持走中国特色社会主义文化发展道路，在文化观念上不照搬照抄，在发展模式上不简单模仿，确保国家的文化安全。

要统筹兼顾继承和创新。中华文明是世界古代文明中始终没有中断、连续五千年发展至今的文明，中华民族独具特色的文化传统，深深影响着当代中国，中华文化是中华民族生生不息、团结奋进的不竭动力。我们要弘扬中华文化，建设中华民族共有的精神家园。要坚持继承和发扬优秀传统文化，同时要不断剔除传统文化中的糟粕，去粗取精，去伪存真，要坚持扬弃的观点，不能不加区分地把凡是传统都加以保护和传承。优秀传统文化的保护和继承，既是对各民族文化之根的追溯，也

文化价值

为现在与未来的文化发展提供了丰富的资源。不断创新是文化传统得以延续和发展的决定性因素。任何一种优秀的文化传统，只有随着时代的前进，不断地扬弃、改造和更新，与当代社会相适应、与现代文明相协调，保持民族性，体现时代性，才能保持其旺盛的生命力。在科技迅捷发展、社会急剧变化的当代，兼顾优秀传统文化的继承和当代文化的创新，社会主义的新文化就能既有历史的厚重，又充满活力和勃勃生机。锦涛同志指出，"推进文化发展，基础在继承，关键在创新"。我们要研究如何更好地贯彻落实这个重要的指导方针，实现文化继承与创新。要采取严肃的对历史负责的态度来对待优秀传统文化的保护和继承，要让优秀传统文化与现代社会相适应，使传统文化中积淀的优秀精神文化遗产为现代生活服务，同时博采众长，推陈出新，解放思想，与时俱进，在发展中继承，在继承中鼓励创新，使之适应现代社会和现代人精神生活的需要。

第一辑 文 化

当代中国文化的追求与梦想

(2005年10月3日在美国国家记者俱乐部的演讲)

全国政协副主席、中国文联主席 孙家正

各位女士、各位先生:

欢迎各位的光临。

"中国文化节"在华盛顿隆重开幕了。我有幸向各位介绍一下当前中国文化的发展情况,并愿借此机会,与大家做一次敞开心扉的沟通。文化是人的生存状态以及情感、愿望的反映,反过来又对人的生存、发展给予能动的影响。从这个意义上说,文化即人。了解今天的中国文化,就是进一步了解和认识当代中国人。

当前,中国社会正在贯彻落实以人为本的科学发展观,努力构建社会主义和谐社会。这是中国社会20多年来改革、开放、发展的延续和提升,也是今后中国社会发展的基本趋势。这不仅是中国政府确定的国家发展战略,也是中国社会一种主流的文化思潮和价值取向。当代中国文化是当代中国人精神面貌的反映,也是他们内心情感和愿望的体现。和谐的政治主张和社会理想,深刻地影响着当代中国的发展节律,影响着我们民族的文化风范和精神韵味。我想,从这个角度介绍当代中国文化,以及生活在这种文化中的当代中国人,就把握了中国文化的主要脉络,也就把握了当今我们中国人的主要精神。

文化价值

　　中国实行改革开放 26 年来，现代化建设取得了巨大成就。经济、政治、文化、社会生活变化深刻，使得我们这个古老的国度青春焕发，如同一个生机勃勃的少年，站在世界的面前。2004 年，中国的国民生产总值 1.65 万亿美元，人均 1270 美元，经济年平均增长率为 9.4%，综合国力不断增强，人民生活不断改善，这确实是一个了不起的进步。看不到这个进步，夸大和渲染中国存在的问题，是不符合实际的；如果过高估计中国的发展及现状，认为中国现在已是一个发达国家，甚至不久以后要超过美国了，同样也是不符合实际的。

　　中国虽然取得了历史性的进步，但中国领导人的头脑十分清醒。中国是一个发展中国家，有 13 亿人口，原有底子相当薄弱。以国内生产总值为例，中国经济总量不到美国的 1/7，人均仅占美国的 1/30。在世界 200 多个国家中排在 100 名之后。在座的尚慕杰大使和李杰明大使都知道，中国地区差异很大，很多人生活在农村。中国现在还有一亿多人每天的生活费不到 1 个美元，其中 3000 万人不到半个美元。

　　现在，人们刚刚感觉到秋天的凉意，但是中国政府的领导人已经在考虑那些贫困地区的农民能否过上一个温饱的冬天。中国历史遗留和发展过程中将会遇到的问题甚多，要解决这些问题，构建一个理想的和谐社会，需要经过几代人的奋斗。我们既然理解目标的崇高，就不会惧怕道路的漫长。我们通过这 26 年的努力，基本上解决了中国人的吃饭问题，以世界 7% 的耕地，养活了占全世界 23% 的人口，并基本上实现了小康。但是，一位哲学家说过：人在饥饿时只有一个烦恼，吃饱以后就会生出无数烦恼。前者是生存的烦恼，后者是发展的烦恼。中国社会正是在不断解决发展中问题的过程中，逐步走向理想的境界。20 多年来，"聚精会神搞建设，一心一意谋发展"一直是中国社会最深入人心的口号。

历届中国政府要用极大的精力解决国内的问题，解决13亿人口的生活问题。13亿人安居乐业、生活富裕了，中国发展、和谐了，促进世界和平、发展的力量便增强了，可以说，这是中国对世界最大的贡献。坚持"以人为本"的科学发展观，倡导"以和为贵"的人文精神，是一种典型的中国情怀，我们自信以此可以与世界心灵相通。

人类社会以来，一直面临着三个基本的矛盾：人与自然的矛盾、人类社会内部的矛盾、人自身的矛盾。化矛盾为和谐，始终是中国也是人类的梦想和追求。在座的朋友也许听说或去过世界上规模最大的皇宫——中国的故宫。故宫的核心建筑三大殿的名称，集中反映了这一中国传统的哲学思想。太和殿：天地祥瑞，喻人与自然和谐；中和殿：中庸平和，喻人世和谐；保和殿：心态和顺，身体安适，喻人的身心和谐。这三个殿的名称反映了中国传统文化的价值思想，就是追求和谐。但是，国家的独立、民族的解放、人民的自由，是社会和谐的前提，为此，中国人民进行了不屈不挠的奋斗与抗争。

今天，我们构建和谐社会，也是坚持从中国实际情况出发。胡锦涛主席阐述了构建和谐社会的六个方面的内容和基本要求，即民主法治、公平正义、诚信友爱、充满活力、安定有序、人与自然和谐相处。为此，我们比以往任何时候都更加关注人的价值、人的权益和人的自由，关注人的生活质量、发展潜能与幸福指数，并且，也更加关注经济、政治、文化、社会的协调发展，关注人与自然的和谐相处。

构建和谐社会，经济是基础，政治是保障，文化是灵魂。在21世纪的发展过程中，文化被放在重要位置，并被赋予崇高的使命——这是一种新的文化自觉。文化关系一个民族素质，渗透在社会生活的各个方面，它的教育、启迪、审美等功能，更多的是发生在潜移默化之中。文化如水，滋润万物，悄然无声。

我们要构建的和谐社会，是尊重社会各群体的利益诉求，人民群众各尽所能、各得其所的社会，使人民群众生活殷实、平安、幸福的社会。在文化方面，努力维护全体公民的基本文化权益，满足全社会多层次、多方面的文化需求。

目前，中国公民的文化需求呈现五个明显的变化，一是文化需求总量呈现较大幅度增长，二是社会对文化产品和文化服务质量提出了更高的要求，三是文化消费更加多样化和市场化，四是文化产品的制作、传播、消费手段和方式更加科技化和现代化，五是不同文化相互交往的要求和程度日益加深。为此，我们把繁荣发展作为中心，以优秀的文化产品和文化服务提高全体社会成员的生活质量和发展能力，用文化陶冶人、激励人、慰藉人，增强人们内心世界的丰富感，营造他们精神上的安宁感和幸福感，从而激发人们的创造力。

我们坚持重在建设，着力建构全民学习、终身学习的学习型社会，建构比较完善的文化创新体系、文化法规体系、公共文化服务体系和文化市场体系，建构有利于调动文化工作者积极性，有利于多出精品、多出人才的文化管理体制和运行机制。我们将更加积极地开展对外文化交流，加强中国人民与世界各国人民的心灵沟通。文化产品的生产和贸易也是经济发展的重要因素。中国文化市场潜力巨大，竞争也日益激烈。有益受众，特别是青少年身心健康，有益社会和谐和世界和平的文化产品正越来越受到欢迎，而宣扬色情、暴力之类的文化产品，受到越来越多的反感和抵制。作为文化部长，我认为不能仅仅把文化看作赚钱的工具，而要用文化满足人们精神上的需求。人的发展不是光靠物质就能解决的，从事文化的事业家和企业家都应该倾听并回应大众对于人文关怀的呼唤。

关于知识产权保护，中国政府的努力和成效大家有目共睹。中国采取坚决措施来打击盗版，维护知识产权，并非迫于压力，而是出于对创作者和投资者正当权益的自觉维护，出于国家的根本利益。一个国家如果不保护知识产权，这个国家的创造力就会受到极大的挫伤，发展的动力就会受到极大的削弱。因此，对于保护知识产权，中国政府的态度是严肃的、认真的和坚决的。我们采取措施不断加大保护知识产权：第一，完善法律，依法制裁盗版现象；第二，加大保护知识产权的教育，呼吁民众自觉抵制盗版；第三，对那些盗版现象严重的地区和行业，集中力量重点治理；第四，研究长效解决问题的体制和机制。美国电影协会和时代华纳等公司去年给中国文化部写信，充分肯定了中国政府打击盗版，保护知识产权的努力和成效。

改革开放 20 多年，中国发生的变化是巨大的。这种变化绝不简单是人们所看到的如雨后春笋般出现的高楼大厦，也不是简单的数字统计，变化最大的是中国人民对自身、对世界的看法。中国人的眼光更开阔了，胸怀更博大了，中国人民把自己的安宁和幸福与世界的和平、发展紧密相连。

当今世界，和平发展是主流，但影响和平发展的不稳定、不确定因素依然存在。一个时期以来，世界发生了许多令人震惊的事件。社会发展的失衡，贫富差距的扩大，生态环境的恶化，恐怖主义的猖獗，跨国犯罪的肆虐，等等，这些因素交织在一起，对人类的生存形成威胁。人类向何处去？世界向何处发展？在未来的世界，我们应该遵循一个什么样的法则？这些问题比以往任何时候都要严峻地摆在世人面前。

中国的对外方针是国内发展思路的延伸和外化。我们对内要构建和谐社会，为全体中国人民谋安宁、谋富裕、谋幸福，对外则必然坚定不移地奉行独立自主的和平外交政策，希望与各国友好相处，谋和平，谋合作，谋共同发展。

对和谐的追求、对和平的向往，源于中华民族深厚的传统，出于国家根本利益，也是中华民族近代痛苦经历的深刻体验。19世纪40年代以来，中国积贫积弱，100多年当中不断遭受外来侵略，中华民族是在面临亡国灭种危险时奋起抗争，终于赢得了独立和解放。2000多年前中国的哲人孔子说的"己所不欲，勿施于人"，这是中国人恪守的道德准则，也是处理国家关系的黄金法则。曾经饱受威胁、侵略之苦的中国人民，倍加珍惜来之不易的和平。中国人已经深深认识到，中国的安全、利益与世界的安全、利益紧密相连。一个时期以来，所谓的"中国威胁论"沉渣泛起。对于持这种观点的少数人来说，我们无法改变他们的观点，因为偏见比无知离真相和真理更遥远。对多数人来说，心存疑虑是因为他们不太了解中国的现实状况，也不太了解中国的文化传统。

关于文化的发展，中国对内实行百花齐放、百家争鸣的方针，对外主张维护世界文化多样性。每个国家都有选择自己文化的权利，某种文化是否适合于自己，也只有他们自己才有发言权，如鱼择水，如鸟投林，归依自明。不论别人如何评价我们的思想文化和制度文化，鞋子是否合脚，只有自己最清楚。不同民族文化的差异是与史俱来的客观存在，也是世界保持其丰富多彩的前提性条件。以什么样的思维和态度来看待和处理，将会导致两种截然不同的后果。是倡导"和而不同"，通过增进理解和宽容从而实现互利、实现双赢，走向共处，走向和平，还是因袭陈腐的冷战思维，散布猜忌和隔阂，引发摩擦和对抗，甚至战争，人类应把握自己的命运。令人欣慰的是，对此，世界正日益形成共识。

中美两国远隔重洋，有着完全不同的历史背景，但两国都拥有辽阔的国土，都是多个民族并存、多种文化融合的国家，都生活着勤劳智慧的人民。中美两国差异甚大，这种差异自然会带来某些碰撞和摩擦，但同时，正因为差异，才产生相互的吸引力。没有这种差异，世界也许会平静许多，但世界也将会在很大程度上失去光彩而沦于寂寞。时代在发展，中国对于世界的看法，在过去的20多年里发生了重大的变化。"和而不同"这一古老的中国哲学思想在新时代重新闪烁其智慧之光。

今年是中国人民抗日战争和世界人民反法西斯战争胜利60周年。一个月前的今天，北京举行了盛大的庆典，纪念这一正义战胜邪恶、光明战胜黑暗、进步战胜反动的伟大胜利。在那场决定世界前途和命运的伟大战争中，中美两国曾并肩作战，生死相依。美国"飞虎队"的杰出表现，在中国已经成为广为人知的传奇。在我长期工作的南京，有美国飞行队员的墓地，尽管他们的遗骨都先后移回美国了，然而每年清明，仍有许多中国人去那里献花。当年，德国法西斯迫害犹太人的时候，中国向他们敞开了大门，所以，现在包括生活在美国的许多犹太人视中国上海为他们的再生之地。中美文化界人士也在那场战争中站进了同一战壕——当战争爆发时，美国著名科学家爱因斯坦，教育学家杜威，文坛泰斗德莱塞等一大批文化人，有的来到中国参战，有的到美国及世界各地演讲、募捐，支援中国。美国也是当时西方国家派到中国记者最多的国家。这段生死与共的经历，是中美关系史上的生动的篇章。

中美关系走过了曲折的道路，发展到今天的局面，实属不易。中华人民共和国建立56周年了，大家回顾一下，前30年，中美严重对立，美国对中国一是不承认，二是封锁；而中国，为了维护自己的独立和主权，奋起反抗，当时响彻中国大地最著名的口号就是：打倒美帝国主义！当然，两国关系与当时的国际大环境密切相关。在双方共同努力下，1972年中美关系开始解冻，1979年终于实现了邦交正常化。20多年来，中美关系的良好发展给两国和两国人民带来了巨大利益。中美两国人民的交流合作日益加强,友谊日益加深。前天,"中国文化节"开幕,演出100分钟里,有将近100次的鼓掌,台下的美国观众是为台上的中国艺术节目而感动,而台下的掌声、美国观众的热烈反应深深打动了我的心。开幕式演出成功绝不仅仅是中国人的成功,而是中美人民心灵沟通的成功。艺术的成功是创作者与欣赏者的互动。中美关系的改善是中美双方共同努力的结果。

当然中美关系并非一帆风顺,矛盾、摩擦、争执、分歧均在事理之中。关键是如何认识和处理。这里我想谈谈关于中美贸易的问题。首先声明,我不是外交部长,也不是商务部长,我只是从文化部长的角度谈谈我个人的看法。中美贸易问题争议很激烈,两国的贸易部门谈判谈了很多次,最近取得了较好的成果。物质产品的贸易,美国总是强调逆差大,但是,就文化产品的贸易来说,中国的逆差更大。我作为文化部长的日子也不好过啊。我这里有几个数字:2000年至2004年,中国从各种渠道进口的影片4332部,其中,美国影片占到40%到50%;其中,中央电视台和各地电视台播放的外国影片4000余部,40%以上是美国的;在电影院放映的211部进口影片,53%是美国片。这五年当中以分账方式进口的影片是88部,美国影片为70部,占80%。在座有哪一位能回答我现在在美国播出和放映的中国影片有多少?美国市场上的中国文化产品有多少?可以说寥寥无几!中国对美文化贸易这么大的逆差,未过多地责怪美国人。而是更多地反省自己,中国的文化产品还是不错的,美国观众也是欢迎的,但我们不会吆喝,我们缺乏营销的网络和经验,不大懂市场营销的做法,我们需要更好地学习,同时也希望美国市场进一步开放,使中国好的文化产品更多地进入美国。

关于贸易逆差的问题,我认为美国朋友需要有一种平和的心态和发展的眼光。美国只要改变一下对华贸易的歧视政策，就能增加美国对中国的出口，出口增加了，逆差自然就减少了。对华出口有种种的禁止，对从中国来的商品又有种种的限制，这对发展中美贸易不利。说实话，中国人对市场经济、WTO，了解较晚，这方面美国是中国的老师。但是，当我们用老师教的这套规则与美国打交道时，为何却又不灵了呢？中国市场巨大，潜力无限，商机无限。凭美国的经济实力和科技水平，增加对华出口，减少对华逆差是完全可以做得到的。现在，一架波音飞机抵得上多少中国的服装鞋帽和娃娃们的玩具呀！所以说中美贸易问题不能只看一时，而是应着眼长远，不能简单地只是看数字，而是应心理平和，标准统一。从长远看，我认为中美贸易美国无论是实力，还是实利都是占有优势的。目前，美国市场上多了一点中国商品就嚷嚷起来，这实在和泱泱大国的美国不太相称。所以，我认为，作为世界上最大的发达国家，心胸应更加博大一点，看得更长远一点，心理上不能太脆弱。

中国与美国，一个是世界上最大的发展中国家，一个是世界上最大的发达国家，两国人民都是心地善良而富有创造性的伟大人民。两国都有广阔的市场，经济互补性很强，在众多的领域，特别是在反恐、维护全球和地区安全、保护国际环境等全球性问题上，在经济贸易和科技文化交流等方面，都有着共同的国家利益。两国在很多方面可以互相借鉴、互相学习。有些人往往过分地夸大中美两国和两国文化的差异和摩擦，而忽略了我们之间的共同利益和相融性。有分歧是正常的，有矛盾也不必大惊小怪，关键是要相互尊重，平等协商，以坦诚率真的态度和互利互惠的原则去解决矛盾和问题。登高望远是中国人的思维方式，注重细节是美国人的务实精神。这两者的结合，有利于我们看清人心所向、大势所趋，也有利于我们对具体问题的磋商和解决。"人坐在筐子里是抬不起来自己的",只有对话,才能互证、互补、互动,共同发展。中美两国应该进一步加强沟通,在沟通之中发现彼此文化的异曲同工之妙,相通相契之美。希望在座各位都能成为沟通中美文化的使者,共同建设以和谐为特征的世界文化新秩序。

中美交流需要敞开心灵。文化源自心灵,又直抵心灵。我的演讲要表达的一个愿望,就是以文化促进中美两国人民心灵沟通。令人高兴的是,这不只是我的一种期待,它已经成为一种正在进行之中的文化过程,一种历史的客观趋势。

在我快要结束这个演讲之前,我想起了美国新奥尔良一对年轻夫妇和他们可爱的女儿。前不久北京举办的国际旅游文化节邀请他们去北京表演美国的民间艺术,当他们受到邀请以后,飓风袭击了他们的家园,全部财产被卷走,变得一无所有。但他们仍然强烈地希望到中国去。在一位华侨朋友的帮助下,终于成行。当中国的电视台把他们的故事传遍千家万户的时候,很多人感动得流下了热泪。中国人从这一家三口身上看到了美国、看到了美国的文化,看到了美国人在灾难面前那种乐观和自信。中国人民热爱美国人民,热爱他们创造的文化艺术。明年我们还要在中国举行盛大的有美国古根海姆博物馆主办的《美国300年艺术展》。艺术的交流会激发新的创造,可以使本来很陌生的国家和人民心心相连。

女士们,先生们!不久前,中国发布了2008年夏季奥运会的主题口号:"同一个世界,同一个梦想",这使我联想起马丁·路德·金的演讲《我有一个梦想》,想起他所说的"我梦想有一天,深谷弥合,高山夷平,崎路化坦途,曲径成通衢"。今天,中国人与他怀有同样的梦想。我们脚下的这个地球,孕育了人类几千年的灿烂的文明,它是我们赖以生存的物质基础,也是人类共同拥有的精神家园。中美两个国家都是伟大的国家，中美两国人民都是智慧的人民。26年前，就在华盛顿，就在中国文化节开幕的肯尼迪艺术中心，邓小平抱起一个美国男孩，动情地说，现在中美两国人民都在握手呵！26年过去了，邓小平当年抱过的那个美国男孩已经长大成人。但是，为了更多中国和美国可爱的孩子，为了全世界的孩子，为了我们的这个地球，为了我们共同的梦想，难道我们不应该把已经拉起来的手握得更紧一些吗？

谢谢大家！

坚持改革创新
推动文化大发展大繁荣

文化部部长　蔡武

伴随着改革开放的滚滚车轮，中国特色社会主义的文化建设走过了蓬勃发展的30年。30年来，在解放思想、实事求是、与时俱进的思想路线指引下，文化建设沿着改革创新的道路前行，发生了深刻的变化，取得了举世瞩目的成就。今天，站在新的历史起点上来回顾文化建设30年所走过的道路，有着特别重大的意义。

改革创新是30年文化发展的鲜明特征

回顾30年来文化发展道路，改革创新是其最鲜明的特征。30年来，改革开放对中国的文化发展产生了广泛而积极的影响，为文化的改革创新和繁荣发展创造了良好的环境和氛围。

改革开放的实践成为文化领域改革创新的源泉。30年前，邓小平同志以无产阶级革命家的智慧和胆识，支持真理标准讨论，打碎了"两个凡是"的枷锁，确立了解放思想、实事求是的思想路线，拨开了笼罩在文化工作者思想上的迷雾阴云，极大地调动了广大文艺工作者的积极性，开启了他们思想与情感的闸门，文化内容和形式的创新在中国大地上层出不穷、蔚然成风。亿万人民参与改革的一往无前的进取精神和波澜壮阔的创新实践,为文化艺术的繁荣提供了取之不尽的生活源泉,使文化艺术工作者的想象力与创造力如火山一样迸发,在舞台、荧屏上,在书刊、画面中充分展现,为我国的文化事业迎来了一个真正百花争艳、欣欣向荣的春天。

经济建设的辉煌成就为中国特色社会主义文化发展提供了坚实的物质基础。改革开放以来,我国经济保持了年均近10%的增长速度,经济总量跃居世界第四位,综合国力大幅提升,人民生活总体达到小康水平。文化建设获得了更加充足的物质支持,这是新时期文化繁荣发展的重要保证。改革开放30年间,国家对文化事业投入明显加大,文化事业费从1978年的4.4亿元增加到2007年的198.7亿元,人均文化事业费从0.46元增加到15.04元。文化基建投资1985年为6.45亿元,2007年增加到40亿元,一批有影响的文化设施相继建成,文化建设的物质基础日益巩固,为新时期文化事业和文化产业的发展创造了现实需要和可能。

经济体制改革为文化领域的改革创新提供了示范和借鉴。马克思主义的基本原理告诉我们,随着经济基础的变更,全部庞大的上层建筑也或慢或快地发生变革。我国的经济体制在改革开放中实现了由高度集中的计划经济向社会主义市场经济的转变,这种转变对传统的文化体制提出了严峻的挑战,也为文化体制改革提供了很好的借鉴和示范。从1979年提出"调整事业,改革体制",1983年推行"承包制"改革,1988年探索国办艺术院团与民办艺术院团"双轨制",到1994年实施艺术院团布局结构调整和考评聘任制改革,再到新世纪新阶段全面探索文化体制创新,着力构建党委领导、政府管理、行业自律、文化企事业单位自主运营的文化管理体制和运行机制,在筚路蓝缕的文化体制改革历史进程中,都不难看到经济体制改

文化价值

革所带来的巨大影响。

十六大以来,在以胡锦涛同志为总书记的党中央领导下,文化体制改革取得了突破性进展。2003年开展的文化体制改革试点工作为改革向面上逐步推开提供了典型示范,奠定了工作基础。2006年进一步向面上扩大,向纵深拓展,文化体制改革进入一个新的阶段。文化系统紧紧围绕加强公共文化服务、培育文化市场主体、发展文化产业、完善市场体系、改善宏观管理、转变政府职能等重点环节,大力推进文化体制改革。一批艺术院团通过转企改制,焕发出生机和活力。北京儿童艺术剧院转企改制4年来实现了多项重大突破:演出场次从改制前每年100多场提高到400多场,演出收入由每年不足80万元上升到逾5000万元;今年5—6月主办的"2008北京国际儿童戏剧季",在国家大剧院打造了6台风格迥异的中外儿童戏剧精品,儿童剧在国内首次以"戏剧季"形式与观众见面。事实充分说明,改革是30年来文化发展最有力的助推器。

改革创新带来了新时期文化发展的巨大成就

文化体制改革促进了文化艺术生产力的解放,有力地推动着新时期文化事业和文化产业的全面发展。

文艺舞台百花争艳,异彩纷呈。改革开放以来,广大文化工作者突破了思想禁锢,创作热情高涨,坚持贴近实际、贴近生活、贴近群众的创作原则,坚持民族化、大众化、精品化的创作取向,创作了一大批时代特色浓郁、人民群众喜闻乐见的优秀作品。为鼓励艺术创新,政府舞台艺术奖——文华奖设立的"文华新剧目奖"近三届评出获奖优秀新剧目115个;为提高艺术创作质量和水平,2002年以来实施的国家舞台艺术精品工程共遴选出50台精品剧目由国家给予重点资助。目前,我国年创作生产影视剧近千部，全国专业艺术表演团体年演出近50万场次，观众约4.6亿人次；剧场、影剧院年演出、放映近60万场次，观众逾两亿人次。

公共文化服务体系建设初见成效。我国的公共图书馆从1978年的1218个增加到2007年的2799个，公共图书馆的总藏量从1979年的18353万册（件），增加到2007年的52053万册（件）。文化馆、文化站等公共文化机构不断加强，服务能力和水平不断提高，"十五"末期基本实现了县县有图书馆、文化馆的目标。城乡六级公共文化服务网络基本建立，公共文化服务体系进一步健全。全国文化信息资源共享工程、送书下乡、流动舞台车等重大文化项目的实施，全面提升了公共文化服务能力。公共文化产品和服务内容与形式不断丰富，人民群众的文化权益得到更有力的保障。

文化市场和文化产业迅猛发展。文化市场和文化产业是改革开放特别是社会主义市场经济体制建立以来的新生事物，在满足人民群众多样化需求方面发挥了巨大作用。改革开放以来，文化市场从无到有，包括演艺、娱乐、音像、艺术品、网络、动漫等文化产品市场和资本、产权、人才、信息、技术等文化生产要素市场在内的，统一、开放、竞争、有序的社会主义文化市场体系已经初步形成。自从十五届五中全会"文化产业"首次进入中央文件之后，文化产业加速发展，众多省市文化产业发展速度连续几年保持两位数增长，北京、上海、广东等省市文化产业占GDP比重已经超过5%，逐渐成为国民经济的支柱产业。

对外文化交流广泛深入。文化外交已成为国家整体外交战略的一个重要组成部分。目前，我国在世界78个国家设有89个使领馆文化处（组），与145个国家签订了政府间文化合作协定和近800个年度文化交流执行计划。已在海外设立文化中心7个，文化交流重要阵地建设取得突破性进展。随着"中国文化美国行"、"中俄文化年"、"中法文化年"、"中华文化非洲行"、"中日文化体育交流年"、"中韩交流年"、"相约北京"、"中国上海国际艺术节"、"中国北京国际音乐节"、"中国吴桥国际杂技节"等活动的成功举办，我国对外文化交流活动为世界瞩目。海外举办"春节"、"国庆"活动逐渐成为国际知名文化品牌和传播中华文化的重要载体，中华文化在世界的影响进一步扩大。

历史文化遗产保护迈上新台阶。30年来，文化遗产保护工作迈上了新台阶。国家设立了"文化遗产日"，文化遗产保护理念深入人心，社会各界保护文化遗产的意识逐渐增强。认真贯彻"保护为主，抢救第一，合理利用，加强管理"的方针，各级各类文物得到了有效保护。非物质文化遗产保护工作提上政府重要议事日程，取得突破性进展，国务院公布了首批《国家级非物质文化遗产名录》518项，受到全社会的广泛关注。对传统艺术、中华古籍的抢救、保护和扶持进一步加强，民族文化瑰宝在创新中薪火相传。

改革创新是推动社会主义文化大发展大繁荣的必由之路

推动社会主义文化大发展大繁荣，兴起社会主义文化建设的新高潮，是我们党在新的历史起点上赋予文化工作者的重要使命。完成这个神圣使命，离不开改革创新的时代精神。

当前，文化系统要抓住以下重点环节，细化工作方案，切实推进文化领域的改革创新。

一是积极创新公共文化服务运行机制。对文化事业单位改革进行科学分类，研究制定具体标准，明确公益性文化事业单位功能定位、服务目标、任务责任，提出相应改革目标，明确改革进度。继续加大对公益性文化事业单位的投入，完善政策，建立健全公共文化机构正常运转的经费保障机制，提高资金使用效益。深化单位内部人事、分配制度改革，引入竞争激励机制，完善奖惩机制，增强单位活力。建立健全政府对公共文化机构绩效评估考核体系，促使其更好地履行公共文化服务职能，最大限度地发挥公共文化设施的效能。

二是大力推进经营性文化单位转企改制。完善政策保障，探索多种模式，加快国有经营性事业单位转企改制步伐，培育一批具有核心竞争力的国有大型文化企业集团。积极推进演出展览中介机构、影剧院、电影公司等可以实现市场配置资源的国有经营性文化单位转制为企业。做好转企改制单位清产核资、产权界定等工作，防止国有文化资产流失。认真落实改革中涉及职工利益的有关政策，切实做好劳动人事、社会保障的政策衔接，按照老人老办法的原则，妥善解决好职工的社会保障和富余人员的分流安置等问题。

三是深化艺术院团改革，促进文艺创作演出繁荣发展。国办艺术院团的改革，是文化体制改革的重点，也是难点。要坚持统筹兼顾，科学区分国家重点扶持院团和一般院团。对于重点扶持的艺术表演团体，应实行目标责任制，建立监督考核与奖惩制度，深化内部机制改革，全面实行人事代理与合同聘用，打通艺术人才进出渠道。总结"一团一策"的经验，大胆探索，有序推进，加快一般艺术院团转企改制的步伐，成熟一个转一个。落实转企改制剧团的各项优惠政策，在政策保障、资金支持、市场拓展等方面给予支持，增强其市场竞争力。

四是健全完善文化市场体系。加快市场主体培育，充分发挥国有文化企业的骨干作用，引导扶持民营文化企业健康发展，培育一批具有核心竞争力的大型骨干文化企业和战略投资者。积极发展文化产品和要素市场。完善现代流通组织形式，发展连锁经营、物流配送、院线制和电子商务等现代流通方式。落实和完善国家文化产业政策，大力发展具有良好前景的网络、游戏、动漫等新兴文化产业，运用高新技术创新文化生产和传播方式，培育新的文化业态；推动演艺、音像、娱乐、艺术品等传统文化产业向规模化、集约化发展，加快区域性特色文化产业群建设步伐。加强对文化市场的监管，确保文化市场健康发展。

五是创新传播方式，扩大对外文化交流。坚持政府主导，社会广泛参与，整合各种文化资源和力量，充分发挥中华文化的优势，不断创新对外文化交流的传播方式，积极开展对外文化交流活动和文化产品贸易，扩大中华文化的影响。积极与国际知名文化机构、文化企业开展合作，努力扩大我国文化产品和服务在国际文化市场上的份额。

回首改革开放30年来的文化发展道路，我们深切体会到，改革开放是决定当代中国命运的关键抉择，是实现中华民族伟大复兴的必由之路。实践已经证明并将继续证明，只有坚持改革创新，才能推动社会主义文化大发展大繁荣。

高科技、全球化浪潮中的文化创新

文化部副部长 孟晓驷

当今世界,高科技浪潮迅猛奔涌,经济全球化风云激荡。但是以经济的全球化和以互联网为代表的高新技术在为世界带来福利与方便的同时,也带来了文明的冲突与挑战。保护和发展自己的民族文化,维护世界文化的多样性,不仅是一个民族生存发展的需要,甚至成为维护国家主权和民族独立的必要条件。如何在开放的国际文化市场环境中,坚持以中华民族优秀文化为主体、吸收外来有益文化,推动中华文化走向世界,进一步提升我国文化事业和文化产业的国际影响力和竞争力,成为我们必须研究的重大课题。

胡锦涛同志在党的十七大报告中指出,"文化越来越成为民族凝聚力和创造力的重要源泉、越来越成为综合国力竞争的重要因素,丰富精神文化生活越来越成为我国人民的热切愿望"。经济的发展,民族的振兴,国力的竞争,深切呼唤着社会主义文化的大发展大繁荣;文化体制的改革和深化,文化生产力的发展和文化软实力的构建,社会主义核心价值的本质体现,迫切要求把兴起社会主义文化建设的新高潮有机融入市场经济体制建设的大循环,在高科技、全球化的浪潮中,在政治、经济、文化的三维坐标体系中,衡量文化发展的新价值,拓展文化发展的新空间,创新文化发展的新思维。

一

早在一百五十多年前,马克思就深刻指出:"资产阶级,由于开拓了世界市场,使一切国家的生产和消费都成为世界性的了。……过去那种地方的和民族的自给自足和闭关自守状态,被各民族的各方面的互相往来和各方面的互相依赖所代替了。物质的生产是如此,精神的生产也是如此。各民族的精神产品成了公共的财产。民族的片面性和局限性日益成为不可能,于是由许多民族的和地方的文学形成了一种世界的文学。"一个半世纪以来人类历史的发展进程不断证明着这一论断的正确性。如今,伴随着经济的全球化,生产要素在全球范围内重新配置,产品在世界范围内广为销售;跨国公司纵横捭阖,独步天下,兼并浪潮风起云涌;科学技术不仅极大地丰富、提高着人们的物质生活,也使文化艺术面临着新的生产方式。今天,世界各种文化艺术之间相互交融的速度之快,相互竞争的力度之剧,是人类文化史上的各个时代都无法比拟的,所以,民族文化赖以形成的相对封闭的环境和条件发生了前所未有的改变,民族文化的优化和淘汰几乎每时每刻都在悄然进行着。应当清醒地看到,在全球化趋势下,在各种思想文化的相互激荡中,发达资本主义国家占有综合优势,强势文化的冲击和影响日趋强烈,我们面临的挑战将是长期的、严峻的。这就使我们必须回答一个重要的课题:在新世纪里,我们如何去铸就中华民族文化艺术的强劲肌体,从而使中华文化艺术在交融的涡流中形成更具民族特色的优势。

人类文化发展的历史证明,人类文化的历史不仅是文化创造的历史,同时是文化形态变迁的历史。对于民族文化艺术最有效的保护就是与时俱进地不断发展,发展才是硬道理;对于民族文化艺术最有效的继承就是和母体血肉相连地不断创新，创新才有生命力。创新是民族发展的推动力，是民族进步的灵魂。胡锦涛同志在党的十七大报告中提出，"推进文化创新，增强文化发展活力。在时代的高起点上推动文化内容形式、体制机制、传播手段创新，解放和发展文化生产力，是繁荣文化的必由之路。"按照马克思主义关于实践是检验真理的唯一标准的观点，当代文化艺术的发展和创新是否充满生机和活力，至少应当具有这样两个标志：一是在世界各种文化艺术相互激荡、激烈竞争中，中华民族文化艺术在新世纪的发展和创新，能否在人类文明进程中具有和我国五千年灿烂文明相称的地位和作用；二是在世界文化多样化带来文化消费选择多样化的趋势下，中华民族文化艺术的优秀成果是否成为中国广大人民群众进行文化消费所选择的主体。

马克思主义唯物史观认为，生产力的发展水平是推动人类社会发展的决定性力量。因此，社会主义先进文化的前进方向也必然是以科学的理论为指导、以先进的社会生产力为基础、以符合人类社会发展的总趋势来体现的。当今时代，高新科技已经成为社会生产力发展的火车头，它在文化艺术领域——从内容到形式、从生产方式到传播方式——必将得以广泛应用，必将极大地促进文化艺术生产的发展和创新，从而产生一批与时代同步、与人民同心的优秀的文化艺术成果。由此可见，科学技术是第一生产力，也同样对文化艺术的创新和发展具有关键性的意义。正如集科学家和艺术家于一身的达·芬奇所说的那样："艺术借助科技的翅膀才能高飞"。

二

文化艺术的创造与科学技术的发明相互依赖、相互作用，有着千丝万缕的联系。它们血脉相连,是一对共同脱胎于人类改造自然、改造社会以及自身完善的不懈追求的丰富想象之母体的孪生姐妹。所不同的只是,他们运用不同方式孕育着不同的结果。例如,同样是出于对高飞苍穹、登上月宫的想象,文艺创造的结果是"嫦娥奔月",而科技发明的结果却是"阿波罗登月飞船"。正像列宁所说的那样:"神奇的预言是神话,科学的预言却是事实。"

毫无疑问,人既是生产力诸因素中最活跃的因素,又是科学技术发明的主体,由于文化艺术对于人的塑造有着鲜明的作用,所以,它能够潜移默化地推动科学技术的进步。但是,对于科学技术的发明能够推动文化艺术的创造这一点,却还没有引起足够的重视,有些人甚至自觉不自觉地将科学技术的应用与文化艺术的发展和创新对立起来。著名科学家钱学森同志在谈到这种现象时,一针见血地说:"往往是科学技术的发展给文艺的表达提供了前所未有的可能,而这种可能又往往不是自觉地为文艺工作者所利用,常常倒是其他人,偶然发现了这种可能性,从而开拓了文艺的新形式、新领域。这种蒙昧,在一百五十年前也许是不可避免的,但现在我们已经懂得了辩证唯物主义,并且应用到人类社会现象,建立了历史唯物主义,我们应该自觉地去研究科学技术和文学艺术之间的这种相互作用的规律。"其实,一部人类文化艺术发展的历史早已反复证明:科学技术的发明不仅客观地对文化艺术的创造产生着重要影响,甚至可以使其产生革命性的变化。

首先,在广义的文化中,科学与思想、道德、哲学、宗教、教育等一样,属于同一范畴,科技的进步也是文化成果的重要标志;文化是科学技术进步的母体,是经济社会发展的先声。历史经验表明,文化影响着科技的生成、发展与传播,影响着创新的进程和结果。文化的进步必然包容当时的科技发展和创新成果。在狭义的文化中，文艺作为一种社会意识形态，是人们对于社会生活的能动的审美反映，它的产生和发展从来离不开社会物质生活的形态。实践说明，科学技术一旦作用于社会的物质生产，它在改变着人们的物质生活的同时，也就提供了培育不同特征的时代文艺的土壤，创造了覆盖更为快捷广泛的传播工具。虽然"艺术的'一定'繁盛时期绝不是同社会的'一般'发展成比例，虽然人类在自己的童年便创造出奇瑰富丽的文化，不独在数千年历史长河中闪烁着夺目的光彩，且在科学技术高度发达的今天仍然令人感叹艳羡，但"这种艺术倒是这个社会阶段的结果，并且是同这种艺术在其中产生而且只能在其中产生的那些未成熟的社会条件永远不能复返这一点是分不开的"（马克思语）。在古代，由于科技落后、社会生产力低下，人们改造自然、改造社会的追求只能是一种想象，于是在希腊产生了以威力无边的宙斯以及众神为代表的神话，在中国则有"女娲补天"、"夸父逐日"、"精卫填海"、"后羿射日"等一系列家喻户晓的神话。李白则用一首"青天有月来几时，我今停杯一问之，人攀明月不可得，月行却与人相随"，把人类的渴望与无奈表现得更为简单直白。对于这种现象，马克思给予了精辟的解释："任何神话都是用想象或借助想象以征服自然，支配自然力，把自然力加以形象化；因而，随着这些自然力之实际上被支配，神话也就消失了"。

与此同时，我们还应看到，虽然人类童年时期的这些梦想，随着它赖以产生的社会条件的改变而"消失"了，但它却随着社会生产力的发展而获得了审美意义上的新生。人们对于自然和社会发展的现实有感而发，总是不断地创造着艺术的神奇，于是，孙悟空大闹天宫、降妖斗魔的故事脍炙人口，妇孺皆知；于是，有史可考的梁山好汉成了临界下凡的天罡地煞；

于是，漫天六月雪诉说着千古"窦娥冤"；于是，梁山伯与祝英台爱情悲剧的结局，便是永驻人们心中的那对美丽的蝴蝶……正在蓬勃发展的高新技术，广泛而深刻地影响着人类的生产方式、生活方式和思维方式。文化艺术如果回避和漠视科学技术的发展，其反映社会生活、体现时代精神、引导大众前进的功能就难以实现。从这个意义上说，文艺创作要想避免艺术想象力的枯萎，就必须深刻认识科技进步所带来的社会生产力发展的新阶段，正确把握这个阶段社会生活的本质、趋势和特征，从而张开艺术想象的翅膀，创造出伟大时代的优秀文艺成果。

其次，文艺是由于人们感情交流的需要而产生的。这种交流进行得愈充分，产生的共鸣愈强烈，作品产生的影响就愈广泛。文艺作品实现交流，是指作品被出版、演出、放映、播出等，不难看出，交流实际就是传播，而传播是需要借助相应的手段才能实现的。传播手段愈先进，传播的覆盖面也就愈大。因此，传播手段对于文艺作品的社会影响有着不容忽视的重要作用。公元1048年，宋代的毕昇发明活字印刷术，950多年间印刷技术不断革新完善，对于古代文化的传播和留存，对于近代教育的兴起和报业的发展，发挥了关键性的作用；在科学技术突飞猛进的今天，电子传媒及数字化、网络化的崛起、对于文化艺术传播之迅捷和广泛已达到令人难以置信的地步。例如，衡量一个艺术表演团体的社会影响的标准不仅要看其传统意义上的剧场演出的场次，而且是要看其转换成各类音像制品的发行量以及利用电视、互联网络传输和普及的程度。现代科技不仅大幅度改善着舞台审美本身，而且完全可以同时将其送到千家万户，实现世界范围的传播。胡锦涛同志在人民日报社考察工作时特别指出："互联网已成为思想文化信息的集散地和社会舆论的放大器，我们要充分认识以互联网为代表的新兴媒体的社会影响力，高度重视互联网的建设、运用、管理，努力使互联网成为传播社会主义先进文化的前沿阵地、提供公共文化服务的有效平台、促进人们精神生活健康发展的广阔空间。"

再有，文艺生产作为一种精神产品的生产，也必须要有相应的物质保证。正如马克思所讲的那样："物质生活的生产方式制约着整个社会生活、政治生活和精神生活的过程。"在一定的历史条件下，科技进步在推动社会生产力发展的同时，不但为文艺生产奠定了必要的物质基础，而且也为文艺的创新和发展提供了必要的物质条件。商周时期，人们在龟甲兽骨上刻下的文字，只能是一种记事符号；战国时期，竹简的使用方便了人们的书写，使文字由记事的符号变成了文书。蔡伦造纸术的发明和推广，大大方便了文字的书写，从而为我国古代文化繁荣提供了必要的物质条件。此类事例不胜枚举：人类在农牧时期所使用的乐器，必然是以动植物为材料的丝竹乐器；有了工业技术的崛起，才有交响音乐的产生和发展；有了照相技术，才有了摄影艺术；有了电影技术，才产生了电影艺术；有了现代电子技术的发展，才有了电视艺术。总之，在文艺的创新和发展中漠视科学技术的作用，就会使中华民族的文化艺术在新的世纪里无法面对强劲的挑战，丧失繁荣发展的历史机遇。回望一下互联网、这个信息时代的后来者，我们就能够清晰看到，她仅仅经历了十几年短暂历程，但却奋步疾行、风生水起，让新技术在五千年文明古国活水涌流，终成波澜壮阔之势的不凡历程。对此，钱学森同志曾经非常有远见地急切呼吁："应该能动地去寻找还有什么现代科学技术成果可以为文学艺术所利用，使科学技术为创造社会主义文艺服务。我们也要在这个领域走在世界前列。"

三

　　生产力决定生产关系，而生产力和生产关系的统一，又构成一定的生产方式。现代化的科学技术和生产方式作用于文化产品生产，必然催生出新的文化生产方式。

　　文化产业则是社会化大生产的运用方式作用于文艺的生产过程的产物。联合国教科文组织把文化产业定义为："按照工业标准生产、再生产、储存以及分配文化产品和服务的一系列活动。"从历史发展的角度看"文化产业"这一概念是由"工业产业"一词演化而来的，而工业产业的形成是十八世纪产业革命的结果。文化产业不是一种简单的行业区分，而是生产方式变革的结果；文艺生产过程的产业化运作的根本标志也不仅仅在于进行有偿的经营和服务，而在于采用什么方式进行有偿的经营和服务；文化按照产业化方式运作，更不是简单意义上的文化经营单位的数量相加，而是生产方式的本质变革。归根到底，文化产业是当代科技融入文艺生产过程所带来的相应的生产关系和生产方式变化的必然结果。

　　我们在看到生产力决定生产关系和生产方式的同时，也必须看到生产关系和生产方式能够反过来极大地解放生产力，推动生产力的发展。文艺生产过程的产业化运作，必将能动地为科学技术的进步与文艺的创新和发展提供广阔的前景，使文艺生产释放出令人难以想象的巨大能量。20世纪90年代以来，在社会需求和高新技术的双重作用下，文化产业迅猛发展，不仅极大地满足了人们精神文化生活需要，而且成为全球经济发展的带动力量。请看下列一组数据：2004年，文化产业增加值占本国GDP比重：美国为5.83%，英国为7.61%，加拿大为3.8%，韩国为6%。美国电影电视业直接从业人员为130万人，非直接从业人员约100万人，其中直接从业人员的年平均收入为7.3万美元。2005年美国共生产发行了699部故事片，影视业的总产值为604亿美元，税收收入为100亿美元，影视片的出口为美国增加了95亿美元的贸易盈余。2002年日本推销到美国的动画片及相关产品总收入高达43.6亿美元，动画片形象权收益39亿美元，动画片的总出口收入是钢铁收入的四倍。一部总制作费仅为70亿韩元（约合700万美元）的韩国电视连续剧《大长今》，总收益却高达391.1亿韩元（约合3911万美元），纯收益为321亿韩元（约合3210万美元）。在韩国，文化产业已经成为仅次于汽车产业的第二大出口创汇产业。与此同时，以好莱坞为代表，高新技术在影视剧和舞台中的应用，也是许多传统表演艺术无法比拟的，其表演场景美轮美奂，辅之以高品质的灯光、音响效果，使人犹如身临其境，大大增强了艺术感染力，实现了高新技术与表演艺术的完美结合。可以说，文化产业正在世界范围内演绎着一部精彩的当代神话，并向我们昭示了文化与科学技术全新伙伴关系。在科学技术的作用下，当今世界，正如美国学者沃尔夫所言："文化、娱乐——而不是那些看上去更实在的汽车制造、钢铁、金融服务业——正在迅速成为新的全球经济增长的驱动轮。"

当然，我们必须认识到，文化生产过程的产业化运作是一柄"双刃剑"，既给文艺的创新和发展带来了新的天地，又容易使文艺这种精神生产受到"物化"的制约；既可以为文艺的生产提供雄厚的物质支持，又容易使文艺的生产走上单纯追求经济目标的歧途。因此，在借鉴一些发达国家发展文化产业的经验时，我们必须坚持党的文艺方针，遵循文艺自身的规律，"以我为主，趋利避害"，坚持把社会效益放在首位，努力实现社会效益和经济效益的完美统一，使我国文化产业的发展既为文艺繁荣创造强大的物质基础和优越的物质条件，更要使文艺创作真正成为艺术家充满激情和独特人生体验的不可重复的精神创造以及"艺术家本质力量的生动体现";既使文艺的生产取得相应的经济效益,更要有利于把社会效益放在首位,从而形成代表先进文化的前进方向的有中国特色社会主义的文化产业。

四

胡锦涛同志深刻指出:"从世界科技发展看,科学技术特别是战略高技术正日益成为经济社会发展的决定性力量,成为综合国力竞争的焦点。"在新的世纪里,实现我国综合国力不断强盛,既需要物质文明,也需要社会主义精神文明。无数事实证明,文化与科技创新的互动是近代文明演进的主旋律。高新科技融入文化艺术的创新和发展,是铸就中华民族文化艺术强劲肌体的重要元素。因此,实现这两者之间的有机结合,既需要成为广大文艺工作者的自觉要求和行为,也需要政府在文化管理上从实际出发,运用法律的、政策的、经济的、行政的等一系列有效手段,进行积极的引导和规范:

——要通过政府投入的导向作用,积极引导社会资金为提高文化艺术生产过程中的科技含量作贡献。创新充满风险,银行不愿涉足,企业资金有限,这就需要我们制订科技与文化相促进相融合的重大政策和配套措施,融通社会资本,支持艺术科学的研究和高新技术在文艺创新和发展中的应用研究,支持运用现代科学技术挖掘、保护和弘扬传统民族文化艺术,推进文化创新体系建设。

——要通过政府的政策引导,在积极保护公益性文化艺术事业的同时,按产业化运作方式的要求促进相关文化艺术生产单位及文化企业的体制改革,坚持企业发展依靠科学技术、科技进步推动企业发展,加快把文化的魅力转化为企业的实力、现实的生产力和国际市场的竞争力,为我国文化发展提供强大的科技支撑,从而优化出具有高新科技基础的文化产业体系,真正使科学技术现代化成为实现中华民族伟大复兴的强大动力。

——要高度重视由于高新科技的介入而带来的市场交易方面的新情况。尤其要看到现代高新科技越来越广泛地渗入文化领域,文化产品和文化服务的科技含量越来越高,既为优秀精神产品的生产和传播提供了强大的武器,也为精神垃圾的制造和流传提供了方便。我们要未雨绸缪,主动运用高新科技手段,一方面加大对具有现代意义的各种有形和无形的文化市场的监管力度,使文化市场的各类竞争规范、有序;另一方面要有效地打击各类形式各种手段的盗版和侵权行为,降低维权成本,切实保护知识产权,保护文艺工作者的劳动成果和合法权益,从而最大限度地调动文艺家进行有中国特色社会主义文艺创新的积极性,为我国新兴的各类文化产业和市场主体在文化市场中大显身手创造良好的环境和条件。

——要抓住信息化的历史机遇,用网络的力量拓展文化辐射的范围,提升文化传播的有效性,尽快推动对外文化交流的传播手段的升级换代。通过国际文化的对话和文化产业的竞争获取政治、经济上的战略利益,正逐步演化成为国际竞争的重要领域和重要竞争方式,并进一步体现在文化的转化力上。对于中华民族优秀文化的宣传,不能仅仅满足于散发一些图书报刊等宣传品,不能仅仅停留在通过艺术表演和展览进行交流的阶段,而要提高、利用现代化大众传媒手段的能力,更多地借助广播、影视、音像直至信息高速公路来提高宣传效率,尽可能地扩大覆盖面,形成全方位、立体式对外文化交流体系。要积极参与国际文化产业分工与合作，增强中华文化在世界文化市场体系中的竞争力，不断提升中国文化形象，使中华民族的优秀文化在国际的文化交流和竞争中保持战略上的主动地位。

词曲二谈

文化部副部长　陈晓光

一、不为积习蔽　不为时尚惑

乔羽先生最近出版了他的著作《乔羽文集》（两卷），这真的是一件应该恭贺的事。按理，像他这般年长且又有影响的人物早就该有文集在世间行走了，可偏是迟到今日，足见在市场经济条件下，文学艺术的价值与价格并非成正比。品读着他精美的文集，真不知道应该感谢出版社的慧眼，还是资助者的慈怀，总之，这让热爱乔羽的人们能够借他的文集更多地了解、认识乔羽，更多地窥见他的词作风格，他的艺术见解，他的思想和品性。

乔羽先生因歌词创作而知名。从上个世纪五十年代初始，直到年近八十高龄，他从未中断过写作。他创作的歌词，仿佛是生了翅膀的精灵，总能不胫而走，怨不得读者听众要偏好他的歌词。而乔羽先生却并不把歌词置于十分高贵的地位。记得他曾不止一次地说过："我一向不把歌词看作是锦衣美食、高堂华屋。它是寻常人家一日不可或缺的家常饭、粗布衣，或者是虽不宽敞却也温馨的小小院落。"是"遍布街头的饭摊"。其实他最明白歌词"容易写，写好难"的道理，非得有超乎他人的洞察，举重若轻的功力不可。

文化价值

歌词也是诗，曾经是文学的正宗。最早诗与歌是一体的，诗即是歌，歌即为诗，"诗三百"便是清一色的歌词。后来诗与词分家，可歌的词被贬为"小道"、"诗余"，缘由是它从士大夫的案头走向了人民大众，用今天的话说就是贴近生活，贴近群众。歌词理当是诗的一种形式，须有诗的精魄、诗的境界、诗的哲思、诗的品格，但又要明白晓畅，朗朗上口，得让最广大的听众能从歌中获得即时的感染、感受，甚至是感动。这与今天的有些诗偏要写得人家越看不明白越好的情况完全地不同。的确，诗与歌词毕竟有别，诗多是自语，抒写个人情志，而歌词则要寻求群众更多的共鸣。乔羽先生深谙其间区别，其中甘苦也颇有体味。他的《我的祖国》、《让我们荡起双桨》均创作于上世纪五十年代，半个世纪过去了，岁月的风霜仍然掩不住它们的魅力。

乔羽先生曾赠我一把小扇，扇面上写的是袁枚的诗句："爱好由来落笔难，一诗千改始心安，阿婆还是初笄女，头未梳成不许看。"这既是自励，亦是勉我。可见乔老爷创作"语不惊人死不休"的严谨态度和雄心大志。他的笔下，见到的是那些平常的熟稔词语，不见铺张，也不见华丽，甚至让人看不见刀斧的痕迹，浅显、平白、朴素，仿佛是常上家来串门的邻居，自自然然地相契。如果说像《难忘今宵》、《夕阳红》、《大风车》等是借助现代媒体而家喻户晓，如果说像《牡丹之歌》、《世界需要热心肠》、《思念》等因有旋律的翅膀而让中国的百姓耳熟能详，那么，我想说，乔羽先生还有许许多多值得人们深思品味体悟的作品。如孔子这样让后人难与比肩的伟大文化历史人物，用一首歌词来刻画他，怕是用不着吓唬就叫人望而却步。乔羽却写了，通篇不见"忠孝节义"、"仁义礼智信"字样，写得你心服口服。"你是一位善解人意的朋友"，"你是一位通情达理的长者"，"你是一位循循善诱的师长"，把对孔子的敬意和之于我们民族的关系抒写得入情入理。他善于提炼词眼，一旦捕捉住了，一首小小的歌词也便成了一座岿然屹立的山峰。浅显中有深意，平白里寓哲理，由不得不心生钦佩。我尤其喜爱《巫山神女之歌》、《黄果树大瀑布》、《说聊斋》、《笼儿不是鸟的家》诸首，似乎是不经意地生成妙语机趣。"我把议论付与古往今来的过客，我把豪情献给风涛万里的船夫。"借神女峰的自语表达着作者深刻的人文哲思。"人从高处跌落，往往气短神伤；水从高处跌落，偏偏神采飞扬。""人有所短，水有所长。"这样的句子亏他能想得出来。两种意象分别去看是很常见的，没有奇异独特之处，可偏偏经他发现并放进对比关系中，就教人无法漠然、不能无动于衷了。《说聊斋》是他为电视剧《聊斋志异》写的主题歌，"鬼也不是鬼，怪也不是怪，牛鬼蛇神倒比正人君子更可爱"。在此他所指的当然不光是"聊斋"中的故事，搜寻历史记忆，回顾往事沧桑，决非诳语。"金丝笼儿无价，玉石碗儿豪华；这生涯，十分优雅，不是咱，鸟儿的家。"且不论元曲的味儿十足，就是"这生涯"三个字用得轻轻松松，便把杜十娘鄙弃和拒绝富贵，追求纯真爱情的情态托举出来了。这些是我从中信手拈来的句子，在他的词作中俯拾即是。在这些歌词中，他把自己对社会、历史、人生思考所得不露痕迹地融了进去。可以说他的词作有大技巧，又可以说是看不出来技巧。乔羽是一位无可争议的歌词大家。

　　乔羽先生生于丁卯。又逢丁卯时，我们曾在宜昌为他庆贺过六十周岁的生日。他不到五十就已长出一副"老爷"面容了。我和乔羽先生相识三十年，论年岁，他是长辈，属忘年，不敢谬托知已，却是我情倾心仪的良师益友。在我主持《词刊》和中国音乐文学学会事务期间，我们又多了许多切磋艺术的机会。乔羽先生笃实仁厚，有水一样的柔情，也有山一般的坚毅。他确是一位真诗人，尽管写诗的未必都是诗人。他的人生如同他的歌词朴朴素素，平平常常，没有刻意雕琢的痕迹。曾与言，"不求惊天动地的伟业，但愿有二三言流传世间"，他一生奋笔，努力躬行。有著作等身者，未必有二三言铭刻人心，流传于世，皆因所谓二三言，实为浓缩了人生体味思考的精华。不知这套书印行了多少册———且不去说罢，卖得多的不一定是好书。我愿意有幸拥有此书的朋友，把它当作一本人生之书来读。

灯下翻阅至末页，心中跳出书中短得不能再短的话来。"不为积习所蔽，不为时尚所惑"。诚哉斯言。

二、永远的旋律

王酩辞世已经整整 10 周年了。

驾鹤西去，是中国人对于生离死别的浪漫言辞，用在王酩身上，不仅形似而且神似。因为在人们的记忆中，王酩的身上总有些挥之不去的神风仙气。

那是 1997 年的初冬，王酩因突发性脑溢血入院抢救。ICU 病房禁忌森严，通情达理的医生却让王夫人香珠和守候在病房外的亲朋好友们推举一人入内探望。我进去了，站在病榻旁，默默地看着被人工呼吸机鼓荡胸膛而毫无生命意识的王酩。我噙住泪水，用手梳理着这位音乐天才颅顶上蓬乱的头发。此时此刻，我深知王酩的灵魂犹如他委婉凄美的旋律一样，正一缕一缕地飞离躯体，飞向天国……在此 7 年之前的 1990 年，王酩同我一起，也是如此悲怆地站在施光南身旁，看着他渐渐化成音符飘然逝去。王酩和光南都是我的朋友与合作者，如今他们都已经化成云，化成雾，化成丝丝缕缕的轻风，来去无踪，却在青山绿水，城镇乡野间飘逸回旋。人们只需侧耳聆听，便知道他们永远地存在。

　　王酩是为音乐而生的人。上帝把对音乐的炽爱和神童般的天赋给了一个穷孩子，可以想象出他求学、探索乃至走向成功的音乐之路是多么的坎坷泥泞，荆棘丛生。人们熟悉他动听优美的音乐，熟悉功成名就之后笑容可掬的王酩，却很少有人知道，他是如何用汗水和泪水，把心中对祖国，对生活的厚爱凝砌起来，筑成一座高高的音乐山峦。记得彼时，我常听而且爱听王酩吟唱自己的作品，尽管他说自己的嗓子有如"莎士比亚"，但我依然爱听爱看他的演唱。除去憨态可掬的相貌和举手投足间透出的音乐灵性之外，还因为他的每一次演唱都倾诉着积蓄在心里的感情。无论是激情柔情哀情，未曾开口泪先流，朋友们都知道，王酩在吟唱自己的作品时总会眼含热泪。那情景每每让我想起艾青先生的那句名诗："为什么我的眼里总是含着泪水，因为我对这片土地爱得深沉……"

　　创新是艺术的灵魂。真正的艺术家不用谁人号召，都会倾注一生的心血，去不断地突破自我，推陈出新。从王酩的早期作品，从电影《海霞》、《沙鸥》的音乐到《小花》、《青春啊青春》、《边疆的泉水清又纯》、《角落之歌》、《知音》，一直到《春天的钟》、《难忘今宵》等等歌曲，他创作的一部部一首首人们耳熟能详的作品，无不闪现着追求、探索、创新的光彩。当然，任何艺术上的标新立异，在问世之初都不会被多数人认可，还总有人以捍卫传统的面目出现，品头论足、批判指责。历史上的贝多芬、柴可夫斯基等都遭遇过此类的尴尬与难堪。但最终历史和人民大众还是会给他们的作品以客观公正评价。那些流传至今，已经成为经典的作品便是最好的证明。王酩曾多次颇为自豪地同我言及胡耀邦同志在一次小型音乐创作座谈会上的讲话："王酩，你是酩酊大醉，音乐醉人啊！"王酩和施光南都以十分赞赏和崇敬的口气，多次对我说过胡耀邦同志下面的这段讲话:"不要以领导人的好恶来判断决定一部文艺作品的命运。对文艺作品最高和最终的检验与评判是人民大众,是时间、是历史……"在上个世纪的80年代初期,耀邦同志的这段充满哲理的讲话,无啻平地惊雷,震撼了艺术家们。这个观点无疑是"实践是检验真理的唯一标准"在文学艺术上的延伸,是符合辩证唯物主义的艺术规律的。从此,我们冲破羁绊,放开手脚去进行多种艺术创新的探索与尝试。应运而生的是改革开放初期涌现出的一大批优秀作品和艺术家。王酩、施光南、谷建芬、王立平,便是改革开放年代造就的一批杰出作曲家的代表。耀邦同志的这番讲话在我的艺术创作乃至以后从事文艺领导的工作实践中,成为牢记在心的信条。

艺术家的苦恼往往来自取得成功、形成风格之后。如何突破自我,更上层楼?如何从已经踩在脚下的山峰上重新起步,去攀登上另一座更高的山峰?这些严峻的课题,摆在从事艺术创作的人们面前。我见过王酩在卫生间里放个小柜,铺开谱纸创作出新曲的喜悦。更见过从如醉如痴的音乐中醒来的人们称赞他的辉煌时,他表现出的苦恼和忧虑。他有过沉思、有过郁闷、有过愤怒、有过懊丧,有过泪流满面的日子,也有过捶胸顿足的时候。这一切都源自他对自己难以进入崭新的创作状态不满,对自己难以寻到崭新的构思、崭新的音乐语汇不满。我理解,对自己不满是极度痛苦的。我也曾在酒酣耳热时,坚定他对自己音乐创作的自信,鼓动他尽快启动构思酝酿已久的交响乐创作。他始终是在对自己创作的不满足中跋涉、前进,直到为自己的生命画上休止符。我认为,对于一个毕生求索创新的艺术家来说,即使没有留下传世之作,他也是一个成功的人,这个成功是人格自我塑造的成功。

对于王酩其人其作,我想还是交与历史和人民大众去评说吧!因为他已经属于中国音乐的历史。人的一生只要有些条件，都在追求不朽，都想在这个世界上留下自己来过的痕迹。科学家想留下一条亘古不变的定律；建筑家想留下一座千年屹立的大厦；为官一任者想留下些政绩，让百姓世代传颂；写诗作词者想留下几句至理名言，让人们作为座右铭……当然，作曲家们更想留下的是些许旋律，时时在人们的耳畔心头萦绕回旋，永不散去。

王酩的旋律至今在中国大地上，在人民大众中间传唱飞扬。王酩不朽，正在于他饱含深情，呕心沥血写下的音乐。

加强非物质文化遗产保护
建设中华民族共有的精神家园

文化部副部长 周和平

　　胡锦涛总书记在党的十七大报告中指出：要"加强对各民族文化的挖掘和保护，重视文物和非物质文化遗产保护"。文化遗产，既有物质形态的"有形"的文化遗产，如万里长城、故宫、寺庙，包括古代典籍、四书五经等；又有主要通过"口传心授"的方式传承下来、以"无形"形态存在的非物质文化遗产，如民间音乐、歌舞、武术。文化遗产的"有形"和"无形"、物质和非物质的不同存在形态，共同构成民族文化遗产的整体，两者缺一不可。非物质文化遗产指的是各族人民世代相承的、与人民群众生产生活密切相关的各种传统文化表现形式和文化空间。包括各民族的民间文学以及作为其载体的语言文字，各种传统艺术表现形式如音乐、舞蹈、戏剧、曲艺、美术，各种民俗礼仪、节庆和民间传统工艺等。我国的非物质文化遗产是中华民族特有的精神财富，其对维系中华民族的文化血脉，延续中华文明的历史文化传统发挥着重要作用。加强非物质文化遗产的保护，对于弘扬中华文化，提高国家文化软实力，构建社会主义核心价值体系，建设中华民族共有精神家园，增进民族团结和维护国家统一，实现经济、社会的全面、协调、可持续发展具有重要意义。

一、非物质文化遗产保护的必要性和紧迫性

（一）非物质文化遗产保护的必要性

在世界几大文明中，中华文明博大精深，源远流长，是唯一能够延续下来的文明体系。中国文明的传承有两个主要渠道。一个是通过经典化的文字语言记载来传承。这种传承基本上是知识分子通过撰著的各种典籍完成的，包括易代修史、易代修书，不断地传承文化，如国家有史、地方有志、家族有谱。另外的一个渠道就是通过各民族的民间文化形式来传承。民间形式的文化是国家主流文化的重要来源，同时又是主流文化的重要传承方式。比如说像唐朝流行的竹枝词，就是经过诗人在民间的采风，整理之后进入官方典籍的。各种习俗更是民间文化的重要表现。比如大家知道的二十四节气，在周代已总结形成，这是人们在农耕社会对自然的一种观察和判断，当节气加入了特定文化内涵之后，便成为习俗，传统节日就是传承一个民族文化的非常重要的形式。中华民族文化之所以能够传承下来，和民间文化与非物质文化遗产都有直接的关系。所以，非物质文化遗产对继承一个民族的精神血脉和传统基因发挥着重要作用，对维系一个民族的团结，保持一个民族的文化特质具有重要作用。

中华民族的文化是多元一体，也正因为有了多元一体的文化才形成了多元一统的国家。文化的交融带来文化的繁荣和发展。中国历史上第一次文化大融合是在春秋战国时期，当时设坛讲学蔚为风气，诸子百家各抒己见，促进了文化的发展，使大家互相借鉴、互相学习，带来了秦汉时期的文化繁荣。第二次文化大融合是魏晋南北朝时期，通过几百年的文化交融，出现了隋唐的文明。唐朝是中国历史上最兴盛的时期之一。第三

次文化大融合是宋辽夏金元时期，到元代实现统一，那时中西方文化交流非常活跃，印刷术还传到西方。明清时期，中国文化逐步地走向成熟和稳定。目前中国又处在一次文化大融合时期，其特点是东西方文化、各民族文化相互交融，相互借鉴，必然会对中华文明的发展产生积极影响。

在多元一体的文化发展过程中，中国形成了儒、释、道的文化传统，它们的整合成为中国文明的核心。儒家学说调整人和人之间的关系，人和社会的关系，所谓修齐治平，"修身、齐家、治国、平天下"，"内圣外王"，"仁者爱人"。道家学说调整人和自然的关系，就是尊重自然，所谓"道法自然"。佛教是在两汉之间传入中国的，用了上千年的时间，到禅宗完成了中国化的过程，赵朴初称禅宗为"人间佛教"。佛教学说给人一种调整自我、战胜自我的文化理念。在文化的融合发展中，形成了中华民族独特的道德体系和价值观念。在人与自我的关系上，强调塑造"慎独"的崇高人格和"立德、立功、立言"的不朽境界以及"三军可夺帅，匹夫不可夺志"、"富贵不能淫，贫贱不能移，威武不能屈"的人格精神，正因为中华民族有着"国家兴亡，匹夫有责"的民族精神和优良的文化传统，每逢国有灾难的时候，中华民族就能形成万众一心、众志成城，团结协作，战胜灾难的强大凝聚力和向心力，这次抗震救灾就是这种民族精神的真实写照；在人与他人关系上，强调和谐有序的人际关系、人伦关系、群体关系，即"父慈、子孝、兄良、弟悌、夫义、妇听、长惠、幼顺、君仁、臣忠"；在人与民族和国家的关系上，主张关心社稷民生、维护民族独立和保卫中华文化，即"先天下之忧而忧，后天下之乐而乐"、"天下兴亡，匹夫有责"、"安得广厦千万间，大庇天下寒食俱欢颜"；在人与自然的关系上，强调"天人合一"、"与天地参"等。这些为中华文化的发展不断注入生机与活力，从而对人类文明的发展产生了重要的影响，特别是汉唐文化几乎影响了整个世界。十六、十七世纪后中华文化传播到欧洲，利玛窦等传教士将大量中国经典译成拉丁文在欧洲出版，对欧洲文明产生重大影响。康德认为，斯宾诺莎的无神论完全是受老子的影响。莱布尼兹在《中国近事》一书中说："在实践哲学方面，欧洲人不如中国人。"法国思想家认为中国哲学为无神论、唯物论与自然主义，此三者为法国大革命提供了哲学基础。法国伏尔泰说："中国为世界最出色的最仁爱之民族。"他还将《赵氏孤儿》译为《中国孤儿》剧本，在法国上演，风靡一时。德国大诗人歌德说："在中国，一切都比我们这里更明朗、更纯洁、也更合乎道德"，中国的"人和大自然是生活在一起的"。自唐代以后，中国文化波及日本、韩国、东南亚等地区，它们以中国为师，在世界上形成与基督教文化圈、伊斯兰教文化圈可以相提并论的"儒家文化圈"。

非物质文化遗产来源于各族人民长期的生产生活实践，体现了中华民族所特有的生活方式、道德观念、审美趣味和艺术想象，表现了中华民族强大的向心力和恢宏的气度。它生长于民间，繁荣于社会，无论是在价值观念上还是在艺术形式上都为广大群众喜闻乐见；它蕴涵着深刻的人与自然、人与人之间以及人与社会之间和谐相处的理念，以及爱国为民、重诺守信、勤劳勇敢等中华民族优良传统和道德品质，是当前和谐文化建设的重要文化资源和社会主义核心价值观的重要文化根基，对维系中华民族的精神血脉，保证中华文明的不断延续发挥了重要作用。加强非物质文化遗产的保护，对于弘扬中华文化，提高国家文化软实力，构建社会主义核心价值体系，建设中华民族共有精神家园，增进民族团结和维护国家统一以及实现经济、社会全面、协调和可持续发展具有重要意义。

（二）非物质文化遗产保护的紧迫性

目前，保护非物质文化遗产所面临的形势是非常严峻的。100多年来，中国社会形态发生了巨大变化，特别是鸦片战争以后，中国沦为半封建半殖民地社会，不断受到外敌入侵，导致国力衰微，中国的传统文化不断受到冲击，原有的以儒家文化为基础、产生于小农经济基础上的核心价值体系被打破，新的价值体系尚未建立起来，中华民族的核心价值观出现了断裂。清朝中后期闭关锁国，对外部世界了解甚少，魏源的《海国图志》在日本再版6次，在中国却几乎无人知晓。17世纪中叶英国发生了工业革命，生产力水平迅速提高，法国的大革命之后也迅速发展起来，俾斯麦又统一了德国，迅速走向强盛。当时英国打过来的时候，道光皇帝还不知道英国在哪儿。在此之后，中国的大门被坚船利炮轰开，不断受到帝国主义列强的入侵。中华民族的有志之士开始反思，其中重要一点是认为文化落后。到"五四"运动进一步推及到传统文化层面。有一部分人甚至全面否定中华文化，喊出了"砸烂孔家店"的口号，否定汉字，主张拉丁化；否定中医，"在倒洗澡水的时候把婴儿也一块倒掉了"。后来外敌入侵、战乱不断，根本谈不上文化建设。新中国成立之后，我们的文化建设有了很大发展。中国共产党注重继承中华民族优秀传统文化。但是我们也走了弯路，发动了"文化大革命"。文化大革命对传统文化的破坏在中华民族的历史上也是罕见的，对一个民族的文化理念形成了严重的冲击，整个民族的文化认同感急剧下降。

十一届三中全会以后，中国开始了改革开放的伟大历史进程。30年来经济快速发展，综合国力明显增强，为世界瞩目。特别是党的十七大提出全面建设小康社会的奋斗目标，中国正步入健康发展的快车道。人们的思想观念发生了深刻变化，思想道德建设遇到了不少新情况新问题。我们应该居安思危，清醒认识。

一是全球化对中国的影响。在全球化进程中，文化活动与经济的界限越来越模糊，文化因素渗透到经济活动的各个领域，文化与经济的联系越来越紧密，文化创造成为经济增长的推动力，文化竞争力被提升到事关综合国力、国家经济安全和文化安全的高度。

在现代科技条件下，文化的渗透不可阻挡。在经济、军事的激烈竞争的背后，进行的是更加激烈的思想、文化软实力的竞争，即意识形态领域的竞争、价值观领域的竞争。一些西方国家为了维护自己的利益，一直都在不遗余力地凭借经济、科技和军事优势，不断地对发展中国家特别是社会主义国家进行文化与思想的渗透，企图把自己的价值观渗透到全球活动的各个方面，企图在价值观的较量中抢占先机，并企图"不战而胜"，这已经成为少数霸权主义国家的重要战略和策略。上世纪末美国中央情报局针对中国的《十条诫令》里面就这样说，"尽量用物质来引诱和败坏他们的青年，鼓励他们藐视、鄙视、进一步公开反对他们原来接受的思想教育，特别是共产主义教条。替他们制造对色情奔放的兴趣和机会，进而鼓励他们进行滥交。让他们不以肤浅、虚荣为羞耻。一定要毁掉他们强调过的吃苦耐劳的精神"，"只要他们向往我们的衣食住行、娱乐和教育的方式，就是成功的一半"，"要利用所有的资源，甚至举手投足，一言一笑，来破坏他们的传统价值。我们要利用一切来毁灭他们得到的人心。摧毁他们的自尊自信的钥匙，就是尽量打击他们吃苦耐劳的精神"。作为美国政府海外电台的美国之音，每周对华的普通话广播为84小时，每周的藏语广播为28小时，每周的粤语广播为14小时。当今世界，各种文明之间的冲突越来越激烈，文化在综合国力竞争中的地位越来越重要，谁占据了文化发展的制高点，谁就能够更好地在激烈的国际竞争中掌握主动权。

二是市场经济的影响。改革开放以来，随着市场经济的发展、经济结构的多元化、利益关系的多样化以及西方社会思潮的大量涌入，我国出现了价值观和信仰多样化的趋势。利己主义、"金钱至上"、"商品拜物教"等价值观也滋长起来。社会上一些人信仰缺失，人性扭曲，道德沦丧，消费腐败等现象层出不穷。

在由传统的农业社会向现代工业社会的转型期，原有的农业文明状态下的文化形态和方式在现代化的冲击下面临更大的困境。大批有历史、文化和科学价值的非物质文化遗产遭到不同程度的破坏，甚至由于传承人的逝去而濒于消亡，加强非物质文化遗产保护工作迫在眉睫。上世纪50年代，我国有戏曲戏剧368个种类，到80年代初减少到317个，2005年只剩下267个，其中一半剧种只能业余演出，有60个剧种没有保存音像资料。像景泰蓝、宣纸等工艺，原为中国独一无二的特色技艺，被日本人学去后，现在质量最好的产品反而出产在日本。此外，一些掌握绝活的艺人年龄老化，后继乏人；一些依靠口传心授传承的文化遗产正在不断消失。传统文化生态遭到了严重破坏，社会文化状况令人担忧。因此，我们迫切需要加强社会道德建设，建立核心价值观，以统领人们的思想，主导社会思潮的走向，引导全社会在思想道德上共同进步。

三是社会教育机制尚不完善。长期以来，我们的社会教育缺失，学校教育中忽视对学生的道德教育，特别忽视中国传统文化知识的教育，在教育内容上重知识轻道德；在教育方法上思想教育口号化。在思想政治工作中出现了"一手硬、一手软"，方法和手段不适应新形势要求等问题。小平同志曾说："十年改革开放，最大的失误在教育。"后来他又强调说，"我这里说的教育指的是思想政治教育"，说明我们的思想政治工作还不能完全适应时代的要求，加强对青少年的思想道德教育，形势还相当严峻。

改革开放之初，讲究效率优先、兼顾公平，但也逐步出现了城乡之间、各群体之间收入差距拉大，利益格局出现差异，影响社会安定等问题。如不进行道德教育，十分危险。建设社会主义核心价值观，巩固全党全国人民团结奋斗的共同思想基础，更显十分必要。我认为在总结改革开放30年的时候，也应该对我们的文化建设做一些反思和总结。每一个炎黄子孙都应该有责任来面对现实，提高文化自觉，保护珍贵的文化遗产，只有这样才能够重塑民族精神，增加民族认同，建设中华民族共有的精神家园。

二、非物质文化遗产的文化内涵

非物质文化遗产蕴含着独特的历史价值、文化价值和科学价值，具有丰富的文化内涵，是建设社会主义先进文化、培育社会主义核心价值观的重要资源和文化基础。保护非物质文化遗产是贯彻科学发展观，培育社会主义核心价值观的重要方面。2006年5月20日，国务院公布了第一批国家级非物质文化遗产名录，共计518项，分为10个类别。下面，我就10个类别的文化内涵做一梗概介绍：

（一）民间文学

民间文学是人民大众口头创作、口耳相传的语言艺术。它产生并流传于民间社会，是老百姓用口头语言描述自己的生活、讲述自己的故事、叙述自己的历史、表述自己的愿望的一种底层的民间文化，是人民大众以自己独特的艺术方式所创造的美丽动人的神话、传说、民间说唱、民间歌谣等各种各样的文学样式。它包含着丰富的历史知识、道德理想、审美观念、

文化价值

社会经验、生活习俗等方面的历史文化信息。民间文学历史悠久，认同性强，往往成为一个民族或一个地方的标志性文化，并影响到这些民族和地区广大群众生活的方方面面。我国有丰富多彩的民间文学作品，千百年来在老百姓中间流传，并与老百姓的生活方式融合在一起，影响教育了一代又一代人。例如：在我国各地广泛流传的《梁祝传说》，流传在中国东南沿海地区的《妈祖传说》，流传在新疆地区的《阿凡提的故事》，流传在蒙古族地区的《江格尔》，流传在藏族地区的《格萨尔王传》，流传在两广地区的《龙母传说》，流传在东北地区的《秃尾巴老李传说》等等，都是这种地域性文化的代表。民间文学历史悠久，包含的文化内涵非常丰富，既有神话宗教内容，也有历史文化内容，还有地方山水物产方面的知识。在2006年5月国务院公布的我国第一批非物质文化遗产名录518个项目中，民间文学占31项。

神话是人类童年时代出现的、以讲述天地起源和诸神活动为主要内容的幻想故事。神话不是一种单纯的文学，而是原始社会里包含宗教、哲学、政治、艺术、科学、史学在内浑然一体的社会意识形态，是原始人类幻想征服自然、支配自然的故事和传说。如，三皇五帝的神话传说。对于一个民族来说，神话是他们的根基和历史。

中国民间传说非常丰富。牛郎织女、孟姜女、梁山伯与祝英台、白蛇传，是影响深远的"中国四大传说"，为中华民族世世代代所喜爱、所传承。

民间文学是一种口头语言艺术，它多数是老百姓共同创作的集体性作品，故事的人物、情节、结局都是按照老百姓自己的意愿加工完成的，符合人民群众的善良愿望。普通百姓在现实生活中无法把握自我命运，于是他们通过虚构的传说故事表达对美好生活的期待。民间文学能够让老百姓在听故事中获得美的享受和愉悦。

民间文学还是民众生活的口头形式的教科书，它的教育价值主要体现在所表达的社会经验和情感愿望，以及"行善得福"、"作恶得祸"的情节模式对社会大众的警示、劝诱和引导上。

作为人民大众所创造和拥有的精神财富，民间文学最真实、最全面地反映了人民的生活状况，最直接、最深刻地表现了人民的思想感情，它记载着人民自己的历史，总结了劳动斗争的丰富经验，是人民大众自己创作的"百科全书"。

（二）传统音乐

传统音乐就是各族人民在长期社会生活过程中，集体创造出来的一种广泛流传于民间、深为广大人民群众喜爱的传统的音乐形式。包括"歌"与"曲"两个部分。古代曾将"民间音乐"称为"俗乐"、"国风"、"郑声"等。包括民间歌曲（民歌）、民间器乐、民间曲艺、民间戏曲等。孔子非常重视音乐的作用，他主张，"兴于诗，立于礼，成于乐"；把礼教和乐教都视为教化民众、稳定社会的重要手段，说"安上治民，莫善于礼；移风易俗，莫善于乐"。经过数千年的传承，56个民族都积累了丰富的音乐品种，这其中既包括了提高劳动效率的劳动号子，也包含着人们精神信仰的宗教音乐；既有田间娱乐的薅草锣鼓，也有文人传情达意的古琴艺术。传统音乐对于中华民族精神的塑造，具有十分重要意义。在第一批非物质文化遗产名录中，传统音乐占72项。

中国的传统音乐一般意义上讲来可以分为五大类，即民歌、歌舞音乐、说唱音乐、戏曲音乐、器乐。

1. 民歌。民歌历史悠久，蕴藏丰厚，体裁多种，风格多样，是广大群众最熟悉、最喜欢的一种艺术形式，它反映了不同地区不同民族群众的生产生活方式，具有鲜明的民族性和地域性特征。民歌种类繁多,从体裁和形式分类,主要包括劳动号子(川江号子)、山歌、小调(沂蒙山小调、包楞调)、长歌等;依据题材来分,可分为婚礼歌曲、哭丧歌、哭嫁歌等;从表演的场合来分,又可分为牧歌、田歌、风俗歌、礼仪歌等;按照织体来区分,又有单声部歌曲、多声部歌曲等。民歌中最具色彩性的还是许多少数民族的歌曲,比如"侗族大歌"、"蒙古长调"、"呼麦"等等,其中,"侗族大歌"和"呼麦"还是具有多声部的演唱形态。

2. 歌舞音乐。中国的歌舞音乐也是非常的丰富,在历史上,许多民族的音乐形式都是"歌、舞、乐"三者紧密联系在一起的,就是在当下,许多民族依然有着非常具有强烈民族风格的歌舞形式,比如我国进入联合国教科文组织第三批非物质文化遗产代表作的新疆维吾尔木卡姆,就是这样的载歌载舞的形式,当然还少不了乐器伴奏。

3. 说唱音乐。说唱音乐在中国是十分的丰富,现在比较活跃的有河南坠子、山东琴书、苏州评弹、扬州清曲、单弦儿,而京韵大鼓更是有名,有着不可替代的艺术魅力。

4. 戏曲音乐。戏曲音乐作为独立的门类,实际上,其优美的旋律更是区别于西方戏剧,戏曲音乐成为中国所独具特色的一种音乐类别,比如优美典雅的昆曲,高亢激越的秦腔,一曲多变的皮黄腔。

5. 民族器乐。中国的民族器乐十分丰富。许多乐器既可以独奏,又可以合奏,而且还成为上面所说的多种音乐形式中不可缺少的伴奏乐器。独奏乐器包括古琴、琵琶、二胡、古筝、笛子等,在历史上都积累了丰富的曲目。其中古琴作为具有数千年历史的乐器,于2003年11月成功入选联合国"人类口述和非物质遗产代表作"。诸葛亮"空城计"弹奏的就是古琴。乐器的合奏形式也是丰富多彩、历史悠久。独具特色的以编钟和编磬组合的乐队，历史上称之为"金石之乐"，比如举世闻名的曾侯乙墓出土的大型乐队组合就是杰出的代表。

传统音乐有着丰富的文化内涵和历史内涵，因为它是中华民族在长期的社会生活过程中情感的积累与创造，同样也是优秀民族文化传统的体现。中国传统音乐是中华各民族人民共同创造的结晶，代代相承，创造发展，对中华民族精神的塑造，具有十分重要的意义和价值。

（三）传统舞蹈

舞蹈是以人的形体动作为媒质的人类有目的的行为，它伴随着人类的生命活动和生存意识而产生，是以表现人类浓缩、升华了的感情为追求目标的社会艺术活动，是社会意识形态的一种反映。中国传统舞蹈，作为身体文化的特殊表现形态，体现着最古老的中华文明，显现着东方思维的独特魅力。"阴阳相生"的哲学理念、"中正和谐"的审美理想、"生生不息"的人文追求，都在传统舞蹈中有完满的体现。《礼记·乐记》中说，"情动于中而行于言，言之不足故嗟叹之，嗟叹之不足故咏歌之，咏歌之不足，不知手之舞之，足之蹈之也。"在第一批非物质文化遗产名录中，传统舞蹈占41项。

传统舞蹈是人类文明的母体与先声。作为人类早期生活的重要组成部分，传统舞蹈融歌唱、音乐、装饰和各种肢体语言于一身，用特殊形态表达着中华民族的生存方式、历史文化心态、风俗习惯和性格。根据功能的不同，早期的民间舞蹈可分为娱人与娱神两类。娱人的舞蹈，如秧歌、鼓舞、旱船、芦笙舞、抬阁等，主要用于节庆、迎客、联欢、娱乐、演出等场合；娱神的舞蹈，主要指历史遗留下来的各种丧葬、祭祀、祈祷、治病、驱邪等宗教或仪式舞蹈，它们保留了大量的文化信息，是研究人类社会发展史的"活化石"，更是民族精神的特殊载体。

传统舞蹈，又是社会生活的客观反映，中华民族的精神象征，人类文明的必然归程。我国各民族的传统舞蹈，都与其生活劳作、信仰习俗息息相关。汉族"秧歌"就是农耕文明的产物，它源自农民自娱性的舞蹈，并在历史沿革中形成不同的风格和样式：北方的河北秧歌、东北秧歌、山东秧歌、陕北秧歌等，多以"秧歌"为名；南方的安徽"花鼓灯"、云南花灯、江西采茶灯等，则多以"灯歌"称谓。除了汉族舞蹈外，绚丽多姿的少数民族民间舞蹈，如满族的莽式、藏族的弦子、傣族的孔雀舞等，同样构成中国传统舞蹈的主体内容，形象而生动地反映着我国人民的民族精神、哲学思想、道德观念、审美情趣、文化传统和风俗民情。龙舞的凝聚作用、花鼓灯的联结功能、羌姆的精神认同以及安塞锣鼓的奋进精神，都以独特的肢体语言，诉说着民族迁徙、文明演进的历史，昭示着中华文化"古今一体"的价值取向和面向未来的民族个性。无论过去、现在，还是将来，传统舞蹈都将成为民众精神生活的重要组成部分。

（四）传统戏剧

传统戏剧是中国各族人民共同创造的代言体表演艺术，在中国有着悠久的历史。从先秦时期的倡优巫傩，到汉唐的百戏杂耍、戏弄歌舞；从宋代的参军戏、傀儡戏、杂剧、南戏，到元杂剧、明传奇、清代的花部诸声腔，中国传统戏剧艺术不断地兼容并蓄、推陈出新，也不断地将前代戏剧样式加以发展创造，逐渐熔铸成兼具音乐、舞蹈、文学、美术、武术、杂技等诸多技艺的多元艺术样式。传统戏剧历史悠久，现存的剧种如昆曲，有600多年的历史，其他如柳子戏、梨园戏、莆仙戏、湘剧、秦腔、徽剧、汉剧等，也都有三四百年以上的历史，积淀了深厚的民族、民间文化。中国戏曲是世界三大戏曲源流之一，与古希腊的悲喜剧，古印度的梵剧齐名。王国维曾这样定义,"以歌舞讲故事为之戏曲"。戏剧从产生时候起,就有社会教化的功能,所谓一个戏本就是一本启蒙课本,以至于人们将其称为"高台教化"。据21世纪初的调查,全国共有300多个戏曲剧种(包括木偶、皮影)。其中列入第一批国家非物质文化遗产名录的有92项。

传统戏剧按照民族、地域、语言、审美等要素,逐渐分化出丰富多彩的声腔剧种和表演形态。在这些数量众多的剧种中,既汇集了汉族戏曲和众多少数民族所创造的戏剧样式,如藏戏、侗戏、傣剧、壮剧、蒙古剧、维吾尔剧等;也包括了借助人的表现与借助木偶、皮影等物质形式进行表演的演剧形态;同时也保存了在中国戏剧发展史上曾经繁盛一时但在后世湮灭不彰的戏剧形态,如傩戏、目连戏、赛戏、队戏等。汉族戏曲艺术中,包括了各具特色的声腔剧种,例如福建莆仙戏、梨园戏,形态古老,至今沿用模仿木偶动作的"傀儡介",显示出戏曲生成之初的古朴状态;例如昆曲、京剧以及高腔、梆子、皮黄等声腔诸剧种,表演体系成熟,非常完整地借助唱、念、做、打等功法,表情达意,呈现故事;例如花灯、花鼓、秧歌、道情、采茶等声腔诸剧种,民间气息浓厚,表演形式不拘一格,呈现出独特的民间情趣;例如山西耍孩儿的后嗓唱诵、上虞哑目连的形体表达、海南临高人偶的相互补充、各地傩戏的戏剧与礼仪的配合等等,都一再地显现出中国戏剧在历史长河中所汇集的民族智能和集体创造。

传统戏剧覆盖全国所有省、市、自治区的广大地区,并包括各兄弟民族,在少数民族中有14个民族有本民族的剧种。全国共有26个少数民族戏曲剧种,各剧种都有自己民族的和地方的特点,有些剧种还拥有不同风格特点的艺术流派,呈现出文化的多样性和丰富性。同时,这些传统戏剧又成为凝结海内外华人的重要文化纽带。

文化价值

在千百年的孕育、发展、蜕变、成熟的历程中，中国戏剧始终将歌舞与表演、传统与时尚、技巧和艺术紧密结合在一起，凝聚着中华民族尊崇和谐的个性气质和艺术审美特征，附带着中华民族悠久的礼乐传统和创造精神，成为中国各族人民民俗生活中不能缺少的艺术样式，至今仍以活态形式顽强地生存、变异和发展。2001 年 5 月 18 日，昆曲被列入联合国教科文组织"人类口头与非物质文化遗产"名录，正显示出传统戏剧在中国传统文化中不可替代的文化地位。

（五）曲艺

曲艺是以口头语言进行"说唱"叙述的表演艺术形式。有据可查的信史始于唐朝，距今已有 1500 年左右的历史。据不完全统计，全国各地、各民族的曲艺品种，总数至少在 500 种以上。中华 56 个民族都有属于自己的曲艺表演形式。在第一批国家非物质文化遗产名录中，曲艺占 46 项。

曲艺的形态特征非常独特。按照表演的不同方式，可以分为"说的"，"唱的"、"连说带唱的"和"似说似唱的"四种类型；按照艺术的审美功能，可以分为"说书"、"唱曲"和"谐谑"三种类型。"说书"的引人入胜，"唱曲"的回味无穷，"谐谑"的诙谐幽默，使得北京评书、扬州评话、苏州弹词、山东快书、京韵大鼓、单弦牌子曲、相声、数来宝、二人转、河南坠子、粤曲、好来宝、乌力格尔等等耳熟能详的品种样式，一直为群众所喜闻乐见。

千百年来，曲艺不仅滋育着中国最广大民众的精神和心灵，而且孕育了诸如章回体长篇小说等文学样式和众多的地方戏曲剧种。历史上的例子不用列举，像评剧脱胎于彩扮"莲花落"、越剧脱胎于"嵊县落地唱书"，都是明显的例证。被誉为"中国少数民族三大英雄史诗"的《格萨尔王传》、《江格尔》和《玛纳斯》，实际上分别属于藏族曲艺岭仲、蒙古族曲艺陶力和柯尔克孜族曲艺柯尔克孜达斯坦的曲本，是这些少数民族曲艺形式的演出脚本。换句话说，驰名中外的"中国少数民族三大英雄史诗"，都是通过曲艺艺人的行吟创作和"说唱"表演，得以逐步形成、不断完善和广泛流传的。没有这些曲艺形式的孕育和创造，就不会有这些英雄史诗的形成与传衍。历史上的曲艺表演，不仅具有娱乐和审美功能，同时兼有道德教化和知识普及的作用。在文化教育不很普及的古代社会，普通民众道德观念的养成和生活知识的获得，很大程度上是借助欣赏曲艺来实现的。比如文韬武略集于一身的大英雄曹操，至今在普通民众的心目中属于"奸臣"形象，就与千百年来人们没有条件阅读《三国志》，却很容易欣赏到评书或评话《三国》直接相关。在这里，"说书"艺人的审美创造，一方面"折射"出的是古代人们的正统史观，另一方面也"改写"着人们的历史知识。即如承载着这一史观的章回体长篇小说《三国演义》，也是文人根据"说书"艺人的说演脚本，加工编定的。书中"欲知后事如何，且听下回分解"的套语，就是印证这种文化渊源的"历史胎记"。由此不难看出，曲艺在中华民族的文化创造与审美消费中，占据着何等重要的地位！传承保护好这类艺术形式，对于弘扬传统民族文化、丰富人们的精神生活，意义也是不言而喻的。

（六）杂技、竞技与游艺

杂技也叫杂耍。杂技、竞技、游艺古称百戏，包括杂技、竞技、传统体育、弈棋、博戏、益智游戏等，内容丰富多彩，是灿烂的中国传统文化的重要组成部分，也是其中最具活力、最贴近民众的一部分。数千年来是中华各民族健体强身，玩物适情文化生活不可或缺的部分。其历史悠久，社会基础广泛。它的萌芽时期，可以追溯到原始社会。远在数千年前，居住在黄河流域的中华民族的祖先就从劳动、战斗、宗教祭祀和日常生活中汲取养料,创造了杂技、竞技与游艺。在这漫长的岁月里,它历尽沧桑、由于深深植根于丰腴的民间沃土,因而始终保持着顽强的生命力,以至代代相传。上古之时,杂技、竞技、游艺与"乐"、"舞"、一起统称为"乐",或"技",秦汉以来又称"角抵"、"角抵戏"或"百戏"。据《汉书·武帝纪》文颖注:"两两相角力,角技艺、射御,故名角抵,盖杂技乐也",这便是"杂技、竞技"的来源,后屡见于历代史籍。相传公元298年,孟尝君被秦昭王软禁在秦国,昭王准备杀掉他,孟尝君和手下一大群门客商量脱身之策,半夜到了函谷关,当地规矩是鸡叫才开关,他手下又有一会口技门客,这时便学起鸡叫,这一叫关卡上下的鸡都跟着齐鸣,守关的士兵以为天快亮了,就打开关门,于是孟尝君一行得以脱险。这就是"鸡鸣狗盗"的故事,据说是我们现在口技的源头。游艺一词来自孔子《论语——游于艺》,原来是指六艺(就是礼、乐、射、御、书、数),后来演变为指游戏的艺术。在第一批国家非物质文化遗产名录中,杂技与竞技占17项。

　　我国的民间游艺、传统体育与竞技历史悠久,它们分别和家庭、社会生活、生产劳动及军事战斗紧密结合,创造并传袭了形形色色、花样翻新的文化表现形式。大体上可以分为自娱与娱他两大类或者说是包括群众型和专业型两个层面:一是大众自娱自乐的传统游艺、竞技,如各种拳术、武术、秋千、踢毽、跳板、划龙舟、赛马、弈棋、博戏等;它的特点是参与人多,社会性强,由社会代代相传承;另一类是在前一类基础上经过提炼的表演艺术杂技和修身养性武术功夫。它要求有较高的技巧,往往需要由专人传授、提炼,是在一般竞技、游艺基础上升华而来,超常技艺令人欣赏,具有娱他性的特点。它们已经不是群众性自娱自乐的文化活动,但却在民众中有深远的影响。

杂技、竞技与游艺内容十分庞杂，包括：①民间游艺，如踢毽、风车、风筝、七巧板、九连环、鲁班锁等；②体育竞技，如武术、拳术、蹴鞠、角力、拔河、赛马、弈棋、博戏、斗戏等；③杂技，如叠罗汉、顶碗、耍流星、扛杆、钻地圈、抖空竹、耍狮子、空中飞人、变戏法等。虽然范围广泛，内容复杂，但都为民众所喜闻乐见，老少皆宜的。有些项目表现形式，有数千年的传承历史。

在农耕文化背景下，民间游艺、传统体育与竞技始终是民间娱乐的最主要形式，可供全社会的群众参与。各民族的游艺、竞技活动各有特点，但都来自本民族的独特生产与生活，如蒙古族的赛马、哈萨克族的"姑娘追"、锡伯族的抓"嘎拉哈"，西南少数民族的划龙舟等，都是十分宝贵的非物质文化遗产。

历史上，我国的杂技、竞技与游艺资源非常丰富，有着悠久的历史和深厚的传统，生动地传递着中国劳动人民热爱生活的朴素情感，更体现了中华民族勤劳、勇敢、乐观、智能的品格和永无止境的创造性与探索精神。

（七）传统美术

传统美术是指民间社会与人们日常生活紧密相关的传统造型技艺，具有较为浓厚的民俗色彩和纯朴的地方特色。传统美术的文化传承性很强，流动性也很强，既为社会的上层文化提供鲜活的图像资源及创作灵感，又承载着不同社会条件下所沉积下来的各种文化形态。传统美术凝聚着民族的智能，体现着民族的丰富想象力，是实用的又是审美的，内容十分丰富，用途极为广泛。其中，尽管有些社会功用因时代的变迁已经淡化甚而退去，只保留形式，体现出较为单纯的欣赏及愉悦作用，但人们依然可从那些形式及其技艺中，追寻其生活经验、审美体验、道德观念与人生理想，重构民间社会的文化情境。在第一批国家非物质文化遗产名录中,传统美术占51项,其中包括杨柳青木版年画、武强木版年画、苏绣、湘绣、顾绣等。

以造型技艺的方式分类,传统美术同样包含四项内容,即绘画、雕塑、工艺及建筑,且以技艺性和民俗性见长。但是,正因为民间美术的这种特性,使其在历史文化的变迁中极易流落、丢失与分化,处于自生自灭的状态。只有某些特种技艺具有较强的活性,能从民间日常生活中脱离出来,成为职业化的手工生产并得以传承,在二十世纪曾作为"传统工艺美术"由政府加以保护。

现在国家的非物质文化遗产保护工作,将民间美术纳入其中,实际上含有"整体"保护的意义,即将民间美术与其生存的文化环境综合考虑,将民间美术"技艺"中的种种巧思妙法,与民间智能结合起来考虑。或者说,非物质文化遗产的保护更着眼于物化形态的精神文化内涵,难度更高,覆盖面也更大。正因为这种综合考虑与整体保护,民间美术也就可以和一些相邻的民间文艺形式,如民间传说、民间歌谣、民间曲艺等,互为印证,互为补充,互为阐释。同时,民间美术保护,也可结合传统的时令节气、民间信仰及人生礼仪,获取存在的原初意义。

(八) 传统手工技艺

中国古代有着完整而发达的手工业生产体系,手工艺技术涉及生产实践、社会交往和日常生活的各个领域,形成了诸如营造、木作、雕琢、烧造、冶炼、锻铸、纺织、印染、缝纫、刺绣、编结、髹饰、装潢、造纸、印刷、制革、酿造、榨取、炮制、烹饪等难以尽数的专门技艺、技巧和知识。在第一批国家非物质文化遗产名录中,传统手工技艺占89项。

中国先民在耕作、丝织、冶金、制瓷、造纸、印刷、火药、造船、指南针、深井开凿等方面所取得的一系列重大技发明创造，特别是"四大发明"，不仅促进了中华文明的历史发展，影响了中华文明的古典形态，也通过广泛的文化传播对世界文明的进步起到了巨大的推动作用。今天，诸如青瓷、紫砂、织锦、蜡染、宣纸、徽墨、湖笔、端砚、制药、酿酒、金箔、银饰等大量的传统手工艺仍在社会生产和日常生活中有着广泛的应用，有的技艺水平和技术品格仍是现代技术所不能取代的。而至今仍存在于民间的一些古老的技艺，如钻木取火、慢轮制陶、犁炉、犁镜、鱼皮、桦树皮制作等，是具有重要学术价值的活化石。

中国人素以心灵手巧著称于世，传统手工技艺源远流长，种类繁多。诸如制瓷器的方法、制茶的方法、制丝绸的方法等等，都是中华民族在长期劳作实践中，不断探索、总结、提高而形成的具有特色的手工技艺。中华手工技艺传统凝结着中国各族人民的卓越创造力和宝贵实践经验，蕴涵了中华文明的大量历史文化信息。中华传统手工技艺尊重自然生态关系、强调社会人文事功的独特思想认识和实践经验，在《考工记》、《营造法式》、《天工开物》、《髹饰录》、《园冶》、《陶说》、《绣谱》等工艺典籍，《燕闲清赏笺》、《辍耕录》、《闲情偶记》等文札笔记以及凡工俗匠的口传艺诀中都有丰富的记录和表述。

随着现代化建设的全面展开和不断深入，传统手工技艺和手工制品弥足珍贵的现代价值也日益被社会所认识。它不仅具有历史价值和学术价值，而且具有切合社会需要的实用价值和审美价值、经济价值和文化价值。从经济建设和科学技术角度来看，中国传统手工技艺尊重自然生态的独特技术思想和方法，是吻合现代可持续发展要求的珍贵文化财富；从文化建设角度来看，中国传统手工技艺的鲜明民族特征和人文品格，是见证民族文化身份、国家文化主权和世界文化多样性的鲜活实践形态。由此，博大深厚、精湛卓越的中国手工技艺传统，充分体现了现代人回归自然、回归乡土、回归文化的物质和精神诉求，理应得到充分的尊重和保护。

（九）传统医药

传统医药是我国最重要的非物质文化遗产之一。不仅包括汉族的医学药学，还包括藏、蒙、苗、瑶等少数民族的传统医学药学。传统中医在长期的发展中，形成了自己的独特医学体系，包括阴阳五行、经络、病因病机等学说及治法治则，以及基本特点为治疗的整体观念和辨证施治。中医诊病治病都是从全局整体入手的，这是因为中医的理论基础是易学（周易），医通易。中医理论是中医师丰富的个体经验支持的理论体系。中医讲究"望闻问切"，而这些都要靠经验传授，也要靠自身经验的积累，靠自身的感悟和摸索，中医这些无形的技巧和经验，要靠每一个人在实践中去学习和掌握。中医治疗经验的个体性，决定了其传承的复杂性。中医治疗的整体观，注重从人的机体自身的协调完整性和机体与外界环境的统一性出发，把握人自身肺腑之间的相互影响，以及与外界气候、水土影响的关系，强调因时、因地、因人制宜，不是头疼医头、脚疼医脚，而是把握征候、辨证施治。这种强调整体观及辨证施治的科学性，在世界医学体系中是非常独特的。《黄帝内经》成编于战国时期，是中国现存最早的中医理论专著。总结了春秋至战国时期的医疗经验和学术理论，并吸收了秦汉以前有关天文学、历算学、生物学、地理学、人类学、心理学，运用朴素的唯物论和辩证法思想，对人体的解剖、生理、病理以及疾病的诊断、治疗与预防，做了比较全面的阐述，确立了中医学独特的理论体系，成为中国医药学发展的理论基础和源泉。《伤寒论》是东汉末年张仲景编撰的又一部经典中医理论著作，全书共12卷，22篇，397法。重点论述人体感受风寒之邪而引起的一系列病理变化及如何进行辨证施治的方法。中药学是中医学的重要内容，中药学中对中药的采集、炮制，对药性、药量、配方、服用的分析，都建立在对植物学的深入认识上，具有很高的科学性。在国家第一批非物质文化遗产名录518个项目中，传统医药占9项，其中包括中医生命与疾病认知方法、中医诊法、中药炮制方法、藏医药等。

传统医药的本质是人学，是研究和调整人与自然的关系的学问，因此与国计民生息息相关。传统医药重视人的正气、重视人的情致、重视人与自然的和谐关系。它把人置于总的自然关系之中，既依托于自然，又享受于自然；既从自然的关系调适个体的生理问题，即所谓"上工治未病"，强调预防的重要性，又从自然界汲取资源，认知其四气五味、升降沉浮、君臣佐使来调适人体不适。因此，传统医药最能够体现中国古人"天人合一"的和谐观念。望闻问切的诊法、膏丸散丹的制剂方法，因人、因时、因地制宜地使运用到不同的病理个体身上，以调和人体机能的整体性平衡、达到治愈效果。因此，传统医药是中华民族关于自然界认知水平杰出的文化表现形式。

（十）**民俗**

即民间风俗，指一个国家或民族中广大民众所创造、享用和传承的生活文化。它起源于人类社会群体生活的需要，在特定的民族、时代和地域中不断形成、扩大和演变，为民众的日常生活服务。民俗事项中的信息及其文化意味，是一个人不管是在私人空间还是公共空间中进行身份确认、身份转换和族群认同的重要符号。如每个人的生命历程大致都会经历诞生礼、成人礼、婚礼、寿诞礼、葬礼等民俗事项；每个民族又都有各具特色的信仰习俗、传统节日以及服饰习俗、饮食习俗、居住习俗、交通习俗等。因此，民俗活动是一个民族长期文化历史发展的集大成者。在第一批国家非物质文化遗产名录中，民俗占70项。

民俗是人民传承文化中最贴切身心和生活的一种文化，它来自于人民，传承于人民，规范于人民，是深藏在人民的行为、语言和心理中的基本力量。民俗涉及的生产劳动、日常生活、社会组织、人生礼俗、岁时节令、民间信仰等内容，是在广大民众中传承的社会文化传统，是被民众所创造、享用和传承的生活文化。这种社会生活文化既是一种历史文化传统，也是民众现实社会生活的一个主要组成部分。民俗保留有丰富的历史信息，是我们了解历史文化的主要窗口。早在商周时代，官方就非常注意从民俗中汲取文化营养，不仅将采风问俗作为重要的政务之一，而且把"厚人伦、美教化，移风俗"作为治国的主要方略。中国的民俗主要有三个特点：一是打上了农耕文明的烙印；二是形成了多民族、多自然生态、多文化形态的特点；三是具有浓重的儒家文化色彩，成为沟通中国上下层文化的重要桥梁。几千年形成的民俗文化，是中华民族一笔巨大的精神财富，也是当前和谐文化建设的重要文化资源。

国务院决定从今年起，调整国家法定节假日，在原来将春节定为法定节假日的基础上，又将清明节、中秋节、端午节增加为法定节假日，对于保护和弘扬中华民族传统文化，增强民族认同，和谐社会关系，具有重要的现实意义。春节、元宵节、清明节、端午节、中秋节、重阳节、腊八节、除夕，这些传统节日，承载着丰富的文化内涵和厚重的历史积淀，是弘扬中华民族优秀文化和传承中华美德的重要载体。如，中华民族的盛大节日春节，是由古代的丰收祭祀活动演变来的。在几千年的传承中形成的丰富多彩的春节习俗，包含着许多独具特色的农耕文化的精髓，浓缩了中华文明进程的丰富内涵。人们习惯称春节为"过年"。"祈年成"是春节的永恒主题，每到年末岁首的春节，人们总是怀着敬畏之心和感恩之情，向大自然表达酬谢之意，祈求在新的一年里风调雨顺，五谷丰登，六畜兴旺，百业繁荣，家宅平安。春节期间所展示的原初性民俗事象，无不揭示出人与大自然的密切关系与和谐一致。此外，如元宵节、清明节、端午节、中秋节等传统节日，都以各具特色的文化内涵和周期性、民族性、群众性的特点，在历史的传承中形成巨大的文化传统，丰富着人们的精神文化生活。要运用传统节日弘扬中华民族文化的优秀传统，充分发挥传统节日在增强中华民族凝聚力，推进祖国统一和民族振兴，促进和谐社会建设中的重要作用。

总之，非物质文化遗产是中华民族传统智能的结晶，是民族文化绵延传承的血脉，体现了中华民族的生命力和创造力。

三、加大力度，做好我国的非物质文化遗产保护工作

党中央和国务院高度重视文化遗产的保护工作。2005年国务院下发了《加强文化遗产保护的通知》，国务院办公厅下发了《关于加强我国非物质文化遗产保护工作的意见》两个文件，明确了文化遗产保护的方针和政策。我们要从贯彻落实党的十七大精神的高度，增强保护民族文化遗产的责任感和使命感，坚持"保护为主、抢救第一、合理利用、传承发展"的方针，逐步建立起比较完备的、有中国特色的非物质文化遗产保护制度，使我国珍贵的非物质文化遗产得到有效保护、传承和发扬。

（一）提高认识，正确处理非物质文化遗产保护中的各种关系

第一，要处理好保护与利用的关系。非物质文化遗产具有不可再生性。因此，加强对非物质文化遗产保护并使之传承下来，是当前非物质文化遗产保护面临的最紧迫任务。一方面，要坚持保护为主，抢救第一，抓紧对具有重大历史、文化和科

学价值、并处于濒危状态的非物质文化遗产项目进行保护。同时本着实事求是的态度，视非物质文化遗产的具体形态和存在状态，区分不同情况，分类保护；另一方面，要把非物质文化遗产融入社会生活，在保护中利用，深入发掘非物质文化遗产的多重价值，把保护非物质文化遗产同建设新文化紧密结合起来，同培育民族精神、构建社会主义核心价值体系等紧密结合起来，更好地发挥物质和非物质文化遗产在文化传承和文化创新、在建设中国特色社会主义新文化、在满足人民群众精神文化需求、陶冶人们的情操、提高民族文化素质以及在促进对外文化交流、提升拓展国家文化软实力等方面的积极作用。

第二，要处理好传承与发展的关系。非物质文化遗产蕴涵着中华民族的魂魄和精神。保护非物质文化遗产，就是传承民族文化的文脉。我们要在科学认定的基础上，采取有力措施，使非物质文化遗产得以传承，并在全社会得到确认、尊重和弘扬。要坚持继承和创新的统一，充分挖掘非物质文化遗产中的优秀文化内涵，继承和弘扬中华民族的优秀文化传统，学习借鉴世界其他国家其他民族的先进文化，大力推进文化创新，努力使当代中华文化更加多姿多彩、更具吸引力和感染力。

第三，要"取其精华""去其糟粕"。党的十七大指出，"要全面认识祖国传统文化，取其精华，去其糟粕，使之与当代社会相适应，与现代文明相协调，保持民族性，体现时代性"，为开展非物质文化遗产保护工作指明了方向。中国当代文化的形成和发展，离不开民族传统文化的血脉渊源，要在科学对待、积极继承民族传统文化的基础上创新发展。我们要清醒地看到，在包括非物质文化遗产在内的各民族传统文化中，精华与糟粕往往是杂糅一起、共处一体，良莠混杂、瑕瑜互见。因此，我们今天继承民族传统文化，不能囫囵吞枣，食古不化，一定要做历史的、具体的、科学的分析，认真、细致地做一番整理、挖掘和科学扬弃的工作。要善于运用历史唯物主义和辩证唯物主义的观点，立足于中国所处发展阶段的国情和历史任务的客观要求，正确认识把握人类文明进步的方向和潮流，用科学的态度去清理和扬弃，以剥离其封建的和小农经济的落后的杂质，提炼出与现代文明要求相适应的、体现人民性和民族优良思想道德传统的成分。即使是对传统文化的精华部分，仍需赋予其符合时代精神的新内涵，为建设中国特色社会主义文化服务，为社会主义现代化事业服务。

（二）建立非物质文化遗产保护机制

一是对非物质文化遗产资源全面普查。非物质文化遗产普查工作是我国21世纪开展的一次大规模的文化资源普查。目前，各地的普查工作正在积极稳步展开，取得了阶段性成果。各地文化部门根据本地实际，研究制定普查工作方案，落实普查资金，运用文字、录音、录像等多种手段，对非物质文化遗产资源家底进行了清查，为今后的非物质文化遗产保护工作打下了坚实的基础。截至目前，云南、浙江两省已基本完成全省的非物质文化遗产普查工作。

二是建立健全非物质文化遗产名录体系。建立名录，彰显了各级政府对非物质文化遗产保护工作的重视。通过建立名录工作，全面认识非物质文化遗产，并予以科学认定，保持民族性，体现时代性。

建立健全国家、省、市、县四级非物质文化遗产名录体系。2006年5月20日，国务院批准公布了第一批国家级非物质文化遗产名录518项；2008年6月，国务院批准公布了第二批国家级非物质文化遗产名录项目510项和第一批国家级非物质文化遗产扩展项目147项。全国各省、自治区、直辖市都已建立了省级非物质文化遗产名录，据统计共有3842项。第三批国家名录将于2009年申报，2010年公布。完善各级名录的申报评审机制，上一级名录要建立在下一级名录的基础上。目前重点推进市、县两级名录建设。

根据国家级非物质文化遗产名录项目的不同特点，制订切实可行的保护措施；组织开展各地国家级名录项目保护状况督查工作，对于怠于保护或保护国家级名录不力的地区，建立"黄牌警告"制度，责令当地文化行政部门限期整改。

三是建立传承人保护制度。非物质文化遗产是以人为载体进行传承的。保护传承人，是非物质文化遗产保护的中心。2007年和2008年，文化部分两批公布了十大类777名国家级非物质文化遗产项目代表性传承人。各省区也陆续开展了省级非物质文化遗产项目代表性传承人的认定与命名工作，制定了相关扶持政策，鼓励和支持传承人开展传承活动。被认定的非物质文化遗产项目代表性传承人要带徒授艺，承担传承责任。各级政府和文化部门对传承人的传习活动，予以大力支持，如提供必要的传习活动场所，适当资助，征集并保管代表性传承人代表作品，建立代表性传承人档案等等。各级财政对列入各级名录项目的代表性传承人也要给予相应的支持。

四是推进文化生态保护区建设。所谓文化生态保护区，就是对非物质文化遗产内容丰富、较为集中的区域，实施整体性保护。《国家"十一五"时期文化发展规划纲要》要求在"十一五"期间，确定10个国家级民族民间文化生态保护区。2007年6月9日，文化部命名了我国第一个国家级文化生态保护实验区——福建省闽南文化生态保护实验区。2008年1月8日，又命名了徽州文化生态保护实验区。目前，一些省份也在积极规划建立文化生态保护区，如湖南省的湘西苗族土家族自治州文化生态保护区、青海省的黄南藏族自治州热贡艺术文化生态保护区等。这些文化生态保护区的建立，对于地方文化的建设与发展将起到重要的推进作用。

文化生态保护实验区要抓紧制订科学的文化生态保护区保护规划和详细的保护方案，落实保护措施，重点保护濒危的传统生产生活方式、风俗习惯、传统艺术、传统手工艺等重要非物质文化遗产，维护保护区内的文化生态环境。注意与当地的经济建设和社会发展紧密结合，与提高人民群众的生活质量相结合，调动广大群众和社会各界的积极性，使非物质文化遗产与当代社会相适应、与现代文明相协调，在构建和谐社会中发挥积极作用。

五是加强非物质文化遗产专题博物馆、民俗博物馆或传习所等设施建设。建立专题博物馆、传习所，将非物质文化遗产加以集中保护和展示，既有效地保护了非物质文化遗产资源，也对青少年和广大群众具有宣传教育作用。目前，北京、河北、云南、贵州等25个省（区、市）共建立专题博物馆283个、民俗博物馆164个、传习所276个。这些国有的、民间的专题博物馆、民俗博物馆和传习所，对非物质文化遗产的保护与传承发挥了重要作用。

今后，要进一步推动非物质文化遗产专题博物馆、民俗博物馆和传习所建设。将普查工作收集到的非物质文化遗产珍贵实物资料妥善保存到博物馆或传习所。除了静态展示外，非物质文化遗产专题博物馆、民俗博物馆和传习所要体现非物质文化遗产的特点，注重活态的展示。

（三）充分调动社会力量，努力形成非物质文化遗产保护的良好氛围

一是搞好"文化遗产日"活动，培养民族文化自觉。

从2006年起，国务院将每年六月的第二个星期六定为我国的"文化遗产日"。"文化遗产日"期间，在全国各地举办丰富多彩的非物质文化遗产展览、演出、论坛、讲座和咨询服务等宣传展示活动。充分利用各种报刊、广播电视、网络等媒

体,广泛开展非物质文化遗产的宣传,普及非物质文化遗产保护知识,增强全社会的保护意识。对在"文化遗产日"活动中表现突出的单位、团体和个人,颁发"文化遗产日奖"。

二是积极推进非物质文化遗产保护进入国民教育体系。非物质文化遗产是一个民族的 DNA,要从娃娃抓起。非物质文化遗产进课堂、进教材、进校园是非物质文化遗产可持续发展的根本举措,也是国外非物质文化遗产保护的成功经验。积极与教育部门协商,出台相关文件,将民歌、民乐纳入中小学音乐课,将剪纸、年画纳入美术课,将传统技艺纳入手工课,使中小学生认识、了解和喜爱我国的非物质文化遗产。组织非物质文化遗产进大学校园,使大学生近距离感受和了解我国优秀传统文化。发挥高等院校学术和人才优势,建立非物质文化遗产教育和研究基地。

三是积极参与国际交流与合作。我国是世界上入选"人类口头和非物质遗产代表作"最多的国家(有昆曲、古琴艺术、新疆维吾尔木卡姆艺术以及与蒙古国联合申报的蒙古族长调民歌四项),也是加入联合国教科文组织《保护非物质文化遗产公约》较早的国家,并以高票入选保护非物质文化遗产政府间委员会。

关于周边国家"申遗"问题。最近几年,我国对跨境民族、周边国家的以及起源于我国,传播至周边国家地区的非物质文化遗产申报"人类非物质文化遗产代表作"问题非常关注。我国就曾成功地同蒙古国向联合国教科文组织联合申报蒙古族长调民歌为"人类口头和非物质遗产代表作"。由于非物质文化遗产的流变性特点,许多起源于我国的一些非物质文化遗产,在流传过程中,为周边国家和周边民族所接受,并加以改造和发展。对于这个问题,我们要用历史的辩证的观点去认识,既要坚决维护国家的文化主权,同时也要冷静客观对待其他国家的"申遗"。要立足于国内的保护工作，首先把国内的保护工作做好。目前，我们启动了建立申报"人类口头和非物质遗产代表作"预备清单制度，对涉及跨境民族、周边国家的非物质文化遗产项目，要给予重点关注和优先考虑。

　　四是积极推进立法工作，为非物质文化遗产保护工作提供法律保障。国家十分重视非物质文化遗产的立法工作，1997年国务院颁布了《传统工艺美术保护条例》。1998年以来，文化部会同全国人大，积极开展了民族民间文化保护立法的调研，起草了法律草案。参照联合国教科文组织《保护非物质文化遗产公约》的精神，该法更名为《非物质文化遗产保护法》，并已列入全国人大立法工作计划。我们将积极推动《非物质文化遗产保护法》的立法进程，争取早日出台，为非物质文化遗产保护提供法制保障。

增强文化自觉
提升经济发展的文化内涵

文化部副部长　赵维绥

当今世界，在和平与发展主流趋势下，经济全球化、政治多极化和文化多元发展是三个显著特征。党的十七大高举中国特色社会主义的伟大旗帜，对中国特色社会主义的理论、道路和实践作出了全面阐述，明确提出了经济、政治、文化和社会建设四位一体的发展方针，其中，特别论述了要更加自觉、更加主动地推动社会主义文化大发展、大繁荣，兴起文化建设的新高潮。这是全党、全国贯彻落实科学发展观的直接体现，对我们各领域以至全局的发展有着重大的战略意义。

一、自觉提升经济发展的文化内涵是一项战略任务

改革开放三十年，我国经济的快速、持续发展取得了举世瞩目的巨大成就，使我国毫无争议地进入了大国行列，对地区乃至世界经济的发展发挥着也必将继续发挥重要的作用。但我们也清醒地认识到，从国内经济发展来说我们还面临着可持续发展的诸多问题，我们有信心在社会主义市场经济体系不断完善的过程中加以解决。在经济全球化趋势中，我们更能理解国际竞争的激烈和紧迫。现阶段，国际竞争并不是单一的经济问

题，不仅仅是资金、技术、管理的竞争，而是经济、政治、文化各项因素共同发挥作用的综合国力的竞争。综合国力竞争的一个显著特点，就是文化的地位和作用更加凸显，经济较量中的文化因素日益重要，越来越多的国家把文化软实力作为重要发展战略。可以说，文化发展是未来发展的制高点，谁能掌握文化发展的主动权，就取得了未来发展的战略主动权。归根结底，文化是一个民族、一个国家生存发展的内在动力和精神支撑，对于具有五千年历史文化积淀的中华民族来说更是如此。正如胡锦涛总书记指出的："加强国家文化软实力建设，对内增强民族凝聚力和向心力，对外增强国家亲和力和影响力，是全面增强我国综合国力的必然要求，也是实现我国和平发展的战略之举。"

从经济发展的角度看，30年的改革开放，我们在转变观念，引进资金、技术和借鉴管理方面的国际经验，有效地推进经济发展，做大、做强，提高质量方面成效巨大。但这只是第一步，他山之石，可以攻玉，我们引进是拿过来为我所用，是工具性、手段性的运用，还有关键的第二步，就是消化、吸收、改造成我们自己的东西，并运用自如地参与国际竞争，这就是走出去。第二步的任务更艰巨，消化、吸收、改造的过程既有技术性因素要改进，也有制度性因素要完善，其背后更重要的因素是要体现我们民族自身的价值取向、思维方式和时代特征——中国自己的文化精神，包括历史传统文化的积淀，在此基础上创新发展，以马克思主义为指导，体现时代要求的社会主义先进文化理念。文化与经济的融合，物质财富的生产、交换体现民族、地域文化的因素，这是国际大趋势，已为实践所证明无误。我们应该明确的，是坚定民族文化的自信心，增强建设社会主义先进文化的自觉性，主动把中华民族的文化观念溶入经济发展之中，提升我们经济发展中的文化内涵。

当然，提高经济发展的文化内涵，不是简单、生硬地在物质产品上贴"标签"，而是在经济活动中把具有中国民族文化特色，又具普世价值的文化理念推向世界。如"和谐"精神、"人本"思想（以人为本）、"天人合一"（环境意识）等都是历经千年而不衰的中华文化的要素，这些精神理念溶入经济活动，就使物质财富的生产和交换成为我们民族精神的载体，形成有中国特色的企业管理模式，积累中国式的企业文化，打造民族特色的品牌。越是民族的越是世界的，只有具备民族文化特征，才是独有的特色，越能在激烈的竞争中站稳脚跟。考察欧美（包括日本）等国的经济活动和其企业经营，我们都会发现，他们都各具特色，其背后的支撑都是以其民族文化、地域特点为基础的。

二、发挥文化的力量，从产品制造的大国走向思想生产的大国

人们常说，一流的企业制订标准，二流的企业提供服务，三流的企业制造产品。这是经济发展中不同的企业所处的分工链条的位置，体现了高端、中端和低端的档次，综合起来就是整体经济的质量和内在素质。制订各类标准是为经济发展提供方向和检测器，表面上是各种技术数据的综合，实质上是经济思想、思维方式的体现，是文化层面的思维理念在经济领域的延伸。在这个意义上说，制订标准就是为经济发展提供具体化的指导思想。无可争议，我们是各类具体产品的制造大国，从钢铁、煤炭、水泥到衣、帽日用品，以至电脑、家电用品等，都有产量世界第一的美誉，但导向性的标准大多出自他人之手，也就是说我们还处于低端的产品制造阶段。提升经济发展的文化内涵，就是要依托中国特色社会主义文化理念，弘扬优

秀的民族文化传统思想，用于思考、理解、形成有中国特色的理性探索，制订出我们自己的标准，实现从产品制造大国到思想生产大国的转变。

就文化自身而言，从不同角度、不同层面可以给出不可胜数的定义。离开学术讨论的范畴，从社会发展的意义上看，一个民族、一个国家的文化通常是其生存状态、生活方式、思想情感和价值取向的综合反映，是精神层面的升华和系统化。文化的核心是价值观念体系，是意识形态。文化的多元存在和自然界的生物多样性一样，构成了人类社会的多彩多姿。必须看到，不同的文化其核心价值观的取向是不同的（当然也有人类共性的成分），存在差异性是客观事实。因此，我们必须依托自己的文化思维能力进行独立思考，如果第一步我们是学习、借鉴别人的市场理论和工业化技术，那么第二步消化、吸收就一定要以我为主，运用民族文化的深厚积淀，以中国特色社会主义先进文化的核心价值观来统筹探索自己的经济发展道路，体现我们源远流长的爱国主义民族精神和与时俱进、改革创新的时代精神。这样说不是空话或套话，就当前中国在和平发展的进程中（包括经济领域）所遇到的各种攻击和非难来看，除了敌对势力处心积虑的打压破坏之外，确有一些人对中国的发展抱有深深的误解或歧见，除了直接的经济利益冲突，也确实存在着价值观念即文化认知的冲突。有文章说，大国的麻烦考验中国，一个大国绝不可能指望在掌声中前进，只能在挑剔声中走自己的路。当然，这是我们应有的坚强。作为发展中的大国，我更赞同这样的观点：世界曾等待中国融入世界，今天的中国也有耐心等待世界认识中国。这表明了大国应有的大国风度、大国气派——这是充满文化自信的表达。上述情况表明，就经济而言，我们坚持"拓展对外开放，提高开放型经济水平"的今天，国际环境或者说西方媒体舆论正在掀起一波嘈杂之音,其中有经济上一城一地之得失,更深层的是文化层面的碰撞(善意说是误解)。对此,我们不能就经济谈经济,必须以我们悠久文明的文化积淀为基础,发挥自身的文化优势(就文化而言我们是当之无愧的大国,没有任何自卑的理由),以中华文化的亲和力化解是是非非,让世界认识中国,塑造现代化国家的良好形象,为经济发展营造友善的环境,为国家的和平发展开拓道路。经济的发展要依托市场规律这只看不见的手,文化的力量在于赢得看不见的心(人心),看不见的手与看不见的心是中华民族复兴不可或缺的鸟之两翼、车之双轮。这是提高经济发展文化内涵的另一层思考。

三、让走向世界的中国企业成为中华文化的载体

企业是市场的主体,是国民经济中最有活力的单元和支柱。改革开放三十年的发展历程,建立现代企业制度,打造一大批以公有制为主体、充满生机的大型企业是我们经济发展的主要目标之一。拓展对外开放,提高开放型经济水平的重要标志,就是中国企业跨出国门,走向世界,在经济全球化的大潮中经风雨,见世面,在市场竞争中开疆拓土,赢取胜利。深入学习领会党的十七大关于文化大发展大繁荣的战略部署,增强文化自觉,提高经济发展的文化内涵,其中一个重要的问题是要把中国特色社会主义的企业建设成为中华文化的载体,走向世界成为中华文化的传播者。文化企业自不待言,其立足的根本是运用市场经济原则生产和提供以民族文化为主体的产品和服务。大量的其他经济类企业同样应该在拓展主业的过程中,体现中华文化的特色,成为客观上的中国文化的使者。企业作为独立法人,以赢利为目的,这是市场经济条件下的共性特征,在中国特色社会主义市场经济条件下的企业,担负体现中

华文化的使命应该是其具有的特性。普遍性与特殊性相互体现、共同存在的辩证关系是马克思主义哲学的基本要点之一。

从经济实践的角度说，任何一个企业，无论是从事贸易、开采资源，专事制造某一产品或提供专业服务，它在企业经营管理、产品研发、销售各个环节都与其各具特点的企业文化相关，企业文化是其发展的精神纲领，其背后是以民族文化的深厚积淀为基础。美国的企业崇尚个人，日本的企业终身雇佣，德国的企业严苛精细，无一不体现其民族文化的特色。就此而言，中国企业在运行、管理、发展、壮大的过程中体现中华文化要素是一种客观存在，并不是额外的负担或强加的任务。中国的企业就应该具有中国的特点、中国的风范，这就是中国的文化风格。任何企业都是由人来运作的，中国人主导中国企业是天经地义，主导者在中国的文化传统中成长，形成中国文化的思维方式，自然在企业运营中展示中国的文化风格。这是在一般意义上说，中国企业是中华文化的载体。

从企业的社会责任角度看（这一点我国公司法已有明确界定），企业是赢利的经济组织，但赚取利润不是其唯一的目的，作为社会的一员（组成部分），它同时必须回馈社会，兼顾社会的整体利益，这既是企业的社会责任，也是维护其存在发展的前提。如果一个企业产品销路很好，利润很高，但生产过程严重污染环境，这就是社会所不允许的；或者企业产品受追捧（比如赌博性游戏机或管制性伤人武器等），但危及社会稳定或公共安全，则法律必须禁止。凡此种种，都说明企业追求利益最大化是有前提的，是在履行社会责任的同时依法获取利润。有人说，企业只要不违法，可以不讲道德去追求利润，此说亦不可苟同，在现代文明社会中，法律是最低的社会道德标准，道德规范应是社会共同遵循的最高"法律"标准（差别是对违者不以强力制裁）。因此，企业的理性追求应是经济效

文化价值

益和社会效益的统一（寻求合理的平衡点）。履行社会责任，不是西方企业的专利，作为中国特色社会主义的企业，更应该是这方面的模范，成为中华优秀传统文化精神的体现者："和为贵"、"以礼待人"、"己所不欲，勿施于人"、"敬人者，人敬之"、"以天下为己任"、"先天下之忧而忧"、"君子爱财，取之有道"，等等，这些民族文化理念经久不衰，成为中华民族存在与发展的精神基础，更是中华民族复兴的精神源泉。中国的企业要借鉴成熟的市场经济成果，但更不能丢掉民族文化的根基，这是未来发展的立身之本，展现中国特色的重要标志。借用一句歌词：洋装虽然穿在身，我心依然是中国心。这心就是中华民族的文化精神。

增强文化自觉，在经济发展的过程中，我们的企业，特别是走向世界的中国企业，既是市场经济的主体，更应该是传播、体现中华文化精神的载体，这是加强文化软实力建设，增强国家亲和力，扩大中华文化影响力的重要环节。

故宫和中国传统文化

文化部副部长兼故宫博物院院长　郑欣淼

故宫是什么？是紫禁城，是皇室藏品，是曾在这里发生过的人和事，也是这几方面所组成的文化整体。故宫有着非同寻常的价值以及特殊的地位。认识了它的价值及地位，才能说了解了故宫，也才能明确故宫在当代的意义。

一、对故宫价值认识的四个阶段

故宫的价值是客观存在的，但对它的认识是一个不断深入研究的过程。80多年来，对故宫的认识经过了四个阶段。

（一）作为皇宫的故宫（1911年以前）

故宫是明、清两代的皇宫，又叫紫禁城，中间虽经多次重修和扩建，但仍保持了初时的格局。从1420年建成至1911年清朝统治结束，491年间先后有24位皇帝在此居住并执政。

皇宫是封建帝王发布政令的统治中心和豪华生活、奢侈享受的所在，因此总是力求宏大壮丽。西汉初年，天下还未定，萧何大发民役营作未央宫，"壮甚"，汉高祖刘邦以为过度，怒责萧何，萧何回答说："天下方未定，故可因遂就宫室。且夫天子以四海为家，非壮丽无以重威，且无令后世有

文化价值

以加也。"① 刘邦听了大悦。因此,宫殿营造的指导思想是儒家礼制,是尊卑贵贱的等级制度,它鲜明地反映了中国传统文化中注重巩固人间社会政治秩序,特别是体现统治者的权威与财富,也象征着封建王朝的强大。唐初骆宾王有诗说:"山河千里国,城阙九重门。不睹皇居壮,安知天子尊?"②"九天阊阖开宫殿,万国衣冠拜冕旒"③,王维的诗句,使人们感受到唐代大明宫早朝时的庄严、帝王的尊贵以及唐王朝的威仪。

宫殿是中国古代建筑中发展最为成熟、成就最高、规模最大的一类建筑,故宫则是历代宫殿建筑的集大成者,也是我国古代宫城发展史上现存的唯一实例和最高典范。故宫城墙以内的面积达到72万平方米,现存建筑面积16.7万平方米。紫禁城蕴含着深刻的政治、文化意义,体现了"皇权至上"的伦理思想。它的规划设计是附会封建宗法礼制的,继承了传统的宫城、内城、外城的三重城制度,居都城中央。有大明门、天安门、端门、午门、太和门、太和殿、中和殿、乾清门、乾清宫等五门三殿。明代三大殿等南部建筑为"外朝",以北建筑为"内廷",乾清门内及乾清宫之廷为"燕朝",也就是所谓的"寝"。总体规划布局仍可见"五门三朝"、"前朝后寝"、"左祖(太庙)右社(社稷坛)",体现儒家的理想和封建礼制。传统的"阴阳五行"学说在紫禁城建筑中也得到运用。

如果说,秦汉宫殿主要是通过高台建筑形式追求"非壮丽无以重威";那么隋、唐、宋、元以来,则通过纵向排列,从空间序列上取得整齐、庄重、威严的艺术效果;而紫禁城正是将以往的实践经验兼收并蓄,成为我国封建社会后期宫殿建筑

---

① 《史记·高祖本纪》。
② 《帝京篇》。
③ 《和贾舍人早朝大明宫之作》。

故宫和中国传统文化

的典范。在建筑布局上,故宫强调所谓"中正无邪",即中轴对称的方式,从永定门开始,经前门、天安门、端门、午门、太和殿、景山、地安门、鼓楼、钟楼,北京城市和皇家建筑形成一条长约 8 公里的中轴线。故宫在这条中轴线的中部,其中最重要的建筑外朝三殿和内廷三殿都坐落在这条中轴线上,其余建筑则对称布置左右,形成强烈的反差与对比。同时以层层推进、步步深入的手法,给人以深远、悠长之感。太和殿是整个宫殿建筑的中心,它不仅占据了最主要的建筑空间,而且在布局和建筑上还调动了种种手段来衬托它,集中体现了皇帝至高无上的封建威权,"非壮丽无以重威"在此得到绝好的印证。

故宫修成后,当时的文渊阁大学士金幼孜作了《皇都大一统赋》称颂:"萃四海之良材,伐南山之巨石";"以相以度,以构宫室。栋宇崇崇,檐楹秩秩。以盖以覆,陶冶埏埴。以绘以图,黝垩丹漆。焕五彩之辉煌,作九重之严密。"[①]"超凌氛埃,壮观宇宙。规模恢廓,次第毕就。奉天屹乎其前,谨身俨乎其后。惟华盖之在中,竦摩空之伟构。文华翼其在左,武英峙其在右。乾清并耀于坤宁,大善齐辉于仁寿。""左祖右社,蔚乎穹窿;有坛有庙,有寝有宫。"

作为皇宫的故宫,是皇权的象征,是封建王朝的中枢所在地,成为鲜明的政治符号,有着至高无上的地位,它庄严、肃穆,也充满神秘感。

(二)作为博物院的故宫(1925 年以后)

故宫博物院的创立,具有两方面的意义:其一是民主革命的又一胜利,是对复辟势力的一次致命打击;其二是我国文化艺术史上的一个伟大业绩。

---

① 转引自【清】于敏中等编纂:《日下旧闻考(一)》第 93 页,北京古籍出版社,2001 年。

文化价值

辛亥革命结束了满清的统治，根据《清室优待条件》，溥仪还暂居紫禁城内廷，这一住就是十三年。不仅大清皇帝"尊号"仍存，且继续使用宣统年号，并享受中华民国对待外国君主之礼遇。逊清皇室在北洋政府的庇护下，不断进行与民国政府法令相抵触的活动。1917 年张勋复辟破坏共和的闹剧，便是其中的一幕。1924 年 9 月的第二次直奉战争中，爱国将领冯玉祥发动震惊中外的"北京政变"，修正《清室优待条件》，驱逐溥仪出宫，完成了辛亥革命未完成的事业。接着成立"清室善后委员会"，负责清理清室公产、私产及一切善后事宜，成立图书馆、博物馆筹备会。在点查过程中，清室遗老及保皇怀旧军阀、官员的阻挠与破坏从未停止。发现的溥仪与内务府大臣金梁、保皇派头子康有为的密谋复辟的往来信件，使人们进一步看清，冯玉祥将军驱逐溥仪出宫是正确的，因为只要溥仪还住在清宫内廷，逊清遗老、旧臣和保皇党人就断不了复辟的念头。鉴于当时的紧迫形势，善后委员会认为，应迅速成立博物院，使清宫善后之事成为公开局面，才能杜绝清室方面的复辟妄想。根据图书馆、博物馆筹备会完成的筹备工作，善后委员会决定于 1925 年 10 月 10 日举行故宫博物院成立典礼。10 月 10 日是中华民国的国庆日，这当然是颇有用意的。在成立大会上，曾任摄政内阁总理的黄郛致词说："今日开院为双十节，此后是日为国庆与博物院之两层纪念；如有破坏博物院者，即为破坏民国之佳节。吾人宜共保卫之。"执行驱逐溥仪出宫的警卫司令鹿钟麟说："大家都听过'逼宫'这出戏，人们也指我去年所作之事为'逼宫'。但彼之'逼宫'为升官发财，或为作皇帝，我乃为民国而'逼宫'，为公而'逼宫'。"[①] 黄郛在讲话中一再强调在这一天成立故宫博物院的深意。把博

---

① 《益民报》1925 年 10 月 11 日。

故宫和中国传统文化

物院与民国等同起来,既说明博物院的意义重大,也表示了要像保护民国一样保护博物院的决心。

博物馆是以文化教育为目的,收藏、研究、展示和保存实物的机构。19世纪下半叶在洋务运动、维新运动中,有识之士不断提倡引进西方类型的现代博物馆,作为"开民智"的重要措施。由于办博物馆被视为"新政"之一端,遭到清政府的反对。故宫博物院的成立,将紫禁城这座昔日帝王居住的宫苑禁区,变为平民百姓可以自由参观的场所;将作为君主法统象征和仅供皇帝观赏享用的珍贵文物,变为全民族的共有财富。故宫博物院成立时,就制定了《故宫博物院临时理事会章程》。1928年,国民政府颁布了《故宫博物院组织法》,这是中国历史上第一部有关博物馆的法律,后来又颁布了《中华民国故宫博物院理事会条例》。这两份文件在故宫博物院的发展史上具有十分重要的意义,标志着博物院已由草创走向成熟,也是中国博物馆事业走上正轨的开端。

故宫博物院以其宏伟壮丽的宫殿建筑和精美绝伦的古代艺术珍品名扬海内外。但是,由于故宫博物院是在反对帝制复辟的背景下成立的,反对封建主义又是民主革命的重要任务,因此,如何在反对封建主义的同时,保护好历史文化遗产,就是需要正确认识和处理的一个问题。在一个较长时期,故宫博物院被定为艺术类博物馆,人们相对重视的是故宫的艺术品。故宫古建筑,因是封建帝王的皇宫,虽然在维修保护上做了很大努力,但未得到应有的重视。对于文物藏品,看重的是传统的铜、瓷、书、画等,不少宫廷遗物被当作非文物做了简单处理,例如处理宗教画;拆毁乾隆年制的八旗甲胄卖铜钉、革;而清代2万多幅帝后书画作品,也是没有当作文物对待的。为了适应展览需要,或因其他原因,撤除一些殿堂的原状陈设或改造其内部格局,例如皇极殿、奉先殿的室内原状陈设被撤除

文化价值

并处理给另外的文物单位，乾清宫东西侧的端凝殿、懋勤殿、上书房、南书房等地方的室内原状皆被拆除等①。1959年，更有人提出故宫"地广人稀，封建落后"，要对它进行改造。在处理反封建与保护历史文化遗产的关系上，是有教训的。

（三）作为世界文化遗产的故宫（1987年以后）

1972年，联合国教科文组织在法国巴黎通过了《保护世界文化与自然遗产公约》，确定为了人类的今天和未来，将世界范围内被认为具有突出和普遍价值的文物古迹和自然景观列入《世界遗产名录》，以确保遗产的价值能永续保存下去。公约规定，对于世界遗产，整个国际社会都有责任予以保护。1987年，故宫被列入世界文化遗产。世界遗产组织对故宫的评价是："紫禁城是中国五个多世纪以来的最高权力中心，它以园林景观和容纳了家具及工艺品的9000个房间的庞大建筑群，成为明清时代中国文明无价的历史见证。"

故宫成为世界文化遗产，使人们对故宫古建筑价值的认识有了深化。建筑是人类历史文化的纪念碑，伟大的建筑往往成为一个城市、一个民族，甚至一个国家的象征物。故宫就是这样的象征物，故宫不只是宏伟的古建筑，还包括珍藏其间的文物精品，它们联结在一起，成为中华传统文化的一个载体与中华文明成就的一个标志。故宫所代表的是已经成为历史的文化，而且有着宫廷文化的外壳，同时它却代表了当时的主流文化，经过了长时期的历史筛选和积累，当然不能简单用"封建落后"来概括。故宫和博物院不是毫不相干或对立的，而是有机的统一，是相得益彰的。把它们结合起来，就可看到，故宫博物院是世界上极少数同时具备艺术博物馆、建筑博物馆、历史博物馆、宫廷文化博物馆等特色，并且符合国际公认的"原

---

① 参阅朱家溍：《忆单士元兄》，《中国文物报》1998年6月10日。

址保护"、"原状陈列"基本原则的博物馆和文化遗产。世界文化遗产的基本精神是文化的多样性,从世界文化遗产的角度,人们努力挖掘和认识故宫具有的突出的和普世的价值。

"文化遗产"观念的引入,突破了传统的"文物"观念的局限性,强化着遗产的环境意识、共享意识,以及全社会都必须承担管理和保护的理念,促使人们从"大故宫"的观念来看待故宫保护。这在故宫保护中得到充分体现。不仅要保护故宫本身,还要保护它的环境。过去只重视对故宫本身的保护,后来认识到与皇宫连在一起的护城河也是皇宫的当然组成部分,必须治理,于是就有了20世纪90年代投资6亿元人民币、费时三年的护城河治理,改变了长期存在的脏、乱、差面貌。根据世界遗产委员会的要求,在文化遗产地的周边必须划定"缓冲区",以保护其周边原有的历史风貌和环境。2005年故宫缓冲区方案确定,总面积达到1463公顷。这一方案的实施,将使故宫外围环境传统风貌的历史真实性得到有效保护。北京旧城是以故宫为中心规划发展起来的,人们更认识到,北京旧城的整体保护必须重视作为中心区域的故宫的保护。这种不断提升的文物保护意识与理念有力地推动着故宫的整体保护。

故宫作为世界文化遗产,对它的保护提到了重要的议事日程。2002年10月17日开始的故宫百年来的最大规模修缮,引起海内外的高度关注。这次维修,通过保护故宫整体布局、彻底整治故宫内外环境、保护故宫文物建筑、系统改善和配置基础设施、合理安排文物建筑的使用功能、提高文物展陈艺术品味与改善文物展陈环境等"完整保护、整体维修"的五大任务,使故宫重现盛世庄严、肃穆、辉煌的原貌。故宫维修坚持祛病延年、最少干预、最大限度地保存故宫古建筑真实性和完整性的原则。从世界遗产的高度,故宫修缮工程既是保护我国珍贵的文化遗产,也是履行我国对国际社会的庄严承诺,它的根本意义在于实现人类文明延续和可持续发展。世界遗产事业所倡导的是由各国政府保护文化的多样性。故宫修缮所秉持的保护理念及修缮中所坚持的具有中国传统特色、实践证明是正确的技术与做法,不但对国内,而且也对国际世界遗产保护理论做出了应有的贡献。2007年5月,在北京召开的"东亚地区文物建筑保护理念与实践国际研讨会"通过的《北京文件》,对中国遗产保护的政策和原则给予很高评价,对故宫等世界遗产地的修缮给予充分的肯定,这是对不同文化背景的世界遗产及其特色的保护方式的尊重。

(四) 故宫学视野下的故宫 (2003年以来)

故宫学是2003年提出的,它是以故宫及其丰富收藏为研究对象的一门科学。故宫学研究主要包括紫禁城宫殿建筑群、文物典藏、宫廷历史文化遗存、明清档案、清宫典籍及故宫博物院的历史六个方面,有着丰富深邃的学科内涵。故宫文化是以皇帝、皇权、皇宫为核心的皇家文化。从反映皇家文化的特点来划分故宫学有狭、广两义。狭义的故宫学是人文科学的一门独立学科,广义的故宫学则是一门知识和学问的集合。长达80年的有关故宫的实践和研究成果是故宫学的基础,故宫学的提出并确立将使其研究进入自觉阶段,从整体上提高故宫学研究的水平。故宫学体现出的故宫博物院对传承弘扬中华文明的强烈的责任感、使命感和自觉性,它倡导的"故宫在中国、故宫学在世界"理念所蕴含的开放的工作思路、自觉的创新意识,不仅引领着故宫学术研究从自发走向自觉、积极规划故宫的学术前景、提高故宫的学术影响力和学术地位,更为故宫保护和博物馆建设事业提供了理论的指导。

从故宫学的视野看待故宫,不仅认识到故宫古建筑、宫廷文物珍藏的重要价值,而且看到宫廷历史遗存有着同样重要的意义;更为重要的是,古建筑、文物藏品、历史遗存以及在此发生过的人和事，是一个不可分割的文化整体。这一认识是故宫学得以产生的重要依据，也有利于进一步挖掘故宫的历史文化内涵。故宫文化的这一整体性，也使流散在院外、海外、国外的清宫旧藏文物、档案文献有了一个学术上的归宿。基于此，两岸故宫博物院在学术研究上的交流与合作就是不可避免的，人为的阻隔只能是暂时的，事实上这种交流也是在不断地发展。

在故宫学的影响下，故宫博物院文物保护观念有了新的变化，对文化遗产概念的理解与认识逐步深化，更加自觉地对故宫进行全面的保护。制定了《故宫博物院2004－2010年文物清理工作规划》，启动了彻底清理藏品的工作。对原来认为是"资料"的10万多件藏品予以重新鉴别定级，对由于历史原因重视不够的大量宫廷遗存给以新的认识。在认真清理文物藏品的基础上，正在编印《故宫博物院藏品分类大系》、《故宫博物院藏品总目》，将向社会公开发行，更好地为公众服务，并为院内外乃至海内外的故宫学研究者提供便利。文物征集也有了新的思路。突破旧有的收藏理念，入藏著名现当代画家李可染、吴冠中等和一批国家工艺美术大师的代表作品，确立起从传承民族文化角度审视当代艺术品、从保护民族财富的高度认识征集收藏的新理念。

从故宫学角度审视，故宫不仅是举世闻名的物质文化遗产，同时也承载着重要的非物质文化遗产内容，其中最突出的是中国古代宫殿建筑的工艺技术。它们一方面以物质的形态存在于建筑物中，一方面以手艺的形态，通过工匠口传心授世代相传。故宫有专门的维修管理机构和施工队伍，涌现过一批古建大家和专门工艺人才。这次故宫大规模维修，进行全过程跟踪影像记录，实行"师承制"，就为了使古建筑技术薪火相传。书画装裱等文物保护传统技艺，也是需要保护和传承的非物质

文化价值

文化遗产。2007年，故宫博物院已将中国古代官式建筑传统工艺和书画装裱工艺申报列入国家非物质文化遗产。

故宫学的提出与确立，正在推动着故宫学术视野的扩大与研究的深入。以保护文化遗产和弘扬传统文化为主旨的《故宫学刊》于2004年创刊，《故宫博物院院刊》、《紫禁城》成功改版，并在其他图书出版方面，大力开拓、挖掘故宫文化资源。院古书画研究中心、古陶瓷研究中心、古建筑研究中心陆续成立，正在筹建的还有藏传佛教文物研究中心、明清宫廷史研究中心。积极主动地与院外科研究院所进行联合考古、学术考察和办学，学术成果大量涌现，故宫价值及丰富内涵不断得到发掘。

二、故宫的国宝地位

故宫的地位与价值是相关联的。故宫的地位，概括地说，是国宝的地位。

长期以来，故宫的文物藏品被称为"国宝"。前几年，有一部反映故宫文物南迁的电视剧，名字叫做《国宝》。故宫博物院前辈专家那志良先生写了一本书，书名就是《典守故宫国宝七十年》。现在人们也把一些极为珍贵的文物称为"国宝"，意为国之瑰宝。但是，把故宫文物称为"国宝"，则有别于一般的"国之瑰宝"的概念，有着国宝本身所具有的特殊含义。

什么是"国宝"？所谓国宝，指的是国家的宝器，又称国器，是祭祀之器。在古代，"国之大事，在祀与戎"[1]。《国语·鲁语上》载："夫祀，国之大节也。而节，政之所成也。故慎制祀以为国典。"视祭祀为国典，强调祭祀与国家制度的

---

[1] 《左传·成公十三年》。

重要关系,说明当时将祭祀视为国家头等重要之事。《周礼·春官·天府》云:"天府,掌祖庙之守藏与其禁令。凡国之玉镇、大宝器藏焉。若有大祭、大丧,则出而陈之;既事,藏之。"宋夏僎《尚书详解》卷一〇《商书·汤誓》云:"国之宝器,即祭天地诸神宝玉之类。"国之宝器,原本皆指宗庙祭祀之器,这些祭器象征着王位。传统的祭祀礼俗,以祭祖、社祭与祭天最具重要性。在古人看来,"天"主宰王朝的兴替,是人世君主的父亲,因而周王遂被称之为"天子"。从政治功能而言,祭天就是政权合法性的象征,也只能是君主独享的专权。直到明代,犹有法律颁布,提醒百姓"庶民祭里庄、乡厉及祖父母、父母,并得祀灶,余皆禁止"①。相传夏禹铸九鼎,历商至周,为传国的重器,亦称之为国宝。《史记·平原君列传》记平原君用毛遂出使楚国,谋合从成功,叹云:"毛先生一至楚,而使赵重于九鼎大吕。"《索隐》云:"九鼎大吕,国之宝器。"《正义》云:"大吕,周庙大钟。"宗庙为国家象征,其宝器之存亡,往往作为国家存亡之标志。"国宝"又特指传国玺,更是与国家的统治权联系在一起。此外,"国宝"还有国家宝贵人才之义。

我国文物博物馆界用"国宝"称呼相当珍贵的文物,大约与日本的影响有关。日本于1928年就颁布了《国宝保存法》。对于重要文化财,他们从世界文化的角度考虑,把其中认为具有较高价值的、不同类型的国民之宝指定为"国宝",有美术工艺品,也有建筑物②。日本的国宝是文化财的最高等级名称,有明确的对象,我国则是泛指极其珍贵的文物。把故宫的文物

---

① 《明会典·祭祀通例》;参阅洪德先《俎豆馨香——历代的祭祀》,载《敬天与亲人》,【台湾】联经出版事业公司印行,1983年。
② 王军:《日本的文化财保护》,文物出版社,1997年。

文化价值

藏品统称之为"国宝",与这种泛指显然有着区别,虽也说明故宫藏品的极端重要性,但应注意到它与国宝的本来含义的关系。

故宫文物"国宝"地位的形成,有着多种原因,也有一个强化的过程,我们可以从以下四个方面来认识。

首先,皇家收藏的国宝意义。

收藏作为一种活动,贯穿于人类社会发展的始终。现代重大考古发现证明了史前人类收藏行为的存在。从商代起,王室就重视文物的搜集和保存。殷商的文物多集中于宗庙。周代王室文物、珍品收藏之处名曰"天府"、"玉府",并有专职官员负责管理。在青铜器时代,象征着权力之源的青铜器是最受尊崇的王室宝物。汉朝的"天禄"、"石渠"、"兰台",则是汉宫贮藏珍贵文物及图书之所。到宋徽宗时,收藏尤为丰富。《宣和书谱》、《宣和画谱》、《宣和博古图》,就是记载宋朝宣和内府收藏的书画鼎彝等珍品的目录。清代帝王重视文物收藏,特别是乾隆皇帝,更使宫廷收藏达到了极盛,《西清古鉴》、《西清续鉴》、《宁寿鉴古》、《石渠宝笈》、《秘殿珠林》、《天禄琳琅》和《四库全书总目》等,是清乾隆时期编辑的宫中所藏古铜器、书画、图书的目录。在古代中国,"普天之下,莫非王土;率土之滨,莫非王臣"[1],掌握着绝对权力的封建帝王,必然是全社会中最高档级同时也是最为丰富的奢侈品、礼仪用品、珍奇品及古董的拥有者;由于皇帝以"内圣外王"的身份出现,被人为地推崇为全社会伦理的最高典范,这样皇室又成为祖先、民族、国家象征物的最大收藏者[2]。

人类收藏的动机与目的是多方面的。对于源远流长的皇室

---

[1] 《诗·小雅·北山》。
[2] 吴十洲:《紫禁城的黄昏》第148页,文物出版社,1998年。

收藏，它不仅是"宜子孙"的一笔宝贵财富，也不是只供皇帝个人赏玩的珍稀艺术品，更重要的是这些藏品所具有的强烈的政治与文化的象征意义。皇室收藏文物，更重视这些文物所寓有的某种至高德行的含义，认为它的聚集可被视为天命所归的象征。因此，新的王朝接受前朝的旧藏，表示着它继承前朝的天命；或者如有的研究者认为，皇家收藏是中国历代统治者确定其政权合法性的重要来源[1]。故宫的收藏，可以上溯到宋朝，至今已有千年历史，而所收藏的文物，则反映了中华 5000 年的文明史。宋代宫廷收藏宏富，靖康之乱，图籍、书画、宝器，悉归于金；宋高宗南渡，迁都临安，又积极搜集。南宋灭亡，临安未遭兵革，元相伯颜派郎中董祺将南宋收藏由海运到大都，即今日的北京。元为明所灭亡，明将徐达将元内府所藏，全部运到南京；后来明成祖迁都北京后，这些宝物又由南京运到北京。明代亡国，这些宫廷藏品又悉数为清所得。见于著录中的很多古代文物早已散失，但也有不少珍品几经聚散，历尽沧桑，保存到今天。例如，晋王珣《伯远帖》、隋展子虔《游春图》、唐韩滉《五牛图》、五代顾闳中《韩熙载夜宴图》等著名书画，都曾载在《宣和书谱》、《宣和画谱》或《石渠宝笈》中，现仍藏在故宫。这部分藏品是中国皇家收藏传统的延续。

皇室收藏与王朝命运的紧密联系，这些藏品成为皇权的象征。因而清宫旧藏文物本来就具有国宝的意义。

第二，故宫博物院的成立，象征君主法统的清宫旧藏为人民所共有并同享，为其国宝意义赋予了维系中华民族文化、传续中华文明血脉的新内涵。

---

[1] 【美】珍妮特·埃利奥特、沈大伟：《中国皇家收藏传奇》第 9 页，当代中国出版社，2007 年。

文化价值

在封建时代,"朕即天下",国即家,家即国,整个天下都是帝王的,皇宫里的所有物品,自然都是帝王的财产,谁也动不得。乾隆皇帝曾规定过,宫中的一切物件,哪怕是一寸草都不准丢失。养心殿的一个景泰蓝小罐里盛着 36 根一寸长的干草棍,他拿了几根放在几案上,叫人每天检查,少一根都不行,这叫做"寸草为标"。溥仪曾回忆道:"这堆小干草棍儿曾引起我对那位祖先的无限崇敬,也曾引起我对辛亥革命的无限忿慨。"①

辛亥革命后,紫禁城的三大殿交给了中华民国政府,但溥仪还暂居内廷,皇宫里大量堆积的文物珍宝仍然由皇室和内务府占有。为了解决经费困难,朝廷 1922 年曾公开用投标的办法拍卖古物,还在向各银行借款时抵押了大量金器古董。"这些财宝每一分钟都在被赠送、出售或典押,甚至被偷窃。"②不仅溥仪朝廷认为这些文物珍宝属于自己,甚至民国政府也承认这是皇室的私有财产。1914 年民国政府成立古物陈列所,在文华殿、武英殿展出了从沈阳故宫与热河行宫运来的 20 万件清宫藏品,据庄士敦称,这些艺术品是被"借"来而尚待民国政府购买的皇室藏品③。

对于溥仪等拍卖或抵押宫中大量文物的行径,社会舆论予以高度的关注。这些文物到底是国家财产还是皇家私产?皇室是否有权处理?一些报刊时评发出抗议的言论,认为被处置的物品是国家财产,皇室没有权力出卖它们。湖北省教育会为制止清室出售古物致内务部代电(1923 年 11 月 12 日)更有代表性,认为这些古物是"全国五千年之文物":"窃我国与埃

---

① 溥仪:《我的前半生》第 55 页,群众出版社,2003 年。
② 【英】庄士敦:《紫禁城的黄昏》第 228 页,山东画报出版社,2007 年。
③ 【英】庄士敦:《紫禁城的黄昏》第 228~230 页,山东画报出版社,2007 年。

及、希腊、印度同为数千年前古国，其文明久为中西所慕。清室之古物，尤为历代帝室递嬗相传之珍秘，并非一代一人所得私有。合全国五千年之文物，集于首都之清室，一涉疏忽，不徒散佚堪虞，即立国精神且将无从取征。清室以经费短绌，转售东邻，不啻将五千年立国精神捐弃一朝，念及此，能勿痛心。"①

驱逐溥仪后，成立了善后会，首先就是清点清宫物品，分清公产与私产。1924年11月7日发出大总统令："著国务院组织善后委员会会同清室近支人员协同清理公产私产，昭示大公。所有接收各公产，暂责成该委员会妥慎保管。俟全部结束，即将宫禁一律开放，备充国立图书馆、博物馆等项之用，藉彰文化，而垂永远。"② 原清宫的物品，有公、私产之分。属于私者，为溥仪生活衣物、财钱，包括金、银锭等，均由溥仪带去；属于公者，是与中国历史文化相关的部分，必须交给人民并努力保卫。也正因这个原因，当溥仪出宫时行李中所藏的王羲之《快雪时晴帖》和仇十洲的《汉宫春晓图》一卷，因系公物被扣了下来，而存放在库房中的101,382两银元宝，则悉数发给了溥仪。清宫善后委员会在点查时发现溥仪的"赏溥杰单"等文件，后以《故宫已佚书籍书画目录四种》为题刊行，在序言中强调"国宝散失，至堪痛惜"！

对清宫旧藏文物的这种内涵，并不是所有人一下子都能认识。1928年6月，国府委员经亨颐提出一项议案，认为故宫是逆产，要求废除故宫博物院，分别拍卖或移置院内一切物品。

---

① 引自中国第二历史档案馆编：《中华民国史档案资料汇编第一辑·文化》第222～223页，江苏古籍出版社，1994年。
② 引自中国第二历史档案馆编：《中华民国史档案资料汇编第一辑·文化》第292～293页，江苏古籍出版社，1994年。

文化价值

国民政府会议竟然通过了这一荒谬提案,并要求中央政治会议重新复议有关故宫博物院的决定及有关法令。故宫博物院同仁向社会各界特别是政府高层做了大量的宣传工作,阐述保护故宫文物的重要意义以及故宫博物院的历史使命,对经亨颐提案的五个要点逐条反驳。两个月后,中央政治会议否决了经亨颐提案,故宫博物院保存下来了。这次交锋,留给世人印象最深的是张继以古物保管委员会主席委员的长篇呈文,他在最末一段说道:"现欧洲各国,为供历史之参考,对于以前皇政王政时代物品,莫不收罗保存,惟恐落后,即苏俄在共产主义之下,亦知保护旧物,供学者之研究。一代文化,每有一代之背景,背景之遗留,除文字之外,皆寄于残余文物之中,大者至于建筑,小者至于陈设,虽一物之微,莫不足供后人研究之价值。明清两代,海航初兴,西化传来,东风不变,结五千年之旧史,开未来之新局。故其文化,实有世界价值,而其所托者,除文字外,实结晶于故宫及其所藏品。近来欧美人士,来游北平,莫不叹为大可列入世界博物院之数,即使我人不自惜文物,亦应为世界惜之。"[①] 这里突出故宫古建筑及其藏品的"世界价值",是难能可贵的。

1932年,"北平政务会议"对故宫做了三项决议方案,其中第一项是呈请中央拍卖故宫古物,购买飞机500架。经院长易培基等多方努力,国民党中央政治会议议决保护故宫办法,拍卖文物一案被否决。

每次争论的结果,都使人们加深了对故宫文物国宝地位的认识:这是数千年中华文明的精粹,来之不易,不可当作寻常古董任意处置。

---

① 转引自刘北汜:《故宫沧桑》第83页,紫禁城出版社,2004年。

第三，文物南迁进一步强化和提升了故宫文物的国宝地位①。

1931年，日本发动9·18事变，占我东北，华北告急。故宫博物院理事会考虑日军一旦入侵华北，故宫的文物就有被毁或被劫的危险，于是决定选择院藏文物中的精品，迁往上海储藏。这一计划得到国民政府批准后，故宫就开始了南迁文物的准备工作，首先是挑选文物，集中装箱。1933年1月，日军进入山海关，华北地区形势更为紧张。故宫博物院理事会于是决定，将已装箱的文物从当年1月起，分批运往上海。

故宫文物南迁的消息经报纸披露后，引起截然不同的反响。支持者认为，日军极有可能得寸进尺，继续南侵，有必要把故宫重要文物转移到南方安全地带。国土沦丧犹可力图恢复，任何文物之损失，终将万劫不复。反对者则认为，迁运文物犹如弃国土于不顾，势将造成民心浮动，社会不安。反对最力者为北平名流周肇祥，他于中南海成立"北平民众保护古物协会"并自任主席，发通电，散传单，公然表示将以武力手段阻止文物南迁。当时一些文化界名人也反对南迁，如胡适、鲁迅等，鲁迅写有"寂寞空城在，仓皇古董迁"②及"文化一去不复返，古城千载冷清清"③的讽刺诗句。而有意思的是，此后不久即担任故宫博物院院长的马衡先生正在为文物南迁奔忙时，他的儿子马彦祥却以笔名在报纸上发表多篇文章，对文物南迁提出批评："因古物之值钱，结果弄得举国上下，人心惶惶，束手无策，这种现象，想起来实在有点好笑。"他说："我们国难一来的时候，不是大家都众口一词地说'宁为玉碎，勿

---

① 石守谦在《清室收藏的现代转化——兼论其与中国美术史研究发展之关系》一文中，对此有所论述。该文载《故宫学术季刊》第23卷第1期。
② 《南腔北调集·学生与玉佛》。
③ 《伪自由书·写实》。

文化价值

为瓦全'么？现在为了一点古物，便这样手忙脚乱，还说什么牺牲一切，决心抵抗？要抵抗么？先从具有牺牲古物的决心做起！"① 想不到的是，1937年11月下旬，故宫有两列装文物的火车要从南京发往陕西，缺少押运员，院秘书便请马彦祥帮忙押运，他便担负了这个重任。从四年前的反对，到这次甘冒战火参与到押运故宫文物西迁的行列之中，马彦祥的认识已有了重大转变。

故宫的文物不能简单地视为古董、古物，而是国宝，是祖宗留给我们的文化遗产，其中蕴含着民族的历史、民族的文化、民族的情感，不能以币值论价。故宫文物南迁的争论，使人们对它的国宝地位有了进一步的认识。文物南迁十多年，受尽种种险阻，始终为国人所关注。而文物的常常化险为夷，使"古物有灵"的说法广为传颂②，且与"国家的福命"联系了起来。1947年9月3日，马衡院长在北平广播电台作了《抗战期间故宫文物之保管》的著名演讲，简要介绍了抗战时期文物南迁、西迁的经过以及保管之困难等。他说：抗战八年之中，文物多次险遭灭顶之灾，例如当9,000多箱文物由重庆运往乐山途中暂存于宜宾沿江码头时，重庆以及宜宾上游的乐山和下游的泸县都遭到敌人的狂轰滥炸，唯有宜宾幸免；长沙湖南大学图书馆在文物搬出后不到四个月就被炸毁；重庆的几个仓库在搬出后不到一个月，空房也被炸掉；从南郑到成都时，在把存放在南郑文庙的文物运出后刚12天，文庙就遭敌机投下的7枚炸弹夷平。"像这一类的奇迹，简直没有法子解释，只有归功于国家的福命了。"③

---

① 转引自马思猛：《参与故宫文物西迁》，载《攒起历史的碎片》第185~186页，北京图书馆出版社，2007年。
② 参阅那志良：《典守故宫国宝七十年》第110页，紫禁城出版社，2004年。
③ 马衡讲演稿，现存故宫博物院图书馆。

从现在来看，历史已经证明，当时还不可能有比南迁更为有效的保护文物的方法。为了避开战争的灾难性破坏，为了保证在这一个非常时期文物不受损失，最为可能的方法就是将文物迁到安全的地方。迁徙疏散成了战时文物保护与保管的手段。

不仅中国，在第二次世界大战中，欧洲许多国家为了防止德国的侵掠，也都纷纷疏散、藏匿本国博物馆的艺术精品。以英国为例，英国博物馆的主管们1938年就做转移藏品的准备。他们计划将艺术收藏品转移到英国西北部的威尔士隐藏起来。在伦敦本地，地铁未用地段被预置为储存点。在国家美术馆，大幅画的边框都做有特别的槽口，以便很快从框中取出画装入存放在地下室的箱子里。经过多次操练，一个大美术馆能在7分钟内清空。1939年8月23日苏德互不侵犯条约宣布后，欧战不可避免的步伐加快，英国博物馆即着手装箱外运。装满了包装好的首都藏品的皇室列车只能以每小时10英里的速度行进，以使颠簸震动减少到最小限度。大多数英国藏品甚至在9月3日正式宣战前就抵达指定隐匿地点，9月5日，所有重要物品都撤离疏散。

再以美国为例。日本偷袭珍珠港后，美国本土主要博物馆即着手转移他们最有价值的收藏品，弗立克、大都会和其他艺术品收藏机构做出了授权转移收藏品的决定。文化资源保卫委员会1943年3月的报告称，仅从华盛顿就有4万立方英尺的书籍、手稿、印刷品和绘画，加上第一面星条旗，以及那些代表着美国民主发展步伐的档案被送往"内陆腹地的三处教育机构"；《独立宣言》则送往诺克斯堡保存[①]。

---

① 【美】C. H. 尼古拉斯：《欧洲的掠夺——西方艺术品二战蒙难记》第63~65、271页，江苏人民出版社，2000年。

文化价值

欧洲及美国博物馆的文物藏品,绝大多数是来自世界各地,一般主要不是本国本民族的艺术品,而故宫的文物,全是中华文明的结晶,是中国 5000 年艺术长河的重要载体和见证。与欧美相比,故宫文物精品在外十多年,受尽艰难曲折,更是创造了第二次世界大战中保存人类文化遗产的奇迹。

第四,海峡两岸两个故宫博物院的同时存在,为两岸同胞及国际社会所关注,也更加彰显着故宫及其藏品的国宝意义。

20 世纪 40 年代末,抗日战争时期故宫博物院南迁文物的 1/4 运到了台湾,1965 年在台北成立故宫博物院。从此,世界上同时有了两个故宫博物院。

国民党政权在溃退大陆时,运走这批文物精品并成立台北故宫博物院,当然不仅是这些文物贵重值钱。台北故宫博物院的地址,据说是为了纪念孙中山先生百岁诞辰,称为"中山博物院",行政院长严家淦在台北故宫博物院开馆的贺词中对此作了说明:"此一博物院定名为中山,并在国父诞辰之日落成,尤具意义。国父以继承尧、舜、禹、汤、文、武、周公、孔子相传的道统为己任;博物院代表一个民族的文化。现在博物院以中山为名,来纪念国父,就是要把国父的思想发扬光大,达到天下为公的地步。"[①] 虽然同一地方既是中山博物院又是故宫博物院,让人有点费解,但立意则很清楚,强调台湾政权是中国的代表,也是皇家文化传统的继承人,而皇家收藏就是这一身份的一个证明。台北故宫博物院认为,"本院肩负开物成务的重大使命、民族传统源流的导扬以及国民人文艺术素养的提升"[②]。故宫文物也成为台湾当局企图"在经济之外,另一

[①] 引自《故宫跨世纪大事录要·肇始 播迁 复院》第 272 页,台北故宫博物院编印,2000 年。
[②] 《故宫跨世纪大事录要·扩建 转型 茁壮》第 415 页,台北故宫博物院编印,2000 年。

突破外交孤立的取向。"① 近些年来,台湾当局推行"去中国化"路线,又想通过台北故宫博物院的藏品争取国际社会的关注,使其陷入尴尬的地步。

北京故宫博物院在新中国成立后得到重大发展。1949 年 1 月 31 日,北平和平解放。2 月 7 日,故宫博物院在闭馆 40 多天后重新对外开放。3 月 21 日,北平市军事管理委员会接管了故宫博物院,全体工作人员原职原薪,马衡院长继续任院长。6 月 7 日军事管制结束。20 世纪 50 年代,故宫博物院百废俱兴,维修颓坏古建筑,整顿脏乱环境,充实院里人力,制定了明确的发展方针,特别是通过文物清理以及政府调拨、购买、接受捐赠等,一批流失在海内外的清宫旧藏重新回到了故宫,而且补充了更多的过去清宫所没有的精美艺术品,使北京故宫博物院成为世界上收藏中国文化艺术品最为宏富的宝库。

台北故宫博物院现有文物藏品 65 万件册,清宫旧藏及遗存占到 92% 以上。截止 2006 年 9 月底,藏品总数为 655279 件册,其中铜器 5994 件,瓷器 25310 件,玉器 12103 件,漆器 707 件,珐琅器 2510 件,雕刻 651 件,文具 2379 件,钱币 6952 件,绘画 5257 件,法书 2959 件,碑帖 450 件,拓片 756 件,丝绣 279 件,织品 88 件,折扇 1641 件,印拓 7 件,杂器 12293 件,善本书籍 176713 册,清宫档案文献 386729 件册,满蒙藏文献书籍 11501 册②。

北京故宫博物院的文物藏品约 150 万件套,85% 为清宫旧藏和遗存,依据不同质地、形式和管理的需要,分为绘画、法书、碑帖、铭刻、雕塑、铜器、陶瓷、织绣、玉石器、金银器、珍宝、漆器、珐琅、雕刻工艺、其他工艺、文具、生活用

---

① 《故宫七十星霜》第 318 页,台北故宫博物院编撰,1995 年。
② 转引自《物华天宝》第 7 页,台北故宫博物院编印,2007 年。

具、钟表仪器、帝后玺册、宗教文物、武备仪仗、善本文献、外国文物和其他文物等，共 25 大类 69 小项。其中绘画 43202 件，法书 54927 件，碑帖 25464 件，清代帝后书画约 25000 件，铭刻 32144 件，陶瓷 349161 件，铜器 29169 件，玉器 28461 件，石器 1395 件，金银器 3317 件，珍宝 1121 件，漆器 17707 件，珐琅器 6155 件，雕塑 9738 件，雕刻工艺 10148 件，其他工艺 12348 件，织绣 139592 件，文具 65055 件，家具及生活用具 35487 件，钟表仪器 2629 件，帝后玺印 4941 件，宗教文物 41123 件，武备仪仗乐器 19501 件，外国文物 4903 件，善本特藏 195318 件册，书版 230000 块，古建筑类文物 5468 件，另有正在整理的其他文物资料及古籍等约 20 万件册。

比较起来，北京故宫博物院在文物藏品总数、文物种类以及精品总数上，都远远多于台北故宫博物院。但是两岸两个故宫博物院同根同源，其藏品有着很强的互补性。通览两个故宫博物院的文物藏品，还有三个明显特点：

其一，故宫文物的经典性。从物质层面看，故宫只是一座古建筑群，但它不是一般的古建筑，而是皇宫。中国历来讲究器以载道，故宫及其皇家收藏凝聚了传统的特别是辉煌时期的中国文化，是几千年中国的器用典章、国家制度、意识形态、科学技术以及学术、艺术等积累的结晶，既是中国传统文化精神的物质载体，也成为中国传统文化最有代表性的象征物，就像金字塔之于埃及、雅典卫城神庙之于希腊一样。因此，从一定意义上说，故宫文化是经典文化。经典具有权威性。故宫体现了中华文明的精华。经典具有不朽性。故宫属于历史遗产，它是中华五千年历史文化的沉淀，蕴含着中华民族生生不息的创造精神，具有不竭的历史生命。经典具有传统性。传统的本质是主体活动的延承。故宫所代表的中国历史文化与当代中国是一脉相承的。中国传统文化与今天的文化建设是相连的。对于任何一个民族、一个国家来说，经典文化永远都是其生命的依托、精神的支撑和创新的源泉，都是其得以存续和赓延的筋络与血脉。

其二，故宫文物是中华5000年文明的重要载体和见证。故宫是世界上最丰富、最重要的中国古代艺术品的宝库。在两岸故宫的210万件套文物中，论时代，上自新石器时代，下至宋元明清直至近现代；论范围，囊括了古代中国各个地域的文明精华，包容了汉族和古代许多少数民族的艺术精粹；论类别，包含了中国古代艺术品的所有门类。故宫收藏的各主要类别文物，其本身就完整地记录了该类文物从萌生、发展到辉煌的文化链。以书法为例，故宫的藏品涵盖了从契刻到书写进而发展成为一门独立的书法艺术的历程，藏品从甲骨文、钟鼎文、直至晋朝开始形成书画艺术，此后，历朝各代的名家流派，几乎一应俱全。再以陶瓷为例，从新石器时代的黑陶、彩陶，直到两宋的五大名窑，元青花瓷，明代白瓷、釉里红、斗彩等，清代的粉彩和珐琅彩等；其他如玉器、铜器和许多工艺品等，也是如此。为了这条历史文化长河永远奔腾流淌、润泽后代，故宫还在收藏现当代的艺术精品。因此，故宫是一部浓缩的中华5000年文明史。中华民族绵延不断的历史文化在故宫博物院的各类文物藏品里均得到了充分的印证。

其三，故宫藏品与故宫古建筑都是旷世之宝。故宫藏品的一个重要特点是与故宫古建筑的不可分割。故宫是世界文化遗产，故宫的文物藏品因此也是世界文化遗产故宫的重要组成部分，它不仅是中国的，同时也是全人类的共同财富。

基于虽有两个故宫博物院但故宫只有一个的中华民族文化认同感，以及两个博物院的收藏都是中华民族文化遗产的事实，因此努力保护好这笔丰厚的文化遗产，并为弘扬中华传统文化、使中华文明赓续不断而努力，就是两个故宫博物院庄严而神圣的历史使命。

概括起来，故宫的国宝地位有以下五个特点：

（一）故宫的皇家收藏，决定了它的国宝意义；故宫博物院的成立及其不平凡经历，给皇家收藏赋予新的意义，使它与民族文化血脉的传承联系在一起。

（二）故宫的国宝，统指故宫的所有文物藏品，也包括故宫古建筑。

（三）故宫国宝具有中华文明与中国传统文化的象征意义。

（四）故宫的国宝地位是历史形成的。

（五）故宫是不可替代的。

故宫文化的整体性、丰富性及象征性，使故宫成为取之不竭的文化宝藏。保护故宫及其藏品，就是保持我们与祖先联系沟通的渠道，就是保护中华民族的文化根基。故宫丰厚的文化资源，对于我们传承中华民族的优秀传统文化，对于弘扬和培育民族精神、建设中华民族共有精神家园，对于加强同世界各国的文化交流、扩大中华文明的国际影响力，都能够发挥独特的重要作用。在今天兴起社会主义文化建设新高潮的伟大实践中，故宫博物院决心努力探索在保护中利用、在传承中创新、在弘扬中发展的新思路、新举措，为实现中华民族的伟大复兴和中华文化的继往开来作出应有的贡献。

关于文化价值的札记

中央纪委驻文化部纪检组组长 李洪峰

一

文化是什么？从根本意义上说，文化是人类认识世界和改造世界的总成绩，是人类物质文明、精神文明、政治文明和社会文明成就的总概括，是人类全部思想和行为的总记录。

二

文化如水，汇聚涵养，清明澄澈，奔腾澎湃，浩瀚深邃，灵动激扬，千变万化，乃滋乃润，善利万物而不争，为有七善之德；

文化如山，生长积累，巍峨峥嵘，逶迤磅礴，厚重庄严，充实光辉，千姿百态，亦精亦微，能生万象而不矜，因具九如之品。

三

文化的创造，是人类最重要的创造。

文化的包容，是人类最博大的包容。

文化的承载,是人类最厚重的承载。
文化的力量,是人类最伟大的力量。
文化的胜利,是人类最根本的胜利。
文化的进步,是人类最本质的进步。
文化的尊严,是人类最基本的尊严。
文化的精神,是人类最内在的精神。
文化的声音,是人类最深沉的声音。
文化的影响,是人类最深远的影响。

四

文化特征是人类最本质的特征。因而,对一个国家和民族来说,认识文化就是认识自己,尊重文化就是尊重自己,发展文化就是发展自己。

五

人类社会的每一次进步,都表现为文化的进步。任何一个民族的觉醒,都首先是文化的觉醒。任何一个国家的强盛,都要靠文化的发达。历史反复证明,文化始终是民族精神和民族素质的纽带,深深熔铸在民族的血脉和灵魂之中。世界上几乎所有资源都是有限的,而唯有文化资源是永远不会枯竭的。文化建设对经济建设、政治建设、社会建设具有重要的引领、促进、保障和提高作用。经济政治社会的发展归根到底表现为文化的发展。文化缺位的发展,不可能是健康的、全面的、可持续的发展。国际竞争,始终离不开文化竞争,文化竞争是综合国力竞争的本质表现。在经济全球化、世界多极化日益发展的时代条件下,文化与经济、政治、社会相互交融的程度日益加深,文化软实力的战略作用日益凸显。谁创造了先进文化并用先进文化武装起来,谁就能够在激烈的国际竞争中赢得先机、把握主动。谁不认识文化的价值、不重视文化建设,谁就将犯历史性错误。

六

文化之为文化,是因为它同自然的天空、大地、阳光和水一样,无时无处不在地渗透、影响甚至决定着人类的命运和生活。关于文化与人的关系,孔子在讲儒家经典时讲过一段话,他说:"其为人也,温柔敦厚,《诗》教也;疏通知远,《书》教也;广博易良,《乐》教也;洁净精微,《易》教也;恭俭庄敬,《礼》教也;属辞比事,《春秋》教也。"庄子也说过:"《诗》以道志,《书》以道事,《礼》以道行,《乐》以道和,《易》以道阴阳,《春秋》以道名分。"孔子和庄子,讲的都是文化对于人的发展的培育和完善作用。从科学的意义上说,完全没有文化的人、完全不受一定文化背景和文化环境影响的人,是不存在的。我们应该从以人为本和人的自由而全面发展相一致的视野来思考和认识文化价值。我们应该从文明发展和民族进步相统一的视野来思考和认识文化价值。我们应该从历史与未来、中国与世界相联系的视野来思考和认识文化价值。

七

深刻的文化变革和文化进步是近代以来世界科技和经济发展重心转移的最重要和最具影响力的因素。《意大利文艺复兴时期的文化》的作者,著名历史学家雅克布·布克哈特,对文化在历史发展中的作用,曾经作过精辟的分析,他认为:第一,作为一种艺术工作的国家。文艺复兴时期的政治制度仍然是整个社会的基础,对文化起着决定性的作用。13 世纪后期,意大利处于分崩离析的许多小国统治下,由于国内和国际的斗争剧烈,各国统治者只有老谋深算才能保住地位,于是政治成为一种艺术。正是在这种新的政治精神和新式的政治生命的基础上,出现了新的文艺复兴文化。第二,中世纪时,人们无论观察世界还是认识自己,都被一层宗教信仰、无根据的幻想和成见的纱幕遮住了,意大利人首先撕去纱幕,认识世界和自己,从而焕发出无穷的力量去促使他们创造奇迹。但丁这样的诗人在经院哲学笼罩下的欧洲绝不可能出现。在十五六世纪,有许多人把个性发展到最高的限度,加上坚强的性格,和当时现实生活的需要,遂成为许多方面有成就的天才人物。第三,意大利摆脱了中世纪的文化枷锁以后,他们从古典文化中找到了重新认识世界所需要的导师,他们热爱古典文化的原因,是因为经改造后可以适应现实的需要。人文主义者是沟通古今的桥梁,他们精通古典文化,并又不断地确立新的文化。第四,世界的发现和人的发现。粉碎了中世纪的枷锁之后,意大利人不但发现了世界,还发现了自己。文艺复兴更重要的成就是对人性的发现。一个关于世界和关于人的知识的最宝贵的果实是在意大利成熟的。只是由于这一点,意大利文艺复兴就必须被称为近代史的前驱。

布克哈特的分析是深刻的、令人信服的。意大利文艺复兴作为人类历史发展过程中最重大的事件之一,它的深远影响,就在于使人们以前所未有的眼光和思维正确地看到和认识了文化的价值。

康德在他的巨著《判断力批判》中,曾经提出一个著名的论断,指出:"人不只是一种自然的目的,而且是自然的最终目的。作为自然最终目的的人，应当是文化——道德的人。因为对于一个有理性的存在者来说，能使其产生自由抉择目的能力的，只能是文化。"康德所揭示的，是更本质的文化价值。

八

文化是国家形象的基本元素和最主要标志。文化价值，不仅表现为其自身，而且表现在国家各项建设和各方面工作上，表现在民族素质和国家形象上。人们观察、认识、了解一个国家，总是首先从文化上着眼。一个国家的文化标记，往往是这个国家的最突出象征。党的十七大在党和国家的历史上，第一次全面描述了我国的国家形象，指出："到2020年全面建设小康社会目标实现之时，我们这个历史悠久的文明古国和发展中社会主义大国，将成为工业化基本实现、综合国力显著增强、国内市场总体规模位居世界前列的国家，成为人民富裕程度普遍提高、生活质量明显改善、生态环境良好的国家，成为人民享有更加充分民主权利、具有更高文明素质和精神追求的国家，成为各方面制度更加完善、社会更加充满活力而又安定团结的国家，成为对外更加开放、更加具有亲和力、为人类文明作出更大贡献的国家。"国家形象的树立和演变，同民族素质的提高和发展一样，是一个长期的历史过程，需要进行经济的、政治的、文化的、社会的多方面的长期努力。而中国要真正跨入现代化国家的行列，中华民族要真正跻身于世界先进民族之林，尤其刻不容缓的，是要在文化建设和文化发展上取得历史性进步。中华民族伟大复兴，说到底是中华文化的伟大复兴；中华民族凝聚力创造力影响力，说到底是中华文化的凝聚力创造力影响力。

九

因此，从国家发展和民族素质建设的长远战略来思考，必须广泛、深入、持久地在党内和社会上造成尊重劳动、尊重知识、尊重人才、尊重创造的浓厚风气，必须广泛、深入、持久地在党内和社会上造成尊重文化的浓厚风气。尊重劳动、尊重知识、尊重人才、尊重创造、必然要求尊重文化，因为文化是劳动、知识、人才、创造的最基本因素，也是人的生活、发展、提高、进步的最基本因素。

十

尊重文化，就要尊重文化的历史发展。文化的产生和发展，同人的进化和发展，是密不可分、相辅相成的。人创造了文化，文化进而造就和提高了人。中华民族有五千年的文明史，中华文化源远流长、博大精深，其间有无数杰出的文化名人和文化典籍。我们有万象峥嵘的《诗经》，有蔚为壮观的《楚辞》，有美轮美奂的《汉赋》，有流光溢彩的《唐诗》，有抑扬顿挫的《宋词》，有皇皇巨著《史记》、《春秋》、《资治通鉴》，有小说艺术的高峰《红楼梦》，有博大精深的《老子》，有汪洋恣肆的《庄子》，有宏大庄严的《论语》，有严谨深刻的《孙子》；我们有屈原、宋玉，有李白、杜甫、白居易，有苏东坡、辛弃疾，有陶渊明、欧阳修，有韩愈、柳宗元，有曹雪芹、罗贯中，有汤显祖、关汉卿，有唐三藏、惠能，有鲁迅、郭沫若，等等，还可以举出许多，可谓群星灿烂，不胜枚举。欧洲18世纪的伟大思想家伏尔泰在谈到博大精深的中国文化时写道："让我们首先注意到一个民族，她在我们还没有发明文字时,就已拥有一部以固定的语言连续记载的历史了。"
"欧洲王公及商人们发现东方,追求的只是财富,而哲学家在东方发现了一个新的精神和物质的世界。"对于中华民族伟大的历史文化,不能采取历史虚无主义态度,数典忘祖;也不能照搬照抄,拜倒在古人脚下。中国在走向现代化、走向世界的过程中,无论如何不能忽略本国优秀文化传统的继承和弘扬,无论如何不能丢掉中华民族的文化本色。季羡林先生有一个见解。他认为,西方轻视东方文化,是偏见。东方人特别是中国人,轻视东方文化,则是短见。如果看问题能上下五千年,纵横几万里,则能看到事实的真相。季羡林先生的见解,很值得重视。

中华文化同世界任何民族的文化比较,都毫不逊色,而且有着自己无与伦比的独特风采。尊重历史的最高境界,是创造新的历史。尊重文化的最高境界,是创造新的文化。我们要用世界眼光和历史眼光认识中华文化的伟大价值。我们要从我国伟大的历史文化中建立起坚定的民族自信心和自豪感,解放思想,实事求是,与时俱进,创造新的历史文化,创造新的历史文化高峰。

十一

尊重文化,就要尊重每一个民族的文化创造和文化性格。中华文化是由五十六个兄弟民族共同创造的。国内各民族文化和各地域文化,都是中华文化的有机组成部分。各民族文化和各地域文化,在长期历史发展过程中,互相学习、互相交流、互相促进、互相补充,才造成了中华文化波澜壮阔、跌宕起伏、多姿多彩、气象万千的宏大气象。我国社会主义现代化的过程,是实现各民族经济社会共同发展、共同繁荣的过程,也是实现各民族文化共同发展、共同繁荣的过程。蓬勃发展的文化遗产和非物质文化遗产保护事业,是继承、弘扬和创新中华文化的神圣事业,也是推动和促进各民族文化共同发展繁荣的神圣事业。经过全党全社会和全国各族人民的团结奋斗,我们一定会迎来各民族文化争奇斗艳、获得新的巨大发展的崭新局面。

十二

尊重文化,就要尊重文化建设和文化发展的客观规律。邓小平同志曾经指出,党对文化工作的领导,不是发号施令,不是要求文学艺术从属于临时的、具体的、直接的政治任务,而是根据文学艺术的特征和发展规律,帮助文艺工作者获得条件来不断繁荣文学艺术事业,提高文学艺术水平,创作出无愧于我们伟大人民、伟大时代的优秀的文学艺术作品和表演艺术成果。文艺这种复杂的精神劳动,非常需要文艺家发挥个人的创造精神,写什么和怎样写,只能由文艺家在艺术实践中去探索和逐步求得解决。在这方面,不要横加干涉。邓小平同志这些重要论断,具有长远指导意义。

什么是文化规律,什么是文化建设规律,什么是社会主义文化建设规律,真正从理论和实践的结合上实现由必然王国向自由王国的飞跃,需要不断进行实践和认识。必须对理论学术有深入系统的学习整理,必须对历史经验有深入全面的总结提炼,必须对现实状况有深入细致的调查研究,必须对时代发展趋势有深入准确的判断把握,必须以不唯上、不唯书、只唯实的态度,仔细倾听历史、实践和群众的呼声。任何停止的论点、悲观的论点、无所作为和骄傲自满的论点,都是没有根据的。社会总得不断发展,文化总得不断进步,人类总得不断有所发现、有所发明、有所创造、有所前进。

十三

文化的生命力在于它的当代性和人民性。党的十七大强调当今时代文化越来越成为民族凝聚力和创造力的重要源泉,越来越成为综合国力的重要因素;强调丰富精神文化生活越来越成为我国人民的热切愿望;强调提高国家文化软实力的极端重要性;强调兴起社会主义文化建设新高潮;强调推动社会主义文化大发展大繁荣。这是一种战略上的高瞻远瞩和深谋远虑,也是一个战略部署和战略指导。从而把我们党的文化自觉提到了新的历史高度。全党全民族一定要深入学习贯彻十七大精神,把思想统一和提高到十七大精神上来,切实增强发展文化的紧迫感和主动性,通过认真而不是敷衍的、扎实而不是飘浮的、持续而不是短暂的努力,使人民基本文化权益得到更好保障,使社会文化生活更加丰富多彩,使人民精神风貌更加昂扬向上。

十四

社会主义核心价值体系是社会主义意识形态的本质体现,反映了我们党和社会主义社会的基本价值观,必须使之成为全社会成员普遍理解接受、自觉遵守奉行的价值理念。要努力把社会主义核心价值体系融入文化建设的各个方面,坚持用社会主义核心价值体系指导文化建设,引领社会思潮。要围绕增强诚信意识和责任意识,切实加强公民道德建设,围绕提高公民文明素质和社会文明程度,深入推动群众性创建活动,围绕丰富社会文化生活,努力提供更多更好的精神文化产品和服务,积极建设和谐文化,推动形成良好的人文环境和文化生态,建设中华民族共有精神家园。要善于从伟大时代中汲取新鲜养分,在物质创造中进行文化创造,在历史进步中实现文化进步。繁荣发展社会主义文化,必须充分表现人民的优秀品质,赞美人民在革命、建设和改革中、在同各种敌人和各种困难的斗争中取得的伟大胜利。尤其要在描写和培养社会主义新人方面取得更丰硕成果。英雄人物的业绩和普通人们的劳动、斗争和悲欢离合,现代人的生活和古代人的生活,都应当在文化创造中得到应有反映。

一部或一篇好的作品,应当具有思想和信念的力量、真理和自然的力量、逻辑和知识的力量、情感和语言的力量,应给人以感动与陶冶,鼓舞与鞭策,美感与愉悦,幸福与和谐,使人看到光明和希望,从而丰富人们的精神文化生活。我国无比广泛深刻、无限丰富生动的改革开放和现代化建设的伟大实践,为社会主义文化创造提供了广阔天地和广阔舞台。所有对人民、对社会、对历史负责的文化工作者,都应该保护对文化的执著与热情,力求把最好的精神食粮贡献给人民。

十五

文化离不开交流。交流是文化发展的必要条件。历史上佛教传入中国、中国四大发明走向世界,都是文化交流史上的壮丽篇章。北京奥运会取得巨大成功,是中外文化交流新的里程碑。通过丰富多彩的文化交流,中国进一步了解了世界,世界也重新发现了中国。深入开展对外文化交流,是提高国家文化软实力的题中应有之义,也是推动建设和谐世界的题中应有之义。交流好,大有益,互借鉴,相学习。改革开放以来,我国对外文化交流迈出了重要步伐,对于促进中国了解世界、世界了解中国起到了不可替代的重要作用。文化是一个国家的重要名片。以文化形象塑造国家的政治、经济、外交和军事形象，以文化发展促进国家的政治、经济、外交和军事发展，是世界文明史上的成功实践。现在，我们国家正处在中外文化交流史上千载难逢的历史性机遇。我们一定要有长远战略谋划和切实可行的实际步骤，认真总结自己的经验，虚心学习别人的经验，使中国文化在同世界文化的相互交融、相互借鉴中，获得新的生机和活力，从而更好地贡献和影响于世界。

十六

文化大发展大繁荣，必须靠投入、靠政策、靠环境。首先是投入，必须形成稳定的投入保障机制；其次是政策和环境，必须形成有利于文化繁荣发展的政策和法规体系。发展文化事业和文化产业，当务之急是要解决好文化事业欠账过多问题。尤其要下大气力加快建立公共文化服务体系，着力解决基层特别是中西部农民群众看书难、看戏难、看电影电视难问题。各级党委和政府，要切实克服重群众经济权益、政治权益，轻群众文化权益的现象，真正把文化建设和文化发展摆上重要日程，扎扎实实为满足人民群众的精神文化需求多办好事、多办实事。

十七

文化的历史即人类的历史，文化的未来即人类的未来。社会主义文化建设是一个宏大的系统工程，需要全党全社会全国各族人民的共同努力。要充分尊重和发挥人民群众在文化建设和文化发展中的主体作用,坚持文化发展为了人民、文化发展依靠人民、文化发展成果由人民共享的原则,最大限度地调动社会各方面力量参与文化建设的积极性,最大限度地解放和发展文化生产力。

十八

文化领域是知识和人才最密集的领域之一,也是最需要创新的领域之一。文化创新对各方面创新都有重要影响。中国五千年的文化发展形成了优良的创新传统。所谓"周虽旧邦,其命唯新","苟日新,日日新,又日新",讲的就是创新传统。以文学为例,中国文学从诗经、楚辞、汉赋,到唐诗、宋词、元曲、明清小说,再到"五四"新文化运动,可以说是创新高潮迭起。在新的历史条件下,我们要更好地继承和发扬中国文化的创新传统,尊重创新思维、保护创新热情、鼓励创新探索、宽容创新失败,研究新情况,解决新问题,创造新文化。积极稳妥地深化文化体制改革、推动文化体制机制创新、内容形式创新、传播手段创新。让一切文化创造的活力竞相迸发,让一切文化创造的源泉充分涌流,开创中国特色社会主义文化的光辉未来。

我国文化遗产事业的发展与实践

国家文物局局长 单霁翔

进入 21 世纪，我们不断认识和总结文化遗产保护工作实践的成果，探寻文化遗产保护概念的不断扩大，保护理念的不断深化。今天，文化遗产保护已不再是单纯的物质文化遗产的保护，而是更多地立足于对自然生态环境、历史变迁轨迹、人的内心世界的尊重。因此，重新认识人类社会复合系统中的现有资源，不断丰富文化遗产的内涵和外延，是新的时代文化遗产保护的重要任务所在，也是我国几代文化遗产保护工作者的夙愿。

一、早期文物保护理念的形成

我国素有保护古代遗物的悠久传统，正像商周时期的青铜器上常见铭文"子子孙孙永保用"所表达的理念，人们在祈愿江山社稷世代相传的同时，对前朝的珍贵器物，也有了妥善保存，永续利用的愿望。商周时期，皇室、贵族宗庙内"多名器重宝"，保存着为数不少的青铜器、玉器以及其他前朝的遗物。汉代皇室收藏亦十分丰富，"创置秘阁，以聚图书"。唐代文化鼎盛，从此时的诗句"每著新衣看药灶，多收古器在书楼"（张籍《赠王秘书》）、"唯爱图书兼古器，在官犹自未离贫"

（朱庆余《寄刘少府》）中可以看出，当时文人雅士热衷于收藏和鉴赏前朝器物。宋代文化再兴，被视为中国考古学前身的金石学，即形成于北宋时期，主要是以青铜器和石刻为主要对象，进行比较系统的分类、著录并加以考证和研究。至南宋，无论是钱币、玺印、铜镜、还是画像石、砖瓦等物均有著录。于是，金石学开始在我国成为专门之学，为研究五代以前，尤其是研究商周秦汉史，提供了宝贵的资料。

"文物"一词在我国出现较早，最早见于战国初期成书的《左传》。《左传·恒公二年》中有"夫德，俭而有度，登降有数，文物以纪之，声明以发之"的记载；在《后汉书·南匈奴传》中亦有"制衣裳，备文物"的记载，但是从文献记载中可以了解到，"文物"在当时主要是指礼乐典章制度，与现代的"文物"基本是不同的概念。但是到了唐代，杜牧诗："六朝文物草连天，天淡云闲今古同"中所称"文物"即指前代的遗物，其含义已接近于现代所认识文物的概念。从宋代开始，往往将前朝器物统称之为"古器物"或"古物"。在民间，明代和清代初期比较普遍使用"古董"或"骨董"，到清代乾隆年间又有了"古玩"一词。

"文物"准确概念的产生是近代科学兴起与发展的结果。诞生于近代西方的考古学，尝试用科学发掘和断代的办法获取古代遗存，并将那些古代遗存变成科学地复原人类历史和文化的工具，这些古代遗存也就有了"文物"这一具有全新内涵和意义的词汇。在我国，20世纪初通过对古代遗存发掘和研究，重建古代历史的现代考古学出现，才带来了现代意义上的"文物"的概念，古代遗存的文化内涵和价值通过考古研究得以不断揭示。这一概念的转变，改变了人们对待古代遗存的思维习惯和行为方式，对待古代遗存价值的认识也更多地从"物质"转到了"文化"。

与金石学研究已有上千年的悠久历史相比，我国古代虽有宋《营造法式》和清工部《工程做法则例》等研究成果，但是，古代建筑则往往被视为工匠之作，长期以来未能纳入保护之列。当然，我国的传统建筑多为砖木结构，不易长期保存，但是造成它们所剩无几的原因，却多与人祸有关。回顾漫长的古代历史，除了个别王朝在改朝换代之时，对前朝的宫殿加以利用之外，大多数的朝代或是将前朝的宫殿付之一炬，或是有意加以拆毁。在历史上许多古代著名的寺观、坛庙建筑，也被人们以重建殿宇、再塑金身的名义，改造得面目全非，甚至推倒重来。1860年英法联军侵入北京，火烧圆明园，更是犯下了滔天罪行。如此结果，造成我国早期的古代建筑数量很少。例如我国现存最早的古代建筑仅是为数不多的汉代石阙；最早的完整的木构建筑仅有唐朝的南禅寺和佛光寺大殿；明朝时期的成片传统民居也已经难以寻觅。我国古代建筑保护的这一状况，与我国悠久的古代文明史极不相称，相对于其他一些文明古国中保留至今的文物建筑和历史街区而言，存在较大差距。

我国在政府层面开始重视文物古迹的保护至今已有百年以上的历史。光绪三十二年（1906年），清廷设民政部，拟定《保存古物推广办法》，通令各省执行。"早在清光绪三十四年（1908年）颁布的《城镇乡地方自治章程》中，就将'保存古迹'与'救贫事业、贫民工艺、救生会、救火会'一道作为'城镇乡之善举'，列为城镇乡的'自治事宜'。这也许才是我国最早涉及保存古迹的法律文件。"① 宣统元年（1909年），清廷又组织官员、学者调查国内碑碣、造像、绘画、陵墓、庙宇等文物古迹。"全国各地现存之古代桥梁、寺庙，几乎绝大部

---

① 张松：《中国文化遗产保护关键词解》，《中国文物报》2005年12月16日第8版。

分均在清代进行过修葺。"① 博物馆事业在我国发展较晚，1905年民族实业家张謇创建的南通博物苑是我国第一座博物馆。直到1912年民国政府才筹建了国立历史博物馆，1914年在故宫外朝成立古物陈列所，同年，民国政府颁布古物保护法令《大总统禁止古物出口令》。1919年，朱启钤先生在南京图书馆发现宋《营造法式》抄本后，1925年由商务印书馆大量印制，引起国内外学术界对我国古代建筑的重视和研究热情。

现代意义的文物保护工作，在我国始于20世纪20-30年代。随着文物保护观念的建立与社会的进步，衍生出对文物进行科学保护与展示传播等公益性的工作。1922年在北京大学成立了以马衡先生为主任的考古学研究室，是我国最早的文物保护相关研究机构。1925年又有故宫博物院的建立。1928年为了制止外国在华机构和人员的随意考察，更好地保护文物和科学标本，维护国家的合法权益，在学术界的推动下，国民政府设立了"中央古物保管委员会"，这也是由国家设立的第一个专门保护管理文物的机构。同年，国民政府内务部颁发《名胜古迹古物保存条例》，其中"名胜古迹"项目包含湖山、建筑、遗迹等三类，"古物"则包括碑碣、金石、陶器、植物、文玩、武器、服饰、雕刻、礼器、杂物等十类。1930年6月，国民政府颁布的《古物保存法》，这是我国历史上由国家公布的第一个文物保护法规。其中明确规定"本法所称古物是指与考古学历史学古生物学及其他与文化有关之一切古物而言"，可见此时"古物"的概念和所包含的内容较之过去大为拓展。1931年7月，又颁布了《古物保存法细则》，开始将古代建筑纳入文物保护的范畴。1935年，民国政府颁布《暂定古物的

---

① 谢辰生：《中国大百科全书（文物博物馆）》，中国大百科全书出版社，1993年1月。

范围及种类大纲》，内容涉及古生物、史前遗物、建筑物、绘画、雕塑、铭刻、图书、货币、舆服、兵器、器具、杂物等十二类，其中建筑物又包括城郭、关塞、宫殿、衙署、书院、宅第、园林、寺塔、祠庙、陵墓、桥梁、堤闸及一切遗址。

自 20 世纪初，一些开明人士、进步学者认为我国古代建筑为传统文化之精华，应该进行系统调查，整理出版研究成果，使之发扬光大。1929 年由朱启钤先生等人发起成立了中国营造学社，其宗旨是系统地运用现代科学方法，对我国古代建筑进行"法式"和文献方面的实地调查测绘和研究考证。中国营造学社内设法式组和文献组，分别由梁思成先生和刘敦桢先生担任组长。从 1932 至 1937 年抗日战争爆发前，短短 5 年时间内，先后对我国 137 个县市、1823 座各类古代建筑进行调查，详细测绘古代建筑 206 组，绘制测绘图稿 1898 张。经过长期努力，揭示出古代建筑的历史、艺术、科学价值，编辑出版《中国营造学社汇刊》共七卷 22 期，并出版《清式营造则例》等专门书刊，广泛进行宣传，唤起了社会各界对古代建筑的重视。

"营造学社连续工作了 20 年，有两大历史贡献：一是开创了中国古建筑保护研究这门学科，调查测绘了大量实物资料；二是把中国古代建筑列入中国文化遗产加以保护。"[①] 即使在烽火连天的抗日战争中，中国营造学社的先驱们仍推进了中国传统建筑的研究工作。更为重要的贡献是，在从事历史研究的同时，提出了对古代建筑的保护要保持其历史风貌，对古代建筑的维修要保存其历史原状等观点，形成了较为系统的理论体系，奠定了我国文物建筑保护的基本原则。全国解放前夕，清

---

① 罗哲文：《"中国营造学社"及其对古建筑保护与研究的功绩》，《中国营造学研究》2005 年第 1 期。

华大学梁思成先生主持编录了《全国重要建筑文物简目》，其中共登录古代建筑 450 余处，1949 年 6 月正式出版，被分发到各省市相关单位，对解放战争中的文物保护，以及建国后的文物普查发挥了重要作用。其中提出将"北京城全部"作为一个项目列入保护范围，应视为我国历史性城市保护思想的开端。

二、新中国文物保护体系的确立与发展

新中国建立以后，文物保护才开始作为国家文化事业的重要组成部分，由政府统筹进行管理。由政务院以及后来的国务院所颁布的一系列有关文物保护的法规，均沿用了"文物"一词，直到 1982 年《文物保护法》公布实施，才将"文物"一词及其包括的内容用法律形式固定了下来。"文物是人类在历史发展过程中遗留下来的遗物、遗迹"。"文物是指具体的物质遗存，他的基本特征是：第一，必须是由人类创造的，或者是与人类活动有关的；第二，必须是已经成为历史的过去，不可能再重新创造的"。"当代中国根据文物的特征，结合中国保存文物的具体情况，把'文物'一词作为人类社会历史发展进程中遗留下来的，由人类创造或者与人类活动有关的一切有价值的物质遗存的总称"。"其范围实际上包括了可移动的和不可移动的一切历史文化遗存，在年代上已不仅限于古代，而是包括了近、现代，直到当代。"[①]

2002 年新修订的《文物保护法》，无论是可移动文物，还是不可移动文物，对于文物的概念不断深化，文物保护的范围不断扩大。经过不断调整充实，形成了目前国家立法保护文物

---

① 谢辰生：《中国大百科全书（文物博物馆）》，中国大百科全书出版社，1993 年 1 月。

的基本范围,即包括具有历史、艺术、科学价值的古文化遗址、古墓葬、古建筑、石窟寺和石刻、壁画;与重大历史事件、革命运动或者著名人物有关的以及具有重要纪念意义、教育意义或者史料价值的近代现代重要史迹、实物、代表性建筑;历史上各时代珍贵的艺术品、工艺美术品;历史上各时代重要的文献资料以及具有历史、艺术、科学价值的手稿和图书资料等;反映历史上各时代、各民族社会制度、社会生产、社会生活的代表性实物。同时,具有科学价值的古脊椎动物化石和古人类化石同文物一样受国家保护。这一鲜明的文物概念的产生无疑是保护认识上的一次飞跃,也为文物保护事业明确了工作目标和努力方向。

我国不可移动文物保护管理所实行的文物保护单位制度,始于20世纪50年代,1953年10月,为保证在"第一个五年计划"的基本建设工程中做好文物保护工作,中央人民政府政务院及时颁布了《关于在基本建设工程中保护历史及革命文物的指示》。1956年,国务院发布了《关于在农业生产建设中保护文物的通知》,在总结建国7年以来文物保护工作的经验及参考世界各国经验的基础上,提出广泛宣传文物保护政策法令,普及文物知识,开展群众性的文物保护工作,并要求"必须在全国范围内对历史和革命文物遗迹进行普查调查工作",首先对已知的重要的古文化遗址、古墓葬、革命遗址、纪念建筑物、古建筑、碑碣等,由省、自治区、直辖市人民委员会公布为保护单位,做出保护标志。该文件首次提出"保护单位"的概念。这是在全国范围内进行的第一次文物普查,是文物保护工作中十分重要的一项基础措施。根据第一次文物普查的成果,确定了各省、自治区、直辖市文物保护单位名单,共计7000多处。

1961年,国务院颁布了《文物保护管理暂行条例》,规定各级文化行政管理部门必须进行经常性的文物调查工作,并选择重要文物,根据其价值大小,报人民政府核定公布为文物保护单位。《条例》正式提出"文物保护单位"的名称及内容界定,明确规定根据文物保护单位的价值分为三个不同的保护级别,即全国重点文物保护单位、省级文物保护单位和县(市)级文物保护单位。《条例》的颁布,标志着我国不可移动文物保护单位制度的初步形成。同时,国务院公布了第一批全国重点文物保护单位180处。1974年8月,国务院颁布《关于加强文物保护工作的通知》,使"文化大革命"期间一批珍贵文物免遭损失。此后,公布文物保护单位成为文物保护的一项重要的基础工作。"文物保护单位是需要一批一批地不断陆续公布的,这是因为一方面文物普查是一个不断反复进行的工作,在文物普查、复查和配合基本建设考古发掘过程中还会不断有新的发现,其中可能很多都是有重大价值的,应该积极加以保护。"①

1981年,我国又开展了第二次全国文物普查,参加普查人员9.4万余人,普查的规模和成果都远远超过第一次普查。这是我国由政府组织的规模最大,投入人力、财力最多,成效十分显著的文物调查活动,也是全国范围内文物家底的大调查、大清理,实现了对文物资源的抢救性发现和超常规积聚,对我国文物保护事业的发展起到了巨大的推动作用。在第二次文物普查的基础上,我国共调查登记不可移动文物40余万处,并先后公布了2351处全国重点文物保护单位,8000余处省级文物保护单位,60000余处市县级文物保护单位。

几十年来,文物保护制度不断完善,使大量的不可移动文

---

① 谢辰生:《关于认识文物价值的一点看法》,《中国文物报》2006年8月4日第3版。

物依照法定程序公布为文物保护单位，作为保护的重点，纳入有计划的、科学的和法制的管理之中。同时，对文物保护单位的保护管理工作做出了一系列规定，其中包括分级核定公布文物保护单位；划定保护范围，竖立标志说明，建立记录档案，设立保管机构；划出建设控制地带等。目前，文物保护单位分为：古文化遗址、古墓葬、古建筑、石窟寺及石刻、近现代重要史迹及代表性建筑、其他等六大类。其中，古建筑始终被列为文物保护单位中的重要内容，并不断得到加强，特别是在历次国务院公布的全国重点文物保护单位中，古建筑所占比例最大，文物保护资金投入量也最多。但是由于全国各地古建筑数量众多，保护状况仍然堪忧。例如以山西南部为中心，东到河北蔚县，西到陕西韩城一带，至今保存有相当数量的宋、金、元和明代早期木结构建筑群，但是未能够引起足够的重视，直到近年才被陆续公布为全国重点文物保护单位。

1982年11月，《文物保护法》公布实施，这是我国文化领域第一部由国家最高立法机构颁布的法律。该法规定："保存文物特别丰富、具有重大历史价值和革命意义的城市"由国务院核定公布为历史文化名城，建立起了历史文化名城保护制度。国务院分别于1982年、1986年和1994年核定公布了第一批至第三批国家历史文化名城名单，目前数量仍有所增加。历史文化名城制度确立之后，各历史文化名城普遍制定了历史文化名城保护规划，一些历史文化名城制定了专项保护法规。历史文化名城制度的确立，在城市的规划建设和文物保护方面引发了新的思考，即以弘扬城市文化为基点处理保护与建设的矛盾；从传统文化、地域文化的角度，研究城市的生长过程和发展方向。但是与此同时，历史文化名城保护立法和管理长期滞后。国家层面的历史文化名城保护法规历时15年才予颁布，其间伴随着大多数历史文化名城的保护状况日益恶化，特别是

文化价值

20世纪90年代以来，大规模的所谓"旧城改造"、"危旧房改造"，对历史文化名城造成了严重破坏，历史文化名城作为整体保护已经普遍失控。

1997年3月，国务院发出《关于加强和改善文物工作的通知》，强调要努力建立适应社会主义经济体制要求、遵循文物工作自身规律、国家保护为主并动员全社会参与的文物保护体制；要求各部门各地方做到"五纳入"，即"各地方、各有关部门应把文物保护纳入当地经济和社会发展计划、纳入城乡建设规划、纳入财政预算、纳入体制改革、纳入各级领导责任制"。这对在社会主义市场经济条件下加强文物保护具有重要指导意义。2002年10月，新修订的《文物保护法》公布实施，确立了"保护为主，抢救第一，合理利用，加强管理"的工作方针，为新时期文物事业的发展奠定了坚实的法律基础。该法规定："保存文物特别丰富并且具有重大历史价值或者革命纪念意义的城镇、街道、村庄"，由省级人民政府核定公布为历史文化街区、村镇，并报国务院备案。在国家层面上建立起了历史文化街区、历史文化村镇保护制度。至此，我国在文物保护领域形成了单体文物、历史地段、历史性城市的多层次保护体系。

此后，我国文物保护事业从未停滞。发展的道路尽管曲折、崎岖、险峻，但是后来人总是在奋勇攀登。特别是改革开放以后，文物保护的情况发生很大变化，城乡建设规模不断加大，文物保护要求不断加强，保护与建设之间矛盾冲突不断加剧，破坏文物的行为日有所闻，保护工作的艰巨性和复杂性与日俱增。但是，经过近30年的不懈努力，法规建设不完善、保护规划不到位、文物家底不明晰、人员结构不合理的状况逐渐有所缓解。

进入21世纪，随着经济的发展、科学的昌明、社会的进步，人们对于文化的理解和感受发生了深刻的变化，文物保护事业也随之处于重要的战略转型期。一方面，人们认真回顾上个世纪既充满艰辛曲折，又不断开拓进取的难忘历程，对新的世纪文物保护事业满怀憧憬和希望。另一方面，社会各界对文物的认知理念日臻成熟，逐渐成为一种充满智慧的理性行为，更加鼓励多样化地理解文物的概念、评价文物的价值、完善文物保护的理念。虽然"我国城市遗产保护已经有了长足的进展，但是从更高标准要求来看，则还显得缺乏完整的体系和丰富的层次，使得城市文化遗产这部交响乐显得单薄并缺乏力度"①。

三、新时期文化遗产保护理念的扩展与实践

面临新的形势，准确把握文化遗产保护的发展趋势，深刻理解正确的保护理念，是关系到文化遗产保护发展全局的重大课题。2005年12月，《国务院关于加强文化遗产保护的通知》发布，这是新的历史时期文化遗产保护事业的一件大事，既体现了我国政府对保护文化遗产的重视，又对全面提升文化遗产保护水平具有重要的意义和深远的影响。"国家对文化遗产的保护采取的这些重大举措，标志着新世纪我国文化遗产保护事业进入一个新的历史发展阶段的里程碑"②。面对快速发展的形势，有必要对国务院通知发布以来，文化遗产保护工作进行梳理和反思，以利于新的实践。

---

① 张天新、山村高淑：《从"世界遗产"走向"世间遗产"》，《理想空间》第15辑，2006年。
② 谢辰生：《关于认识文物价值的一点看法》，《中国文物报》2006年8月4日第3版。

文化价值

（一）"长城保护工程"总体方案的制定

长城是人类历史上修筑时间最长、工程最大；对社会影响最深刻、最广泛；留存文化信息最丰富的古代建筑工程。长城保护状况的好坏，反映出我国文化遗产保护、研究和管理水平的高低。但是，目前长城保护在上述三个方面均存在严重问题。在保护方面，长期以来对长城的人为破坏主要来自于取材性破坏、建设性破坏和旅游开发性破坏。目前，后两种破坏因素所造成的后果更为严重。建设性破坏表现为，在城市建设以及工业、农业、交通等建设项目施工过程中对长城本体及其环境造成的破坏。特别是地方性道路，以及电力、通讯、天然气管道等设施建设对长城的破坏尤为严重。旅游开发性破坏表现为，长城沿线在未经审批、缺乏管理的情况下，对长城资源进行无序开发，在长城保护范围内修建旅游服务设施，人工化、商业化、城市化的现象十分严重，破坏了长城及其环境的原真性和完整性。在研究方面，长期以来甚至对长城的一些基本概念仍然存在较大分歧，例如由于对长城性质的不同定义，引发对保护范围和长度界定的明显差异，造成立法和管理方面的困难。在长城长度计算方面，由于历史上多个朝代在同一地段上修筑长城，相互叠压，相互利用的现象十分常见，因此计算方法须要形成统一标准。家底不清已经成为长城保护管理工作深入开展的瓶颈。在管理方面，长城的有些区段为全国重点文物保护单位，有些为省级文物保护单位，有些为县（市）级文物保护单位，还有更多的区段尚未列入任何级别的文物保护单位，因此在很大程度上造成保护管理状况的混乱。

近年来，将长城作为一项完整的文化遗产保护项目，纳入统一保护管理体制，成为文化遗产保护工作的重要目标。在这一指导思想下，国家文物部门组织编制了《"长城保护工程（2005—2014年）"总体工作方案》，方案对长城资源调查、长城保护立法、长城保护规划编制和长城保护抢险修缮等方面作出了系统的安排。对于长城这一巨型、线形文化遗产的保护编制总体工作方案，无疑是跨地域、跨部门、跨学科的重大研究成果，具有开拓性实践意义。这一方案得到了国务院批准，长城保护进入了新的阶段。2006年12月，国务院公布的《长城保护条例》正式实施，这是国务院首次针对特定的文化遗产保护项目颁布的专项法规。该条例针对目前我国长城的现状以及存在的主要问题，制定了操作性很强的保护管理措施，明确了长城所在地人民政府的责任，提出发动社会力量参与长城保护的措施，并对长城的利用行为加以规范。

目前，"长城保护工程"总体工作方案已经进入全面实施阶段。一是全面开展长城资源调查工作，即通过努力摸清长城的长度、保存范围以及沿线的基本状况，确保2008年底前完成明代长城、2010年底前完成所有长城资源调查和基本数据的发布，为全面做好长城保护工作奠定扎实的基础。二是制定长城保护专项法规，即在《长城保护条例》的法规框架下，逐步建立起完善的长城保护法规体系，特别是积极推动长城沿线各省、各城市结合当地长城保护工作实际，及时制定地方性法规和专项法规，划定长城保护范围和建设控制地带。三是编制《长城保护总体规划纲要》，即从保护长城本体及其环境的真实性、完整性出发，在对长城进行全面研究评估的基础上，就规划的原则、性质、目标，保护区划、保护措施、相关环境治理和生态保护，以及展示开放、管理等方面，做出具有实际指导意义的原则性规定。四是加强重点地段的长城抢险维修，即本着文物保护方针和严格按照"不改变文物原状"的原则进行修缮，在保持原有布局、原有形制、原有材料、原有工艺的前提下，优先安排抢修价值重大、濒危的长城段落。以上这些步骤将在一定程度上扭转长城分散保护、研究和管理的状况，实现对长城有效保护和有序管理。五是加强长城保护科学研究，对长城保护理论和保护技术、长城管理体制和管理方式等相关问题进行深入研究。

(二)"大遗址"保护国家项目库的建设

"大遗址"是我国文物工作者根据文化遗产的特征，以及保护和管理工作的实际需要提出的重要概念，专指文化遗产中规模大、价值高的文化遗址。我国的大遗址具有年代悠久、分布广泛、数量众多、类型复杂等特点，集中代表了我国传统文化的丰富内涵和发展的历史轨迹，具有不可替代的整体价值和地位，是我国几千年文明史的重要载体，也是我国文化遗产资源的精髓部分。

大遗址保护一直是我国文化遗产保护工作中的重点和难点，在一些历史性城市问题更为突出。面对城市规模持续扩大、大型基础设施建设、当地居民生产生活变化，盗掘文物案件频发以及环境污染、地质灾害、风雨剥蚀、生物侵害等方面的冲击和影响，许多大遗址在各种人为和自然因素的蚕食、破坏下，逐步残缺甚或灭失。特别是大遗址的保护与城市开发建设、区域经济发展的矛盾日趋严重，多数大遗址已遭到了不同程度的侵占和破坏，形势紧迫。一些原位于城乡结合部的大遗址已基本被现代城市占压，而且建设规模持续膨胀；而一些位于农村地区的大遗址，已处于村庄的包围之中，新的房屋建设正在不断向核心区蚕食。同时，大遗址的保护长期未能造福当地民众，居民的生产生活未能与大遗址保护协调发展，经济收入和生活水平与大遗址区外居民之间的差距越来越大，因而对大遗址保护普遍缺乏认同和理解。

针对上述情况，近年来加大了大遗址保护研究力度，通过高句丽遗址、殷墟遗址、大明宫遗址等保护项目的实施并取得积极成效，初步积累起大遗址保护的成功经验。其中高句丽王城、王陵和贵族墓葬以及安阳殷墟先后被列入《世界遗产名录》，为大规模抢救保护大遗址提供了成功范例。目前全面启动大遗址保护已经具备了一些有利条件。因此，从2005年起，国家开始设立大遗址保护专项资金，加大了投入力度，特别是设立大遗址保护国家项目库，首批100处大遗址列入其中。国家项目库和大遗址保护专项资金，将优先考虑那些价值重大、遗址本体保护需求急迫、有较好考古勘查研究工作基础、已编制规划或规划纲要、宣传展示可行性强、地方政府重视并有一定经费配套的项目。

通过编制具有较强针对性的大遗址保护专项规划，并纳入城乡建设和经济社会发展规划，可以从全局的角度协调大遗址保护目标与城乡发展目标，制定详细的保护措施，统筹加以安排，最终实现大遗址本体和环境的整体保护。同时，在规划的指导下，尽可能对不合理占压遗址的建筑实施一次性拆迁，对大遗址内的居民、单位实施一次性搬迁，并在保护区外妥善安置，遏制大遗址保护范围内的城市化进程。大遗址能否得到有效的保护，最重要的是能否得到民众，特别是大遗产所在区域民众的认同。因此，在保护规划实施中研究制定优惠政策，妥善处理当地民众脱贫致富、发展生产、改善生活等问题。在有条件的城市，大遗址的保护则与城市公园绿地规划建设相结合，形成大型遗址公园，成为城市重要文化设施和生态环境良好的绿"肺"。通过实施规划，实现大遗址保护工作从消极被动向积极主动转变，在保护方式上由突击式、抢救性、应急式向建立健全制度、形成长效机制转变。近期力争在西安、洛阳大遗址保护上取得突破性进展，把最负盛名、最令人难忘、最具有震撼力的历史遗迹保护起来、展示出来。

（三）保护新型文化遗产工业遗产的呼吁

任何一种类型的文化遗产从被理解到积极保护，都经历过

文化价值

渐进的和不断推动的过程，工业遗产也是如此。长期以来人们重视保护农业社会时期留下的文化遗产，而对于工业遗产的保护未能引起重视，特别是由于我国工业化进程起步较晚，时间不长，因此这一时代的历史见证更容易被人们所忽视，以致近年来沈阳、哈尔滨、重庆以及上海、北京等城市的一些重要工业遗产，在城市改造和房地产开发中迅速消失。但是，目前人们逐渐改变对工业遗产的态度，开始认识到应将工业遗产视作普遍意义上的文化遗产中不可分割的一部分。因此，在城市建设中不能用单纯的习惯性方法将工业遗产推倒重来，而是应通过仔细甄别、保护、整修、重组等模式，将工业遗产保存于新的环境当中，并按照当代的功能需求进行保护性再利用，创造和设计出既属于现在和未来、同时也记录和体现过去工业成就的空间形态，使工业遗产融入社会生活，再次奉献给人们难得的个性空间。

2006年4月18日"国际古迹遗址日"，百余位文化遗产保护领域的专业人士和来自全国各工业城市的代表，汇聚我国近代民族工业发祥地之一的无锡，召开首届中国工业遗产保护论坛，会议形成的行业共识性文件《无锡建议》向社会各界发出号召，工业遗产是整个人类文化遗产的重要组成部分，在城市化加速进程中应加以妥善保护。随后国家文物局向全国发出加强工业遗产保护的通知，启动了国家层面保护工业遗产的行动。包括在已经启动的第三次全国文物普查中，将工业遗产作为重要的普查对象，对工业遗产的认定、保护和合理利用制定相应的标准；开展工业遗产保护相关法规、规章的制定工作，使经认定具有重要意义的工业遗产通过法律手段得到强有力的保护；对于列入文物保护单位的具有重要意义的工业遗产，最大限度地维护其功能和景观的真实性和完整性，原状保护必须始终得到优先考虑；通过持续性和适应性的合理利用来证明工

我国文化遗产事业的发展与实践

业遗产的价值，进而使人们自觉地投入保护行列，并引导社会力量进入工业遗产保护领域；注重工业遗产保护的宣传与教育，使专业性工业博物馆和处于妥善保护和开放状态下的工业遗产地成为宣传工业遗产价值和保护事业的重要场所。

（四）新农村建设中对乡土建筑的抢救

我国广大农村地区文化遗产数量众多。各级文物保护单位中，有半数以上分布在村、镇。特别是具有鲜明地方特色的大量乡土建筑，反映了我国源远流长的历史和丰富多彩的民族、民间、民俗文化。当前，正在全国范围内迅速展开的新农村建设，将为我国农村地区带来前所未有的巨变。这场深刻的历史变革，也对乡土建筑保护提出了紧迫的要求。特别是一些地方错误地把新农村建设理解为新村建设运动，存在简单的城市化倾向，求新求洋，没有考虑民族文化的传承问题，造成乡村、民族、地域特色的丧失，大批乡土建筑的安全正在面临着极大的威胁，"万村一面"的情况已在不少地方成为现实，如不及时加以引导，分散在广大农村地区的各具特色的乡土建筑，将随时面临着被拆、迁、整、改、并等种种危险，其遭受破坏、走向消亡的速度正在逐渐加快。如何正确处理新农村建设与乡土建筑保护的关系，使乡土建筑的文化内涵、建筑特色、历史风貌得以有效保全，是事关我国文化遗产保护和新农村建设全局的重大问题。同时，乡土建筑保护在我国兴起较晚，有关的法规制度建设相对滞后，已有的文化遗产保护法规不能适应乡土建筑保护的需要。

2007年4月，国家文物局在无锡召开"中国文化遗产保护无锡论坛——乡土建筑保护"会议，来自全国文化遗产保护领域和相关专业的全体代表提出"关于保护乡土建筑的倡议"，呼吁各级政府积极行动起来，动员并依靠全社会的力量，加强乡土建筑的保护，使新农村建设与乡土建筑保护和谐共进，使我们民族的智慧与品格永远传承。近年来，国家陆续投资对全国重点文物保护单位中的乡土建筑进行了维修保护，各级地方政府也利用财政资金和吸引社会资金用于维修乡土建筑。针对各地大量历史文化村镇被破坏的状况，建设部、国家文物局共同设立了"历史文化名镇"和"历史文化名村"制度，先后公布了三批共150余处国家历史文化名村、名镇。各级地方政府也陆续将一大批具有重要历史、文化、科学价值的乡土建筑和古村镇公布为相应级别的文物保护单位和历史文化名村、名镇，为乡土建筑的有效保护提供了重要的法律保障。同时，在世界遗产委员会日益注重世界遗产类别平衡性的背景下，乡土建筑这一新兴类别成为我国申报世界文化遗产项目的重点，"开平碉楼及村落"、"福建土楼"已相继列入《世界遗产名录》。

2008年4月，国务院公布了《历史文化名城名镇名村保护条例》，确立了历史文化村镇保护的法律地位，赋予国家建设部门和文物部门履行保护管理的重要职责。保护好农村地区珍贵的文化遗产，特别是乡土建筑这一独特而丰富的文化遗产，是新形势下赋予各级政府和有关部门的不可推卸的历史责任。各级文物保护部门正在采取有力措施，提前介入新农村建设的村庄整治工作，将乡土建筑保护纳入新农村建设的总体规划之中，使新农村建设规划的制定和实施与当地文化遗产保护规划相协调。同时，加强法规制度和技术标准、规范建设，加快制定乡土建筑保护的专项法规、规章，并对乡土建筑的认定标准和程序、保护原则和措施、监督管理等方面作出具体规定，将乡土建筑保护工作逐步纳入法制化、科学化、规范化的轨道。对古村落进行科学的规划整治，按照不损害文物本体、格局和历史风貌的原则，改善水、电、通讯等基础设施，使原有居民能够在世世代代居住、生活的古村落里享受到现代生活的便利，同时延续固有的文化传统和生活方式。

（五）博物馆主动融入社会的实践

随着民众生活水平的大幅度提高，闲暇时间的增多，作为文化遗产重要传承机构的博物馆在丰富社会文化生活中扮演着越来越突出的角色，已经成为一个地区、一座城市发展水平的形象代表，公众文化生活和旅游休闲的重要选择。目前，我国的博物馆事业进入快速发展阶段，博物馆总数已迅速发展到2400多座，其发展速度在世界博物馆发展史上绝无仅有。特别是新建、改建和扩建的上百座大型博物馆，使博物馆的硬件水平和科技含量显著提升，博物馆的藏品保护、研究、管理、展示和服务水平明显提高，并带动了中小博物馆的建设，加之遗址博物馆、行业博物馆、生态博物馆的悄然兴起，形成了当前博物馆建设的热潮，为博物馆事业的可持续发展注入了新的活力。虽然，博物馆的建设热潮令人激动，但是，在博物馆建设过程中，博物馆人主导地位的缺失，盲目追求建筑外观和设施先进的倾向，博物馆建成后运营维护的尴尬，也使博物馆建设留下了诸多令人惋惜的缺憾。

当前我国博物馆建设和发展正处在一个关键时期，在大规模建设热潮中，正确把握机遇，才能促进博物馆从单纯的数量增长转变为质量的全面提高。丰富博物馆品类和突出博物馆特色，不仅是当前时代发展的客观要求，也是博物馆事业生机与活力的重要组成部分。因此，不仅要追求博物馆数量的增长，更重要的是在丰富品类、突出特色上创新举措，调整博物馆建设的结构布局，优先鼓励和引导科技类、专题类、民族类以及民办博物馆的建设与发展，特别是填补空白的各类博物馆建设。目前正在积极筹建中的中国科技博物馆、中国妇女儿童博物馆、中国民族博物馆等引起人们的热情期盼。它们的建成有利于形成以国家级博物馆为龙头、省级博物馆和重点行业博物馆为骨干,国有博物馆为主体、民办博物馆为补充,各行业和各种所有制博物馆各具特色、丰富多彩的建设发展新格局。

博物馆作为一个国家、一个民族或一个地区、一座城市的标志性文化设施,其建设既要突出专业性,又要体现民众性。博物馆承担着向社会公众提供优质精神产品的责任。在博物馆提供给社会的诸多精神产品中,陈列展览是最主要、最核心、最基本的精神产品。它涉及文物的收藏、研究、展示和传播,是博物馆各项工作的中心环节。随着各种传媒手段的进步,作为文化产品的陈列展览所面临的竞争压力越来越大,迫切需要充分利用现代科技成果,提升陈列展览质量和水平,使文化遗产保护的成果在更大范围和更深层次上惠及人民群众,从而奠定博物馆生存发展的坚实基础,树立和提高博物馆的社会公众形象和地位。

服务民众是博物馆的天职,只有主动融入社会,拉近与公众的距离,增强亲和力,真正成为社会公众精神文化生活不可或缺的组成部分,才能获得生存和发展的广阔空间。在我国,2003年5月,杭州市属国有博物馆开始实施对公众免费开放,取得了良好的社会效益,观众人次明显上升,同时对整个城市的社会经济发展也做出了积极贡献。自2004年3月,文化部、国家文物局发布"关于公共文化设施向未成年人等社会群体免费开放的通知"以来,全国博物馆逐步建立起向未成年人等社会群体免费开放制度,文物系统博物馆已免费接待未成年人观众逾亿人次。2008年1月,中宣部、财政部、文化部、国家文物局发布了《关于全国博物馆、纪念馆免费开放的通知》,国家财政对免费开放给予经费保障,全国各地博物馆、纪念馆陆续实现对全社会免费开放。

博物馆不是一个冰冷的知识库,而应成为温馨的知识宫。

要由以物为主转化为以人为本，关键是树立人性化服务理念和举办丰富多彩的活动，吸引更多的公众走进博物馆。这方面拥有很大的空间，也有许多工作要做。事实上，博物馆应视为最重要的教育机构之一，参观博物馆也应成为绝大多数民众一生中最重要的文化体验。在当今文化呈现多样性的时代，文化遗产地和博物馆要增强为青少年提供优质服务的意识和社会责任感，尊重青少年的心理感受、审美情趣和认知特点，善于与青少年对话、交流和互动。探索建立博物馆参与未成年人国民教育体系，纳入中小学生教育体系方面的长效机制，为营造"学习型社会"提供更好的服务，使博物馆真正成为青少年们的学习课堂，发挥教育基地作用。通过创意和推出各具特色、个性鲜明、为青少年喜闻乐见的社会普及活动，并借助新闻媒介和互联网络，向社会及所在社区开展广泛宣传，激发青少年的参与意识。

（六）非物质文化遗产保护的推进

我国历史悠久、民族众多，所拥有的非物质文化遗产绚丽多彩。这些非物质文化遗产源渊于中华文明，根植于民族民间，保护好它们对于民族精神的延续，传统文化的弘扬，具有重要作用。当前我国非物质文化遗产的生存、保护和发展遇到很多新的情况和问题，面临着严峻形势。一方面，由于文化生态的改变，正在使非物质文化遗产逐渐失去赖以生存和发展的环境基础，许多非物质文化遗产正处于生存困难或已处于消亡状态。特别是一些依靠口传心授方式加以传承的文化遗产正在不断消失，许多传统技艺濒临消亡，大量有历史、文化价值的珍贵实物与资料遭到毁弃或流失境外。另一方面，一些地方保护意识淡薄，致使一些非物质文化遗产显现的某种文明价值，因不合理的利用而中断。甚至一些地方借继承创新之名随意篡改民俗艺术，损害了非物质文化遗产的原真性。同时，法律法规建设的步伐不能与保护的紧迫性相适应，非物质文化遗产保护标准和目标管理以及收集、整理、调查、记录、建档、展示、利用、培训等工作相对薄弱，与保护相关的一系列基础性问题不能得到系统性解决。

2005年3月，国务院办公厅发布了《关于加强我国非物质文化遗产保护工作的意见》，要求建立国家级和省、市、县级非物质文化遗产代表作名录体系，逐步建立起比较完备的、有我国特色的非物质文化遗产保护制度。2005年12月，国务院在《关于加强文化遗产保护工作的通知》中，确立了非物质文化遗产保护工作的指导方针，即"保护为主、抢救第一、合理利用、传承发展"。通知中明确非物质文化遗产，是指各种以非物质形态存在的与群众生活密切相关、世代相承的传统文化表现形式，包括口头传统、传统表演艺术、民俗活动和礼仪与节庆、有关自然界和宇宙的民间传统知识和实践、传统手工艺技能等以及与上述传统文化表现形式相关的文化空间。通知要求积极推进非物质文化遗产保护的各项工作，开展非物质文化遗产普查；制定非物质文化遗产保护规划；抢救珍贵非物质文化遗产；建立非物质文化遗产名录体系；加强少数民族文化遗产和文化生态区的保护。2006年5月，国务院正式公布了《第一批国家级非物质文化遗产名录》，其中包括民间文学、民间音乐、民间舞蹈、传统戏剧、曲艺、杂技与竞技、民间美术、传统手工技艺、传统医药、民俗等。

在社会发展和进步过程中，人类创造了丰富的文化遗产，这些文化遗产包括物质文化遗产和非物质文化遗产，它们共同构成了一个民族、一个国家现存的文化记忆，保护文化遗产与保护非物质文化遗产具有同等重要的意义。从文化遗产存在形态来看，非物质文化遗产包含着较多随时代变迁和人群迁徙，而易于湮没的文化记忆，因此具有保护的紧迫性。特别是在21

世纪经济全球化和我国加速城市化的背景下，保护和传承非物质文化遗产，已成为文化遗产保护中新的重要课题。面对这一紧迫任务，我国非物质文化遗产的保护应后起直追，通过摸清家底、建立制度、科学研究、形成机制，克服重申报、重开发，轻保护、轻管理，随意滥用、机械复制、过度开发非物质文化遗产的现象发生，使保护工作积极推进。近年来，我国加大了非物质文化遗产保护意识的宣传，取得了良好效果。特别是以中国艺术研究院为代表的研究机构和专家学者，既重视基本理论问题研究，又富于创新实践精神，在较短的时间内进行了大量卓有成效的开拓性工作，取得有目共睹的业绩，为文化遗产事业的发展做出了积极的尝试和有益的探索。

（七）我国世界文化遗产保护体系的完善

自20世纪70年代以来，世界遗产保护及其相关问题成为国际社会十分关注的领域，鉴于这一体系的先进性、普世性和规范性，很快得到国际社会普遍认同，并获得日益扩大的影响。这一保护体系中的世界文化遗产则是具有突出的普遍价值，并受到严格保护的文化遗产对象。我国对文化遗产这一概念的实际运用，是在20世纪80年代，特别是1985年我国政府加入《保护世界文化和自然遗产公约》以后，通过世界文化遗产的申报等项工作，使文化遗产的概念逐渐引起社会广泛关注和普遍接受，并得到迅速普及，成为与我国既有文物保护体系既相互联系，又有明显区别的又一保护体系。世界文化遗产不强调保护管理层次，也没有规模上的严格划分，可以大到整个城市、某个街区，小到单体建筑；但是更强调保护类型的划分，例如划分为文化遗产、文化与自然双重遗产，以及非物质文化遗产等多种类型。近年来世界文化遗产所关注对象的类型，有向综合化、动态化、巨型化与线性化、近代与现代化、生活功能化和非物质化等方向扩展的趋势。

文化价值

在我国，1987年长城等6项遗产被列入《世界遗产名录》，实现世界遗产零的突破以后。经过20多年的努力，目前已经拥有37处世界遗产，其中26处世界文化遗产、4处文化与自然双重遗产。事实上，随着我国列入《世界遗产名录》的文化遗产数量的增多，我国的文化遗产保护目标和任务分别来自两个方面，一方面是来自以文物保护单位、历史文化街区和村镇、历史文化名城为代表的我国多层次文物保护体系；另一方面是来自以文化遗产、文化与自然双重遗产、非物质文化遗产为代表的世界文化遗产保护体系，两个体系具有不同的管理依据和管理方式。这一状况的改善，需要通过国家层面合理的制度设计和目标管理，使不同的保护体系在共同的保护理念、共同的价值取向和共同的评价标准下得到整合。同时，世界文化遗产保护事业，为我国文化遗产保护与国际先进理念加强交流提供了机遇和条件，也使我国文化遗产保护机构与联合国教科文组织（UNESCO）、国际古迹遗址理事会（ICOMOS）、国际文化财产保护与修复研究中心（ICCROM）等国际组织保持了经常性的联系和建立了广泛的合作关系。

2006年12月颁布实施了《世界文化遗产保护管理办法》，随即《中国世界文化遗产监测巡视管理办法》、《中国世界文化遗产专家咨询管理办法》等相继制定实施。这些规章制度的制定经过了反复的酝酿，成为我国多层次文物保护体系与世界文化遗产保护体系相互融合，相互借鉴，相互支撑的有益尝试，这无疑是一次开拓性的尝试，成功与否还需要经过实践的检验。其中监测巡视管理制度用以保证世界文化遗产的健康发展，专家咨询制度则对世界文化遗产保护管理中的重大问题进行研究论证，为决策提供专业咨询。同时，2006年12月，依照世界遗产委员会评审世界遗产的工作程序和规程，综合考虑真实性、完整性和平衡性，完成了《中国世界文化遗产预备名单》重设工作。在重新设定的世界文化遗产预备名单中，将"杭州西湖·龙井茶园"、"哈尼梯田"等作为"文化景观"的代表；将"大运河"、"丝绸之路中国段"等作为"文化线路"的代表；将"山陕古民居"、"皖南古民居"、"江南水乡古镇"、"藏、羌碉楼与村寨"和"黔东南苗族村寨"等作为乡土建筑的代表，体现了世界文化遗产类型的平衡性和多样性。

（八）公布全国重点文物保护单位新的实践

2006年5月，国务院公布了第六批全国重点文物保护单位名单。这次公布的文物保护单位数量为1080处，几乎达到了前五批全国重点文物保护单位数量的总和。"但是，这个名单对中国的文化遗产保护的意义绝不仅仅体现在数字上。这些数字的背后有更多的问题值得我们认真思考。"[1] 主要体现在所展示的文化遗产内涵较为丰富，所包括的文化遗产范围较为广泛，所涉及的文化遗产内容更加深化，反映出当代文化遗产保护事业所应具有的整体性、拓展性和前瞻性。"我们对文物的认识也在不断深化，过去考虑更多的是古遗址、古墓葬、古建筑、石刻等等，但是随着我们认识的深化，文物保护单位应该不仅仅只包括这些，从时代上来说，过去的认识仿佛什么都是越古越好，对近现代就注意不够，在近现代又是重点选择革命文物，而忽视了其他方面。事实上，近现代是一个很重要的历史阶段。"[2]

第六批全国重点文物保护单位虽然仍沿用了第五批的分类法，但是，入选单位包括了一些以往较少进入全国重点文物保护单位之列的，反映我国民族文化、地域文化和近现代文化生

---

[1] 吕舟：《第六批国保单位公布后的思考》，《中国文物报》2006年8月18日第5版。

[2] 谢辰生：《关于认识文物价值的一点看法》，《中国文物报》2006年8月4日第3版。

活、经济活动等方面的文化遗产。例如大生纱厂、汉冶萍煤铁厂矿旧址、青岛啤酒厂早期建筑、石龙坝水电站等工业遗产；玉山古茶场、聚馆古贡枣园、清农事实验场旧址、嵯岈山卫星人民公社旧址等农业遗产；大栅栏商业建筑、高邮当铺、哈尔滨莫斯科商场旧址、国际饭店等商业遗产；柳氏民居、理坑村民居、杨氏民宅、日斯满巴碉房等乡土建筑；马胖鼓楼、大召、康松桑卡林、聂塘卓玛拉康等少数民族遗产。同时，还包括中国营造学社旧址、中国西部科学院旧址、抗战胜利纪念堂、集美学村和厦门大学早期建筑等近代遗产；民族团结誓词碑、荆江分洪闸、郑州二七罢工纪念塔和纪念堂、唐山大地震遗址等现代遗产。但是，其中也有遗憾，例如在对现代建筑的保护方面，评审时未能给予应有的重视，以致一些重要的现代建筑遗产，甚至建国初期"国庆十大工程"也未能列入全国重点文物保护单位之列，因而面临被拆除的危险，为今后实施保护增加了难度。

另一方面，在第六批全国重点文物保护单位中，对近年来要求加强保护呼声较高的历史文化街区、历史文化村镇以及"线型文化遗产"、"文化景观遗产"等遗产类型也进一步做了有益的尝试。例如将三坊七巷和朱紫坊建筑群、西门街古建筑群、鼓浪屿近代建筑群、烟台山近代建筑群等历史文化街区；郭壁村古建筑群、南屏村古建筑群、上甘棠村古建筑群、阿坝羌寨碉群等历史文化村镇；井陉古驿道、独松关和古驿道、连城要塞遗址和友谊关、阿坝红军长征遗迹等文化线路遗产；坎儿井地下水利工程、"二十四道拐"抗战公路、仕水碇部、红旗渠等文化景观遗产，也列入了保护名单之列。而京杭大运河作为一个特殊的类型被列入名单，格外引人注目。这一跨越今日四省两直辖市区域，连接20座左右城市，全长1794公里的文化遗产廊道，整体列入保护项目，对文物保护单位制度无疑是一场革命性挑战。"把这样一个空间尺度的保护对象作为一个保护单位加以保护,这在我国文物保护工作中是史无前例的。这件事本身反映了中国文物保护事业的发展,反映了我国文物保护领域无论在保护的观念、保护的技术手段、资金条件和管理体制上都已进入了一个新的阶段。"①

(九) 全社会保护文化遗产新体制的推进

今天,以国家保护为主,动员全社会共同参与的文化遗产保护新体制正在逐步形成,广大民众和海内外有关人士以多种形式参与文化遗产保护,使保护文化遗产的社会环境不断改善。动员民众参与文化遗产保护在我国具有传统。1956年国务院颁布的《关于在农业生产建设中保护文物的通知》中的第一条就是要求文物保护工作不能仅仅依靠政府,而是要"加强领导和宣传,使保护文物成为广泛的群众性工作"。并且提出了要建立群众性文物保护小组的要求。可喜的是,整整五十年之后,国务院作出决定,自2006年起,每年6月的第二个星期六,为我国的"文化遗产日"。文化遗产日是在我国文化遗产保护处于极其困难的背景下设立的,显示出一种非同寻常的必要性和极强的现实意义。由国家确定"文化遗产日"显示了当代中国对自己文明的认识高度,表现了一个民族文明的自觉,同时表明具有现代文明意义的、并被国际社会广泛认同的文化遗产观,正在我国形成。

广大民众有参与文化遗产保护的良好愿望,文化遗产保护更需要民间力量的支持。许多珍贵文物的第一发现者和第一时间保护者就是普通民众。如果民众缺乏文化遗产保护意识,没有采取基本的保护措施,它们可能无声无息地被破坏甚至毁

---

① 吕舟:《第六批国保单位公布后的思考》,《中国文物报》2006年8月18日第5期。

文化价值

灭。2003年1月19日,陕西省宝鸡市杨家村王宁贤等5位农民在取土时意外发现一处西周青铜器窖藏,妥善保护并及时报告当地文物部门。后经专家考证,这批青铜器件件有铭文,创造了全国同类发现的多项第一,被评为2003年度"全国十大考古新发现"。另一件民众自发保护文物的感人事迹,发生在年人均收入不足700元的极其贫困的贵州省黎平县地坪乡,当2004年7月20日,一场百年未遇的洪水咆哮着冲毁全国重点文物保护单位地坪风雨桥时,当地上百名群众自发地跃入洪水,拼死打捞风雨桥构件,三天三夜的奋争,从贵州打捞到广西,抢救回73%以上的风雨桥构件,使风雨桥得以重建,上演了一幕我国文化遗产保护史上的壮举。地坪风雨桥连接着上寨村和下寨村,这里共生活着1500余位侗族民众。风雨桥既是他们休闲、节庆的场所,也是侗族青年行歌坐月、谈情说爱的地方。当地人以此为自豪,把它当作村寨的精神财富,祖祖辈辈都将守护它当成自己的义务。一位侗族学者说:花桥是我们侗族人生命中的桥,保护花桥是我们传承民族文化的方式之一。孩子们是唱"地坪花桥传万代"的侗族大歌长大的。地坪人在这种氛围中成长、生活,爱护花桥、保护花桥的意识已经溶入了他们的血液,他们为花桥做任何事都如同呼吸般自然,文物保护的民众意识在这里得到了最强烈的表达。

广大民众是有觉悟、讲感情的。近几年,连续发生在宝鸡市的一幕幕动人心弦的事实就充分证明了这一点。前述5位农民保护国宝的动人事迹曾经"感动中国"。从那以后,相同的事迹在这一地区连续出现,2003年至2006年的短短4年中,又有11批农民群体在生产劳动中发现以青铜器为主的珍贵文物后,自觉报告文物部门或上交国家。一次次令人兴奋不已的不仅是那些出土面世的稀世珍宝,更是那些朴实无华的农民群体,是他们的高尚行为铸就了震撼人心的"农民护宝精神"。

在震撼和感动之余，人们不禁要问，是什么让这些村民在盗墓猖獗、非法走私文物盛行的今天，能够抵御金钱的诱惑，将珍贵文物上交国家，为我们保留了这一方净土？原因很简单：这里是周礼的故乡，长期生活在历史文化氛围中的民众，形成了淳朴的民风，培养造就了爱国护宝的精神。今天，这些可敬可赞的农民护宝行动，反映的正是当民众感受到家乡悠久灿烂的文化传统，了解到国家保护文化遗产的法律之后，所形成的自觉的保护意识和无私奉献的高尚情操。

保护文化遗产不仅是各级政府和专家学者的责任，而且是每一个公民应该担负起来的责任，更是亿万民众的共同责任。文化遗产保护作为一项利在当代，功在千秋的社会公益事业，需要动员广大民众的积极参与。民众既是文化遗产的创造者，也是文化遗产的主人。如果广大民众不珍视、不爱惜、不保护、不传承文化遗产，文化遗产最终将难以避免消亡的厄运。近年来，国家文物部门和各级政府对不断涌现的保护文化遗产的典型事迹给予了积极的表彰和奖励。朴实的农民群体一次次走上光荣的领奖台，获得国家颁予的崇高荣誉。它们的事迹在主要新闻媒体和"文化遗产日"特别直播节目中热情颂扬，受到社会的广泛关注，唤起全社会文化遗产保护意识的进一步提高。这些努力将为保护文化遗产提供更广泛的公众支持和更强大的社会保障，使文化遗产真正为社会公众所共享，更有力地推动文化遗产所在地经济社会的和谐发展。

回顾我国文化遗产保护的探索与实践，分析其中兴衰成败的经验与教训，使文化遗产保护事业的发展路径更加清晰地展现。近百年来，文化遗产保护的先驱者们，凭借着对民族、对民众、对文化、对社会的深厚感情和自身广博的文化根基，引领着保护事业的发展方向。今天，人们欣慰地看到，文化遗产保护意识正在全社会迅速觉醒，社会各界对此不断达成新的共

文化价值

识，文化遗产保护事业的发展呈现出美好前景。可以预言在21世纪，我国文化遗产的内涵和外延必将继续发生深刻的变化。"未来由现在开始缔造，现在从历史中走来，未来变化的方向离不开对历史进程的探寻。世界历史进程代表着人类文明发展的一种趋势和高度，把握了它，有助于人类的发展获得当代的意义。"[①] 这是时代的召唤和神圣的使命，对此我们应该勇于担当。

[①] 吴良镛：《国际建协〈北京宣言〉——建筑学的未来》第187页，清华大学出版社，2002年。

开创中国特色的文化产业发展之路

文化部部长助理 丁 伟

近年来,文化产业在越来越多的国家成为新的经济增长点和朝阳产业。2004年美国文化产业实现增加值占GDP的5.83%,英国占7.61%,韩国6%。在我国,文化产业虽然还起步不久,但也呈现出迅猛发展的势头。2004年,我国文化产业实现增加值3440亿元,占GDP的2.15%。2006年5123亿,增长到2.45%。目前,全国有23个省(市、区)提出建设文化强(大)省(市、区)的目标,并把发展文化产业作为建设文化强(大)省的一个主要渠道。有13个省、市、自治区先后设立了文化产业发展专项资金。2006年,全国有18个省、自治区、市的文化产业增加值同比增长速度在两位数以上,高的达35.44%。文化产业增加值占GDP比重比较高的省份有:广东6.4%,浙江6%,陕西省6%,上海5.61%,湖南4.5%。以动漫产业的发展为例,前些年我国动漫市场上日韩产品占60%,欧美动漫占20%,中国内地和港台原创动漫仅占11%。2003年,我国国产动画片总产量为1.2万分钟,2004年为2.18万分钟,2005年为4.27万分钟,2006年达到8.4万分钟,四年间,几乎每年产量翻一番。2007年突破10万分钟。再以网络游戏为例,2001年,中国网络游戏的市场仅为3.1亿元人民币,到2007年增长为105.7亿元人民币。而且，我国原创网络游戏已发展为市场的主导力量。2003年，我国原创网络游戏仅占市场的32%；到2007年底，已占据65.1%的国内市场份额，出口创汇5500万美元，比2006年的2000万美元增长175%。

党的十七大向全党发出"推动社会主义文化大发展大繁荣，兴起社会主义文化建设新高潮"的号召，并提出"文化产业占国民经济比重明显提高、国际竞争力显著增强，适应人民需要的文化产品更加丰富"的要求。可以预见，今后五到十年，文化产业作为我国社会经济发展的一个新的增长点，将迎来中国文化在数千年演进史上前所未有的发展机遇。综观世界各国文化产业的发展轨迹，回首我国改革开放30年来的经济发展的成功道路，根据我国经济、文化和社会发展现状，我们完全有可能集世界各国文化产业发展经验之大成，充分释放中国人民的智慧和创造性，发挥我国社会主义的制度优势，大胆开创一条有中国特色的文化产业发展之路，实现中国文化产业的跨越性增长。

中国特色社会主义文化产业发展可以具有哪些特色呢？

一、中国文化产业的政治和社会特色

资本主义国家的文化产业以市场和利润最大化为其唯一的宗旨和目标，这是由资本和产业的本性决定的。但是，中国特色的社会主义文化产业从一开始就必须明确提出注重产业的政治、文化、经济和社会效益的均衡健康发展。文化产品不同于一般物质产品，有其商业属性，更有其道德和社会意识形态属性，关乎民族的文化传统和精神品质，在特定时期和环境下事关社会的稳定甚至国家的安全。因而我国的文化产业发展在追求市场经济价值的同时，不能忽视产业的社会、精神、道德功能,不能走某些领域发展中先污染再治理的道路。中国的文化产业必须在政治上坚持为人民服务、为社会主义服务的方向,努力争取经济效益和社会效益的平衡和统一;在文化上坚持发展有利于人民道德情操和身心和谐的社会主义先进文化以及健康的娱乐和消费文化,在继承传统文化的同时,注重发展具有时代特征的现代文化,创造表现中国现代人民精神风貌和时代潮流的新型文化,满足13亿人民迅猛增长且日益多样化的精神文化需求;在经济上服务于国家经济增长方式的转变,通过不断解放和发展文化生产力,创造新型社会财富领域;通过发展对外文化贸易,提高中华文化产品在国际市场上的生命力和竞争力,扩大我文化产品和服务的国际文化市场份额;在社会发展中服务于促进文化建设与经济建设、政治建设、社会建设全面协调发展,通过保障广大公民的文化权利,促进社会主义和谐社会的建设。为达到上述目标,中国文化产业应该建立以公有制为主体、多种所有制共同发展的产业格局和传统和现代文化产品并重共存、民族文化产品为主体、吸收外来健康文化的市场格局。

二、中国文化产业的民族精神特色

胡锦涛总书记在美国耶鲁大学的讲演中指出:"一个民族的文化,往往凝聚着这个民族对世界和生命的历史认知和现实感受,也往往积淀着这个民族最深层的精神追求和行为准则。"中国悠久的文化传统集中反映了中华民族的思维方式和精神追求,蕴藏着中华民族的智慧、哲学、创造力和生命力。这个文化的哲学和世界观很可能将为今天的人们探索解决许多人类现代文明发展难题提供一种新的重要德文化和思维选择。中国文化产业的发展应该自觉地植根于这个丰富的民族文化宝库,它不仅会为中国的文化产品赋予鲜明的民族、思想、内容、形式和美学特色，而且能给予中国文化产品以特殊的文化魅力和市场竞争力，从而创造巨大的经济效益。因此，我国文化产业的发展切不可重复民族虚无和妄自菲薄的思潮，而犯下一味崇拜和简单模仿西方文化产品的错误。

文化是民族的灵魂，是哺育和传承民族生命力的载体，是民族生存和发展的精神支柱。在发展中国文化产业的道路上，我们应该自觉坚持和弘扬民族文化在文化产品中的灵魂因素，使中国文化产业具备鲜明的民族精神和市场吸引力和竞争力。同时，具有中国文化内涵的产品将会对目前仍是西方故事一统天下的国际文化市场增添极具价值的文化内容和产品形式，这将对丰富和完善国际文化市场、向各国人民提供更为平衡多彩的文化产品、切实推动世界文化多元化、建立更趋合理的国际文化市场和贸易格局做出贡献。

三、中国文化产业的发展阶段特色

中国的文化产业发展应该充分利用我国所处的历史阶段优势。一是时代的科技水平优势。现代科学技术使得文化产品的创意、制造以及传播和贸易变得更加便利和快捷，为文化产业发展提供了前所未有的技术空间和条件；二是我国文化产业的后发优势潜力。我国的文化产业虽然起步晚，但是只要目标明确、机制科学、勇于创新，则完全可以形成后发优势，实现快速发展；三是走新兴工业化道路，使文化产业成为地区经济发展的重要环节。文化产业符合资源节约型和环境友好型特点，现在许多省、区都把发展文化产业作为新兴工业化道路的重要选择之一。特别是一些民族文化、特色文化、旅游文化资源丰厚的地区，更可能在发展文化产业方面走出一条新的路子。第四是我国人民生活水平和文化教育素质的提高带来的对精神文化产品的需求,以及国际上对中国文化产品兴趣的增长为我国文化产品创造了巨大的国内外市场需求。这些条件形成了我国文化产业发展的阶段优势,成为推动我国文化产业快速发展的有利条件。

四、中国文化产业的市场规模特色

消费市场是文化产业发展的基础条件,中国文化产业的发展具有广阔的市场优势。我国拥有世界上独一无二的国内文化消费市场。据估算,中国的文化产品消费人口至少有五亿,我国文化消费市场在未来5年内将有4万亿元至5万亿元的需求总量,到2008年底,我国年需动漫节目总量为180万分钟,市场空间约达1800亿元人民币。2006年中国社会科学院发布的《2006年:中国文化产业发展报告》预测:2006年单中国网络游戏的市场规模就将达80.3亿元人民币。据日本、韩国专家估测,目前全球文化产业总量达到每年3万亿美元,并以5%的速度增长。仅从这些部分的、也许尚不那么准确的预测数字就可以看到我国文化产业所面临的巨大的消费市场潜力。

另外,"十一五"规划将建设社会主义新农村作为我国下阶段现代化进程中的重大历史任务。在此过程中,国家一方面会加大对农村公共文化服务的投入,另一方面,提供农民喜闻乐见的文化产品,培育农村文化消费市场,大力发展农村文化产业也将成为我国启动新的文化消费市场、转变增长方式、促进和谐社会构建的重要手段。目前不少地区农村文化市场的形成已经显现出农村文化产业发展的现实可能性及广阔前景。可以预见,随着新农村建设的推进,我国广大农村将成为文化产业发展的又一个新的广阔市场。

文化价值

在国际上，中华文化正在引起越来越广泛的兴趣和关注。在世界文化多样化的呼声日益高涨的背景下，独具特色的中华文化产品逐步赢得应有的国际市场份额已不再是高不可攀、遥不可及的事情。在中国文化产品走向世界的进程中，居住在世界各地的俞六千万华人将是最现实的受众和传播桥梁。这就是中国文化产业发展的得天独厚的国内外市场规模特色。

五、中国文化产业的发展模式特色

中国的文化产业要实现快速发展，当然应该大胆借鉴其他国家许多行之有效的政策和做法，但更要敢于结合中国的国情和文化产业发展的特点，解放思想，改革创新，摸索出一套有利于推动我国文化产业发展的政策和做法，开拓一条能够综合集结我国社会主义的制度优势，发挥政府的宏观和政策调控功能，在法律、政策制定，在产业体制框架、投资、融资、税收、出口鼓励以及专利注册等重要领域和关键环节，制定推动国内文化产业快速发展的法规、经济环境，使我们的文化产业在与国际产业同行的激烈竞争中较快地占领国内主要市场并走向国际。在这方面，我们的政府可能有更大的作为。西方自由经济理论认为在经济领域政府干预越少越好，但这不能不分国家和地区的经济发展水平而一味套用。实际上，对发展中国家而言，为了集中有限的资源实行跨越式发展，明智的政府可以扮演更积极有效的角色。正如诺贝尔经济学奖获得者刘易斯所说：每一个成功的发展中国家背后都有一个非常明智的政府。因此，在文化产业的发展过程中，我们的各项政策都要把有利于发展文化生产力，有利于增强文化产业的综合实力，有利于推动中国文化产业走向世界，作为总的出发点和检验标准。凡是有利于推动中国文化产业发展的法规、政策我们都要积极制定并认真实施，凡是有利于壮大中国文化产业的模式我们都要积极支持并鼓励企业大胆实践。总之，就是要解放思想，实事求是，摆脱国内外已有模式的束缚，敢于在思路、法律、体制和做法上开创自己的新路。

六、中国文化产业的自主创新特色

胡锦涛总书记号召全党全国要努力培育全社会的创新精神，发展创新文化，为建设创新型国家而努力奋斗。开创有中国特色的文化产业发展之路，必须突出自主创新意识，敢于创造。

在内容上，五千年的中国传统文化为中国文化产业的发展提供了极为丰富的资源，我们既要坚持和弘扬民族文化的传统，又要不断使历史的传统富于新的时代气息，满足现代人、包括现代中国人和外国人的审美情趣，创造新时代的中国文化，使中华文化充满旺盛的时代感染力和生命力；在表现形式上，我们应该善于创新，创作出今天的观众喜闻乐见的文化产品形式。近年来桂林的大型实景表演《印象刘三姐》和上海的杂技芭蕾舞剧《天鹅湖》等优秀作品，都以各自的创意独树一帜、先声夺人，创造了一个新的艺术形式，令观众耳目一新，给人一种新的艺术、感官冲击，受到国内外观众的欢迎，赢得了市场；在发展思路上要确立中国自己的品牌战略。品牌意味着巨大的影响力和市场价值。我们要力求创造出知名中国文化产品品牌。例如，能否把春节经营成一个国际性节日，使中国和世界人民共同欢度这个富有民族特色和人文关怀的节庆，又围绕春节打造含过年、生肖、标识、音乐、表演、展览、饮食、服饰、鞭炮、通讯等在内的产业链，形成国内外相连的春节文化产业？除了历史的传统，我们能否创造反映现代社会的新的文化形式和品牌产品？这些都是在发展中国特色文化产业的进程中对我们民族的想象力和创造力提出的挑战和机遇；在文化市场的开发取向上，中国可以走出一条开发城市市场和农村市场并重的新路，我们要研究制定两个不同市场的发展战略；在发展模式上，我们应该创造一条最大限度发挥市场、政府、企业、消费者各方功能、并使这些功能良性互动的道路。总之，中国文化产业的发展应该是一条创新之路。创新，就要高度重视知识产权的保护，因为知识产权是创新的基本条件和根本基础。中国要建设一个创新型社会，保护知识产权再也不是外国人对中国人的要求和压力，而是一种民族自觉，是保护我们自己的智慧力、原创力、可持续发展动力的关键手段，是保护我们民族的未来。

综上所述，中国文化产业具有的政治社会特色、民族精神特色、发展阶段特色、市场规模特色、尤其是发展模式特色和自主创新特色，等等，完全可以形成一条我国自己的文化产业发展之路。我们具备了开创这条道路的经济条件、文化条件、制度条件，市场条件，我们有党的坚强领导，有中国人民的智慧和创造力，有广阔的消费市场，我们可以利用"借鉴战略"、"追赶战略"，但是我们更需要"创新战略"和"跨越战略"。应该相信，只要我们共同奋斗，我们一定能够开创一条具有中国特色的文化产业快速发展道路，使中华民族不仅在经济上，而且在文化上精神上昂首屹立于世界民族之林。

第二辑 文化工作

第二部 タバコ工業

文化立法与文化发展

文化部政策法规司司长　雷喜宁

文化是民族的灵魂,是综合国力的重要标志,是凝聚与激励全国各族人民建设富强、民主、文明、和谐的伟大国家,实现中华民族全面振兴的重要力量。大力发展文化事业,是构建和谐社会的客观要求。加强文化法制建设,是文化发展的必要保障。

一、充分认识文化立法对文化发展的重要作用

文化部是主管文化艺术的国务院组成部门。作为一种最重要的制度建设活动,文化立法在整个文化工作中有十分重要的作用。

(一)文化立法可以将我们党关于文化工作的路线、方针、政策上升为国家意志,成为人们普遍的行为规范,坚持先进文化的前进方向。党在长期的革命和建设中形成的一系列关于文化工作的路线、方针、政策,是我们工作的指南。在新的历史时期,我们要坚持和巩固马克思列宁主义、毛泽东思想、邓小平理论在意识形态领域的指导地位,用"三个代表"要求统领社会主义文化建设。文化立法工作的宗旨,就是将这些路线、方针、政策转化为具有稳定性和可操作性的行为规范,并落实

到文化工作的各个领域。

（二）文化立法可以促进文化体制改革，解放和发展文化艺术生产力。深化文化体制改革，是以胡锦涛同志为总书记的党中央在科学判断国际国内形势，全面把握当今世界文化发展趋势，深刻分析我国基本国情和战略任务的基础上做出的关系全局的重大战略决策。各地在改革实践中积累了大量的经验，有力地促进了文化事业的繁荣发展。文化立法可以通过法律的形式，对那些被实践证明为行之有效的做法和经验予以肯定，以保证改革的深入进行，不断解放和发展文化艺术生产力。我国文化市场的迅猛发展和文化产业的逐步壮大，都有力地证明了这一点。

（三）文化立法可以保障公民基本文化权利的实现。文化立法的根本目的，是实现最大多数人的基本文化权利，包括文化创造的权利和文化消费的权利。这种权利的实现有赖于市场经济的发展，但在诸如公共文化设施建设、文化遗产保护等许多方面，又要求政府部门加强宏观调控，主动克服市场缺陷，这些都离不开文化立法的有力保障。

（四）文化立法可以促进中外文化交流，增强中华文化在世界范围的影响力，为人类社会的共同进步作出贡献。我国已于去年加入世界贸易组织，中外文化交流活动日趋频繁，交流形式也日趋多样化。健全的文化法律法规将保证这种交流的科学性和有序性，使中华文化既能保持鲜明的中国气派，又能不断吸收外国文化的有益成果，在国际交往中发挥独特作用，从而更好地为党和国家的外交大局服务。

二、我国文化立法的基本情况

改革开放以来，特别是党的十五大提出的依法治国方略深入贯彻以来，我国的法制建设成就显著，立法的数量和质量都有了明显的提高，法律规范基本覆盖了经济和社会生活的主要方面，文化立法也取得了较大的进展。在文化领域，文化部制定了《文化立法纲要》，提出了文化法规体系建设的目标，涵盖了从宪法、其他基本法中所包含的文化法规条款到文化基本法、文化专门法、国务院条例及其他地方法规、部门规章和法规性文件，力求建立科学合理、层次分明、配套完善的，以保障实现公民的基本文化权利为主线的中国特色社会主义文化法规体系。近几年来，文化立法的步伐大大加快，相继颁布了一批文化法规和规章，《非物质文化遗产保护法》、《图书馆法》的起草工作有了较大进展，《公共文化设施条例》已经国务院通过。可以说，基本建立起以行政法规为骨干，以行政规章和地方性法规为补充的法规体系，在管理方式上，基本实现了主要依靠政策向政策和法规并重的转变。到目前为止，就国务院赋予文化部职能范围之内的文化，包括文学艺术事业、文化产业、文化市场、社会文化事业、图书馆事业、文化遗产保护和对外及港澳台文化交流几个大的方面而言，国家法律层面专门法有一部，就是1982年制定，2002年修改后重新颁布的《文物保护法》。《著作权法》与文化事业关系密切，但严格意义上是一部民事法。国务院制定的文行政法规有10余件，调整的范围主要涵盖文化市场管理（演出、音像、娱乐、互联网上网服务经营）、对外文化交流、文物保护等领域，它们是《古遗址古墓葬调查发掘暂行管理办法》、《文物特许出口管理试行办法》、《水下文物保护管理条例》、《考古涉外工作管理办法》、《文物保护法实施细则》、《音像制品管理条例》、《文化事业建设费征收管理暂行办法》、《营业性演出管理条例》、《娱乐场所管理条例》、《互联网上网服务营业场所管理条例》、《公共文化体育设施条例》。其他领域如艺术创作、公益文化、社会文化等，主要靠政策和文化部发布的部门规章来规范和调整，自1993年以来，文化部依据宪法、法律和法规，共制定部门规章20余件、规范性文件130余件。此外，全国31个省、自治区、直辖市现行有效的地方性法规共有90余件，有些地方性法规还填补了该领域的空白，如《云南省民族民间传统文化保护条例》、《湖北省公共图书馆条例》、《北京市图书馆条例》、《北京市博物馆条例》等。

总体上看，文化立法相比于经济领域或者社会发展的其他领域的立法，可以看出文化立法总的来说数量不足、层次不高。主要局限在行政法规、地方法规和规章的层面，国家法律十分欠缺。这种状况，首先，与发展文化事业，建设社会主义精神文明建设的要求不相适应；文化发展和艺术繁荣与法制建设是相伴而行的，精神文明建设离不开法律的保障。第二，与实行依法治国方略的要求不相适应；依法治国，对政府来说，根本的是切实做到依法行政，这是贯彻依法治国基本方略的重要内容和必然要求，是政府正确行使行政权力的基本准则。有法可依是依法行政的重要条件。在社会主义市场经济条件下，文化行政管理主要通过法律、法规的手段来实现。作为国务院的一个部门，在贯彻依法治国的方略的进程中，我们深感有法可依的重要性和紧迫性。第三，与构建中国特色社会主义法律体系的目标不相适应。早在第十届全国人民代表大会第一次会议上，李鹏同志在工作报告指出"经过不懈努力，构成中国特色社会主义法律体系的各个法律部门已经齐全，每个法律部门中主要的法律已经基本制定出来，加上国务院制定的行政法规和地方人大制定的地方性法规，以宪法为核心的中国特色社会主义法律体系已经初步形成。"这里用了"基本""初步"的限定词，在一定程度上，就是考虑了文化立法相对滞后的现实。加快文化立法的步伐，对完善我国法律体系来说，可以说是刻不容缓。

文化立法工作相对滞后的状况，有客观和主观多方面的原因。概括起来，有这样几个方面：

第一，与经济体制改革相比，文化体制改革相对缓慢。因此文化领域的市场化和社会化进程比较缓慢。市场在配置文化资源中的作用还有限。大量的文化事业仍然由各级政府举办，社会资本进入文化领域的门槛在许多方面还很高，有的对社会资本实行关门主义。法制建设的进程与市场化和社会化的进程是一致的。哪个领域市场化进程快，对法制建设的要求就更迫切。在国有占主导地位的情况下，没有法律，也可以按照既有的行政指挥的程序保持运转，当然这种运转可能是以牺牲效率为代价的。

第二，文化领域具有较强的政治敏感性。通过法律的手段处理政治敏感问题，我们还缺乏成熟的经验，因此不同层面对此都持相当谨慎的态度。长期以来，我们对意识形态的管理，形成了一系列行之有效的具体办法，这些办法在国办为主体的文化发展格局下，仍然相当管用。

第三，改革开放以来很长一个时期，我们的政府是经济建设政府，财政是经济建设财政，政府的主要精力是招商引资。直到2002年政府工作报告第一次提出政府的职能是经济调节、市场监管、社会管理和公共服务。文化事业是涉及国家民族长远发展的事业，对经济的发展提供思想保证和智力支持，但是这种作用是间接的，往往需要一个较长的时期才为人们所认识。比如说目前的社会诚信缺失，可以说是长期忽视思想道德文化建设的一个后果。胡总书记提出"八荣八耻"，是非常具有针对性的。诚信缺失反作用于经济建设，就是极大地增加了建设的成本。文化事业总体上是公益事业，是公共服务的一个部分，是需要政府投入，需要政府履行责任的。但是，由于政府职能转变不到位，工作的重心照顾不到社会管理和公共服务上来，给发展文化事业的文化立法带来了种种困境。

第四，我们对法律调整文化领域的社会关系的规律性认识还不够深入，关于文化法制建设的理论研究相当薄弱，对文化立法工作的理论指导还相当缺乏，只能在实践中摸索，往往走弯路，影响工作的进程。文化部主管的业务范围比较散，不容易抓住一个或几个骨干性法律，然后形成体系。

三、关于文化立法的几点思考

党的十七大强调要全面落实依法治国基本方略，加快建设社会主义法治国家，提出了坚持科学立法、民主立法，完善中国特色社会主义法律体系的任务。推进社会事业、健全社会保障、规范社会组织、加强社会管理特别是文化领域的法律法规立法工作，显得更加迫切。

加强社会领域立法，是推进社会建设与经济建设、政治建设、文化建设协调发展的客观需要，是构建社会主义和谐社会对立法工作提出的新任务、新要求。加强社会领域立法，可以从两方面理解：一是在中义范围内确立"社会立法"的基本定位，反映党和国家的社会政策，体现社会建设的特点，遵循社会建设的规律；是从四位一体的相互联系中凸显"社会立法"的品格，在经济、政治、文化等领域法律中适应并反映社会建设的要求。

当前，社会立法一要重点完善保障公民权利的法律法规。按照以人为本的要求，尊重和保障人权，包括人民的生存权和发展权；二是公民权利和政治权利；经济、社会和文化权利；公民的财产权利；少数民族的平等权利和特有权利；残疾人、妇女、儿童、老年人合法权益。

二是完善发展社会事业的法律法规。按照统筹经济社会协调发展的要求，着力发展社会事业，提高公共服务的能力和水平。包括教育、卫生和制定和完善促进文化事业的法律法规，保证公益文化服务遍及全国城乡。

三是要健全社会保障、社会组织、社会管理法面的法律法规。

加强文化立法是社会立法的重要组成部分，构建和谐社会凸现了文化立法的紧迫感，我们深感责任重大。文化立法要贯彻什么样的指导思想？文化工作哪些领域需要立法？立法工作要处理好哪些关系？这些问题需要取得共识。

（一）实现公民文化权利应当是文化立法出发点和立足点

回顾我们以往的文化立法，有一个值得注意的问题，就是立法的目的强调管理，是为了解决文化领域出现的某些问题或者一定程度的混乱现象而提出一定的规则，达到一定的秩序。这不能说不对。法制就是要建立一定的秩序。但是我们在建设和谐社会的背景下，制定的规则和维持的秩序，应当是以维护人民的文化权利为前提的，是激发社会活力而不是束缚人民的创造力。就是以人为本，满足人民群众日益增长的文化需求，就是使公民文化权利得到更好的实现。

文化权利是多方面的。首先是自由创造的权利。宪法第四十七条："中华人民共和国公民有进行科学研究、文学艺术创作和其他文化活动的自由。国家对于从事教育、科学、技术、文学、艺术和其他文化事业的公民的有益于人民的创造性工作，给以鼓励和帮助。"其次是享受文化成果和参与文化活动的权利。发展各项文化事业，是实现这个权利的基础。如果说我们在文化创造的权利的立法方面还需要做出一定的准备的话，出台保障文化事业发展的法律应当说条件是基本具备的。我国宪法对发展文化事业作了原则性规定，比如第二十二条：

"国家发展为人民服务、为社会主义服务的文学艺术事业、新闻广播电视事业、出版发行事业、图书馆博物馆文化馆和其他文化事业，开展群众性的文化活动。国家保护名胜古迹、珍贵文物和其他重要历史文化遗产。"我们需要专门的法律使宪法的要求得到落实。这也是坚持以人为本、尊重人权、落实科学发展观的要求。

（二）文化立法应当处理好几个关系

一是政策与法律的关系。文化事业与意识形态密切相关，与国家的民主政治进程密切相关，文化产品与服务具有经济和文化双重属性，这就决定了对于文化事业来说，需要政策与法律并重。政策主要是对一个特定时期文化工作的引导，具有相对的灵活性，而法律要求较高的稳定性，这就需要我们在文化立法中注意提炼文化政策中带有长期性、本质性、规律性的内容。政策与法律相辅相成，前者往往是后者的先声和灵魂，后者是前者的体现和保障。

二是文化创造与文化传播的关系。创作、创造是文化事业的源头之水，它是人们精神活动的体现，一般来说，更多靠的是舆论、政策的鼓励和引导。尽管从给付行政的角度，可以通过良好的制度设计，使确有困难的创作者得到一定的资助。传播环节实际上已进入市场流通，要保障个人自由，更要要考虑社会责任和公共利益，立法不能偏废。研究无禁区，宣传有纪律。创造无禁区，传播有限制。

三是公平与效率的关系。发展文化事业，是完善公共文化服务的重要方面，在这个领域，应当是公平优先、兼顾效率，这也是文化立法应当贯彻的一个原则。党的十六届六中全会指出，要完善公共财政制度，逐步实现基本公共服务均等化。这意味着要把更多财政资金投向公共服务领域，加大财政在教育、卫生、文化、就业再就业服务、社会保障、生态环境、公共基础设施、社会治安等方面的投入。文化立法应当体现这样的思路，以不断增强公共文化产品和服务的供给能力。当然，还要正确处理文化事业的文化产业的关系，文化产业要遵循一般的经济规律。

四是繁荣与管理的关系。繁荣与管理是目的与手段的关系，不能为了管理而管理。文化立法中要讲管理，讲秩序，也要讲引导、讲促进、讲发展、讲繁荣。

五是中央与地方的关系。文化立法要发挥中央和地方两个积极性，首先，我国地域辽阔，发展不平衡，中央层面的立法为了具有广泛的适应性，难免要原则一些，需要各地根据实际情况使之更具操作性。其次，中央层面的立法资源有限，有些法律从起草到出台需要很长时间，地方不应被动等待。第三，地方立法往往对中央立法有巨大的推动作用。例如，近几年，在《非物质文化遗产保护法》一时难以取得突破性进展的情况下，云南、贵州、福建、广西、江苏等地纷纷出台了保护民族民间传统文化的地方性法规，不仅为当地传统文化保护工作提供了法律依据，也有力地推动了全国性立法的进程。

六是借鉴外国经验与立足本国国情的关系。由于社会制度和价值观念的差异，文化立法可以借鉴的外国经验相对于经济领域来说要少一些，我们要反对那种不问国情，崇洋媚外、生搬硬套的做法，也要反对那种一味借口国情特殊，不愿或不会对别国经验正确分析借鉴的做法。文化和经济不可能截然分开，在全球化的趋势下，各国的文化管理制度也未尝不能相互学习、共同进步。

四、文化立法的基本设想

近年来，包括文化立法在内的社会发展领域的立法活动，引起了党中央、国务院的高度重视，2004年，中宣部印发了《关于制定我国文化立法十年规划（2004—2013）的建议》，这是今后一个时期我国文化立法的一个纲领性文件，根据近年来文化立法的理论探索和立法实践，我们初步认为，今后文化立法的思路要突出以下四个方面的工作：一是要真正实现文化法制工作指导思想的根本转变。要在加强文化立法理论研究的基础上，将文化法制工作的立足点从保护部门利益转变到保障实现公民的基本文化权利上来。要结合行政审批制度的改革，贯彻实施行政许可法，将文化法制工作的重点从便于行政管理转变到促进文化事业的繁荣和发展上来。二是要加快立法进程，提高立法层次。对于急需起草、出台的文化法规，要根据《立法法》规定的立法程序，抓紧进行。立法过程中，要争取得到全国人大和国务院法制办的指导和帮助。三是要改革立法方式，提高立法质量。要逐步从应急立法、经验立法转变到科学立法、民主立法上来，充分发挥立法机关、司法机关、研究机构、社会公众等各方面的作用。四是要正确处理文化立法与文化体制改革的关系。立法要体现中央关于改革、发展、稳定的决策；要着重把实践证明是正确的改革成果、改革经验肯定下来；改革经验尚不充分的，如果迫切需要立法，可以先把改革的原则确定下来，并为进一步改革留下余地；如果实践证明现行法律法规的有些规定已经不能适应形势的变化、成为改革的障碍，应当及时经过法定程序予以修改或者废止。

根据文化部职能范围，今后一个阶段文化立法的初步设想是：推动《文化公益事业保障法》、《文化产业促进法》两个基本法的起草，进一步完善各专门法，形成科学合理、层次分明、配套完善的文化法律框架体系。专门法分以下几类，一是文化遗产保护类：文物保护法及其相关法规，非物质文化遗产保护法，世界文化和自然遗产保护法；二是文化市场管理类：

文化市场法（可与文化产业促进法一并考虑），艺术品管理条例，互联网文化管理条例，营业性演出管理条例，音像制品管理条例，娱乐场所管理条例，互联网上网服务营业场所管理条例，社会艺术考级管理条例；三是公益文化类：图书馆法，博物馆法，文化馆条例等。其他类如《对外文化交流条例》，《艺术表演团体条例》等。

文化立法虽然起步较晚，面临着不少困难，但我们对做好这项工作还是充满了信心。首先是因为党和国家高度重视文化建设，相继作出了一系列决定，全国人大、国务院十分支持并加强了指导力度；其次是我们对文化立法工作的规律有了进一步的认识，确立了对文化立法工作的指导思想；第三是各级文化部门在全面推进依法行政过程中，越来越重视文化立法工作；最后，在长期的立法实践中，一支精干的文化法制工作队伍正在成长。相信经过我们不懈的努力，这项工作一定能取得新的进展，从而使文化立法更好地为文化事业的繁荣和发展服务。

为推动文化大发展大繁荣提供人才保障

文化部人事司司长　高树勋

在我国，人才问题是一个古老而常新的话题。我们的祖先很早就认识到人才的重要性，并形成了尚贤使能的历史传统。何为"人才"？简而言之，是指有才能的人。《辞海》对"人才"这一词条的解释是：有才识学问的人，德才兼备的人。《高级汉语词典》对"人才"的定义是：是指在某一方面有才能或本事的人。1982年，国家曾有过"学历在中专以上，职称在初级以上的就是人才"的提法。随着时代的发展，人才观念逐步体现出全面性、开放性、多元性的特点。2003年12月，全国人才工作会议提出新的人才标准：坚持德才兼备原则，把品德、知识、能力和业绩作为衡量人才的主要标准，不唯学历，不唯职称，不唯资历，不唯身份，不拘一格选人才。换言之，把实践作为衡量人才的主要标准：一是有知识、有技能，二是能够进行创造性劳动，三是为社会主义物质文明、政治文明、精神文明建设作出积极贡献。这种定性打破了长期以来对人才管理、开发的限制，同时为人才赋予了新的内涵。

党和国家历来十分重视人才工作，在不同历史时期都提出了指导人才工作的一系列重要思想，制定了一系列方针政策，为人才成长和施展才华创造了良好的社会环境。进入改革开放新的历史时期后,"尊重知识,尊重人才"逐步成为我国人才工作的重要指导方针。党的"十六大"报告进一步将这一方针发展为"尊重劳动,尊重知识,尊重人才,尊重创造",为新世纪人才工作的发展指明了方向。2001年,国家"十五"计划纲要专门列出"实施人才战略,壮大人才队伍"一章,首次将人才规划作为国民经济和社会发展规划的一个重要组成部分。2003年12月,全国人才工作会议召开,人才工作的视野进一步扩大,进入了统筹发展、平等参与的新阶段。2007年,党的十七大把人才强国提升到国家战略高度,首次在党的代表大会上提出,对于积极应对国际人才竞争、开创人才工作新局面,具有重大而深远的意义。

国以才立,政以才治,业以才兴。人才是一个国家、一个地区、一个行业兴旺发达的重要保证和显著标志。古人说,"能安天下者,惟在用得贤才";"人才者,政事之本也";"兴才育才,为政之先务",讲得就是这方面的深刻道理。文化建设同样"唯在得人",人才工作在文化工作全局中具有十分重要的地位。改革开放以来,文化部积极贯彻尊重知识、尊重人才的方针,全面落实知识分子政策,稳步推进文化体制改革和干部人事制度改革,特别是全国人才工作会议之后,文化部党组提出实施"人才兴文"战略,把人才战略作为繁荣文化事业的根本战略,科学揭示了文化人才工作与繁荣发展文化事业的内在联系,进一步明确了新形势下文化人才工作的目标和方向,标志着文化人才工作进入了一个新的阶段。

一、实施"人才兴文"战略,增强做好文化人才工作的责任感和使命感

党的十七大从中国特色社会主义"四位一体"的总体战

略布局出发,从我国新时期新阶段科学发展、和谐发展、和平发展的根本要求出发,从保障人民文化权益、满足人民精神文化需求出发,把文化建设摆上空前重要的位置,也对文化人才工作提出了新任务新要求。当今这个时代,是一个需要并且能够产生大批杰出人才的时代。党中央高度重视文化建设,尤其关心文化领域的人才培养,为人才成长提供了政治保障;改革开放和现代化建设积累了相对丰厚的物质财富,为人才成长提供了坚实的物质基础;人民群众创造美好生活的生动实践,为人才成长提供了肥沃土壤;民主发展、文化昌盛、社会和谐,为人才成长提供了社会条件。这些都为实施"人才兴文"战略,推动文化人才大量涌现、健康成长提供了难得的机遇。人才兴文正当其时,更加自觉、更加主动地推动文化人才队伍建设是我们肩负的历史责任。

(一)实施"人才兴文"战略,是全面建设和谐文化的重要支撑

实施"人才兴文"战略,就是要加快文化系统的党政人才、文化艺术专业人才和文化经营人才特别是高层次人才的培养,为全面建设和谐文化、创造中华文化的新辉煌提供坚实的人才保障。

和谐文化是一种以和谐为思想内核和价值取向,以思想观念、理想信仰、社会风尚、行为规范、制度体制等为表现方式的文化。和谐文化最核心的内容,就是崇尚和谐理念,体现和谐精神,它是和谐社会的重要特征,是和谐社会的反映和升华,也是建设和谐社会的价值导向、智力支撑和精神武装。对个体而言,和谐文化起着潜移默化的熏陶和教育作用,影响着人们的思想和行为;对全社会而言,和谐文化具有明确的价值导向功能,内含着人们高度认同的共同价值观念。贯彻落实科学发展观,构建社会主义和谐社会,需要大力发展社会主义和

谐文化，着力树立共同理想、激发社会活力、营造和谐舆论、倡导和谐精神，打牢全党全国人民团结奋斗的共同思想基础。由此可见，和谐文化建设的主体是人，客体也是人。推进和谐文化建设，是文化工作者义不容辞的重要职责。加强文化人才队伍建设，培养一批和谐文化理论的研究者、阐释者，一批推进和谐文化建设的组织者、带头人，一批积极投身和谐文化建设的践行者，是全面推进和谐文化建设的客观要求。

（二）实施"人才兴文"战略，是社会主义文化大发展大繁荣的基本标志

"国民之魂，文以化之；国家之神，文以铸之。"文化是一个国家和民族的灵魂，思想大家和文化大师往往是一个国家和民族的标志。通观我国和世界的文明发展史，可以清楚地看到，每一个时代都会产生出自己的思想家、文学家、艺术家，他们的优秀作品往往成为时代进步和社会发展的标志，成为民族精神的火炬，成为人民奋进的号角。人们提起英国，就会想到莎士比亚；提起法国，就会想到雨果；提起俄罗斯，就会想到托尔斯泰；提起印度，就会想到泰戈尔。社会主义文化的大发展大繁荣，不仅体现在创作更多优秀文化作品上，而且体现在培养和造就大批的优秀文化人才上。

恩格斯在评价文艺复兴时说过，"这是一次人类从来没有经历过的最伟大的、进步的变革，是一个需要巨人而且产生了巨人的时代"。当今时代，我国正经历着历史上最伟大而深刻的变革，波澜壮阔的社会主义现代化建设和人民群众的伟大实践，为文化的繁荣发展和文艺人才的脱颖而出提供了良好环境和丰厚土壤。推动社会主义文化大发展大繁荣，兴起文化建设新高潮，呼唤着产生思想大家和文化大师，以各种艺术形式讴歌人民、昭示光明、凝聚力量和鼓舞人心；呼唤着产生眼界开阔、思路开阔、心胸开阔、能力卓越的文化党政人才，为社会

主义文化事业描绘美好蓝图；呼唤着产生大批包括音乐、舞蹈、戏剧、美术等各门类在内的文化艺术专业人才，为人民群众提供更加丰富的文化产品和更加优质的文化服务；呼唤着产生知国际懂市场、有开拓能力的文化经营人才，为文化产业的迅速发展、为我国文化企业走向世界迈出坚实步伐。这是"人才兴文"战略的重要目标，也是文化事业繁荣发展的重要标志。

（三）实施"人才兴文"战略，是保障人民群众文化权益、让人民共享文化发展成果的时代诉求

目前，我国已经进入全面建设小康社会、加快推进社会主义现代化的发展阶段。随着国民经济的持续快速增长，人民群众的物质生活水平有了较大提高，知识结构发生明显变化，文化生活的需求和供给也日益多样，对文化生活质量的要求与日俱增。满足人民群众的文化需求，不断提高人民群众的思想道德和科学文化素质是我们做好文化工作的落脚点，是文化工作能否代表最广大人民群众利益的重要表现，也是实施"人才兴文"战略的根本出发点。只有培养大批适应时代发展的社会文化工作者，提高公共文化服务水平，才能拓展人民群众的文化生活空间，满足人民群众多层次、多样化、多方面的精神文化需求；也只有产生大批自觉把握时代特征和群众审美需求的文艺大家、名家，才能创作出更多深刻表现时代精神、深受人民群众喜爱的精品力作，才能丰富人民群众的精神生活、提升人民群众的精神世界。

（四）实施"人才兴文"战略，是应对国际文化竞争，提升国家文化软实力的必然需要

文化是民族生命力、凝聚力和创造力的源泉，是社会进步的显著标志。在全球化时代的信息社会，文化作为一种软实力，越来越成为一个国家综合国力的重要组成部分，文化的交流和传播越来越成为各国相互关系的重要内容，文化的碰撞和矛盾也越来越成为国际竞争和国际冲突的一个方面。文化竞争直接关系到公民对国家主流意识形态的认同，关系到公民价值观的养成，关系到经济的持续发展和社会的长期稳定。

当今世界各国大都十分重视文化竞争，极力加强自身文化建设，输出本国文化产品，占领国外文化市场。文化竞争，归根到底是文化人才的竞争。文化人才是加快文化发展的生力军，是推动文化创新的核心力量，是增强文化整体实力和竞争力的关键。应对国际文化竞争，关键是培养和造就大批文化人才，弘扬传统文化，抢占高新技术文化产业制高点，为增强参与文化竞争和抵御外来不利文化影响、维护国家文化安全提供强有力的人才保证。

二、实施"人才兴文"战略，坚持以科学发展观为统领，实现文化人才队伍的协调可持续发展

科学发展观是以胡锦涛同志为总书记的党中央从新世纪新阶段党和国家事业发展全局出发，不断进行理论创新和实践创新而提出的重大战略思想，是我国推动经济、社会、文化发展必须长期坚持的重要指导方针。实施"人才兴文"战略，必须坚持用科学发展观统领人才工作，贯穿文化人才工作的全过程。

科学发展观，第一要义是发展，核心是以人为本，基本要求是全面协调可持续，根本方法是统筹兼顾。用科学发展观统领文化人才工作，就是要把科学发展观这些基本内涵和基本要求贯彻落实到文化人才工作实践中去。当前和今后一个较长时期，文化人才队伍建设要努力符合以下要求：

（一）坚持把促进发展作为文化人才队伍建设的根本出发点

大力实施"人才兴文"战略，牢固树立全面、协调和可持

续发展的观念，把文化人才工作与促进文化事业发展和人的全面发展这"两个发展"有机结合起来。特别是要注意从推进文化发展繁荣的角度来深入研究人才队伍建设工作的思路、内容和目标，分析和解决人才队伍建设工作中遇到的困难和问题，促进文化人才资源和文化事业发展相协调，使文化人才资源在文化事业发展中的基础性、战略性和决定性作用得到更有效的发挥。坚持以服务文化建设发展大局为中心，坚持以人为本，做到文化人才工作的目标任务围绕"两个发展"来确立，文化人才工作的政策措施围绕"两个发展"来制定，文化人才工作的成效用"两个发展"来检验。

（二）坚持把人才队伍建设作为系统工程来抓，分类指导、整体推进

十年树木，百年树人。文化人才队伍建设作为一项战略工程、系统工程，具有长期性、复杂性的特点，是一个动态的、渐进的过程。要以文化系统党政人才、专业人才、经营人才三支队伍为主体，统筹兼顾各个层次、各个门类的人才需求，实现不同层次、不同职业、不同年龄人才的共同发展。围绕经济社会发展的战略部署、重点任务和文化工作的实际调整人才布局，抓好各个层次人才的培养和使用。当前，文化领域的科技人才和经营人才比较缺乏，是文化人才队伍建设中的突出问题，应当采取有效措施，加大吸引、使用、培养和激励的工作力度。同时，加强对农村实用文化人才的培养和使用，不断提高全体文化从业人员的素质，把各层次人才都纳入人才战略工程的培养规划，形成环环相扣、整体协调的局面。

（三）坚持以高层次人才为抓手，全面推动文化人力资源的整体开发

文化人才队伍建设在稳步扩大人才总量的同时，更要注重提高人才质量。这是贯彻科学发展观、加强文化人才队伍建设

的必然要求。高层次文化人才是带动观念创新、管理创新、制度创新、艺术创新的中坚力量,也是带动文化人才队伍整体素质提高的重要依托,往往能够站在自身所处领域的战略制高点,起到关键性、决定性的作用。人才层次结构往往是"金字塔"型结构。如果高层次人才是"塔尖"部分,其他人才则是"塔身"部分,"塔尖"以"塔身"为基础,"塔身"以"塔尖"为引领。高素质的文化系统党政人才、高层次文化艺术专业人才、高水平文化经营人才的培养要与文化人力资源的整体开发有机结合起来,带动整个文化人才队伍建设,才能尽快形成一支门类齐全、梯次合理、素质优良、新老衔接、充分满足文化事业发展需要的宏大的人才队伍。

三、实施"人才兴文"战略,推进文化人才工作在改革和创新中不断发展

1979年,邓小平同志在第四次文代会的祝辞中说:"必须十分重视文艺人才的培养。在一个九亿多人口的大国里,杰出的文艺家实在太少了。这种状况与我们的时代很不相称。我们不仅要从思想上,而且要从工作制度上创造有利于杰出人才涌现和成长的必要条件。"近三十年来,文化部不断加强规划,制定措施,文化人才队伍有了长足发展,文艺园地硕果累累。2004年,文化部制定出台了《关于实施"人才兴文"战略,进一步加强文化人才队伍建设的意见》,把人才战略作为繁荣文化事业的根本战略,成为新时期文化人才工作的行动纲领。2006年,印发了《文化建设"十一五"规划》,提出要建立健全人才脱颖而出的有效机制,造就一支高素质的文化人才队伍,把优秀人才集聚到文化建设中来。截至2007年,全国文化从业人员已达195万;具备中级以上专业技术职务人员超过

13万，占文化从业人员的6.7%，其中高级专业技术职务人员达3.75万人，约占文化从业人员总量的2%。

随着建设小康社会的全面展开，对人才的需求种类不断增加、数量不断扩大，要求的质量也大大提高。实施"人才兴文"战略，必须适应文化事业发展要求，切实抓住吸引、培养、使用人才三个环节，着力建设文化系统的党政人才、专业人才、经营人才三支队伍，建立充满生机与活力的人才工作新机制，营造有利于优秀文化人才大量涌现、健康成长的良好氛围。

（一）解放思想，营造文化人才工作的新环境

解放思想，就是要大力营造有利于人才脱颖而出的思想环境，牢固确立"人才资源是第一资源"的理念，坚决破除轻视人才、论资排辈、求全责备、平均主义、封闭保守等陈旧观念，真正从思想上重视人才，从感情上贴近人才。

要牢固树立人人都可以成才的观念。人才工作首先是做人的工作，必须把促进人才的健康成长和充分发挥人才的作用放在首要位置。文化事业面临着重大的战略机遇期，为每个人的发展创造了广阔天地。要按照促进人的全面发展的要求，把每个人的潜能和价值都充分发挥出来。金无足赤，人无完人。要尊重每个人才的禀赋和个性，从主流、本质和大节上去看人，如果只看一时一事，对人才求全责备或以偏概全，往往会埋没人才。

要树立德才兼备的人才观。宋代历史学家司马光对德才关系曾经有过非常精辟的论述，他说"才者，德之资也；德者，才之帅也"。"是故，才德全尽谓之'圣人'"，"德胜才谓之'君子'，才胜德谓之'小人'"。"自古以来，国之乱臣，家之败子，才有余而德不足，以至于颠覆者多矣。"在改革开放不断扩大、社会转型日益加深的新形势下，能否培养和造就一大

批政治坚定、作风优良、业务精湛的文化人才队伍，关系到社会主义先进文化的生命力，关系到文化生产力的发展壮大。文化人才不仅要有较高的业务水平，还应有坚定的理想信念，牢固树立服务社会、回报人民的思想观念，才能真正成为一个对国家、对人民有用的人才。

要遵循各类文化人才成长的规律。文化艺术门类众多，规律各异，从事文化艺术工作的人才类型不同，成长的道路不同，其成长规律和特点会有不同，个性也会有所不同。人才往往如囊中之锥，必有不同于流俗之处。文化人才的这方面特点更为明显。文化系统的党政人才、专业人才、经营人才等各类人才的成长周期均有所不同，用一个标准去衡量和使用人才，不符合文化事业发展的要求，也不符合人才成长的规律。

人才的成长有其内在的、固有的发展规律，既要靠自身的努力和奋斗，也离不开一定的社会环境，内因固然重要，外因也不可忽视。人才是一定社会关系的产物。能不能形成人才辈出、人尽其才的生动局面，很大程度上取决于是否具有团结和谐、鼓励人才干事业、支持人才干事业的良好环境。环境是文化人才成长的土壤，环境好则人才聚、人心齐、事业兴，环境差则人才散、人心涣、事业衰。

宽松、愉快、和谐的环境是引才留智的根本，既要"筑巢"引进人才，又要"筑堤"防止人才流失。"筑巢"、"筑堤"的重要内容就是全方位、多角度地从工作环境、人文环境、生活环境、社会环境等各个方面，为文化人才提供优质服务。一要坚持为社会主义服务、为人民服务的方向和百花齐放、百家争鸣的方针，倡导生动活泼、团结合作、勇于创新的学术风气，倡导学术自由和民主，尊重个性，宽容失败，遏制论资排辈、急功近利、浮躁浮夸的倾向和不良风气，营造良好的学术环境。二要加强沟通，增进理解、相互尊重，彼此信任，营造宽松和谐、健康向上的人际环境。三要加强服务，加大投入，为优秀人才营造良好的工作环境。四要关心人才，爱护人才，切实帮助解决优秀人才生活中的实际问题，营造良好的生活环境。

（二）认清现状，把握文化人才工作的新课题

近年来，在党中央的领导下，文化建设与改革开放同步，与社会发展同步，与时代需要同步，取得了令人瞩目的成就。文化产品数量持续增长，精品力作不断涌现，基础文化设施和公共文化服务体系逐步完善，文化产业快速发展，文化市场繁荣有序，文化遗产的保护与利用成效显著，文化交流空前活跃，中华民族的文化影响力日益扩大，中华民族在全球化挑战中更加充满文化自信。

取得这样的成就，就是因为一批成就突出、经验丰富的各门类老艺术家、老专家起着很好的传帮带作用，一批精通业务、勇于开拓创新的中年人才起着承上启下的中坚作用，一批潜质优秀、基础较好的青年人才逐渐崭露头角。这为文化事业的进一步繁荣发展奠定了坚实的人才基础。同时，也要清醒地看到，我们的人才状况与文化事业的发展，与人民群众的要求，与全面建设小康社会的步伐相比，还存在不少问题和困难。文艺大家、名家缺乏，高层次人才队伍老化，人才结构性短缺，都是文化人才队伍建设亟待解决的问题。我们要贯彻十七大精神，结合实际，深入调查研究，在成绩中找经验，在差距中找问题。

当前，文化人才队伍建设面临着一系列新课题新挑战：随着覆盖全社会的公共文化服务体系的逐步构建，基层文化人才队伍不能满足公共文化服务体系运转的需要，基层文化机构亟需健全，人员整体素质有待提高，专业人才匮乏，农村实用文化人才稀缺；随着文化产业的兴起和迅速发展，产业运作策

划、网络文化组织经营、动漫创作、网络游戏、文化创意等新兴文化产业人才需求紧迫；由于我国经济社会发展的不平衡，地区与地区之间在工资待遇、就业机会、工作环境等方面都存在一定差距，西部地区文化艺术专业人才保有量相对较小，人才区域性结构矛盾突出；在省会城市与市县区、全额拨款单位与差额拨款单位、效益好的单位与效益一般的单位，人才分布严重不均。对此，我们应当认真分析问题的成因，抓住症结所在，下气力解决重点难点问题，才能推进文化人才队伍建设实现新的突破。

（三）创新观念，完善文化人才工作的新机制

人才的积极性和创造性取决于体制机制，好的体制和机制就是吸引力和凝聚力，就是竞争力和生产力。江泽民同志曾用三句古诗，形象地概括了人才工作的几个环节：第一句是龚自珍的"我劝天公重抖擞，不拘一格降人才"；第二句是郑板桥的"千磨万击还坚劲，任尔东西南北风"；第三句是朱熹的"等闲识得东风面，万紫千红总是春"。就是说在使用人才时要不拘一格，培养人才时要加强磨炼，选拔人才时要人才辈出，这是一系列人才工作机制良性运转的生动写照。

在当前正在进行的文化体制改革中，人事制度改革是其中的重要环节之一。无论是公益性文化事业单位的转换机制，还是经营性文化单位的转企改制，其目的都是为了解放文化艺术生产力，打破长期计划经济体制下形成的人事人才管理制度，破除旧观念和旧方法，使各类人才的聪明才智都能够得到充分展示，积极性和创造性都能够得到充分发挥，这是文化大发展大繁荣的基本前提。"选、育、用、管"是加强文化人才队伍建设的四个重要环节，环环相扣，缺一不可，"选"是基础，"育"是关键，"用"是核心，"管"是保障。做好文化人才的选拔、培养、使用和管理工作，最终要靠制度来实现和规范。

目前，人才出不来、用不上、留不住、引不进，"养在深闺人未识"、"墙内开花墙外香"，舍得花大钱引项目、舍不得花大钱引人才的现象依然存在。随着我国文化事业的不断发展，迫切需要改革不适应新形势发展和文化人才成长的人才工作机制，创新培养、选拔、使用和管理文化人才的政策措施，从而栽好"梧桐树"，引来"金凤凰"，产生"群贤毕至，少长咸集"的人才集聚效应。

一要抓紧建立以能力建设为核心的人才培养机制，提高人才的实践能力和创新能力。

在人才培养方面，一要有计划培养。在弄清人才总量、结构、需求情况的基础上，制定具体的目标、政策和措施。二要分类培养。针对文化系统党政人才、专业人才和经营人才的不同特点，针对初级人才和中高级人才的不同层次，采取不同的方式方法。三要有重点培养。对于复合型文化科技人才、紧缺的专业技术人才、高层次文化经营管理人才要抓紧培养，尽快满足人才缺口。

近年来，文化部拓宽人才培养渠道，将高等院校教育与在职培训、实践锻炼紧密结合，面向全国文化系统，举办了各类培训班230余个，培训干部一万余人次。在培训对象上，既有文化系统的专业技术人员、行政管理干部，也有市、县（区）党委、政府分管文化工作的领导，还有基层文化骨干；在培训形式上，采取了集中办班、委托培养、外送培训、专题研讨、考察调研、挂职锻炼等多种形式；在培训手段上，采取案例教学、情景模拟、专家授课、实地考察等培训手段，收到了良好效果。

二要抓紧建立以公开、平等、竞争、择优为导向，有利于优秀人才脱颖而出、充分施展才能的选人用人机制。

发现和使用人才，是一个"剖石为玉、淘沙为金"的过程。选人用人，一定要论资历而不唯资历，坚持德才兼备而不求全责备，对特别优秀的还要敢于大胆提拔，委以重任。人才是用出来的，发展要以人为本，人才要以用为本。作为个体的"人才"越使用素质会越高，作为整体的"人才"越使用总量会越多。

选拔和使用人才，一要在视野上不拘一格。"泰山不让土壤，故能成其大；河海不择细流，故能成其深"。要以宽阔的视野发现人才、认识人才，要公道正派，竞争择优，广纳贤才。

二要在条件上不拘一格。从一般规律来看，人的阅历经验与年龄有关，但年龄和资历并不是决定性因素。爱因斯坦26岁提出了狭义相对论，爱迪生29岁发明了留声机；在文化领域，曹禺23岁创作《雷雨》，王蒙19岁写出《青春万岁》，国学大师陈寅恪在国外留学多年，并没有获得什么学历文凭，却被清华大学聘为教授。文化艺术工作往往是极具创造性的工作，表演艺术更是一种青春事业，更需要为优秀的艺术人才开辟"快车道"。与此同时，还要十分珍视中年人才和老同志、老艺术家、老专家的经验和智慧，充分发挥每一个年龄段人才的积极性、创造性，共同为我国的文化建设贡献才华和力量。

三要抓紧建立以能力和业绩为导向、科学的社会化的人才评价机制。科学的人才评价机制是科学选人的基础和依据，是激励人才干事业的重要手段。科学的人才评价标准，决定了选什么样的人、用什么样的人，直接关系到选人用人的方向和质量，对人才队伍建设具有示范导向作用。

根据文化系统党政人才、专业人才、经营人才三类人员的职业、职位能力素质要求不同，人才评价应当"量体裁衣，适才适用"。一是文化系统的党政人才要"群众公认"。我部坚持完善民主推荐、民主测评、民主评议制度，通过干部述职、民主测评、个别谈话等方式,对干部的德、能、勤、绩、廉进行较为全面客观公正的评价,作为干部选拔使用的重要依据。同时,又不能简单以票取人、以年龄取人、以学历取人,而要以政治立场、工作实绩、品德作风、群众公认取人。二是专业人才要"同行公认"。我部不断深化职称制度改革,相继出台了《文化部职改办关于改进和完善职称评审工作的若干意见》,印发了《关于完善职称外语考试有关问题的通知》,进一步加大了优秀青年人才的选拔力度,改革了专业评价方式。通过对专业技术人员的能力、水平做出科学评价,为使用人才提供依据,为人才充分发挥作用和合理流动创造条件。三是经营人才要"市场公认"。要细化考核指标,确定科学的市场化的考核体系,对于真正能够带领单位取得良好社会效益和经济效益的经营管理者,应当予以表彰和奖励。

四要抓紧建立以贡献与报酬相适应为导向,以鼓励创新为目的,能充分发挥人才创造性的激励保障机制。重点是改革分配制度,规范表彰奖励制度。

建立完善分配激励机制是文化人才机制体制建设的重要内容,对于调动各类文化人才的积极性,加强文化人才队伍建设,把优秀人才聚集到文化事业中来有着重要的意义。

改革收入分配制度,要以实施岗位设置和绩效工资制度为契机,不断发挥收入分配的激励和导向作用,突出体现不同岗位、不同贡献的不同价值,用工资收入杠杆作为鼓励人才干事业的重要手段。要建立规范有效的人才奖励制度,充分发挥经济利益和社会荣誉价值的双重激励作用。坚持精神奖励和物质奖励相结合的原则,建立以政府奖励为主导、用人单位和社会奖励为促进的人才奖励体系,开展一系列表彰奖励活动,对于树立民族楷模,激励广大文艺工作者开拓进取、顽强拼搏,为繁荣文化艺术事业做出更大贡献,具有十分重要的意义。

此外，要大力宣传全国文化系统中各类优秀高层次文化人才的业绩和贡献。文化系统的不少人才艺精才多，可是并不为社会公众所熟知。在当今信息时代，"酒香也怕巷子深"，"花香也得蝶帮忙"。这里，舆论起着提高文化精英知名度的重要作用。要以报纸、网络、广播、电视等媒体，有组织、有重点地开展宣传报道。社会对文化人才的肯定和认同，将激励着他们不断开拓奋进。

中华民族的伟大复兴必然伴随着中华文化的繁荣昌盛。国运昌盛，文运必兴。人才蔚起，气象方新。人才支撑发展，发展孕育人才。我们将以科学发展观为指导，以推动社会主义文化大发展大繁荣为目标，大力实施"人才兴文"战略，全面推进文化人才队伍建设，为兴起文化建设新高潮提供坚强有力的人才保障和智力支持。

和谐社会构建中的舞台演艺创作

文化部艺术司司长　于　平

和谐社会构建（准确地说，是"构建社会主义和谐社会"）是党的十六届四中全会首次提出并加以阐释的科学命题。这一命题一经提出，就得到了举国上下的热烈响应和高度认同。这说明，在我国全面建设小康社会的历史进程中，"和谐社会构建"是面顺民心、合民意的旗帜，是支凝国力、壮国志的号角，是张送温暖、谋发展的蓝图。关于这一科学命题，胡锦涛总书记特别指出："我们所要建设的社会主义和谐社会，应该是民主法治、公平正义、诚信友爱、充满活力、安定有序、人与自然和谐相处的社会"。在这样一个建设取向和实践进程中，文化界关于"文化何为"、艺术界关于"艺术何为"的问题被提出并被思考。我们的舞台演艺创作当然也不能不思考这一实践进程给我们带来的机遇和我们可以奋发的作为。

一、"和谐社会构建"是民族历史精神的主导倾向，舞台演艺创作将由此获得丰富的思想和题材资源

在中华民族的历史精神中，最为发达的是伦理学的思想。先秦之际孔、墨两大显学之争，核心便是"扬善"的伦理学与

"趋利"的经济学之争。由此而形成了中国哲学价值观方面的基本课题——义利关系，并由此而生发出另一个课题——德力关系。事实上，"和谐社会构建"作为民族历史精神，是"人伦合于物理"、"王道本乎人情"的传统伦理学的一贯追求。在这个意义上我们传统的伦理学思想作为民族历史精神的主导倾向，其实是由内及外、由己推人、由家论国的"关系学"；亦是正心修身、克己复礼、齐家治国的"和谐论"。关系学也好，和谐论也罢，在社会主义市场经济条件下构建"和谐社会"，不能不特别处理好"义利关系"。张岱年先生认为中国传统的"重义轻利"或"存理去欲"是错误的，而见利忘义、纵欲违理则更为荒谬；为此，他主张通过尊义兴利、循理节欲来实现义利和谐。

依据我们传统伦理学的思想，社会的和谐不能不建立在社会个体和谐的基础上，而社会个体的和谐又不能不正视上述义利关系、德力关系等人生价值的基本课题。张岱年先生认为"需要由实际生活深处发出新的人生理想"来实现社会个体的和谐，这一理想有四个原则，即"一、生理合一；二、与群为一；三、义命合一，或现实理想之统一；四、动的天人合一，或天人协调。"在我看来，这四个原则不是并列而是递进关系。也就是说，社会个体只有从"生理合一"步向"动的天人合一"，我们才可能去谈"和谐社会"。冯友兰先生则把"人生理想"实现的不同层面分为四种"人生境界"，即自然境界、功利境界、道德境界和天地境界。只有在"天地境界"中的社会个体，才可能真正去实现包括"人与自然和谐相处"的社会和谐。冯友兰先生说："在道德境界中的人，首先知人必于所谓'全'中，始能依其性发展……人不但须在社会中始能存在，并且须在社会中始得完全"。又如他所说："在天地境界中的人，了解于社会的'全'之外，还有宇宙的'全'；人必于知有宇宙的'全'时，始能使其所得于人之所以为人者尽量发展，始能尽性"。这里的"道德境界"中的人，有些类似张岱年先生所述人生理想的"义命合一"，即"义是人事方面的，命是环境方面的……人的生活须一方面适应环境，不适应环境则不能生活；一方面又要克服环境，不克服环境则生活不能提高。"事实上，我们当下所说的"人与自然和谐相处"亦是某种意义上的"义命合一"和"动的天人合一"，是所谓的生产发展、生活富裕和生态良好。

由于舞台演艺创作十分注重观众的"前理解"，我们许多舞台演艺作品取材于民族历史文化。事实上，从民族历史文化中选择题材的舞台演艺创作，不可能不关涉到那一题材所寄寓或投射的民族历史精神。作为民族历史精神的主导倾向或曰优秀传统，不仅体现为个体的生理合一、与群合一、义命合一等，而且体现为个体对道德境界乃至天地境界的追求。这个追求本身包含和谐地处理好义利关系、德力关系等。应当指出，在民族历史精神的非主导方面，亦有执其一端、无视中和或消极言和、以至无为等主张，并且这些主张也会蜗居在一定的民族历史文化中。我们在民族历史精神的主导倾向中获得丰富的思想和题材资源时，也应对上述非主导方面保持清醒的认识。

二、"和谐社会构建"是社会大众心理的现实需求，舞台演艺创作将由此获得坚实的接受和认同基础

"和谐社会构建"这一科学命题的提出，其重要根据之一，在于新世纪新阶段我国经济社会发展的新要求和我国社会出现的新趋势新特点。也就是说，"和谐社会构建"不仅是民族历史精神的主导倾向，也是社会大众心理的现实需求。有学

者在分析"社会和谐的深层次时代内容"时认为，我们所论及的"和谐社会"这一概念，有其特定的时代含义。它不同于传统社会中那种原生性、自发性的和谐秩序，它的提出符合社会生活从传统型向现代型的转变——自然习俗秩序不断向人为理性规范转变，原始性人类集群被人工性社会组织所取代，多种选择的可能使生活方式变得异质多样，传统信条的粘合力也日渐离散消解，多元价值观之间既相互排斥也彼此包容，等等（2005年2月22日《光明日报》郑杭生、杨敏撰文）。就总体而言，中国经济社会是在实现着传统型向现代型的转变。这种"现代性"改变了传统社会中原生性、自发性的和谐秩序，但却未能构建、甚至未能意识到应去构建新的"和谐"，它使现代社会生机与困境同在，均衡与冲撞并存，进取与退守共生。在这一时代背景中，提出"和谐社会构建"不是向传统型社会退却，而是注意"现代性"在改变传统社会的同时可能引发的社会弊端，实现从"旧式现代性"向"新型现代性"的历史跨越。

　　社会学常识告诉我们，"旧式现代性"是以征服自然、控制资源为中心，导致社会与自然不谐调、个人与社会不和谐并使自然和社会付出双重代价的现代性。而"新型现代性"与之有别，指的是以人为本，人和自然互惠、人与社会共赢，从而把自然与社会代价减少到最低限度的现代性。在我国社会主义现代化的进程中，我们强调"发展是硬道理"，强调"科学技术是第一生产力"；但我们很少强调科学技术这个"生产力"的解放和发展，其实是人类自我解放、自我发展和自我完善的桥梁和手段。小煤窑爆炸，沙尘暴肆虐，藏羚羊惨死，苏丹红猖獗……许多使自然和社会付出惨重代价的变故，根源却往往在于人类对蝇头微利的追逐。

　　我们期待着对传统社会的迅速改变，我们更期待着一个良性运行和协调发展的"新型现代性"社会的降临。正是这种社会大众心理的现实需求,使我们与时俱进、"粉墨当随时代"的舞台演艺创作将获得坚实的接受和认同基础。认识到这一点,我们就应积极回应"新型现代性"社会的目标和任务,不仅在创作思想上而且在创作实践中,都努力实现传统社会的转型并追随"新型现代性"社会的价值取向。在这一价值取向中,以人为本的人伦和谐、天人协调是核心要义。因此,我们所说的"发展是硬道理",硬就硬在"发展"的目标在于以人为本并促进人的全面发展,硬就硬在"人的全面发展"要在经济社会的全面、协调、可持续发展中来实现。坚持以人为本,就要不断满足人民群众日益增长的物质文化需要;坚持以人为本,就要为充分发挥人的聪明才智创造良好的社会环境;坚持以人为本,就要切实保障人民群众参政议政的权利。换言之,坚持以人为本的理念,是贯穿在我们社会主义的市场经济、民主政治和先进文化建设之中的,是我们"和谐社会构建"的基点和要义。当然也正因为如此,"和谐社会构建"成为我国社会大众心理的现实需求,成为新世纪新阶段我国舞台剧创作的接受和认同基础。

三、"构建和谐社会"是主流意识形态的先进理念,舞台演艺创作将由此获得宽松的选择和阐释空间

关于社会主义和谐社会的构建,胡锦涛总书记以28字的"应该是"对其目标加以描述后,还论及了"必须坚持"的六项原则以及"应当切实做好"的十个方面的工作。这十个方面的工作是:保持经济持续快速协调健康发展;发展社会主义民主;落实依法治国的基本方略;加强思想道德建设;维护和实

现社会的公平和正义；增强全社会的创造能力；加强社会建设和管理；处理好新形势下的人民内部矛盾；加强生态环境建设和治理工作；做好保持社会稳定工作。从构建社会主义和谐社会的主要工作来看，表明中国特色社会主义事业的建设和发展，已经形成了完整的理念和总体的布局；表明我们党对治国理政已经有了一种整体性的思考，系统并自觉运用经济、法律、行政、政策和道德等手段来统筹各种社会资源，来综合解决社会协调发展问题。

"和谐社会构建"作为主流意识形态的先进理念，是"科学发展观"这一重要指导思想的产物。因为"科学发展观"的基本内涵，就是要坚持发展，要促进以人为本的人的全面发展，要实现经济社会的全面、协调和可持续发展。也就是说，坚持发展要坚持经济的率先发展和人的全面发展，而这分别构成"和谐社会构建"的物质基础和内在要求。以科学发展观为指导来构建和谐社会，我以为要特别关注以人为本和促进人的全面发展的问题。因为"和谐社会"应具有的民主法治、公平正义、诚信友爱等，都是针对个体的人和人的群体而言的。胡锦涛总书记论及构建社会主义和谐社会必须坚持的六项原则，不仅直接提出"必须坚持以人为本，始终把最广大人民的根本利益作为党和国家工作的根本出发点和落脚点，在经济发展的基础上不断满足人民群众日益增长的物质文化需要，促进人的全面发展"（第二项）；而且提出"必须尊重人民群众的创造精神……激发全社会的创造力"（第四项），提出"必须注重社会公平，正确反映和兼顾不同方面群众的利益"（第五项），提出"必须正确处理改革发展稳定的关系……确保人民群众安居乐业"（第六项）。

事实上，舞台演艺创作就是要求"以人为本"的。当然这里的"以人为本"是塑造人的形象，刻画人的性格，抒发人的情怀，传扬人的境界。"以人为本"的舞台演艺创作，要真正去表现科学发展观中的"以人为本"，也即关注"最广大人民的根本利益"。在当下，尤为重要的是关注社会的弱势群体并重视人类的生命伦理。党和国家领导人不辞细微，为打工者讨工资，去"艾滋"村看村民……为关注社会的弱势群体带了个好头，树了个新风；在保持尊老爱幼的传统美德之时，又开启了扶贫助困的社会良知。在"和谐社会构建"的现实进程中，人类的生命伦理似乎也受到前所未有的尊重。生命伦理是随着医学科技的进步而来到现代社会的。它发轫于人类对人体试验、器官移植、辅助生殖、生育控制等道德难题的求解。近来又面临基因、克隆、干细胞、安乐死等问题。生命伦理的被尊重，根源在于对生命的尊重。就人类社会发展的目的论而言，尊重生命的观念根源于人是社会发展的目的而不是手段；就人类社会存在的价值论而言，尊重生命的观念根源于人是社会存在的最高价值。当然，生命之所以值得被尊重，还在于它是全面发展的和充分自由的；否则，人对生命的看法就如那支著名的短歌所言："生命诚可贵、爱情价更高，若为自由贵，二者皆可抛"。

四、努力实践"和谐社会构建"的先进理念，促进舞台演艺创作的进一步繁荣和可持续发展

在我看来，"和谐社会构建"作为主流意识形态的先进理念，是要在"发展是硬道理"这一前提下，妥善处理好各种矛盾关系——包括发展与稳定、发展的不平衡、发展的效益与公平、发展的速度与承受力……但不管有多少矛盾关系，在我们处理种种矛盾或不矛盾的关系中，实现"和谐"的一个重要准则是"互惠与共赢"。这其实可以视为我们处理传统哲学价值

观中义利关系、德力关系的一个可操作性的原则。这也应该是我们促进舞台演艺创作进一步繁荣和可持续发展的一个有指导性的理念。那么，我们应该在哪些关系中来思考我们的舞台演艺创作呢？我以为主要有以下十大关系：

1. 题材选择与主题开掘的关系。我曾注意到，在舞台演艺创作中，题材选择大多有一定的文本依据，极少有真正意义上的原创文本。因此，舞台演艺的题材选择，大多并非要对观众讲什么；而是为什么要对观众讲这些，以及如何向观众讲这些。"如何讲"，涉及的是舞台演艺的演剧手段问题；"为什么讲"，涉及的则是编剧题材选择的动机，这一"动机"的自觉与否、强烈与否往往就体现为对题材的主题开掘。多年来，我们比较强调"现实题材"；而在我看来，"题材的现实性"却是更为重要的。我把"题材的现实性"视为对现实的影响性、特别是对现实的积极影响。事实上，"题材的现实性"并非只存在于"现实题材"，对"现实题材"的自然主义表现在许多情况下未必能产生对现实的积极影响。既然舞台演艺作品题材选择大多有一定的文本依据，且这文本又以非现实题材居多，我们的创作就应努力开掘其主题的现实性。换言之，非现实题材"现实性"的产生，固然与题材选择有关，但更重要的却是体现在主题开掘方面。我们提倡现实题材的选择与表现，但更应该关注题材（特别是非现实题材）"现实性"的开掘与张扬。如果忽略主题开掘的可能性和必要性，我们实在说不出对题材加以选择的意义何在。因之，题材选择的意义在于能否有效地实现主题开掘。

2. 案头文本与场上演剧的关系。我们常把这个关系视为一度创作和二度创作的关系，但我觉得还不如直呼"编剧"与"演剧"的关系为好。案头文本，我们通常称为"剧本"。"剧本"，含义就是演剧的"文本"；非要说"剧本"是"一剧之本",那也只是意味着在其"根本"之上要生长出"枝叶"并养育出"花果"来。舞台演艺作品的案头文本,需要文学性更需要演剧性。舞台剧的案头文本可能是好的戏剧文学作品,但"戏剧文学"是文学的一种体裁,它可能影响演剧的成效但却不能替代演剧的华彩。王国维定义中国戏曲为"以歌舞演故事",这也似乎成了各类戏剧的定义模式——即"以某某演故事";但在我看来,中国戏曲在很大程度上是"借故事演歌舞",也即"演剧"以"演为剧本"的特征。这就是为什么中国演剧更强调"演员(特别是名角)中心"而非"导演中心"、为什么自关汉卿以来就不乏编剧者为演剧者"度身定做"而"编剧"的故事。剧本写作称"编"而不称"创",其中奥秘无非一是多据其他文本改编而来,二是多为名角大腕"度身定做"而编写。因此,剧本的"一剧之本"与演剧的"演为剧本"均不可偏废。

3. 演剧理念与舞美制作的关系。舞美制作,指的是舞台演艺的布景、灯光制作,近一个时期因其过于豪华、过于铺张、过于招摇而被称"大制作"引起贬抑。事实上,一定舞台的舞美制作,总是应当与一定的演剧理念相一致的。现代舞台科技的发展,为舞台剧的"大制作"提供了"可能性";而其"可行性"却在于一定的演剧理念。我相信,"斯坦尼"与布莱希特的不同演剧理念,就会产生不同的舞美制作追求。西方的音乐剧追随其主导演剧观念的"写实"传统,因追求"真实"的场景而形成"充实"的空间,制作日见其"大"也日见其"繁"。当把这种舞美制作的追求照搬到追求"写意"演剧观念的中国戏曲之中,就非"锦上添花"而是"画蛇添足"。当演剧者不仅演述了自己的心境而且演示了置身的物境之时,舞美制作的"真实"反倒"虚假",其"充实"也就更显"累赘"。

4. 民族风范与世界取向的关系。舞台演艺的民族风范，就其本质而言，是其演剧理念的外化。通过虚拟的程式表现，追求"写意"的演剧理念，决定了我国舞台剧基本的民族风范。其实，在这一基本的民族风范统领下，我国众多的"地方戏"在方言音韵、情态、理趣的基础上，又形成了丰富多彩的地域风格。我一直认为，关注舞台演艺的民族风范，不仅要关注外来剧种"民族化"的调适，而且要关注传统剧种"当代化"的取向；不仅要关注"国剧"京、昆的审美定式，而且要关注众多地方戏曲、甚至地方曲艺的审美变格——我有个不成熟的看法：中国传统演剧以类型化的个性见长，中国演剧的民族风范包蕴在地方戏的文化身份之中，"地方戏"不仅给"国剧"以滋养并且有可能萌生出未来国剧的萌芽。事实上，我国舞台剧民族风范与世界取向的关系，一直存在于传统剧种和外来剧种之间。舞剧是如此，歌剧亦是如此。相比较而言，民族舞剧较好地处理了与西方舞剧——芭蕾的关系，这使民族舞剧建设得到长足发展的同时，芭蕾艺术的民族化亦取得了实质性的进展。其实，我们在一些民歌和民间小戏的基础上，亦发展出了民族歌剧或民族舞剧；当西方音乐剧走红世界舞台之际，我们发现民族歌舞剧正顺应着世界潮流。而关于中国传统演剧——中国戏曲如何处理民族风范与世界取向的关系，是另一个需要深入探讨的课题。

5. 保持本色与求索新变的关系。中国戏曲是地地道道的中国本土的舞台演艺，我们曾以其"综合性"运用歌唱、舞蹈、念白的表现方式区别于西方"分而治之"的歌剧、舞剧和话剧。作为中国舞台剧的歌剧、舞剧和话剧，只有话剧似乎不为"民族化"的问题所困扰（只要汉语表达不过多地出现欧化句式即可）。舞剧的"民族化"，最初探索着两条不同的路径：一是《宝莲灯》，因为据戏曲改编而来，被称为"不说唱

文化价值

的戏曲";二是《虞美人》,因为仿芭蕾(《天鹅湖》)制作而来,被称为"无变奏的芭蕾"。当然,后来得到较完美发展的中国民族舞剧和芭蕾舞剧,都分别使用了一种"以芭蕾动态框架整合戏曲动态元素"的"中国古典舞"(特别是"中国古典舞身韵")语言,也都使用这种动态语言"图式"去整合新的生活形象,从而各得其所。就保持本色与求索新变的关系而言,任何剧种都没有中国戏曲对其应对得困惑与艰难。事实上,在中国戏曲"求索新变"的进程中,大约主要受到三个方面的影响:一是话剧的戏剧结构观,目的在于使戏曲的情节结构紧凑起来;二是交响乐的音乐配器观,目的在于使戏曲的乐音构成丰富起来;三是西方戏剧的舞美设计观,目的在于使戏曲的演剧场景真实起来。但显然,上述"影响"而导致的"新变"影响了"本色"的保持:比如"话剧加唱"代替了"以歌舞演故事";又比如"乐音的交响"冲淡了"京腔京韵的叙说";还比如"真实并且充实的布景"限制了"虚拟"的表演理念及其引导下的"程式"创造……当传统演剧再度扬起"青春版"的旗帜时,我们需要指出:推出几个新秀恐怕并不意味着传统演剧焕发了"青春";妥善处理保持本色与求索新变的关系,仍是我们需认真对待的课题。

6. "国剧"京、昆与地方戏剧的关系。如果说歌剧、舞剧、话剧与中国戏曲之间体现的是外来剧种与本土剧种的关系;那么,本土剧种最值得重视的便是"国剧"与地方戏剧的关系。论及当今"国剧",京剧艺术当之无愧。这不仅是因为自近200年来,它取代"百戏之师"昆剧而发生着全国性的影响;而且因为它发展了昆剧的"戏剧范型"而成为在世界上独树一帜的戏剧表演体系。当然,将首批列入"世界口述与非物质遗产"的昆剧也视为"国剧"(或"国剧之师"),人们也不会有太大疑义。要讨论"国剧"与地方戏剧的关系,这需稍稍分析一下地方戏剧的存在状况：其一，就较大的"地方"概念而言，大部分"地方"都存在两类不同的"地方戏"，我称为"主干戏"和"草根戏"——前者如汉剧、赣剧、湘剧、桂剧、滇剧等，后者如楚剧、采茶戏、花鼓戏、彩调、花灯戏等。就目前状况而言，前者已经受到京、昆戏剧范型的深刻影响。其二，"地方戏"的"地方"区域有大有小，区域较大者是具有全国影响的"地方戏"，较小者通常只具有"地方"影响（当然也不排除某剧种以某出戏成功而扬名全国）——前者如秦腔、评剧、豫剧、黄梅戏、越剧、川剧、粤剧等，后者仅浙江一地便有宁波的甬剧、金华的婺剧、绍兴的绍剧、温州的瓯剧等。关于"国剧"与地方戏剧的关系，我以为要强化"剧目移植"的观念。首先，多年来我们的戏曲创作，原创的或改编的为数不少，但质高意新的为数不多；与其量多而质次，不如为质高者造量——将优秀剧目通过"移植"方式传播开去。其次，"剧目植移"在"国剧"和地方戏剧之间是双向的；这一方面有助于"国剧"从众多的地方戏剧中汲取更多的滋养（不只是"文本"的、更是表演的）而保持或焕发"青春"，另一方面也有助于地方戏剧通过广采博纳而"壮硕"起来。第三，与"国剧"相比较，地方戏剧（特别是"草根戏"）似乎更充溢着生命的活力。许多地方戏剧借鉴当代音乐剧的构剧理念，为新的时代创造着"演故事"的新歌舞，使其"文化身份"超越地域性而日见国际性。这一现象将至少产生两个方面的积极意义：一是敦促"国剧"的推陈出新且更新换代，二是在其基础上产生新的民族歌舞剧或民族歌剧也未尝可知。

7. 教育意义与娱乐效果的关系。这里涉及的是舞台演艺社会作用的问题。其实，它也关涉到大众如何追随艺术家而艺术家如何扮演社会角色的问题。自有周一代制礼作乐以来，

"乐"就不仅与情、而且与礼有了不可分割的联系。这里的"情"直指人之情欲,"欲"作为不能或尚未被现实满足的某种愿望,就需要"娱"来对其加以精神的抚慰。如屈原就主张通过"五音繁会"、"声色娱人"来"舒忧娱哀"、"抚情效志"。儒家的主张与之有别,认为"乐"应当"发乎情而止乎礼义",其作用主要不是"娱人"而是"育人",是将人之情欲导入社会之情理,是一种"以礼节欲"的教育方式。对于包括舞台剧在内的文艺作品,多年来我们都提倡"寓教于乐"的做法。但事实上,做到这一点并不容易。舞台演艺创作尤其不易。与文学、美术等个体性较强的艺术样式相对,舞台演艺的生产似乎更具有当代工业生产的意味——是一种在生产计划规范下的个性创造。这使得它往往与主流意识形态保持紧密的联系。当我们强调文艺作品的意识形态属性之时,舞台演艺的教育意义就得到凸显,有时甚至来不及对其进行艺术修饰而形成赤裸的"说教";近一个时期以来,文学艺术作品的文化娱乐属性被关注(因为这是实现其商品价值和经济效益的前提),"说教"被"搞笑"所取代——历史题材电视剧中"戏说"成风的风源便在于此;在一些小型娱乐场所的文艺演出中,"搞笑"的方式已不满足于"戏说历史",甚至以"调侃政治"来追求娱乐效果。从形象干瘪的"说教"到调侃政治的"搞笑",许多文艺创作在处理教育意义与娱乐效果的关系上,从一极走向了另一极。在文艺作品的鉴赏中,由于观众与创作表演者直面相向的"在场性",舞台演艺可能更为重视娱乐效果的追求,并且这种追求在很多情况下体现为表演者与观众的互动过程。事实上,我们的表演艺术家就是在这一过程中成为"公众人物"的(或是"青春偶像"或是"大众情人"等等)。舞台剧妥善处理好教育意义与娱乐效果的关系,即使没有什么特别的行政条例来要求,我以为也应成为我们艺术家的内在要求，应成为我们这一职业的"道德律"。

8. 艺术规律与市场规律的关系。对舞台演艺娱乐效果的强调，其实就是从市场需求出发产生的艺术要求。当我们说舞台演艺的创作既要遵循艺术规律又要遵循市场规律之时，我们显然是把这两个规律视为有所抵牾甚至根本对立的东西。其实，从市场的视角来看，"艺术"区别为不同的艺术——有关注市场需求的艺术也有漠视市场需求的艺术，有迎合市场需求的艺术也有挑战市场需求的艺术，有顺应高雅市场需求的艺术也有取悦低俗市场需求的艺术……因此，讨论舞台演艺创作艺术规律与市场规律的关系有一个很重要的前提，即我们要创作的舞台演艺作品是一种需要投放市场、并期待着在市场营销中产生经济效益的"艺术商品"。我们不与纯粹的贡品、奖品生产来探讨二者间的关系。按照马克思主义的原理，商品的价值是商品生产所需求的劳动量来决定的；艺术产品的生产是复杂的精神劳动（舞台剧的生产也包括高技术含量的体力劳动），它的价值含量不仅取决于精神劳动的量，更取决于它的品质，取决于高技术含量的体力劳动对高品质内含的精神世界的有效呈现。但事实上，价值与价格在市场运行中并不是统一的。许多情况下，是供需关系决定着价格涨落。对于舞台演艺这种"即时性消费"的商品更是如此。我总在想，满足不同的社会需求的艺术生产都遵循着同样的艺术规律吗？难道有一种割裂艺术与社会的联系而自足于自身的艺术规律吗？艺术规律难道不是在生产社会所需求的艺术品的过程中产生并随着这一过程的调节而不断完善的吗？实际上，所谓"艺术规律"所置身的"市场规律"也并非全然一致的。南宋以降，我国在小农经济"农贸市场"背景下逐步形成的戏曲艺术，之所以有别于西方在近代工业"资本市场"背景下出现的音乐剧艺术，不能说没有"农贸市场"和"资本市场"不同"市场规律"的影响。

指出这一点,并非要否认"艺术规律"作为精神产品生产的特殊性之所在;而是说在一个无处不在的"经济社会"中,除非为着"非经济"的目的而生产,"艺术规律"从根本上并不能隔绝"市场规律"的影响。

9. 艺术院团与艺术生产的关系。我们已经指出过,舞台演艺的生产不同于文学、美术等艺术品种的"个体化"的生产;舞台演艺作品从其问世之日,便决定了其最终产品的呈现是"团体化"生产的产物。从事舞台演艺的团体,就其历史存在方式来看,主要是"国有"和"家有"两种基本形态。"国有"团体的存在,基于两个条件,一是有钱二是有用,当然首先是"有用":周代用于"祭享"和"习礼",汉代用于"娱情"和"行乐",唐代用于"迎宾"和"扬威"……北宋以降,国库银根吃紧,尽遣宫廷舞队,一路去军营扎寨,号称"左右军";一路到勾栏谋生,自谓"路歧人"。如果说,"左右军"吃军饷、是"国有"的另一种存在方式;"路歧人"则是以家或家族而"抱团"的"家有"团体,也不排除另一种"家有"方式存在——即某些有"闲情雅兴"的达官贵人蓄养"家伎"或组成"家班",这是从白居易、苏东坡、汤显祖直至李笠翁都有过的"雅兴"。事实上,昆曲在近世曾有过的辉煌,就与"两淮盐务"蓄养的"家班"分不开。指出这一点,是为了说明我国自北宋以降的表演艺术生产,主要是在一种"家有"团体中进行。这种"体制"(如果也算一种"体制"的话)强化了演艺职业的家族特征,在"子承父业"的同时,也决定了"子袭宗派"的表演风格。就某种意义而言,中国演剧的传统范型,不仅是多种"地方"风格的集成,亦是多个"宗族"流派的汇聚。从这一视角来看舞台演艺生产过程中所体现的"艺术规律",是如有的戏剧理论家所指出的——这是舞台演艺"发展程序内在化"的结果。将"发展程序内在化"

的结果视为"艺术规律",一方面包含着数代艺术家对"艺术把握方式"的经验积累,另一方面也包含着通过强调行业特性以建立行业壁垒、实施行业保护的色彩。在新中国建国初期的社会主义改造过程中,许多以"家族"或以"宗派"组成的演剧团体被"国有化",这一进程在当时被认为是"改造了封建把头制"的演剧团体。当前,在深化艺术表演团体体制改革的时代进程中,我们不能不首先思考艺术院团与艺术生产的关系;更彻底一些地说,我们应为舞台演艺生产建构怎样的"生产关系"?从理论上说,生产关系要有助于生产力的进步与发展,我们当下所力求深化的艺术表演团体的体制改革,也是为艺术品这种特殊的精神产品的生产寻求一种更合理、更有效的"生产关系"。应当说,在深化艺术表演团体体制改革的进程中,我们的大多数团体都从变革艺术产品生产的观念入手加入了改革大潮:他们认识到应当生产可以营销并最好是得到畅销的艺术品,他们认识到在大多数情况下没有经济效益的产品也谈不上社会效益,他们还认识到在演出市场的拓展上要尽快实现由"圈养"到"放养"的转变……但平心而论,为着使我们的艺术生产实现良性循环和不断进步,我们还应为深化艺术表演团体的体制改革创造更好的社会条件——包括精神产品生产者的社会保障体系、精神产品"非赢利性"生产的税费减免制度、精神产品生产单位的历史负担化解以及精神产品造福社会的国家补贴政策等等。

10. 市场拓展与精神坚守的关系。我们舞台演艺创作正在努力地拓展演出市场,这是一个近年来随处可见的事实。随着演出市场的拓展,舞台演艺创作领域出现了两个值得关注的结果:一个结果是出现了非生产单位进行生产投资的现象,这主要是既往的演出中介公司和热门的旅游服务公司;另一个结果是出现了舞台演艺本体淡化、弱化乃至异化的现象,这主要是对娱乐休闲效果的强调而淡化了教育意义、弱化了艺术精神并从而异化为眩目、幻听、搞笑、煽情、松心、怠神的演出。我在许多旅游佳境，看到过这类服务于观光者的演出。我在想，这可能是我们在号召发展文化产业以来，舞台表演艺术寻觅到的有效市场。舞台表演艺术的这种市场拓展，固然改革了观光者"白天看庙，晚上睡觉"的旧习；但在服务观光者的同时，我们演艺事实上成了旅游市场的有机构成，并为此加速了自身"娱乐化"的进程。在一定时期的一定历史条件下，把艺术生产视为文化产业的一个组成部分，对于艺术生产稍稍摆脱"内在化"的发展程序从而回归"三贴近"的创作取向，无疑是十分必要也十分有益的。但包括舞台演艺作品在内的艺术创作，作为民族精神的时代花朵，也作为可以观照的民族精神，其实并不能与作为"精神休闲"的娱乐活动混为一谈。更何况，还有许多作为民族文化遗产的艺术样式需要我们去坚持与守望。在这方面，我们可以提请艺术家们保持清醒的认识以坚守历史的使命，但我们不能苛求于斯。我认为，在扶持国家水准、民族特色的艺术生产及其基地建设上，在保护世界独有、民族遗存的艺术样式及其生态营造上，政府应有更大的、更实的、更有力度也更有针对性的作为：我们应打造一批舞台剧创作的生产基地，分门别类，创新创精；我们也应营建一批"地方戏"保护的生态区域，理气固本，传艺传神。不错，艺术需要市场，市场也需要艺术；一个健康的、健全的市场更需要铸造民族精魂、提升民族境界的艺术，需要点燃国民精神火花、驱逐国民思维雾障的艺术。这便是我们不可懈怠更不可放弃的"精神坚守"，是对艺术的人生境界和人文情怀的坚持和守望。

为着实践"和谐社会构建"的先进理念，促进舞台演艺创作的进一步繁荣和可持续发展，我们论及了舞台演艺创作的"十大关系"。正确处理并合理协调这十大关系，对于构建和谐社会进程中的舞台剧创作，我以为是十分有益的。让我们积极投身到构建社会主义和谐社会的伟大事业中去，为社会主义舞台演艺创作的进一步繁荣和可持续发展而奋发作为。

科技和教育，
文化建设的基石

文化部教育科技司司长　韩永进

"工欲善其事，必先利其器。"文化事业的发展繁荣，同其他任何事业一样，不仅需要聚精会神苦练内功，还须创造各种基础条件。艺术科学与艺术教育，既是文化工作的有机组成部分，同时也是文化繁荣发展的重要基础。如果把文化事业比作一棵参天大树，那么科技和教育工作，便是这大树脚下的泥土。近年来，党中央、国务院高度重视科教工作，并对科教工作做出了一系列战略部署，这是我们从事文化科教工作的根本指导思想。文化部党组十分关心和支持文化科教工作的发展，做出了一系列具体指示，为文化科教工作指明了方向。在部党组的正确领导下，广大文化科教战线的同志，不务虚名，埋头苦干，文化科技教育工作局面日新。

一、科学技术：文化腾飞的翅膀

科技为文艺插上腾飞翅膀。科学技术是认识世界、改造世界的工具，文艺是滋润人类心灵的雨露，但两者却有着密不可分的关系。人类文化艺术的创新与发展，从来就是与科技发展相互促进、结伴而行的。科技的发展推动了新的艺术门类的产生、新的文化业态的出现，为艺术家的想象及其艺术生产提供了更加广阔的天地、更加无限的可能。从绵延数千年的艺术发展史可以看到，有了制陶术，才有了陶器艺术；有了青铜冶炼技术，才有了青铜艺术；有了瓷器烧制技术，才有瓷器艺术；有了摄影机，才有了电影艺术；有了电脑，才有了电脑音乐、电脑美术；有了网络，才有了网络艺术，才有了艺术在网络上的相遇与聚合。正因如此，集科学家和艺术家于一身的达·芬奇曾说："艺术借助科技的翅膀才能高飞。"我国著名科学家钱学森先生也不遗余力地推动艺术与科学的对话。

科技还铺就了文化艺术传播的快车道，使得文化艺术产品走近公众的速度前所未有地快捷，深入公众的程度前所未有地广泛。数千年来，茶馆楼肆、戏台厅堂的演出，面对的只是数十上百的观众，而借助于电子媒介的各类"空中剧院"，影响的却是数以万计的人们。以往，公众看戏听曲，只能"听"不能"说"，如今，借助于网络技术，他们能够很方便地实现与艺术家的双向互动。这一切，对于文化艺术的传播，都是一个革命性的变化。文化科技的发展正在深刻地改变着文化生态，改变着人们的生活状态。艺术与科技更加紧密地交融，已经成为未来艺术发展的必然趋势。

文化领域的科技工作，与一般科技工作相比，既有共性，又有其特殊之处。文化科技有两个主要特点：第一个特点是它的基础性。科技在文化艺术工作中，永远是为中心工作打基础的。科技创新促进文化创新，却不能代替文化创新本身。永远不要试图以灯光的绚丽、特技的高超和装饰的豪华来掩饰作品思想的肤浅、艺术的贫乏。我们一方面不能低估科技的作用，否则就会脱离时代，远离生活，束缚艺术创造的手脚；另一方面也不能片面强调科技对于艺术的重要作用，以至于喧宾夺主，将艺术引向歧途。第二个特点是它的集成性。文化领域的科技工作不以原创技术为主，它强调科学思维在文化工作中的运用，强调文化艺术与现有技术的"集成与融合"，强调要应用其他领域的成熟技术为艺术创作提供新的条件。换句话说，文化领域的科技创新追求的目标不是基础的原创的科研成果、技术发明，而是将其他领域的技术成果，比如电子技术、数字技术、化学技术、光学技术、机械技术等，应用到文化建设中来，增强文化发展活力，提升文化生产、文化消费的结构和水平。

当前，文化部开展文化科技工作的主要任务就是以文化创新工程为核心，致力于促进文化创新体系的建设。文化部于2006年启动了以科技创新为核心的"文化创新工程"。"文化创新工程"由文化创新项目扶持工程、文化创新理论研究工程、标准化建设工程、乐器改革工程、文化信息化建设工程、剧场改造工程、文化创新人才建设工程、文化创新基地建设工程等子工程构成。目前正按照党组"认真论证，突出重点，科学策划，积极协调"的指示要求，积极稳妥地开展各项工作。文化创新正成为越来越多的文化艺术工作者的自觉选择。

首先，在文化艺术领域大力倡导科学思想、弘扬科学精神、积极引用现代科学技术，推动文化创新。创新是时代的主题，是文化的本质特征。随着经济社会的不断发展，人民群众的精神文化需求呈现出多层次、多方面、多样性的特点，审美情趣、欣赏习惯、评价标准等与过去相比有了很大的不同。社会文化生活的新特点和人民群众的新期待，迫切要求文化艺术工作在思想观念、体制机制、内容形式、传播手段等各个方面进行创新。为了推动文化创新，鼓励和调动广大文化工作者用科学理论、科学方法和科学技术为文化建设服务，在部党组的领导和广大文化工作者的呼吁、支持下，文化部于2004年设立了"文化部创新奖"。"文化部创新奖"每三年一评，每届奖励项目总数不超过15项,其中特等奖项目不超过2项。奖项设立以来,已经完成了两届评选工作,共有185个项目参与申报,涵盖了艺术生产、公共服务、文化产业、文化科技等多个领域。其中,"苏州市昆曲遗产保护、继承、弘扬工程"、"广东公共文化服务体系建设"等28个项目获奖。为了更加深入地探讨如何推动文化创新,交流各地的有益经验,配合创新奖的颁奖,文化部还在武汉举办了两届文化创新论坛,并编辑出版了《文化创新年度报告》。

其次,贯彻落实科学发展观的要求,以标准工作为切入点,大力推进文化领域的基础建设。文化领域的标准化是促进文化艺术与现代科技紧密结合、推动文化创新的重要技术保障,是繁荣文化事业和发展文化产业的重要基础性工作。文化领域的标准工作涉及文化领域安全、环保、质量、工艺、功能、技术、资质、消费者权益保护等多个环节,涵盖了图书馆、博物馆、文化馆、美术馆、演出场所、网络文化、动漫游戏、工艺美术等各个领域。"十五"期间,文化领域的标准化工作取得了很大的进展,对文化事业、文化产业的发展起到了积极作用。但随着文化建设的迅猛发展,文化标准数量少、水平低、适用性较差、缺乏统一规划等问题日益凸现。加快标准化工作已成为今后一段时期一项十分紧迫的任务。为此,我们实施了标准化建设工程。其中,于2007年制定并下发的《文化标准化中长期发展规划(2007—2020)》是我国文化领域颁布的第一个标准化发展规划。《规划》指明了文化领域标准工作的指导思想和基本原则,并就主要任务和目标进行了部署,对相应保障措施做出了安排。《规划》提出,要在2010年之前,初步建立起文化领域标准体系,开展文化领域标准化理论研究,完成部分安全标准、基础标准和行业急需标准的制订。在2020年之前,建立起较为完善的标准体系,取得一批文化领域标准化理论研究重大成果，完成主要标准的制订工作，使文化领域标准化建设走向规范有序健康发展的道路。

在颁布规划的同时，我们加强了标准化工作的组织建设，组建了"全国剧场标准化技术委员会"、"全国剧场标准化技术委员会舞台机械分会"、"全国网络文化服务标准化技术委员会"、"全国图书馆标准化技术委员会"、"全国文化艺术资源标准化技术委员会"、"全国文化馆标准化技术委员会"、"全国文化娱乐场所标准化技术委员会"、"全国艺术考级标准化技术委员会"等8个全国专业标准化技术委员会，同时积极筹建"全国美术馆标准化技术委员会"和"全国动漫游戏标准化技术委员会"。《规划》的颁布、组织建设的加强，有力地推动了文化领域的标准化工作。近年来，我们加快了涉及公共文化服务体系建设、公共文化安全等领域的各类标准的制订，完成并颁布了《古籍修复技术规范与质量要求》、《古籍定级标准》、《古籍普查规范》、《卡拉OK内容管理服务系统技术标准》、《舞台灯光设计常用术语》、《流动舞台车车载装置通用技术条件》等多项文化领域的急需标准，同时还有《临时搭建舞台安全标准》、《社会艺术水平考级服务标准》等多项标准正在制定过程中，有力支持推动了相关领域的工作。

其三，适应科技管理体制改革和文化体制改革的大形势，努力做好服务工作。"十五"期间，随着计划经济向市场经济的逐步转型以及科技管理体制改革、文化体制改革的不断深化，文化领域的科技工作面临着新的形势。"建设服务型政府"的提出，要求我们在以往的基础上，更加自觉、更加主动地根据形势的发展进一步做好服务工作。为了适应文化事业发展的需要，充分发挥文化行业专家的作用，推动文化工作又好又快发展，我们筹建了《文化行业专家资源库》。入库专家将参与政府组织的评审、评奖活动，为政府决策提供咨询，并开展有关社会服务。目前，第一批文化科技类专家的入库工作已经完成，资源库已进入了试运行阶段。另外，我们努力做好文化部部级课题的评审立项工作，并加大了乐器改革的力度；顺应着信息化、数字化、网络化的大趋势，积极采取措施，推动文化信息化工作的发展。

二、艺术科学：探索文艺的内在规律

文化艺术事业离不开理论的指导。哲人们常说："没有理论的实践是盲目的实践。"如果将文化艺术事业比作大海中航行的一艘巨轮的话，那么艺术科学就是这巨轮上的指南针。党的十七大报告强调，"思想理论建设是党的根本建设，党的理论创新引领各方面创新。""大力推进理论创新，不断赋予当代中国马克思主义鲜明的实践特色、民族特色、时代特色。推进马克思主义理论研究和建设工程，深入回答重大理论和实际问题，培养造就一批马克思主义理论家特别是中青年理论家。"这些论断，体现了党对理论创新的高度重视。中国特色社会主义文艺理论是中国特色社会主义理论体系的重要组成部分，同样面临着历史性的重任。在市场经济条件下发展社会主义先进文化，需要我们立足于改革开放和现代化建设的实际，探索和实现社会主义先进文化与社会主义市场经济的结合，探索把坚持社会主义基本制度同发展市场经济结合起来，把发展社会生产力和提高全民族文明素质结合起来。如何从社会主义初级阶段的实际出发，大力弘扬和培育民族精神，建设社会主义精神文明，建立与发展社会主义市场经济相适应的社会主义思想道德体系，更好地把全国各族人民的意志和力量凝聚起来，万众一心为实现全面建设小康社会的宏伟目标而奋斗，是广大艺术科研工作者必须下大力认真解决的重大课题。

文化部教育科技司还承担着"全国艺术科学规划领导小组"办公室的工作，我们在指导艺术科学工作中，特别强调围绕文化艺术实践，进行战略性研究和现实针对性的研究，强调艺术科学为文化建设服务。

　　改革开放以来，特别是党的十六大以来我国的艺术科学工作始终坚持马克思主义的指导地位，以邓小平理论和"三个代表"重要思想为指导，贯彻和落实科学发展观，各个领域都取得了显著成绩。

　　一是围绕着文化建设的中心工作，加强了重大战略性问题的研究。为加强邓小平文艺思想研究，2004 年，文化部、光明日报社联合举办了"邓小平文艺思想与中国特色社会主义文化建设"征文活动，并召开了"纪念邓小平同志诞辰 100 周年——邓小平文艺思想研讨会"，编辑出版了《邓小平文艺思想研究论集》。2006 年，针对当代中国文艺发展、社会主义先进文化建设亟需解决的重大战略性问题，文化部教育科技司和全国艺术科学规划领导小组办公室以特别委托课题的形式设立了"中国文化发展战略研究课题"。此课题由文化部副部长赵维绥同志担任总负责人，集合艺术科学各领域资深专家展开研究，目前已经取得了初步的成果，为当代中国的文化建设提供了有力的理论支撑。2008 年，我们还依托于中国艺术研究院的雄厚研究力量，设立了"中国特色社会主义文化理论研究"委托课题。

　　二是加强了现实针对性问题的研究。全国艺术科学规划领导小组办公室所制定的"九五""十五""十一五"规划及历年课题指南都把对我国社会主义文化艺术建设具有重大实践意义和理论意义的课题作为重点研究内容，并设立了"当代中国文化体制改革研究"、"文艺创新的理论与实践研究"、"文化大发展大繁荣与社会主义核心价值体系建设研究"、"社会主义新农村文化建设问题研究"、"公共文化服务体系研究"等研究方向与选题。批准立项的《全国戏曲剧种、剧团现状调查》、《公共文化机构评估系统和绩效考评机制研究》、《艺术表演团体多元化运作模式研究》、《我国公众闲暇时间文化精神生活状况的调查与研究》、《文学艺术著作权保护制度研究》、《旧城区建设改造与文化环境建设的实证研究》等等项目俱受到广泛关注,产生了积极的影响,为有关部门的科学决策提供了参考性依据。

三是加强了基础资源的整理工作。其中最引人瞩目的是基本完成了被誉为"文化长城"的"十部集成"的编撰和出版工作。1979年,文化部、国家民委会同中国音乐家协会等启动了"十部文艺集成志书"的编纂工作。在有关方面的号召和组织下,全国30多个省、市、自治区动员组织了10万多文化艺术工作者深入到田间地头、乡村城镇,对民族民间文化资源进行全面、系统的挖掘、收集和整理。自1982年起,全国艺术科学规划领导小组、全国哲学社会科学规划领导小组先后将"十部文艺集成志书"纳入国家哲学社会科学研究规划。"十部文艺集成志书"包括《中国民间歌曲集成》、《中国民族民间器乐曲集成》、《中国戏曲音乐集成》、《中国曲艺音乐集成》、《中国民族民间舞蹈集成》、《中国戏曲志》、《中国民间故事集成》、《中国歌谣集成》、《中国谚语集成》、《中国曲艺志》。每部丛书按当时行政区划、分省(直辖市、自治区)立卷。全国30个省(直辖市、自治区)共计298卷(包括上、下册),约450册、5亿字。截止2004年12月,十部文艺集成志书298卷书稿全部完成,并且多数书稿已经出版。在工作即将告一段落之际,编委会又旋即开始了"后集成时期"的工作,利用数字技术,开展所收集民族民间文艺资源的数字化保护工作,建设相关的数据库。另一方面,作为延伸项目,艺术科研工作者还开展了改革开放以来民族民间文艺资源现状的调查和研究工作。十部文艺集成志书将于2009年全部出版，作为我国改革开放30年的重要成果，向新中国60周年献礼。此项工作，其规模之大、动员人数之多、范围之广、普查程度之深，在中国历史上从来没有过，其他国家也从来没有过。

当前，我们的艺术科学工作正迎来历史上的最好时期。在探索社会主义先进文化与社会主义市场经济相结合的伟大实践中，新的文化业态不断出现，新的文化问题层出不穷，整个民族的文化生态不断发生深刻调整，这些给广大的艺术科学工作者提出了难以计数的重大课题，也为我们发挥自身才能提供了广阔的天地。同时，党和政府对艺术科学工作更为重视，更加关心。自2007年起，国家社科基金艺术学项目的评审由两年一次调整为一年一评，且各类项目的资助力度也有了提高。艺术科学工作者的工作条件有了改善。伟大的时代，要求广大艺术科学工作者投身于创新中国特色社会主义文艺理论体系的努力之中，为文化的大发展大繁荣做出无愧于这个时代的贡献。艺术科学工作者必须始终坚持马克思主义的指导地位，花大力气研究和发展马克思主义文艺理论，加强与文化建设紧密结合的现实性针对性研究，坚持以辩证唯物主义和历史唯物主义的立场、观点和方法来解决文化建设中的实际问题，应该更加自觉、更加主动地服务于文化建设的现实需要。

三、艺术教育：文化繁荣的人才保障

人是文化艺术工作中的核心要素。没有优秀的艺术人才，文化艺术事业的发展便成了无源之水，无本之木。1979年，小平同志在第四次文代会的《祝词》中说："必须十分重视文艺人才的培养。在一个九亿多人口的大国里，杰出的文艺家实在太少了。这种状况与我们的时代很不相称。我们不仅要从思想上,而且要从工作制度上创造有利于杰出人才涌现和成长的必要条件。"多年来,文化部始终坚持立足本行业,放眼全社会,从实际出发,努力培养造就一支高素质、结构合理的文化人才队伍。

探索中国特色的艺术教育之路。推动并落实与原部属高等艺术院校的共建工作。高等艺术院校管理体制调整以后,根据文化事业、艺术教育事业发展的需要,2004年文化部与教育部签订了协议,共建中央音乐学院、中央戏剧学院和中央美术学院3所原文化部直属院校,形成了与教育部和地方共建原文化部直属艺术院校的格局。近年来,我们不断拓展共建新领域,探索共建新方法。为了帮助协调解决艺术院校本科教学工作水平评估中遇到的共性问题,受教育部委托,我们在上海召开了"高等艺术院校共建工作——本科评估指标补充说明研究会议",专题研究艺术、体育类院校评估指标补充说明。会议形成了《普通高等学校本科教学评估方案》的补充意见,取得了良好的效果。与有关司局共同召开"文化部院团长与高等艺术院校长座谈会",讨论研究了文化部直属院团与高等艺术院校如何在人才培养、艺术创作、教育科研等方面进一步加强合作的问题。另外,还积极推动了艺术硕士专业学位在我国的设置。并与中国戏曲学院合作,圆满完成了四届"中国青年优秀京剧演员研究生班"的招生等相关工作。这些努力,推动了高等艺术院校的良性健康发展,为培养高层次艺术人才创造了条件。

近年来,在文化事业、文化产业快速发展以及国家大力推动职业教育发展的背景下,我国的艺术职业教育取得了跨越式的发展。目前,全国有高等艺术职业院校18所,中等艺术职业院校100多所。为了推动艺术职业教育的良性发展,为文化大发展大繁荣提供人才保障，教育科技司确立了以艺术职业教育为龙头，全面推进艺术教育工作的总体思路。我们关注并支持艺术职业院校积极参与艺术创作实践，如山西的《一把酸枣》、湖北的《家住长江边》、湖南的《同一个月亮》等等，及时总结相关经验，引导艺术职业院校走一条"一手抓人才培养，一手抓精品生产，努力办学特色，办出水平"的中国特色艺术职业教育办学之路，探索形成中国特色艺术职业教育理论体系。我们在原中国中等艺术教育学会的基础上，成立了中国艺术职业教育学会，发挥行业协会的作用，推动艺术职业教育的发展。另外，还加强了艺术职业教育的基础建设，启动了《艺术教育大系》（高职卷）的编写工作，进一步完善艺术职业教育课程设置工作和教材建设工作，并大力推动艺术职业院校的就业工作。近年来，我们举办了民族器乐比赛、小提琴演奏比赛、桃李杯舞蹈比赛等各种层次和艺术门类的比赛，为艺术院校开展交流搭建平台。这些比赛已由一般院校奖升格成为中国政府奖——文华艺术院校奖，成为艺术教育领域的独特品牌，极大地推动了艺术教育的发展。

以社会艺术水平考级活动提升国民素质，优化文化生态。自上个世纪80年代以来，社会艺术水平考级活动迅速得到了广大群众的认同，取得了长足的发展。考级机构不断涌现，目前全国有跨省考级机构12家，省级考级机构70余家，每年参加艺术考级的考生达到了100多万。社会艺术水平考级，作为艺术普及教育的一种形式，对于提升国民素质、传承与弘扬优秀民族艺术、弘扬民族精神、树立社会主义荣辱观以及优化文化艺术生态等等，具有重要作用。艺术考级工作情况复杂，涉及面广，社会影响大，加强艺术考级工作的管理，对于维护考生利益、保障考级工作的良性发展、构建社会主义和谐社会具有重要意义。

为了做好艺术考级管理工作，结合考级工作的现状，我们加强了法制建设，根据实践的发展和《行政许可法》的要求，重新修订了《社会艺术水平考级管理办法》，形成了文化部31号令并颁布实施。为了提升考级管理法规的法律效率，在全国人大代表和政协委员的呼吁下，我们还拟定了《考级管理条例》，目前正同有关部门进行协商。加强了组织建设，调整了"全国社会艺术水平考级管理领导小组"，组成了"第二届全国社会艺术水平考级工作专家指导委员会"，并积极探讨组建"全国考级管理中心"。加强了日常管理，召开了考官资格评审会、跨省考级机构工作会议，认真部署各项工作，加大了对考级工作的日常管理力度。开拓了新的领域，为了利用考级来弘扬优秀民族传统文化，推动建设社会主义核心价值理念体系，今年，我们将开展新增加强中华优秀文化传统教育的戏曲（越剧、京剧）专业试点工作。在广大人民群众文化需求不断增长、素质教育日益受到重视的背景下，随着考级制度的不断完善，考级管理力度的不断加强，社会艺术水平考级活动必将受到越来越多的人们的认可，必将为国民素质的提升、和谐社会的构建起到巨大的推动作用。

科学和教育，为文化的发展起到了巨大的推动作用，反过来，文化艺术所显现出的强烈的人文精神，也为科学教育事业的发展提供了巨大的精神力量。胡锦涛总书记在党的十七大报告中指出："在时代的高起点上推动文化内容形式、体制机制、传播手段创新，解放和发展文化生产力，是繁荣文化的必由之路。"显示了党中央的高瞻远瞩。广大文化艺术工作者，特别是文化科教工作者，要深刻领会十七大报告精神，自觉"运用高新技术创新文化生产方式，培育新的文化业态，加快构建传输快捷、覆盖广泛的文化传播体系。"为社会主义文化的大发展大繁荣做出贡献。

以文化市场的繁荣发展
推动文化的繁荣发展

文化部文化市场司司长　刘玉珠

30年前,在改革开放的春雷中,文化市场悄然萌生,30年来,文化市场不断壮大成熟。文化市场的诞生打破了对社会主义文化存在方式的片面认识,深化了我们对社会主义文化建设和发展规律的认识,激发了文化创新的活力,扩大了文化的影响力,开辟了人民文化生活的新空间和先进文化建设的新阵地。30年来,文化市场从无到有,从小到大,不断拓展着新的发展空间和市场领域,生动展示着市场经济与文化相结合后所特有的活力和魅力。而在这一过程中,文化市场管理工作也在从无到有,不断进步,以文化市场管理工作推动文化市场的繁荣发展,以文化市场的繁荣发展推动文化的繁荣发展。

一、伴随改革开放的伟大历程,
　　文化市场不断发展壮大

(一) 改革开放以来文化市场发展的基本情况

经过30年的发展,目前我国文化市场已经形成了娱乐、演出、音像、艺术品、网络文化、动漫、游戏、电影、电视、出版等行业门类齐全的市场格局;形成了公有、民营、外资、个体等多种经济成分共同发展的经济格局。据统计，2006年全国由文化行政部门管理的文化市场经营单位共有32.1万家，从业人员138.6万人，主营业务收入638.5亿元，年上缴各类税金98.5亿元，创造增加值446.8亿元。文化市场已经成为人民群众文化生活不可或缺的重要组成部分。

我国文化产品的市场供应日趋丰富多彩，初步满足了人民快速增长的文化消费需求；文化企业的营业额、利税额大幅增长，为促进我国经济发展和经济结构调整做出了贡献；文化企业的数量、规模、从业人员不断增加，对扩大就业、维护社会稳定、促进社会和谐发挥了积极作用；文化产品的传播渠道日趋多样，市场结构渐趋合理、对外贸易逐年增长，为解放和发展文化生产力，扩大中华文化国际影响力做出了贡献。以世界眼光来看，我国的文化市场发展水平与其他发展中国家相比也不逊色，在某些行业、某些领域甚至可以和发达国家相媲美。

（二）文化市场与文化市场工作在文化工作全局中的战略地位日益凸显

文化市场是满足人民群众文化生活、保障人民文化权益的重要领域，做好文化市场工作是实现好、发展好、维护好最广大人民群众文化权益的必然要求和迫切需要。文化大发展大繁荣离不开两大支柱——公共文化服务体系和现代文化市场体系。人民群众的文化权益要在满足最基本要求的基础上，实现更高水平的发展，就必须依靠文化市场，通过在文化市场中自主选择购买文化产品、享受文化服务来实现。只有繁荣和发展文化市场，才能最大程度地调动人民群众参与文化建设的积极性、主动性、创造性，使人民群众在"文化享有"上各得所需，在"文化创造"上各尽所能。

解放和发展文化生产力，是繁荣文化的必由之路。繁荣和发展文化市场是解放和发展文化生产力、推进文化创新、增强文化发展活力的必然要求。文化市场是人民文化生活的重要空间和文化传播的重要渠道,必然成为文化大发展大繁荣的重要方面。同时,文化市场的发展和繁荣是文化大发展大繁荣成果的重要体现,也是检验文化大发展大繁荣的重要标志。

文化市场工作是确保社会主义核心价值体系主导地位、维护国家文化安全的重要保证。我们正处在一个思想大活跃、观念大碰撞、文化大交融的时代,先进文化与落后文化、健康文化与腐朽文化同时并存。这些现象在文化市场中表现得更为充分。越是改革开放,文化市场工作在文化工作中的总体地位也就越重,责任也更加重大。

二、顺应时代发展要求,不断提高文化市场管理工作水平

伴随着文化市场的发展,文化市场管理工作也更加受到重视,得到加强。特别是近年来,文化市场管理工作更是受到了中央领导同志更多的关心、关注。据统计,2003年以来,文化部每年收到的中央领导同志对文化工作的批示中1/3左右都是关于文化市场工作,而且批示的内容更加具体、要求更加明确。在中央领导同志的亲切关怀和部党组的正确领导下,文化市场管理工作自身也在不断向依法行政、科学管理的更高水平迈进。

(一)明确思路,制定战略,从文化工作的全局出发谋划文化市场工作

思路决定出路,战略决定战术。多年来,尽管文化市场的形势不断变化,社会对文化市场的关注点和关注程度不断变化。但我们始终保持一个清醒的认识,即当前我国文化市场的基本矛盾没有改变,仍然是文化市场发展与人民群众日益增长

的文化生活需求不相适应的矛盾。

改革开放以来,通过文化市场为人民群众提供的文化产品和文化服务,在数量和质量上都有了很大的进步,人民群众的文化生活需求得到了初步满足。2006年我国城乡居民家庭的恩格尔系数与2001年相比,分别下降了2.1和4.7个百分点。恩格尔系数的下降,意味着人民精神文化生活需求的不断增长,意味着人民群众更加关注自身的全面发展,更加关注精神文化生活的丰富和满足。人民精神文化需求日趋旺盛,人们思想活动的独立性、选择性、多变性、差异性明显增强。但当前文化市场对人民群众的文化供给与人民群众的需要相比仍显不足。这种不足既有量的,也有质的,还有供给方式等方面的。文化产品供给的结构性矛盾比较突出,人民群众喜闻乐见而又消费得起的文化产品还不多。电影、演出等市场的高票价虽然有成本提高的原因,但市场的供不应求仍是主要原因。人民群众在文化市场的选择余地还不够大,人们文化生活独立性、选择性、多变性、差异性的需求还未得到充分满足。文化市场的内容建设与建设社会主义先进文化的要求还有差距,原创的、高质量的、高品位的文化产品还不多,低俗化的文化产品还占一定市场。社会主义核心价值体系在文化市场中的地位还需要进一步巩固和提高,文化市场陶冶情操、温润心灵、愉悦身心的作用还需要进一步挖掘和发挥。某些文化市场领域,国外文化产品还占据优势地位,民族文化的主体地位还未充分树立。农村文化市场发展很不平衡,中西部地区农村文化市场还很薄弱,还有几亿农民没有成为文化市场中消费的主体,没有通过市场手段享受到文化。

有了对当前文化市场基本矛盾的判断,我们就紧紧抓住基本矛盾,围绕扩大文化市场的有效供给,满足人民群众日益增长的文化生活需求开展工作,以解决有效供给不足为首要目标，以发展为第一要务，努力建好和管好一个丰富多彩、健康有序、繁荣发展的文化市场，满足和丰富人民群众的文化生活。

2002年，我们坚决贯彻执行中央和部党组关于文化市场的方针政策，立足当前，着眼长远，认清现实，认清自己，颁布了《2003—2010年文化市场发展纲要》。《纲要》总结了20余年来我国文化市场建设和管理的基本经验，合理规划了文化市场发展蓝图，明确了我国文化市场发展的目标和任务，提出了我国文化市场管理的战略和思路。《纲要》的出台，使文化市场工作从不间断的治理整顿逐步转向有计划的市场建设上来。经过多年努力，通过完善市场机制、发挥市场功能促进市场繁荣，通过完善管理机制，规范市场秩序促进产业发展，逐步成为全国文化市场管理队伍的共识，也使文化市场工作摆脱了被动地跟着热点问题走，片面地围着舆论炒作转的局面。

（二）加强制度建设，以制度保障发展

从文化市场管理工作诞生之初，我们就高度重视制度建设。经过十多年的努力，目前，我国已形成了《音像制品管理条例》、《营业性演出管理条例》、《娱乐场所管理条例》、《互联网上网服务营业场所管理条例》等以行政法规为主体，部门规章和行业管理政策相辅助的文化市场法制体系的框架。无论从立法数量还是立法质量来看，文化市场立法都在文化立法中位居前列。通过这些法规、规章和规范性文件，建立了一整套的经营主体许可制度、活动审批制度、进口文化产品内容审查制度等结合的市场准入、退出机制和监管制度体系。

特别是，我们认真贯彻执行党中央、国务院关于行政审批制度改革的部署，及时果断将一些行政审批的职权予以取消或者下放。在国务院近年来公布的三批共27项取消和下放的文化部行政许可项目当中，涉及文化市场审批职能的事项高达

21项，约占总数的80%。改革力度之大，项目之多，可以说远超以前历次改革。《行政许可法》颁布实施后，我们对音像、演出、娱乐、艺术品、网络文化等几个规章及时作出修订，取消和废止了一些与《行政许可法》不符的做法和规定，进一步改进工作方法，提高工作效率，转变政府角色，真正由管理者变为服务者，推动文化市场健康有序发展。可以说，这是一次自我革命。不仅下放了权力，制约了权力，更重要的是强化了服务，强化了责任，强化了社会监督。

（三）强化执法，在落实制度上下大功夫

20年来，我们建立了一个具有战斗力的管理和执法队伍，初步形成了中央、省、市、县四级管理队伍，截止2007年底，全国共有执法机构2802个，在岗执法人员20797名。仅2007年一年，全国文化市场执法机构就出动执法人员491万人次，检查文化市场经营单位436万家次，查办案件7.1万件。

这支队伍以解决人民群众最关心、最直接、最现实的利益问题为重点，先后开展了网吧、音像、电子游戏机等专项治理工作，得到中央领导同志的充分肯定和社会的普遍认同。文化市场中一度为社会普遍关注的网吧接纳未成年人、盗版音像制品问题等得到明显改善，市场秩序大为改观。队伍自身建设不断加强，执法能力、精神面貌有了新的提高。这些，都为文化市场的繁荣发展奠定了坚实的制度基础和组织保证。

（四）更加注重宏观管理，不断提高管理水平

伴随着文化市场的发展，我们注重转变管理方式，突出宏观管理和大局意识，努力建设灵活高效的文化市场宏观调控机制。2000年以来我们有步骤地调整文化市场准入政策，引导资金投向，调整文化市场布局和结构；充分发挥政府的导向作用和宏观调控职能，使文化市场发展更有利于先进文化的发展和传播，努力实现社会效益和经济效益的统一。一方面，大力

扶持文化内容建设，针对群众文化需求的新变化，提高文化产品的原创能力，调整优化文化产品结构，在增加供给量、丰富多样化、解决供给有效性上下功夫。另一方面，畅通供给渠道、优化供给环节、减少供给损耗，让人民群众实实在在、方便高效的通过市场享受文化。

演出市场的高票价问题由来已久，高昂的演出票价抑制了群众欣赏演出的机会，妨碍了群众对文化的享受。我们努力通过降低演出成本、扶持民营文艺表演团体、整顿演出市场秩序、建设演出院线体系制度等措施，抑制偏高票价，使演出这一最传统的文化市场门类更加贴近群众。娱乐市场，我们鼓励经营者采用现代高新技术改进传统娱乐形式，扶持面向大众的文化娱乐项目。艺术品市场，我们用好当代艺术推广资金，以市场机制引导艺术创作和审美消费，增强主流艺术的国际竞争力。网络音乐市场，我们大力扶持民族原创、健康向上的网络音乐产品的创作和传播，拓展民族网络文化的发展空间，抵制低俗之风；网络游戏市场，引导发展益智休闲类游戏，遏制以"练级"、"虚拟财产交易"等为目的的游戏。动漫市场，我们推动动漫产业走民族风格和时代特点相结合的原创之路，打通动漫产业链，增强国产动漫的原创制作能力和衍生产品开发设计能力，构建相互支撑的动漫产业链；建立优秀原创产品的奖励、评选和推广机制，打造为人喜爱的中国动漫形象。

三、在新的历史起点上推进文化市场大发展大繁荣

文化市场是改革开放的产物，伴随着改革开放的伟大历史进程而不断发展壮大。我们深切感受到，今天的文化市场的发展已经走到了一个新的历史起点。完成推动文化大发展大繁荣

的时代重任，迎接新形势对文化市场管理工作的新挑战，我们必须进行"二次学习"，开展"二次创业"。

（一）"二次学习"、"二次创业"是繁荣和发展文化市场的必然要求

随着我国经济、政治、文化和社会建设的全面进步，人民群众对文化市场发展提出了新期望；产业规模初步形成，市场主体和各要素市场有了新进展，文化市场自身的发展对政府工作提出了新要求。文化市场迎来了繁荣发展的新时期，文化市场管理工作也迎来"二次学习"、"二次创业"的新挑战、新机遇和新任务。

文化市场30年间的发展，靠的是解放思想。要实现新世纪、新阶段的科学发展，仍然要靠解放思想。以解放思想破解发展难题，更新发展理念，转变发展方式；以解放思想引领体制机制创新，破除既有的观念、体制、机制对文化发展的束缚。解放思想，勇于从自身做起，敢于从自己已经习惯了的观念、做法改起，打破思维定式和工作惯性。

（二）以法制建设为突破口，转变政府职能，大力破除影响文化市场繁荣发展的政策性障碍

我们要按照"二次创业"的要求，对现行文化市场管理法规进行全面梳理，对那些与文化市场发展实际不相适应的条文予以修订。破除现行诸多条例对文化市场的行业分割和准入限制，大力精简行政审批，调整完善既有行政审批，改革现行较为繁杂的文化经营许可证制度。按照建设服务型政府的要求，以如何让人民群众更加便捷的通过市场享受到文化，如何为文化产业发展创造良好的市场环境为出发点，以服务文化消费者、文化经营者，激发市场活力为目标，逐条分析评估现行法规政策的实施效果，提出保留、修订或废止的意见。对那些阻碍文化市场繁荣、阻碍人民群众享受文化的，哪怕制度本身再

成熟，也坚决调整。

（三）全面建设现代文化市场体系，促进文化市场自身协调发展

完善文化市场财税政策。会同财政部、国家发改委、税务总局和工商总局联合制定文化市场行业指导目录，会同国家统计局、工商总局统一文化经营行业划分标准。落实文化类企业的财税优惠政策，以经济政策为主要手段推动文化市场又好又快发展。研究建立文化市场差别税率体系，发挥税收政策的调节作用，引导文化市场投资，扶持面向大众的文化经营活动。会同财政部进一步研究财政手段支持文化市场发展问题，探索以财政资金扶持弘扬社会主义核心价值观的文化产品占领文化市场主阵地，研究利用财政资金启动中西部地区和农村地区文化市场，探索以财政资金作为引导性资金扶持文化市场中的薄弱领域发展。统筹区域之间、城乡之间、行业之间的文化市场发展。

大力建设文化要素市场。在发展产品市场的同时，大力发展产权、资本、信息、技术、人才等文化要素市场。研究资本、财税、金融、产权交易等经济政策，寓经济政策于文化政策，以经济政策推动文化市场发展。建立完善演出、艺术品、游戏、动漫等文化市场门类的投融资、信贷、资产评估等政策，研究建设文化产权交易市场。借鉴发达国家政府扶持文化企业、文化产品发展的成功模式，推动设立文化市场发展基金，变项目制的财政投入为机制性的财政投入。

加强文化市场中介机构和行业组织建设，提高社会化服务水平。组建文化产品内容审查中心，统一负责对从国外引进演出、卡拉OK节目、网络游戏、网络音乐和动漫等文化产品进行内容审查。成立文化市场行业协会，加强行业自律，提供行业服务，保护行业合法权益。

提高引导市场发展的水平。发挥好表彰奖励、舆论引导、评论对话等"软手段"的作用,引导好市场的价值取向、投资流向和经营方式。

(四)抢占制高点,加强网络、动漫市场建设,拓展文化市场发展新空间

进一步提高对网络文化重要性的认识,遵循网络文化的特点与规律,在建设中加强管理,以管理促进发展。实施先进网络文化建设工程,积极鼓励民族优秀网络文化产品的创造,创新生产机制,让中华民族五千年来优秀的思想文化通过现代传播手段站到网络文化发展的潮头浪尖。以社会主义核心价值观为指导,引导游戏产品的生产、经营和消费,调整网络文化产品结构。重点抓好网络音乐、网络游戏、网络动漫等市场门类,出台《网络游戏运营管理办法》、《关于扶持动漫产业发展的若干意见》,研究制定《动漫企业认定标准》、《动漫基地评估管理办法》,研究制定适合中国国情的网络游戏运营、消费模式和游戏规则。

高度重视互联网和移动通讯高速发展对人们文化娱乐生活带来的变化,注重高新技术与传统文化市场的结合,促进手机彩铃、手机音乐、手机动漫等手机文化业态发展,促进文化与现代科技、旅游产业、体育产业等的结合,推动网络娱乐、旅游演出、文化体育的发展,不断拓展文化市场的"新边疆",建设人们精神文化生活新空间。

(五)推进传统文化市场的转型升级和制度创新

以品牌化、连锁化、规模化为目标,加快推进现有娱乐、演出、网吧等市场的转型升级和结构调整。实施娱乐场所阳光工程,制定阳光金曲、阳光娱乐场所评选办法,倡导"阳光经营"、文明娱乐,推广自助消费的量贩式歌舞娱乐场所,引导歌舞娱乐场所向商业区和旅游区发展,出台《娱乐场所管理服务行业标准》，改善娱乐业行业形象，提升娱乐业产业层次，构建文明娱乐环境。构建合理演出市场供应体系，促进演出市场繁荣发展，努力建设演艺强国。会同国家旅游局制定旅游演出提升计划，出台《关于促进旅游演出市场发展繁荣的若干意见》，培育演出市场新亮点。深入建设网吧管理长效机制，实施网吧分级分类监管，促进网吧行业服务标准化、规范化建设，制定网吧行业相关标准，建立和完善网吧市场信用监管体系，提升网吧服务水准和行业形象。修订网吧连锁政策，推进网吧连锁化进程，促进网吧存量市场结构调整，提高连锁网吧的市场占有率。推动出台《艺术品经营管理条例》。完善进口演出、卡拉OK节目、艺术品、网络游戏、网络音乐、动漫产品的内容审查和进口电子游戏机型机种审查制度，有序引进国外优秀文化产品，维护国家文化安全。

（六）加强和改善对文化市场工作的领导，推进能力建设

围绕促进文化市场繁荣发展的总目标，不断加强文化市场工作能力建设。以科学发展为目标，提高推动发展的能力；以创新精神为动力，提高引导发展的能力；以转变职能为基础，提高服务发展的能力；以科学管理为手段，提高调控发展的能力。

加强对地方文化市场工作的指导。提高政策制定的科学性、针对性和操作性，处理好中央与地方的关系，统筹区域发展，提高服务地方文化市场发展的意识，主动服务地方、支持地方。加强文化市场工作人才队伍建设。依托著名高校举办全国文化市场管理骨干研修班，重点学习市场经济的专门知识，推进文化市场管理工作"二次创业"。

积极推进文化市场综合执法改革。以机构建设、制度建设、业务建设、作风建设、装备建设为抓手，通过三至五年的努力，建成一支政治强、业务精、作风正、纪律严、形象好的

专业化、正规化、信息化的文化行政执法队伍。全面推进行政执法责任制，完善文化市场执法创优评优制度，形成奋勇争先的工作机制。

建设文化市场技术监管平台，提高管理效率和监管水平，推进文化市场管理信息化。加快全国平台建设步伐，实现中央平台与省级平台对接，形成技术监管与人工监管、远程监控与实地检查相结合的文化市场监管体系。

面对时代提出的新任务、新要求和当前我国经济社会文化发展的新局面、新形势，我们将以科学发展观为指导，深入贯彻十七大精神，认真落实文化部党组的部署，解放思想、锐意进取，更加自觉、更加主动地将文化市场工作放在推动文化大发展大繁荣的全局中去思考、去谋划、去开拓，努力开创文化市场管理工作的新局面，以文化市场的繁荣发展推动文化的繁荣发展。

文化产业：
中国文化发展的必然选择

文化部文化产业司司长　王永章

当今世界，文化产业作为一个新兴产业在全球范围内迅速崛起。随着我国经济的快速发展，在国家产业政策的积极引导和文化体制改革的有力推动下，中国文化产业这辆高速列车也已驶过探索、起步、培育发展的初级阶段，开始进入提速发展的快车道。据国家统计局公布，2006年我国文化产业实现增加值由2004年的3440亿元提高到5123亿，连续两年全国文化产业增加值的同比增长速度在两位数以上，大大高于同期经济增长速度。文化产业对国民经济增长的贡献不断上升。许多省、自治区、市文化产业规模化、集约化、专业化水平不断提高，成为一个引人注目的新的经济增长点和支柱产业。

从上个世纪九十年代中期理论界的专家研讨到新世纪文化产业正式写入党的十六大政治报告，并在党的十七大被列入国家文化发展战略的战略目标，短短十几年的时间，我国文化产业出现令人如此欣喜的局面实属历史的必然。

首先，这是我国经济社会发展到现阶段的客观要求。根据国际经验，当一个国家人均GDP超过1000美元之后，整个社会的消费结构将发生很大的变化。而改革开放30年来，我国经济持续增长，恩格尔系数逐年降低。如按去年年底的汇率换算，2007年全国人均GDP已超过2500美元。城镇居民家庭的恩格尔系数由1978年的57.5%下降到36.3%，农村居民家庭的恩格尔系数由1978年的67.7%下降到43.1%，分别达到富裕和小康水平。人们在解决温饱问题之后，可以有更多的资金用于文化消费。正如今年1月胡锦涛总书记在全国宣传思想工作会议上所说，"我国进入了文化消费的快速增长期，人们的精神文化需要更加旺盛"。过去计划经济体制下，那种单纯的公益性文化事业已远远满足不了这种日趋旺盛的文化需求。我们大力发展文化产业首先是为了满足人民日益增长的多层次、多方面、多样化的精神文化需求，让群众在享受富裕生活的同时感受文化的魅力。

其次，这是当前转变经济发展方式的迫切需要。改革开放以来，我国所取得的巨大经济成就举世瞩目，不容置疑。但我们必须看到，过去我国的经济增长在很大程度上是依靠"高消耗、高排放、低效益"的粗放增长方式。据有关方面统计，2006年我国是世界上产值能耗最高的国家之一，消耗了世界钢铁总量的30%、水泥总产量的54%、煤炭总产量的15%，而创造的GDP仅占世界总量的5.5%。所以，党中央强调要坚持科学发展观，转变经济发展方式，而文化产业恰恰是一种新的经济发展方式。在我国既有潜力很大的市场空间，又有众多的消费群体，并且是"资源消耗少，环境污染小，经济效益高"的无烟产业、朝阳产业、黄金产业。近年来，我国的实践也充分证明，发展文化产业不仅可以满足人民的精神需求，丰富社会的文化生活，促进人的全面发展，而且可以优化产业结构，创造就业机会，带动现代服务业发展，拉动对外文化贸易，促进国民经济增长。同时，日本、韩国、美国等发达国家的成功经验已经告诉我们，文化产业完全可以创造出其他行业所不能创造出的效益，可以发展成为一个国家的支柱产业。

文化价值

再次,这是提高国家文化软实力的重要举措。胡锦涛总书记在十七大上说,要"激发全民族文化创造活力,提高国家文化软实力"。当今世界,文化的力量深深熔铸在民族的生命力、创造力和凝聚力之中。文化与经济、政治相互交融,在社会发展中的地位与作用日益重要。这不仅是一个国家经济社会发展与文明进步的内在动力,而且是一个国家软实力和核心竞争力的重要构成。我国是一个文化资源大国,但与西方发达国家相比,我们不得不承认,在文化软实力方面特别是文化产业方面仍是一个弱国。据国家统计局公布,2004年美国文化产业增加值占GDP的比重为5.83%,英国为7.61%,加拿大为3.8%,韩国达到了6%。可当年我国文化产业增加值仅占GDP的2.15%,2006年才增长到2.45%。美国、日本等国的文化产业已成为国民经济中仅次于其他行业的第二大支柱产业,而我国离这个目标还有很大差距。美国一位叫洛伦佐的专家曾评论说,"中国的软实力中文化的吸引力还相对较弱。相比较于美国的电影、音乐和其他文化产品,中国似乎没有一个突出的享誉世界的文化品牌。世界许多国家对中国的印象还很模糊并充满错觉。在这个意义上说,中国的软实力还有待加强"。因此,我们必须通过大力发展文化产业,不断增强我国文化的整体实力,提高国家文化软实力,逐步缩小与发达国家之间的差距。

在我国,文化产业是指从事文化产品生产和提供文化服务的经营性行业。国家统计局的界定是:为社会公众提供文化、娱乐产品和服务的活动,以及与这些活动有关联的活动的集合。《国家"十一五"时期文化发展规划纲要》则明确要重点发展影视制作业、出版业、发行业、印刷复制业、广告业、演艺业、娱乐业、文化会展业、数字内容和动漫产业等九大门类的文化产业。近年来,为了促进我国文化产业快速发展,党和国家及文化部等相关部门在完善产业政策、培育市场主体、搭建服务平台、创新文化业态、引导产品出口、加强理论研究等方面也做了大量工作，采取了许多行之有效的措施。

一是相继出台了一系列鼓励扶持文化产业发展的重要政策。如2001年文化部的《文化产业第十个五年计划纲要》。2003年的《文化部关于支持和促进文化产业发展的若干意见》。2004年的《文化部关于鼓励、支持和引导非公有经济发展文化产业的意见》。2005年国务院下发的《关于非公有资本进入文化产业的若干决定》；中宣部、文化部、国家广电总局、新闻出版总署、商务部、海关总署联合下发的《关于加强文化产品进口管理的办法》；中央办公厅和国务院办公厅印发的《关于进一步加强和改进文化产品和服务出口工作的意见》；文化部、国家广电局、新闻出版总署、国家发改委、商务部下发的《关于文化领域引进外资的若干意见》；文化部、财政部、人事部、国税总局联合下发的《关于鼓励发展民营文艺表演团体的意见》。2006年，国务院办公厅转发文化部等八部门的《关于文化领域引进外资的若干意见》。2007年，文化部、商务部等四部门公布的《2007—2008年度国家文化出口重点企业和文化出口重点项目》，等等，这一切政策都为我国文化产业快速发展提供了强有力的支撑。特别是国务院《关于非公有资本进入文化产业的若干决定》，引起文化产业投资主体的深刻变化。据统计，文化部所管理的文化企业中，国有企业和民营企业的比例数已由2004年的1∶1变化为1∶4；2007全国国办艺术院团有2850个，而民营文艺表演团体已超过6800家，初步形成以公有制为主体、多种所有制共同发展文化产业的格局。

二是积极培育文化产业骨干企业和战略投资者。自2004年以来，文化部先后命名了两批78个国家文化产业示范基地。2007年6月和今年5月，又分别命名西安曲江新区、华侨城集团公司、曲阜新区文化产业园和沈阳棋盘山开发区为国家级文化产业示范园区,大大加快了文化产业基地和区域性特色文化产业群建设。同时,与中国美协一起先后命名了三批8个文化(美术)产业示范基地。催生了一批有较强实力、竞争力、影响力和自主创新能力的大型文化企业和企业集团,在推进我国文化产业发展的过程中,有力发挥了示范、辐射和带动作用。

三是搭建文化产品和项目合作交易平台。2004年以来,文化部、商务部、国家广电总局、新闻出版总署等部门共同举办的中国(深圳)国际文化产业博览交易会、中国西部文化产业博览会等国家级文化展会,先后举办了10届,累计参展企业约10180多家,现场交易36.88亿元,签订合同和意向合同金额大约2500多亿。文化部还于2006年12月启动了全国文化产业项目服务工程,在中国文化产业网上专门增设了国家文化产品、服务项目和投融资项目资源库,打造了一个"永不落幕"的网上博览交易会。截止2008年7月18日,累计点击率4200万、覆盖面168个国家和地区。平时每天点击15万人次,深圳文博会期间每天高达123万人次。去年被评为首届10个中国文化产业创新奖之一。

四是大力扶持新的文化业态。适应信息技术、网络手段、数字化趋势给文化产业发展所带来的变化,国家积极扶持发展与高新技术联系比较密切的动漫、网络游戏等新兴文化产业。2006年,财政部、文化部等10部门下发的《关于推进动漫产业发展的若干意见》,使我国国产动画片产量大大提高。由2003年的年产1.2万分钟,发展到2007年的10.19万分钟,四年时间增长了10倍。2007年,中国民族原创网络游戏占据了全国65%以上的市场份额,从事自主研发的企业达126家;新投入公测的网络游戏76款,其中自主研发的53款,占有率达到67.9%;我国原创网络游戏出口28款,累计创汇5500万美元，比2006年的2000万美元增长175%。

五是实施中国文化"走出去"战略。2006年，文化部专门在文化产业司设立了对外文化产业处。筹办了中韩日文化产业论坛、中国—东盟文化产业论坛。为培育推出一批具有民族特色、自主知识产权和原创性的出口知名文化品牌，去年11月文化部奖励了在国际文化市场上表现出色的9家优秀出口文化企业和18个优秀出口文化产品和服务项目。今年在第四届中国（深圳）国际文化产业博览交易会上还免费设立了优秀出口文化企业和文化产品展台。并先后推出英文版《2008文化产业投融资手册》，创办了中国文化产业网英文版面。

六是加强文化产业理论研究。为提高自觉性，避免盲目性，增强文化产业的预见性、前瞻性、科学性，文化部先后依托上海交大和北京大学等10所高等院校成立了10个国家文化产业创新与发展研究基地和国家文化产业研究中心。年年编撰出版《中国文化产业蓝皮书》、《中国文化产业年度发展报告》等系列书籍。组织举办各类文化产业研讨会。每年下达文化产业理论课题研究任务，编辑印发《国家文化产业年度课题研究报告》。

总的看，目前我国文化产业发展趋势很好，但是我们绝不能过高估价，盲目乐观。因为文化产业在中国毕竟是一个近年来刚刚兴起的新产业，发展时间比较短，规模不大，经验很少，其中许多规律性的东西我们不掌握。实际工作中还存在支持产业发展的具体经济政策太少、扶持力度不够大；市场主体规模偏小、创新能力不强；法律法规体系急需完善、立法工作滞后；政府管理体制有待改进、产业服务体系需要完善；中国文化产品走出去太少、国际竞争力有待提高；统计工作急需完善、口径比较混乱诸问题。对此，我们必须保持清醒的头脑，在实践中着力加以解决。

"长风破浪会有时，直挂云帆济沧海"。当前，我国文化产业面临着前所未有的大好机遇。党的"十七大"根据我国新时期新阶段科学发展、和谐发展、和平发展的根本要求,把文化建设摆到政治、经济、社会、文化建设"四位一体"的总体布局中的重要位置,并把大力发展文化产业作为推动文化大发展大繁荣、兴起社会主义文化建设新高潮的重要选择,明确提出实现全面建设小康社会奋斗目标之一是"文化产业占国民经济比重明显提高、国际竞争力显著增强,适应人民需要的文化产品更加丰富"。为了实现这一目标,今后,我们将进一步深化文化体制改革,认真总结近年来我国文化产业的发展经验,认真探索文化产业的自身规律,利用政策、法律、经济和行政等多种杠杆努力协调文化产业又好又快发展。进一步落实和完善国家文化产业政策,不断拓宽文化产业投融资渠道;重点培育和发展一批实力雄厚、具有较强竞争力和影响力的大型骨干文化企业与文化产业战略投资者,做大做强文化产业;大力发展具有良好前景的网络、游戏、动漫、流媒体等新兴文化产业,运用高新技术创新文化生产和传播方式,培育新的文化业态;实施重大文化产业项目战略,加快文化产业基地和区域性特色文化产业群建设,发挥文化产业的积聚效应;提高市场监管水平,规范文化市场秩序,保护知识产权,为文化产业健康发展提供良好的外部环境;积极开辟国内国外两个市场,学习和吸收国外文化的优秀成果,开展形式多样的对外文化交流活动和文化产品与服务贸易,改变文化产品进出口不平衡的状况。

中国历史悠久,文化底蕴深厚,发展文化产业有得天独厚的资源优势。我们相信,在党和国家的高度重视下,经过各个方面坚持不懈的努力和广大群众文化创造力的充分涌流,在不久的将来,我国文化产业一定会出现一个崭新的局面,一定会为实现全面建设小康社会的奋斗目标和中华民族的伟大复兴做出应有的贡献!

努力构建惠及全民的
公共文化服务体系

文化部社会文化司司长　张　旭

　　加强公共文化服务体系建设,是从中国特色社会主义事业总体布局和全面建设小康社会全局出发提出的一项重要任务,是繁荣发展社会主义先进文化、建设和谐文化、构建社会主义和谐社会的必然要求。党的十七大报告将建设"覆盖全社会的公共文化服务体系",作为全党的重要工作任务,作为实现全面建设小康社会的重要目标之一。温家宝总理在2008年的政府工作报告中指出,要"加大政府投入力度,加快构建覆盖全社会的公共文化服务体系,加强公益性文化服务建设,特别是加强社区和乡村的文化设施建设"。在发展社会主义市场经济的新形势下,加快建立覆盖全社会的公共文化服务体系,是维护好、实现好、发展好人民群众基本文化权益的主要途径,对于促进人的全面发展、提高民族的思想道德和科学文化素质、建设富强、民主、文明、和谐的社会主义现代化国家,具有重要意义。

一、公共文化服务是政府的重要职责

　　为什么公民需要政府?公民需要一个什么样的政府?这是

长久以来公共行政研究者们需要不断解答的问题。说到底就是政府应该做什么，怎样做。人类社会在发展进程中不断面临社会的公共问题，因此必然会产生共同的需要。这种共同的需求是政府得以存在的原因，也决定了政府的职能、活动范围和活动方式。

现代政府的主要职能是满足社会公众需求、为全体公民提供优质的公共产品和公共服务，所以，当代政府的基本定位是公共服务型政府。2004年2月，温家宝总理在中央党校省部级主要领导干部"树立和落实科学发展观"专题研究班结业式上的讲话中，提出"努力建设服务型政府"，指出公共服务"就是提供公共产品和服务，包括加强城乡公共设施建设，发展社会就业、社会保障服务和教育、科技、文化、卫生、体育等公共事业，发布公共信息等，为社会公众生活和参与社会经济、政治、文化活动提供保障和创造条件"。指明了我国政府的改革方向，明确了我国政府公共服务的范围和目标。

目前，我国初步形成了文化、教育、科技、卫生、社会保障、国防、农村公共服务等方面的全方位公共服务体系，公共服务总量有了较大增长。随着我国经济的发展和人民生活的不断改善，人民群众的消费需求正在发生明显的变化。在经济发展和人均国民收入水平处在低位，有温饱生计之虞时，人们的需要主要集中于个人的衣、食、住、行等基本的生存需要。20世纪末，我国人民生活总体上达到了小康，居民消费基本改变了多年来以吃、穿等生存资料为主的格局，城乡居民家庭购买食物的人均支出在消费总支出的比重明显下降。1978年，我国恩格尔系数农村为66.7%，城市家庭为57.5%。2007年，分别降为43.1%和36.3%。恩格尔系数的下降，带来的是文化娱乐服务支出的逐年增长。2007年我国城镇居民消费支出中，文化娱乐服务支出人均305.7元，在所有消费支出项目中位居前列。

当社会进入小康社会时，人们的基本生存需要已经满足，社会公共需要就会成为突出的需要，如公共文化设施的建设等等。当前，我国居民的消费观念、消费方式和消费内容发生了巨大变化，人民的消费结构朝着需求多样化、高品位、个性化的方向发展。消费支出呈现向发展型和服务型消费升级的趋势。在居民消费性支出中，文化教育娱乐类支出占消费性支出的比重迅速提高，成为新的消费增长点。

在这一时代背景下，公共文化服务体系的建构应时应运而生。公共文化服务是各级政府和文化部门的重要职责。满足社会公共文化需求，提供公共文化服务，是现代政府的一项义不容辞的责任，也是衡量政府管理水平和能力的重要指标。目前，我国财政收入逐年增长，对文化的投入也逐年增加，公共文化服务体系的建设取得明显成效。公共文化服务是政府提供的以保障公民的基本文化权益、满足公民基本文化需求为目的的文化服务。公共文化服务体系的目标是建设结构合理，发展平衡，网络健全，运营高效，服务优质，覆盖全社会的公共文化服务体系。没有覆盖全社会的公共文化服务体系，公民的公共文化需求就谈不上满足，群众的基本文化权益就谈不上保障。公共文化服务体系是和谐文化建设的重要内容，也是文化大发展、大繁荣的重要基础。没有完善的公共文化服务体系，文化大发展大繁荣就缺少了重要的内在推动力量。建设服务型政府，就要把为公众提供优质的公共文化服务，作为政府的重要工作内容。

二、公共文化服务要坚持以人为本

文化工作最终为了人。以人为本，实现人的全面发展，是构建公共文化服务体系的最终目的,也是构建和谐社会的核心。

中国自古就有着民本的思想。《尚书》中说:"民为邦本,本固邦宁。"《孟子》中表述得更加明了,"民为贵,社稷次之,君为轻。"一句话,治理国家必须把百姓的事当作头等大事。今天,中国正稳步向现代化国家迈进。建设服务型政府,就是为了保障人民应当享有的各项基本权益。十七大报告指出:"要始终把实现好、维护好、发展好最广大人民的根本利益作为党和国家一切工作的出发点和落脚点,尊重人民主体地位,发挥人民首创精神,保障人民各项权益,走共同富裕道路,促进人的全面发展,做到发展为了人民、发展依靠人民、发展成果由人民共享。"

公共文化服务体现以人为本,就要"保基本、广覆盖、可持续",实现人人参与、人人享受文化服务。公共文化服务要注重公平性。公共文化服务和资源要公平分配,对公共文化设施和公共文化资源要均衡布局,使得所有人都能享受到政府提供的同等程度的公共文化服务。公共文化服务必须对所有公民平等开放,公民平等享受各种公共服务。公民在享受公共文化服务的过程中受到平等对待。公共文化服务要注重便利性。政府提供的公共文化服务应是近距离的、经常性的服务,随时随地都可以获得。公共文化服务要注重多样性。根据不同的社会需求,公共文化服务和产品的品种、层次、特色应是多样的;同时,服务的对象也应是多样的,要考虑到不同群体的文化需求,对社区居民、农民、农民工、老年人、未成年人、残疾人等提供有针对性的公共文化服务。公共文化服务要注重公益性。政府提供的公共文化服务不以营利为目的,主要是免费、低费的,体现对人的关怀,促进人的素质的提高和全面发展。要坚持把社会效益放在首位,坚持把发展公益性文化事业作为保障人民文化权益的主要途径。公共文化服务要注重基本性。由于受到公共支出总量和公共支出结构的限制，我国不可能采取西方发达国家的高水平的公共服务消费模式，而应采取保基本、广覆盖的公共服务模式。这种公共服务模式的特点是提供最基本的保障，以贫弱群体为重点，尽量扩大公共服务的覆盖面，使人人都享有基本公共服务，从而达到社会公正的效果。政府提供的公共文化服务应该覆盖全体公民，并对全体公民提供基本保障，使公民的基本需求得到满足。超出基本公共文化服务范围的需求，可以通过市场手段获得。

公共文化服务体现以人为本，就要不断改善人民的文化生活质量，努力提高国民文化素质。政府要将重点更多地转向人力资源的优化和国民素质的提高，加强公共文化服务的社会教育功能。起到春风化雨，以文化人的作用。劳动者素质的提高，是社会可持续发展的关键。对促进经济发展、社会进步，形成文明和谐的环境都将发挥积极的作用。

三、公共文化服务要着眼长远统筹规划

目前，我国提供公共文化服务的主要机构有公共图书馆、博物馆、文化馆、美术馆、影剧院、音乐厅、乡镇（街道）文化站、社区文化中心、村文化室等。

经过长年建设，我国现有公共图书馆 2791 个，文化馆 3214 个，博物馆 1634 个，文化站 36874 个，社区文化中心、村文化室 137665 个。加上其他部门和行业的图书馆、展览馆、科技馆、工人文化宫（俱乐部）、青少年宫等公共文化设施，公共文化服务网络基本形成。但与经济社会发展和广大人民群众的文化需求相比，当前的公共文化服务设施还不够完善，发挥的作用也不够充分，城乡发展不平衡的问题比较突出。

文化价值

公共文化设施是政府提供公共产品，开展公共服务的基础和载体，完善设施建设是建设公共文化服务体系的首要任务。在文化设施的规划建设过程中，要特别重视统筹城乡公共文化服务，改变城乡二元保障机制，使农民享有平等的基本公共文化服务。要以加强农村公共服务为关键环节，新增教育、卫生、文化等事业经费主要用于农村，逐步扩大公共服务的覆盖面，缩小城乡公共文化服务的差距。要以大型公共文化设施为骨干，以社区和乡镇基层文化设施为基础，到2010年，基本建成覆盖城乡的公共文化服务设施网络。

针对基层公共文化设施陈旧落后的状况，"十五"期间国家投入4.8亿元，地方配套资金14.2亿元，改建扩建了1086个县文化馆、图书馆，基本解决县县有文化馆、图书馆的问题。在我国农村，许多乡镇文化站至今面积狭小，活动器材和设备奇缺，无法开展相应的文化活动，服务能力弱化。全国农村3.5万个乡镇中有2.67万个文化站需要新建和改建。目前，国家正在实施乡镇综合文化站建设规划，计划从2007—2010年，投资近40亿元，新建和改建、扩建2.67万个乡镇综合文化站。到2010年，实现县有文化馆、图书馆，乡镇有综合文化站，行政村有文化活动室的目标。

我国地域辽阔，城乡之间、地区之间发展不平衡。在城市，要把社区文化设施纳入建设规划，妥善解决城市社区文化设施建设的资金来源问题。要鼓励发达地区与发达城市统筹规划、合理布局，率先建立完善、全覆盖的公共文化服务体系。

四、公共文化服务要提供优质公共文化产品

公共文化产品的供给数量、质量是检验衡量政府公共文化服务是否适应社会公共需求的主要标准。为了增加公共文化服

务的资源总量，提供更多的优质公共文化产品，近年来，国家实施了一系列重大文化工程，缓解了基层、尤其是农村优质公共文化产品匮乏的问题。全国文化信息资源共享工程是对文化信息资源进行数字化加工和整合，通过卫星、互联网和光盘等传输渠道为社会公众服务的一项重要工程。工程从2002年起实施，目前，中央财政累计投入已达9.07亿元，地方累计投入已达7亿元；数字资源量已达到68.6TB（1TB数据量相当于25万册电子图书或926个小时视频节目）；自建、共建的基层服务点已超过61万个。中央财政将共享工程建设列为重点支持的文化建设工程，从2007—2010年，投入24.67亿元支持工程建设，到2010年，将基本形成资源丰富、技术先进、服务便捷、覆盖城乡的数字文化服务体系，县有支中心，乡村有基层服务点，实现"村村通"。送书下乡工程是为解决基层群众看书难问题而实施的重点文化工程。工程2003—2007年已累计安排资金1亿元，为国家级扶贫开发重点县和乡镇配送图书达787万册。2007年，国家开始实施流动舞台车工程，计划到2010年，中央财政安排资金3亿元，采购1000多辆流动舞台车，为剧团和基层文化机构送戏下乡，开展文化服务提供支持。

我国在长期的历史发展进程中，积淀了丰厚的非物质文化遗产。通过普查，建立名录体系，命名传承人，文化生态保护区建设，逐步建立起科学有效的非物质文化遗产保护与传承机制。在科学保护的同时，要合理利用这些资源，丰富公共文化资源的总量，使之与当代社会相适应、与现代文明相协调，保持民族性，体现时代性。

五、公共文化服务要提升服务水平

公共文化服务的能力和水平，决定了公共文化产品的提供效果。提高公共文化服务能力,加强文化设施的管理和使用,保证其正常运转,使其能够开展有效的服务,是公共文化机构的主要任务。在博物馆、纪念馆免费开放的基础上,继续推进公共图书馆、文化馆免费开放,努力满足社会公共文化需求。公共文化单位要明确服务规范,改进服务方式,完善评价监督机制。要着力解决公共文化设施分散、使用效率不高的问题,努力做到公共文化设施共建共享。

深化改革,创新公共文化服务机制,增强活力,改善服务。按照中央关于文化体制改革总体部署,深化公共文化单位内部机制改革,建立健全竞争、激励、约束机制和岗位目标责任制,挖掘潜能,在公共文化服务体系建设中发挥作用。创新公共文化服务方式,继续实施公共图书馆实行一卡通、总/分馆制;推广公共文化单位流动服务经验,促进公共文化服务向社区和农村延伸。

提高基层公共文化从业人员素质,加强队伍建设。基层文化队伍数量不足,专业素质偏低,难以适应新时期文化工作的需要。要通过各种方式加强从业人员培训,实施从业资格制度。采取各种措施吸引各类优秀人才进入公共文化服务领域发展,努力建立一支扎根基层、服务群众的专兼职公共文化队伍。

在公共文化服务中,要将政府主导、社会参与有机地结合起来,既要发挥国家在公共文化服务中的主导作用和主要责任,又要发挥社会力量的作用。为了弥补政府公共文化服务供给的不足,要广泛调动社会各界和各方面力量参与提供公共文化产品的积极性,鼓励社会力量捐助和兴办公益性文化事业,加快建立覆盖全社会的公共文化服务体系,形成公共文化服务的多元化与社会化格局。

文化外交：软实力运用的重要载体

文化部外联局局长　李冬文

文化外交是指一个国家通过文化舆论等手段促进国家利益、推广其价值观的过程，是推行其对外政策的重要手段。其实，如果用今天特别时尚的一个概念"软力量"来解读文化外交这一概念，则可以将这一概念解释得更加清楚：文化外交其实就是"软力量"使用的具体实践。

一、文化外交：实施"软力量"的重要途径

"软力量"建设是当前国际形势发展的重要特征，并日益成为当今国际体系中一种重要的力量表现形式。党的十七大指出，提高国家文化软实力，具有深远的战略意义。开展文化外交，是展示国家文化软实力的重要途径，当今世界主要大国都十分重视实施文化外交。

——美国。文化外交作为美国政府公共外交的常设工具，是美国对外政策和国家安全战略的重要组成部分。随着时代的变迁和国际形势的变化，文化外交在美对外战略中的地位也几经沉浮，既有过冷战时期的鼎盛，也遭遇过冷战后的低谷。美伊战争后，美国的国际形象接连严重受损，面临着前所未有的"形象危机"和"信任危机"，文化外交再次受到美政府的重

视,成为美在新的国际环境下推行其对外政策的重要战略工具。去年9月,美国政府在白宫正式推出酝酿已久的"全球文化行动计划",通过任命专职副国务卿、整合公共外交队伍和各种资源、把外交人员公共外交的能力和成绩纳入工作考评机制、增加对外文化和教育交流投入、支持与各国的人员交流等方式,突显高层对公共外交工作的重视。该计划的推出,向世界发出了美国政府重视对外文化工作的强烈信号,是美国进一步重视多层次"软实力"建设的新动向,从一个侧面反映了美国希望借重文化外交来寻求公共外交工作的突破。

——俄罗斯。普京总统2000年初正式批准俄外交部和文化部共同制定的对外文化宣传构想,提出"文化扩张"政策,为新世纪俄罗斯对外文化宣传方针确定了基调。他强调,俄罗斯文化工作的重要任务,就是要大力塑造俄罗斯国家形象,加强和确立其在世界文明中的新作用和新地位。为此,俄罗斯有关部门2001年制定了《国际文化政策纲要》。

——欧盟。欧盟理事会2001年11月举行文化部长会议,就"保护文化的多样性,文化持续发展战略问题"进行专门研究,并通过若干重要决议。今年5月,欧盟委员会还通过了题为《世界全球化中的欧洲文化战略》文件,确立了文化在国际关系中的重要地位。

——日本。进入21世纪,日本提出建设具有"国际文化力"国家的目标,并适时提出《特殊21计划》,国会通过"振兴文化大国"的《文化艺术振兴基本法案》,加大了对外文化援助,对外推动日本语教学,在英美国家举办"日本2001",在我国举办"日本文化年"等文化外交活动,并通过文化贸易,将日本动漫卡通形象推向了全世界,塑造了一个文化日本的形象。为实现入常,日本还通过大力推动与中东和伊斯兰国家的文化对话、加强对中东国家的文化经援和利用日国际交流基金会等方式，加强对中东国家的外宣攻势。

——印度。印度推出的以全面提高综合国力为核心的国家发展战略中，特别注重开展与西方大国的文化交流，以提高本国的影响力。如每年派往世界各国的 150 多起文化团组中，50% 以上被派往了美、俄、英、法、德、加、澳等国。在过去 10 年中，印度在海外的文化中心从 4 个猛增至 14 个，多数设在了英、法、俄、西等国。

我国的文化外交活动近年来也开展得非常有声有色。中法文化年、中日文化体育交流年、在美国的中国文化节、中俄国家年等活动都证明了这一点。文化继政治、经济之后，成为我国对外交往的第三个重要支柱，起到了政治外交所起不到的、不可替代的作用。在 2005 年中国文化节在美举办之际，美国前驻华大使尚慕杰认为"美国对中国的了解有待提升，而文化节这样的交流活动是中美双方消除误解、增进互信的最佳方式。"事实证明，国家文化软实力已日益走上了国际政治和外交的前台，它的地位越来越高，作用越来越强，影响力也越来越大。

二、我国文化外交工作面临的形势与使命

文化外交及软力量的巨大作用日益被国际社会认同。在中国的发展和走向牵动着现存世界政治和经济格局，全球注目中国发展，世界对中国既有期待又有怀疑的背景下，我们必须更为清醒地面对我们文化外交目前的形势和思考未来的使命，必须更加有目的地主动推动文化外交工作的开展，在硬力量相对不足时，要更好、更多地运用软力量，为我国营造和谐的发展、壮大的外部环境，让更多国家和民众认同和接受我国发展的现实和日趋强大趋势，相信我能够成为具有亲和力的负责任

的世界强国，最大限度地化解因我国家力量增强而被夸大和扭曲的各种版本的"中国威胁论"。

我们对此是否已做好足够的准备？应该说，我国的软实力建设还面临诸多困难和挑战。比如，中国在核心价值观体系建设上仍有许多工作要做。党和政府已经提出了包含马克思主义指导、中国特色社会主义、爱国主义、改革创新和社会主义荣辱观等在内的核心价值体系的基本轮廓。只有全国各族人民对于社会主义核心价值体系的高度认同，才能更好地支持中国对外文化影响力的扩展。统筹国内国际两个大局，在软实力建设上也至关重要。在所有的发展中国家，本土文化与外来文化（主要是西方文化）的关系都是一个难题。西方主导的国际舆论对中国并不友善，对中国的偏见仍很普遍，中国国内也仍有各种干扰，妨碍形成共识。而且，中国还不善于简洁、明确地宣示中国主张的价值观；再如，中国的文化制度化能力也有待提高。中国虽然已经参与了几乎所有全球性的和相关的区域性国际制度，但是，在学习和利用这些制度方面还刚刚起步，在制度创新上更加薄弱。作为国际体系内的新兴大国，制度创新既要顾及原有的框架和价值观，又要注入中国特有的思考和价值观，难度很大；第三，中国形象的多面性及中国与世界开展文化对话的艰巨性将长期存在。"中国威胁论"、"中国崩溃论"、"中国责任论"、"中国贡献论"等，是近年来国际上轮番出现或同时出现的对中国形象的描绘，它们在不同的条件下还会变换不同的形式，这种情况将长期存在。中国共产党领导的社会主义，还会被某些敌对势力进行"文化妖魔化"。因此，中国与外界进行文化对话的任务特别艰巨；第四，中国丰富的历史文化资源有待于转化为现代和现实的影响力、亲和力与吸引力。中国是世界闻名的文明古国，但是当代中华文化对于世界文明的贡献十分有限，无论是科技创新、学术创新、还是文化产业、通俗文化，成果的数量质量与中国的大国地位不符。

面临这些问题的答案或许有多种，但现实的选择只有一个，这就是：必须全方位提升中国文化外交的战略高度，逐步把文化外交观念贯穿于国家建设和对外战略实施的全过程，落实到中国发展的各个环节，以软力量的不断提升推动中国的发展，最大限度地消除中国发展可能产生的消极效应。为此，必须加强自身文化建设，练好内功，才是搞好文化外交的前提和根本。我们目前在国内启动的各项物质和非物质遗产保护、图书馆、博物馆等多项公共文化工程、文化体制改革、促进艺术创作繁荣等诸多举措，正是建设、夯实我们文化大厦的基础性工程。"问渠哪得清如许？为有源头活水来"。只有提高全民族的文化素养，在立足中华文化传统、广纳人类丰富文化的基础上，吐故纳新，激发民族文化创新的活力，丰富中华文化内涵，才是中华文化自信地走向世界的前提。

文化作为软力量，越是自我垄断，力量就越少，越是对外传播，力量就越强。中华文化只有在对外传播、交流、融合、激荡中才能保持最旺盛的创造力和生命力，所以从这个意义上讲，文化外交承担的不仅仅是向世界推介中国文化的责任，还担当着促进中华文化复兴的伟大使命，这也是新时期赋予我们文化外交的另一项伟大而艰巨的重任。相信只要通过我们不懈的努力，秉承中华文化传统的优势，以德服人，以文化人，发挥文化柔性的作用，滴水穿石，在对外交往中，就能探寻出一条具有中国特色的文化外交理念和实施途径。

三、文化外交工作的核心价值和基本取向

胡锦涛主席多次强调，中国坚持和平发展的道路，在维护世界和平中发展自己，又以自身的发展促进世界和平。在纪念

联合国成立60周年首脑会议的系列演讲中,胡锦涛主席倡议各国共同努力,构建一个持久和平、共同繁荣的和谐世界。胡锦涛主席"和谐世界"理念立意高远、内涵丰富,扩展了我国改革开放的国际空间,同时也赋予中国文化外交工作新的历史责任。党的十七大进一步提出"要加强对外文化交流,吸收各国优秀文明成果,增强中华文化国际影响力"。文化外交,在祖国的和平发展进程中肩负着崇高使命,理应积极进取、开拓前行,为全面建设小康社会和实现中华民族的伟大复兴做出应有的重要贡献。

近年来,在党中央、国务院的部署和领导下,文化部坚持在大文化框架内,对外服务于国家整体外交和祖国统一大业,对内服务于国内文化建设,积极开展文化外交工作,大力推动中国文化走向世界,产生了很好的影响。

——配合重大国事活动。用高水平的文化活动配合国家领导人的外交活动,有很好的效果。这些活动直接针对国外高层和主流人士,所产生的影响是巨大的。如配合中非合作论坛北京峰会的大型文化演出、中韩交流年的开幕式、中日文化体育年的开幕式、派艺术小组随胡锦涛主席出访非洲八国,以及在俄罗斯举办的中国国家年开幕式演出等。中央领导对这项工作给予了高度评价,胡锦涛主席在结束非洲八国之行时亲自接见我随团演员,表扬他们的工作拉近了人与人的距离,为对非外交工作做出了贡献。温家宝总理在肯尼亚和日本接见我配合访问的演职员时两次指出:一场好的演出不亚于一个合作项目,强调文化能增进人民的了解,沟通人民的心灵。

——配合国家外交战略,对重点国家和地区开展重大文化交流活动。对外文化工作积极配合"大国是关键、周边是首要,发展中国家是基础、多边是重要舞台"的外交战略活动,比较突出的例子有:2003—2005年与法国互办文化年,2004

年开展"中华文化非洲行"、"中华文化北非行",2005年在美国肯尼迪艺术中心举办"中国艺术节",2006年在澳大利亚举办历时一年的"中国文化节",在日本举办中国文化节。2006—2007年,俄罗斯在华成功举办"俄罗斯年"活动,中国成功在俄罗斯举办"中国年"活动。2007年在日本和韩国分别开展中日文化体育交流年活动和中韩交流年活动,作为主宾国参加了2007年墨西哥第35届塞万提斯国际艺术节,2008年在意大利成功举办"走近中国"的艺术节等等。举办这些大型活动,积极、有效地配合了我整体外交战略,并在特定时间和特定的地区造成了轰动效应,使对外文化交流的政治和社会效益最大化,为中华文化走出去奠定良好的基础。

——润物无声,着眼未来的开展工作。在举办上述这些大型活动的同时,我们十分重视文化潜移默化的作用,开展更多的深入细致的日常对外文化工作。文化部代表中国政府与145个国家签订有政府间大文化范畴的文化合作协定,和近800个年度文化交流执行计划。在这些协议和计划的框架下,我国与世界上大部分国家保持着良好的文化交流关系。再如,文化部派驻在全球90个使领馆文化处组、文化中心的近300工作人员,每年在当地牵头及支持举办大量的友好文化项目,为促进当地民众了解中国和中国文化发挥了积极的作用。

为加强对有可能影响政策制定与舆论报道的外国汉学家、中国问题专家及其研究机构的工作,使其更客观公正地了解并介绍中国,文化部在中央领导同志的关心下制定了"东方文化研究计划",作为《中华文化教育战略推广计划》的子计划,专门为外国汉学家、中国问题专家及其机构提供对华研究机会和信息服务。2003年该"计划"正式启动,当年即有11位俄罗斯和埃及汉学家应邀来华进行学术交流,效果十分明显。为多做以国外青少年为主要对象的中华文化宣传活动,我部开展策划并实施了"中国走进课堂"品牌活动。此品牌旨在将中华文化推广到国外的青少年中去，通过在国外中小学开展形式多样的文化宣传活动，如展览、知识竞赛、演讲等方式，吸引国外青少年参加，使他们更多地了解中国和中国文化。这项活动也通过我驻外使领馆文化处组以及中国文化中心开展。目前，此项目正吸引着越来越多的外国青少年，对于向国外青少年传播中华文化知识具有深远的影响。

——加强与联合国教科文组织及其他国际文化组织的联系与合作。在国际文化组织和国际文化论坛中，可以广泛传播我们文化建设的理念，宣传我们对国际文化交流的观点，促进政府间和民间文化关系的全面发展，不断提高中国文化的地位。近年来，文化部牵头组织代表团参与了联合国教科文组织《保护非物质文化遗产公约》和《保护和促进文化表现形式多样性公约》的谈判。我们与联合国教科文组织开展密切合作，成功申报了多个非物质遗产，如昆曲、古琴、木卡姆、长调等。不久前，我们在联合国教科文组织总部成功举办了"中国非物质文化遗产节"。近年来，我们还举办了一些重要国际文化会议，如，2003年文化部主办了"文化多样性中的统一性"为主题的"亚欧会议—文化与文明会议"，2004年5月，我部以中国对外文化交流协会名义与德国贝塔斯曼基金会联合主办了"2004年北京国际文化论坛"。2004年10月，文化部和上海市人民政府共同承办了国际文化政策论坛第七届部长年会。2005年举办了亚洲文化部长论坛，并发表《佛山宣言》。

——鼓励文化产品出口。为促进我国对外文化贸易，文化部下发了《文化部关于促进商业演出展览文化产品出口工作的通知》，制定了《国家商业演出展览产品出国指导目录》，为鼓励国产音像产品和企业走出去，文化部2004年会同商务部、海关总署和财政部，建立了鼓励国产影像制品走出去的快车道，并设立了《国产音像制品走出去工程专项资金》，对国产音像制品的出口进行奖励，大力扶持了出口业绩突出、信誉良好的单位和个人，推动了对我国音像产品的出口。文化部还启动了文化经济贸易人才培训计划，同时加快了国家文化产品出口基地认定工作。此外我们组织了文化产业贸易考察团出国考察，与日韩连续召开了四届"中日韩文化产业论坛"。在深圳举办国际文化产业博览会。

经过努力，近几年来我国音像制品年出口金额已达2亿人民币，产品远销美国、加拿大、日本、韩国和东南亚等地，并涌现了一批出口额超过千万元的公司。我国音像产品在不足两年的时间里，仅对美国的出口就超过了1亿人民币。国内的一些舞台艺术精品，如《天鹅湖》（杂技）、《大红灯笼高高挂》、《野斑马》、《霸王别姬》、《风中少林》、《云南映象》等，已经成为国际演艺市场的新宠。杂技版《天鹅湖》去年在天鹅湖的故乡俄罗斯成功上演了5场，每场演出费达5万美元，在日本演出一场的价码达3万美元；舞剧《霸王别姬》在日本巡演15场，每场平均纯收入2万美元。这些例子说明，我国的文化产品在国外是有市场前景的。

——加强海外阵地建设。根据党中央国务院的授权，文化部肩负着指导驻外使（领）馆文化处（组）的业务工作、领导驻外文化中心的职责。经过多年的努力，我们建立起了由文化部外联局、驻外使领馆文化处（组）和文化中心构成的一个内外相互连通的对外工作机制。

我国在世界78个国家设有89个使领馆文化处组，派驻人员编制257名。驻外使领馆文化处组肩负着与驻在国开展文化交流的重任，工作内容涉及文化、教育、体育、媒体、影视、青年、宗教、科学等诸多方面。各处组在我部指导下，不断开拓进取，与时俱进，努力推动与驻在国开展文化交流，积极向驻在国推介中华文化，为国内的文化产品和项目进入当地或牵线搭桥，或向国内提供第一手重要信息。许多处组还在当地创建了中国文化节、文化月、文化周等长效外宣品牌，取得了丰硕的成果。

迄今，我国在毛里求斯、贝宁、法国、埃及、马耳他、韩国和德国7国开设有中国文化中心，中外互设文化中心是中央领导亲自推动起来的，标志着我改革开放的深入发展。文化中心积极配合使馆工作，围绕"信息服务、文化活动、教学培训"三大职能，在大文化领域不间断地对驻在国公众开展工作，产生了很好的效果。

——着力打造文化外宣品牌。近年来，我部努力打造"春节品牌"、"国庆外宣"、"相约北京"、"中国上海国际艺术节"、"中国北京国际音乐节"、"中国吴桥国际杂技节"、"中国武汉国际杂技节"、"亚洲艺术节"等大型国际文化活动知名品牌，以扩大中华文化在世界范围的影响力。

四、文化外交工作的价值预期

如果用"软实力"来解读五十余年的文化外交工作，可以说，全国对外文化战线五十余年的不懈探索和奋斗，都是促进以塑造和提升国家形象为重点的软实国力建设的具体举措；是运用文化手段减少"中国威胁论"的影响和国家外向发展阻力的具体举措；是为政治外交和经济外交提供文化推动力量的具体举措；是带动文化产业的发展壮大的具体举措。文化外交工作是综合国力全面发展的必然要求，确保实现和平发展的战略之举，维护国家安全的迫切需要，也是带动国民经济增长的有效途径，对内增强了民族凝聚力和国家向心力，促进了社会和谐发展和长治久安；对外增强了国家的亲和力和影响力，赢得了国际社会认同和尊重,发挥了一个发展中大国应有的负责任的建设性作用。但我们所做的工作相对于世界上的超级大国来说,我国的软实力还很微弱。英国撒切尔夫人就说过,中国还未成为超级大国,因为今天中国出口的是电视机,而不是思想观念!为了使中国成为可亲可敬的强国,必须加强以文化为核心的软力量建设和以文化外交为重要途径的软力量运用。

文化外交工作的新思路,就是对内管理要"走好全国一盘棋",就是用运筹和谋划全国对外和对港澳台文化工作的视野,以科学发展观为指导,坚持统筹国内国际两个大局,坚持走和平发展道路,坚持互利共赢的开放战略,坚持以人为本思想,举全国之力,大力开展对外和对港澳台文化交流,传播中华文化,在国际舞台上塑造中国"软实力",扩大国际影响,消除外界疑虑,优化国家形象,为国家现代化建设创建更为宽松有利的外部环境,推动建设持久和平、共同繁荣的和谐世界。新时期文化外交的主要任务是,促进以塑造和提升国家形象为重点的软实国力建设;运用文化手段减少"中国威胁论"的影响和国家外向发展阻力;为政治外交和经济外交提供文化推动力量;带动文化产业的发展壮大。要加大文化传播力度,注重文化外交策略,结合政治外交、经济外交工作的重点和需要统筹布局,推动形成中央与地方、官方与民间,国内与国外,政治外交、经济外交和文化外交整体联动的工作体系和战略布局;建设以政府为主导,以民间交流为主体,以市场机制为杠杆的对外文化交流新格局;制定文化外交总体战略、地区规划和国别政策,增强工作的整体性、针对性和时效性。

以文化外交为重要内容的"软力量"运用,是当代中国发展的重要特征和现实需要。从主动性上说,软力量是一个国家综合国力和对外投射能力的有机构成要素,使经济和政治力量不断增强的中国在参与和维护过体系中进一步树立负责任大国

文化价值

形象、增进国际合作的不可或缺的组成部分，对于提升中国的国际地位和国际影响力有着重要的支持作用；从紧迫性来说，中国的经济和政治发展客观上对现行国际体系产生着深刻的结构性效应，重视和加强以文化为主要内容的软力量建设和以文化外交为主要内容的软力量运用，对于中国整体的国家力量建设具有不可言喻的可持续成长价值。中国文化外交使命重大，必将在国家整体外交中扮演更加重要的角色，发挥更大的作用，产生更为深远的影响。

第三辑　廉政文化建设

论文化建设在反腐倡廉中的作用

全国政协副主席、中国文联主席 孙家正

　　党风廉政建设是党的建设新的伟大工程的重要组成部分，是党的执政能力建设和先进性建设的重要内容。廉政文化建设是党风廉政建设的基础性工作，我们要善于从文化的视角认识腐败现象，充分发挥文化建设在党风廉政建设中的作用。

　　从文化视角看，腐败是一种消极文化现象。做好反腐倡廉工作，需要从文化层面分析腐败产生的原因，并探寻铲除腐败现象滋生蔓延的文化土壤及防止腐败的途径。

　　人的行为是受其思想观念支配的。人们的思想观念是在一定的环境中形成和改变的，文化环境是影响人的思想观念的重要因素。良好的文化氛围对人的发展有积极作用，不良的文化氛围则相反。当腐败不是个别情况而成为一种社会现象的时候，我们不仅要从经济、政治和制度的层面去分析，而且有必要从文化的层面去分析腐败现象产生的原因。

　　文化的基本要素可分为知识、情感、伦理、信仰四个层面。这四个层面相互渗透，形成一个开放的、相对独立的、连续发展着的体系。知识，包括从信息到科学等一系列认知性的文化内容，这是文化结构最外围、最浅显的层面，也是变动快捷而频繁的层面。随着信息化时代的到来，信息、知识呈现出爆炸式增长状态，极大拓宽了人们的认知领域，对解放社会生产力产生积极影响，同时，也打破了原本相对稳定的文化体系结构，强烈地冲击着人们的情感世界和伦理观念。目前，社会以及人们的内心世界，出现的种种矛盾和问题，直接原因固然是由于社会的存在，特别是利益关系的调整，潜层原因则与文化结构体系的失衡密切相关。文化体系中的情感层面是人们对自然和社会生活感性的价值判断与反映，它的符号形式是文学艺术。情感对伦理、信仰产生深刻的影响。在社会转型和大的变革时期，文化作为民族精神的旗帜，对社会有着重要的引导作用。好的文艺作品对人的生活方式和生活态度有正面的引导作用，而那些与现实生活隔膜，与普通百姓情感疏远，缺少人文关怀，甚至宣扬奢靡腐朽生活方式的作品，在相当程度上引起社会价值标准的模糊和混乱。伦理是一个群体的行为规范，它的实质是对人与人、人与社会关系的约束和调节。这种约束和调节主要是通过法律和道德来实现。法律是他律，带有强制性；道德是自律，主要靠自觉。在中国传统文化中，伦理学最为发达。古代伦理原则是以十分完备的礼仪、规范作保证的，同时，通过文化的载体，以大众喜闻乐见的形式，普及、渗透，代代传承。目前，关于道德教育的研讨很热烈，总感到现代道德教育效果不甚理想。出现这一问题的原因固然复杂，其中，忽视文化载体，教育形式单一，以及频繁变动的"精神"太多，持之以恒的"规矩"太少，都是其重要原因。长期以来，继承和发扬传统美德，一直未能得到应有重视；破中之立，也始终没有很好实现。我们就是在这样一种状态下步入开放时代，步入市场经济环境。历史和现实的复杂原因，导致当前伦理道德方面的文化失根、断层现象，这也可以说是腐败现象蔓延的原因之一。信仰是一个群体的世界观，包括从宇宙观到人生观、价值观一系列的基本概念。它在文化体系中处于核心地位，同时，与其他要素构成复杂的互动关系。从社会主义初级阶段的实际出发，中国特色社会主义建设的巨大成就，鼓舞了人们创造新生活的信心，坚定了人们对建设中国特色社会主义的信念。同时，应该看到，阶段性的社会理想与人的根本信仰、最终目的以及世界观、人生观、价值观之间，既有联系，又有区别。胡锦涛同志曾指出："忘记远大理想而只顾眼前，就会失去方向，离开现实工作而空谈远大理想就会脱离实际。"在党中央的领导下，马克思主义理论建设的伟大工程正在实施，理想信念教育得到了很大加强。但从文化工作来看，这仍是我们的薄弱环节。当前，一些党员干部走上违纪违法道路的一个重要原因，就是理想信念动摇，精神世界扭曲。

从文化视角认识腐败现象，可以看到，道德失范、信仰缺失，正是许多人腐化堕落的重要思想根源。铲除腐败现象滋生蔓延的文化土壤，重在建设好"两个体系"。

一是努力建设好与社会主义市场经济相适应，与社会主义法制相协调，与中华民族传统美德相承接的社会主义思想道德体系。培养良好的道德是党风廉政建设的一个基本要求。"文化而润其内，养德以固其本。"加强党风廉政建设，从某种意义上讲，就是要提高全社会的道德水平，特别是要提高领导干部的从政道德素质，使党的各级领导干部"常修为政之德，常思贪欲之害，常怀律己之心"，做"一个高尚的人，一个纯粹的人，一个有道德的人"。领导干部的从政道德对社会道德和家庭伦理道德起着示范和导向作用，"官"气正则民风清。在加强道德自律的同时，也要重视制度他律的作用，积极探索惩治与预防、自律与他律、制度与文化有机融合的综合预防腐败的途径。"随风潜入夜，润物细无声。"文化一旦深深地根植于人们心中，将起到法律制度不能替代的作用。只有发挥先进文化潜在的熏陶、引导、渗透、影响力量，来感化、优化党员干部的从政行为，才能从根本上树立"不愿腐败"的思想观念，在一定程度上防止腐败问题的发生。

二是努力把理想与现实紧密结合，坚持不懈地建设好以科学信仰为核心的价值体系。其中，包括对科学信仰准确而通俗的表述；科学信仰与建设中国特色社会主义信念的有机联系，实现信仰和信念的互动，现实关怀和终极关怀的结合；科学信仰如何与大众的人生，与常人、常理、常情相融合，真正成为一种人生追求和精神寄托。要特别注重把马克思主义的指导思想、中华民族的优良传统和我们的主流价值观，渗透到文化建设和社会生活的各方面。文化如水，滋润万物悄然无声。民族素质的提高，科学信仰的建立，是一个渐进的文化过程，需要持之以恒地努力。这是文化建设中最为重要的任务，也应是反腐倡廉工作要解决的根本问题之一。

廉政文化是我们党把多年来党风廉政建设和反腐败斗争的经验提升到文化高度的新认识，是中国优秀传统文化的继承和发展，是先进文化的组成部分

廉政文化是指一个国家中的阶级、民族和其他社会团体，以及这个国家中的成员，在一定的生产方式基础上，于一定的经济、政治、文化的历史和现实环境中，所形成的关于廉政方面的思想理念、思想道德、精神品位、生活观念、价值观念和行为规范的总和。廉政文化的核心是从政道德和价值取向，而遵纪守法、廉洁奉公、为民谋利是其外在表现。廉政文化的内涵十分丰富，其中包括：廉政的社会文化，主要表现为在全社会营造良好的廉政氛围环境，让健康向上的廉政文化去充实人们的精神境界，从而使优秀的传统廉政文化和道德风尚在全社会发扬光大；廉政的职业文化，主要表现为各职业阶层的从业人员恪尽职守，爱岗敬业，克己奉公，遵纪守法；廉政的组织文化，主要表现为国家机关、社会团体、国有企业等公共组织，处事公道正派、公正透明、诚实守信、廉洁高效；廉政的

"吏治"文化,主要表现为掌握公共权力的各级干部的选拔与任免、评价与管理,它要求全体公务员,特别是领导干部公正廉洁,淡泊名利,恪守宗旨,廉洁从政,勤政为民。从表现形式上看,廉政文化既有思想观念性方面的,如价值观念、思想信仰、思想道德等,又有制度规范性方面的,如廉洁从政的法律法规及各项纪律制度等。廉政文化以先进的廉政制度为基础,以先进的廉政理论为统领,以先进的廉政思想为核心,以先进的廉政文学艺术为载体,围绕廉政开展的一系列文化教育活动,其目的在于树立正确的世界观、人生观、价值观和地位观、权力观、利益观。

廉政文化是中华民族优秀传统文化的重要组成部分。我国有五千多年的文明史,有其丰富的廉政文化底蕴和灿烂成果。历史上有过像包公、海瑞等名垂青史的清廉典范,也留传下来不少至今仍能警示、鞭策从政者的廉政名言。如"为政之要,曰公与清";"惟公则生明,惟廉则生威";"其身正,不令而行;其身不正,虽令不从";"先天下之忧而忧,后天下之乐而乐"等等,这些优秀的文化传统,千百年来影响、激励了无数中华民族优秀儿女。我们党执政以来,始终把全心全意为人民服务作为根本宗旨,把自己摆在"人民公仆"、"人民的勤务员"、"人民的儿子"位置上,只有为人民服务的责任,而没有做官当老爷的权利。我们党和国家的老一辈领导人,在廉洁自律上为我们作出了表率。我们的党员干部队伍中涌现出了一大批清正廉洁、一心为民的好党员、好干部。他们的先进事迹以及全心全意为人民服务的精神,为社会主义廉政文化的形成奠定了坚实的基础。社会主义廉政文化是在既吸收、借鉴了中华民族优秀传统文化成果,又深刻总结我们党长期以来反腐倡廉工作经验的基础上形成的,是我们党立党为公、执政为民的执政理念在文化形态上的反映,是我们党执政实践的进步和升华。

社会主义廉政文化是社会主义先进文化的重要组成部分。它以廉政为思想内涵、以文化为表现形式；廉政建设需要以文化为载体，文化建设包括廉政内容。社会主义廉政文化与社会主义先进文化，在坚持马克思列宁主义、毛泽东思想、邓小平理论和"三个代表"重要思想的指导地位，坚持"以科学的理论武装人、以正确的舆论引导人、以高尚的精神塑造人、以优秀的作品鼓舞人"等方面是完全一致的。同时，二者又都是以服务经济发展为目标，以培育执政兴国、执政为民的理想信念为宗旨，以倡导廉洁奉公、弘扬社会主义正气为主要内容。

廉政文化作为一种无形的、潜在的力量，在反腐倡廉工作中作用重大。我们要重视并充分发挥廉政文化的导向作用、凝聚作用、教育作用和规范作用。

廉政文化通过知识体系、价值观念、思想信仰、行为规范、文化追求等内容，以宣传、评价、言论、视听、传播、交往等方式，教化党员干部及其他社会成员，进而规范人们的行为。因此，我们在反腐倡廉工作中，要重视发挥廉政文化的作用。

一要发挥廉政文化的导向作用。廉政文化是在党风廉政建设和反腐败工作的实践中形成的，具有政治属性；同时，它又是人民群众的大众文化，又具有社会属性，对社会有较强的辐射功能。廉政文化的双重性对社会意识发挥着导向作用，它赞扬什么、批评什么、反对什么，都具有鲜明的指向性。廉政文化通过多种载体和传播方式，即广播、报刊、图书、电视、电影、小说、戏剧、演讲、歌咏、书画展等，使人们自觉不自觉地受到了廉政文化的熏陶。它不仅对于人们树立正确的世界观、人生观、价值观，提升思想境界，起到了积极的作用，还对弘扬正气、促进廉政、鞭挞腐败起到了积极作用。廉政文化所包含的精神、理念、价值观、道德准则,在社会上广泛传播,为党风廉政建设和反腐败工作顺利开展营造了良好的文化舆论环境。

二要发挥廉政文化的凝聚作用。中华民族几千年来能够繁衍生息,文化的凝聚作用是一个重要原因。廉政文化是一种文化体系、一种廉政理念,它能使全体社会成员尤其是广大党员干部在同一类型和模式的文化氛围中得到教化、培养,从而以相同的价值观念、思维模式、行为方式在不同层次上联系起来、聚集起来,使整个队伍因同一的文化渊源而形成一种强大的向心力和凝聚力。它能凝聚全体社会成员和广大党员干部一道开展党风廉政建设和反腐败斗争的力量,使人们沿着实现共同利益的途径,自觉地团结在一起,为共同利益的实现而奋斗。

三要发挥廉政文化的教育作用。廉政文化在教育对象上不仅是党员干部,还包括全体社会成员。它通过各种教育方式和途径,用先进的文化、理念、思想,教育、熏陶、激励、鼓舞着全体社会成员。要在全社会营造一种人人崇廉尚廉,个个羞于腐败、耻于腐败和不愿腐败的良好氛围,营造"以廉为荣,以贪为耻"的社会风尚,使人们在廉政教育中思想得到升华。廉政文化以电视、电影、戏剧、小说、演讲、歌咏、书画等为载体,一方面通过宣传立党为公、执政为民的先进典型,宣传党风廉政建设和反腐败斗争中取得的成果以激励鼓舞人;另一方面,通过对腐败思想和行为进行有力鞭挞,通过对腐败案件成因的剖析来警示教育人。近几年来,廉政文化宣传了党风廉政建设思想,弘扬了正气,鞭笞了腐败行为,营造了清正廉洁的文化氛围,体现了廉政文化的吸引力和感召力,在党风廉政建设和反腐败工作中发挥了巨大的作用。

四要发挥廉政文化的规范作用。法国启蒙思想家、法学家孟德斯鸠说:"法律是基本的道德,道德是最高的法律。"廉政文化具有约束、规范、引导人们思想行为的作用。道德自律的作用是对人的内在约束,廉政文化以道德规范来引导人们特别是各级领导干部的思想行为,把道德规范的要求变为人们的自觉行动。对领导干部提出的"自重、自省、自警、自励"的要求,就是突出强调自律性和自觉性。而融合在廉政文化中的一些管理制度、廉政准则、廉洁自律规定,以及公认的社会道德规范等是对人们行为的外在约束,是以权威性和强制力来规范社会成员的行为,是人们必须遵守的基本道德规范,是每个人不管愿意不愿意都必须遵守的行为准则。在党风廉政建设和反腐败工作中,单靠自律或单靠他律都是不够的,只有两者形成合力,双管齐下,才会收到较好的效果。廉政文化的特点就是自律与他律有机结合,是道德自律与法律制度约束的统一。

加强廉政文化建设,是贯彻"三个代表"重要思想,保持党的先进性的需要,是维护党的执政地位,提高党的执政能力的需要。我们要重视廉政文化的理论研究和实践探索,把廉政文化建设纳入整个文化建设中加以谋划,贯穿于反腐倡廉工作各个环节,为深入开展党风廉政建设和反腐败工作注入强大的文化推动力。

用战略思维思考廉政文化建设

中央纪委驻文化部纪检组组长 李洪峰

加强廉政文化建设,是反腐倡廉建设理论和实践发展进程中的一个重要创新。从全局上说,这是加大源头治理的重要举措;从实践上说,这是反腐倡廉基础工作的重要环节;从理论上说,这是反腐倡廉建设理论的重要发展。

从战略上思考廉政文化建设,必须着重解决好四个方面的问题。

一、用战略思维思考廉政文化建设,就要抓住根本,深入研究马克思主义廉政文化理论

反腐倡廉是马克思主义的题中应有之义。《共产党宣言》有一段著名的话:"共产主义革命就是同传统的所有制关系实行最彻底的决裂;毫不奇怪,它在自己的进展过程中要同传统的观念实行最彻底的决裂。""人们的观念、观点和概念,一句话,人们的意识,随着人们的生活条件、人们的社会关系、人们的社会存在的改变而改变。"从人类社会发展史看,腐败与反腐败的斗争将是一场长期艰巨的斗争。马克思在《法兰西内战》中对廉政作了系统论述。恩格斯于1891年在为该书写的导言中,专门论述了贪污腐化等问题及对官吏的监督。马克

思恩格斯还针对第二国际各国党内存在腐败分子的现实,明确提出必须坚持党的无产阶级性质,坚决同党内各种错误思想作斗争。马克思认为,"权利永远不能超出社会的经济结构以及由经济结构决定的社会的文化发展"。列宁把腐败称为国家机构中的"脓疮",是"一大敌人",并告诫全党,如果不与之作坚决的斗争,"那我们一定会在社会主义的基础还没有建成以前灭亡"。列宁有个完整的党的学说,他关于党必须建立极严格的纪律的思想,关于执政党要注意提高党员质量的思想,关于党应当积极从事政治教育,战胜本身的弱点和缺陷的思想,关于反对官僚主义的思想,等等,今天仍有重要指导意义。

毛泽东始终对防止党的队伍和党的干部腐化变质保持高度警惕,发表过许多重要论述。1929 年,他在《古田会议决议》中,首先提出了思想建党的思想。1944 年,郭沫若写了《甲申三百年祭》,毛主席把它当作整风教材推荐给全党同志学习。1945 年,他在回答黄炎培共产党怎样跳出历史周期率的问题时,提出我们已经找到了民主新路,只要人人起来负责,就不会人亡政息。1949 年,在党的七届二中全会上,他提出了"两个务必"的著名论断。邓小平作为我国改革开放的总设计师,高度重视改革开放条件下的党风廉政建设。江泽民同志、胡锦涛同志领导全党大力加强党风廉政建设,开展反腐败斗争。毛泽东思想和中国特色社会主义理论体系中,包含着丰富的廉政文化建设思想。

马克思主义经典作家关于廉政文化建设的思想财富,既是廉政文化建设的重要内容,又对加强廉政文化建设具有根本指导意义,要组织力量,对马克思主义廉政文化理论,进行深入系统的学习、研究和宣传。

二、用战略思维思考廉政文化建设，就要贯通古今，深入挖掘我国历史文化宝库中的廉政文化精华

我国有着悠久灿烂的古代文明。毛主席1938年就讲过，"从孔夫子到孙中山，我们应当给以总结，继承这一份珍贵的遗产。这对于指导当前的伟大运动，是有重要帮助的。"现在，距离毛主席讲话已经70年，这个任务仍然不能说已经完成。

挖掘整理中国传统文化中廉政文化的精华，应当成为这种总结的一个重要方面。中华文化博大精深，其间蕴藏着丰富的廉政文化内容。从上古时代，虞舜告诫官员"直而清、简而廉"，到孙中山提出"天下为公"思想。中国传统文化中包含的廉政文化思想，是我们今天建设廉政文化的重要源泉之一，要进行深入的挖掘整理。

（一）在理论方面。中国传统文化认为，"为政以德，譬如北辰，居其所而众星拱之"。强调"政者正也"，为官从政要正；认为"徒善不足以为政，徒法不能以自行"，有了法律，还要具有良好道德的人来执行法律；主张德主刑辅、先教后刑，把教化放在前面，等等。这些价值理念的有益成分，可以古为今用。

（二）在史鉴方面。歌颂清官，鞭挞贪官，是中华文化中一个经久不衰的主题。历史上各个时期都有一些清官。比如，晏婴、诸葛亮、海瑞、范仲淹、包拯、于成龙、林则徐等，他们克己奉公、崇尚节俭、忧国忧民，出于污泥而不染，很值得学习。

（三）在典章制度方面。历史上各个朝代都制定过一些规范政治行为、约束官吏的律令、制度，其中有一些民主性的精华。

（四）在文艺作品方面。两千多年来，先秦散文、诸子百家、汉赋唐诗、宋词元曲、明清小说等，都有不少抑恶扬善的内容。

对于中华文化中的廉政文化遗产，应当加以系统的整理。

三、用战略思维思考廉政文化建设，就要立足现实，深入总结我们党加强廉政文化建设的基本经验

中国共产党开创了中国历史上清正廉明的新时代。我们党走过87年的辉煌历程，历经磨难而不衰，千锤百炼更坚强，有理想、守纪律和保持清正廉洁，是一个根本性的原因。从井冈山精神、延安精神、长征精神、抗战精神，到大庆精神、好八连精神、雷锋精神、焦裕禄精神、"两弹一星"精神、抗洪抢险精神、抗击非典精神、航天精神、抗震救灾精神，强大的精神支柱一直鼓舞着中国共产党和中国人民，使党的优良传统不断发扬光大，保持了党同人民群众的血肉联系，造就了高素质的干部队伍和党员队伍，涌现了灿若群星般的英雄模范人物。

廉政文化建设的根本着眼点，是引导人、教育人、培养人、提高人。它的根本目的，是通过文化的积累、渗透、感染、塑造等作用，营造以廉为荣、以贪为耻、风清气正、和谐向上的社会文化氛围，培养有理想、有道德、有文化、有纪律的社会主义新人，为党的纲领和目标而奋斗。中国共产党是以人为本、以人民为本、以为人民服务为本的党。我们党在领导革命、建设和改革的伟大实践中，始终坚持立党为公，执政为民。毛泽东、周恩来、刘少奇、朱德、邓小平、陈云等老一辈革命家，一代一代的共产党人，用他们的高风亮节和先锋模范作用，影响和带动了全党全民族。对党的历史经验要不断进行总结。

要特别注意总结改革开放以来的新鲜经验。比如：关于坚持党要管党、从严治党、严惩腐败分子的经验，关于领导干部廉洁自律的经验，关于密切联系党同人民群众血肉联系、纠正损害群众利益不正之风的经验，关于加强改革开放和市场经济条件下的思想政治建设的经验，关于深化改革、加强制度建设和民主法制建设、从源头上预防和治理腐败的经验，关于加强党内监督、建立健全惩治和预防腐败体系的经验，关于加强党的执政能力建设和先进性建设的经验，等等。这对于我们加强廉政文化建设以至整个反腐倡廉建设是有重要意义的。

四、用战略思维思考廉政文化建设，就要融汇中外，积极借鉴世界各国倡导廉政文化的有益作法

国际上许多有识之士认为，文化建设主要是道德建设，是反腐败不可缺少的一环。有学者说："文化可以使人格深深地改变，所以文化可以令人放弃他的自私自利。"可以列举大量事实支持这个观点。例如，芬兰全国各地法院每年受理的行贿受贿案件不足 10 起，并且几乎没有大案。透明国际 2004 年公布的 2003 年度腐败指数中，芬兰以 9.7 分的得分连续四年被评为世界上最清廉的政府。芬兰腐败案件少，与其民族历史文化传统有密切关系。长期以来，在北欧严酷自然环境中得以生存的芬兰人形成了特有的民族性格：坚忍不拔，知足不贪。在瑞典，腐败行为被认为是天理难容，很少有人会幻想通过受贿来发财致富。如果官员被发现用权力做交易，他将为此付出惨重的代价。

许多国家都注意从文化角度来推进反腐败工作，主要有三种方式。一是不断丰富和调整道德行为规范体系。美国成立有专司廉政文化建设的政府道德署，《公务员道德法》由最高立

法机构的国会通过颁布。随着社会的变迁,一方面,许多行为从道德的领域中进入了强制性的法律范围,成为法律规范的一部分;另一方面,一些从前被法律所禁止的行为,转入道德领域,成为道德规范的内容。

二是开展多种形式的廉洁教育。新加坡政府非常推崇儒家文化,教导全民要中庸、团结、安分守己、克己奉公、尊老爱幼、文明礼貌等。政府每年都要组织"礼貌月"活动,各领域、各行业、所有公民,都要学习遵守礼貌用语和文明规则。持久的全民文明教育给新加坡带来了良好的社会风气,影响和促进了廉洁高效的官场风气。奥地利有一个牵动千家万户的电视专栏节目,每周一次,由"人民监察官"向国民宣传反腐败工作,取得了积极效果。

三是注重领导者的示范作用。政府官员要接受各方面的监督。这方面也有很多实例。

从战略上思考廉政文化建设,在实践中还要注意处理好三个关系:一是继承和创新的关系。加强廉政文化建设必须讲继承,不能搞历史虚无主义、文化虚无主义。但同时必须讲创新,要与时俱进,不能只靠吃祖宗饭过生活。当前,廉政文化建设有两个主要的发展趋势:一是群众性,普及的趋势;二是系统性,升华的趋势。抓住这两个趋势,坚持继承与创新相结合,就能推动廉政文化理论和实践不断提高到新的水平。二是长远和当前的关系。文化积累是循序渐进的过程,不能急于求成,企图毕其功于一役。要着眼于长远,着手于当前,下点点滴滴、日积月累、春风化雨、潜移默化的功夫。三是重点和多数的关系。廉政文化建设的重点是党员领导干部,但同时必须面向大多数、面向全党全社会。只有吸引更多的人参与,不断拓宽教育的受众范围,才能真正形成反腐倡廉建设的广泛群众基础和良好社会氛围,达到预期目的。

纪检监察干部要做践行
社会主义荣辱观的模范

文化部直属机关党委书记　常克仁

胡锦涛总书记以"八荣八耻"为主要内容的关于树立社会主义荣辱观的重要讲话，概括精辟，寓意深刻。既是社会主义价值观的集中体现，也是构建和谐社会的强大精神动力；既是时代精神的鲜明表述，也是反腐倡廉的基本要求，更是"立党为公、执政为民"的基本准则。纪检监察机关担负着反腐倡廉的重任，应努力把弘扬和践行社会主义荣辱观作为一项突出的政治任务、作为反腐倡廉宣传教育的一个工作重点、作为永葆先进性的一个鲜明导向抓紧抓好，并走在社会前列。纪检监察干部不仅要带头学好，更要模范践行好，这样才能做好党的忠诚卫士，当好群众的贴心人。

一、"八荣八耻"社会主义荣辱观的深刻内涵

胡锦涛同志关于"八荣八耻"的重要论述，精辟阐明了社会主义荣辱观的深刻内涵，体现了社会主义道德规范和先进文化的本质要求，体现了中华民族传统美德和时代精神的完美结合。

——社会主义荣辱观是继承中国传统文化精神的必然要

求。在我国传统思想中，历来十分重视荣辱观念。可以说以荣辱观念为重要内容的优秀文化传承是中华文化之宝，是中华社稷之基，是民族精神之魂。五千年的历史长河，无论长期的战乱、大规模的迁徙，还是外来文化的碰撞，在沧桑巨变中，我们的民族总是坚守着一份对于真善美的崇高而纯粹的追求。从耻食周粟的伯夷叔齐，到无颜面对江东父老的项羽；从耻为亡国奴的郑成功，到拒绝美国救济面粉的朱自清……多少公忠体国的志士仁人，多少舍命为仁的豪侠义杰，多少勤劳质朴的黎民苍生，都成为古老传统的化身！正是这千千万万的历史主人公造就了中华民族千百年来的丰功伟绩。这些当然也与我国古代思想家对荣辱观念的重视分不开。先贤往往将荣辱放到与人格一样重要的地位："人不可以无耻。……耻之于人大矣"（《孟子·尽心章句上》）；荣辱的核心标准是仁："仁则荣，不仁则辱"（《孟子·公孙丑章句上》）；以及义利之辩："荣辱之大分，安危利害之常体，先义而后利者荣，先利而后义者辱"（《荀子·荣辱篇》）；荣辱的取舍在于个人的修为："荣辱之责在于己，而不在乎人"（《韩非子·大体二十九》）。《贞观政要》中提出了臣子的"六正（圣臣、良臣、忠臣、智臣、真臣、直臣）六邪（具臣、谀臣、奸臣、谗臣、贼臣、亡国之臣）"之分。可以看出，荣辱是其中的重要划分标准。清代思想家龚自珍把个人的荣辱与国家的兴旺联系起来，达到了较高的认识深度："士皆知耻，则国家永无耻矣；士不知耻，为国之大耻。"这些都是我们民族珍贵的思想财富，对我们熔铸新时代的民族性格、民族心理和民族精神有着积极的借鉴意义。我们要传承中华民族的优秀美德，汲取中华传统文化中的精华，用先进文化抵制腐朽文化，始终保持人们特别是共产党人的蓬勃朝气、昂扬锐气和浩然正气。

——社会主义荣辱观是经济社会顺利发展的必然选择。

"仓廪实知礼节，衣食足知荣辱"（《管子》）。物质条件的改善是精神生活提高的必要前提。改革开放27年来，中国社会全面进入小康社会，在物质生活丰富的同时，各种思想文化相互激荡，人们受各种思想观念影响的渠道明显增多、程度明显加深，人们思想活动的独立性、选择性、多变性、差异性明显增强；社会上存在的消极腐败现象以及各类严重犯罪活动等也给社会稳定与和谐带来了严重影响。只有树立正确的荣辱观，才能知荣弃耻，褒荣贬耻，扬荣抑耻，才能明荣辱之分、做当荣之事、拒为辱之行，才能凝聚人心、提升境界、激发活力，形成与社会主义市场经济相适应的道德体系，才能有力地推动社会主义物质文明建设。

——社会主义荣辱观是构建社会主义和谐社会的精神动力。道德是社会和谐的重要的道义基础，也是构建和谐社会的精神动力。人们只要有了共同的价值观念和道德追求，面对社会的诸多矛盾和利益冲突，就能达成谅解、形成共识、理顺情绪、凝聚意志和力量、协调行动，步调一致地去化解矛盾、消除冲突。因此，树立社会主义荣辱观，不仅是构建社会主义和谐社会的一个带有根本性的问题，而且也是构建社会主义和谐社会的精神动力。

二、纪检监察机关切实践行社会主义荣辱观的重要意义

荣辱观是世界观、人生观、价值观的反映。一个人的世界观、人生观、价值观出了问题，其是非、善恶、美丑的界限就会混淆，坚持什么、反对什么、倡导什么、抵制什么就会混沌不清。胡锦涛总书记提出树立社会主义荣辱观，抓住了党风廉政建设和反腐败工作的一个基础性问题。纪检监察机关要认真学习、深刻领会切实践行社会主义荣辱观的重要意义。

一是切实践行社会主义荣辱观有利于加强廉政文化建设。加强廉政文化建设是建立健全惩治和预防腐败体系的重要内容，通过廉政文化建设，加大正面宣传引导力度，消除陈旧观念，突破陈规陋习，用健康向上的、先进的社会主义荣辱观占领思想"阵地"，形成一种"强势"，既可以进一步筑牢党员干部的思想道德防线，提高拒腐防变的能力，又可以为他们克服不良风气、抵制各种各样的诱惑和腐蚀，创造良好的环境和条件。要让社会主义的荣辱观深入人心。群众的道德素质提高了，法制观念增强了，良好的社会风气形成了，党风廉政建设才有深厚的群众基础和良好的社会氛围，才能不断取得新的成效。我们要充分利用文化系统的资源优势，组织方方面面的力量，开展丰富多彩的廉政文化创建活动，营造清正廉洁的文化氛围。

二是切实践行社会主义荣辱观有利于树立良好的党风政风。官气正则民风清，领导干部的从政道德对社会道德等都起着示范和导向作用。党员干部能否树立正确的荣辱观，直接影响着党风政风，事关党群关系和党的形象。胡锦涛总书记关于"八个为荣、八个为耻"的重要论述是面向全社会的，同时也是面向党员领导干部的。党员领导干部和领导机关要带头遵循胡锦涛同志提出的"八荣八耻"，推动党风政风乃至社会风气明显好转。领导干部要"以艰苦奋斗为荣、以骄奢淫逸为耻"，更加坚定地发扬艰苦奋斗精神，抵御各种诱惑的冲击，永远保持共产党员的先进性，做到立党为公、执政为民。

三是切实践行社会主义荣辱观有利于促进制度建设。荣辱观的提出，使我们为政之德更加清晰，律己要求更加明确，也为社会各种行为明确了标准和尺度。在制度建设中，围绕坚持"八荣八耻"，建立健全管用好使的制度体系，形成管事的人用制度来约束，管人的事用制度来规范的机制。在制度的约束下,耻前止步,遇耻而拒,使荣辱观的相关内容成为具体政策发挥导向作用,成为规章制度发挥约束作用,成为法律法规发挥保障作用。

三、纪检监察干部要率先践行社会主义荣辱观

纪检监察干部担负着党的纪律检查和行政监察工作,自己首先要自觉接受党纪政纪约束,自觉树立"八荣八耻"的社会主义荣辱观。"打铁还得自身硬",这样才能挺直了腰杆去纠正、处理别人的问题,才能真正树立可亲、可敬的形象,当好群众的贴心人。因此,纪检监察干部一定要使社会主义荣辱观,在思想和行动中统一起来,按照"八荣八耻"的要求,保持政治上的坚定性和思想道德的纯洁性,一身正气,两袖清风,做到耐得住清苦、顶得住歪理、抗得住诱惑、管得住小节,切实维护党纪政纪和国家法律法规的严肃性,做党的忠诚卫士,做践行社会主义荣辱观的模范。

一要认真学习全面理解荣辱观的深刻内涵。"八荣八耻"的社会主义荣辱观,体现了中华民族传统美德和时代精神的有机结合,也体现了社会主义道德规范的本质要求。它内容丰富,博大精深,几乎涵盖了人们的思想、学习、工作及生活的方方面面。认真地践行它,我们才能走好人生的每一步。而践行的前提就是要深刻领会社会主义荣辱观的精神内涵。为此,我们必须努力学习,不仅对其内容烂熟于心,更要领悟真谛,掌握精髓,为践行荣辱观奠定基础。

二要大力宣传荣辱观,做好荣辱观的宣传员。"八荣八耻"的社会主义荣辱观,对社会主义价值观具有鲜明的导向作用,并为构建社会主义和谐社会和社会主义思想道德建设指明了方向。作为党的纪检监察干部,在自己学好执行好的同时,还应

当好社会主义荣辱观的宣传员,让人人都知晓何为荣、何为耻,形成浓厚的讲荣耻的氛围,以"八荣八耻"规范自己的思想和行为,从我做起,从现在做起。

三要带头践行荣辱观,做践行荣辱观的表率。践行"八荣八耻"的社会主义荣辱观,关键是要落实到具体行动中,落实到工作、生活的方方面面。作为纪检监察工作者,平时要用荣辱观来规范自己的言行,指导自己的工作、学习、生活,使社会主义荣辱观真正融入到思想中、落实到行动中、体现在细节中。做勤奋学习、崇尚科学的表率,做执政为民、依法办事的表率,做艰苦奋斗、勤俭节约的表率,做清正廉洁、遵守纪律的表率,做乐于助人、团结奋斗的表率,为社会风气的净化、优化作出自己应有的贡献。

四要认真履行纪检监察工作职责,做荣辱观的积极推动者。树立社会主义荣辱观,对加强社会主义思想道德建设,深入推进党风廉政建设,具有十分重要的指导意义,纪检监察干部要认真履行职责,把树立社会主义荣辱观作为开展反腐倡廉工作的重要内容,开展行之有效的社会主义荣辱观教育,切实解决背离社会主义荣辱观的突出问题,积极推动"八荣八耻"为核心的社会主义新风尚的形成。

总之,社会主义荣辱观,是当今时代世界观、人生观、价值观的具体反映,是对中华民族传统文化的继承和完善,是一个国家文明民主的表现,是构建社会主义和谐社会的思想保证和精神动力。纪检监察干部要从自身做起,从现在做起,从具体事情做起,做牢固树立和自觉实践社会主义荣辱观的模范,为建设社会主义思想道德新风尚,发挥表率作用。

发挥优势
大力推进廉政文化建设

驻文化部纪检组监察局

廉政文化作为社会主义先进文化的重要组成部分，是社会主义政治文明和精神文明的重要体现。建设廉政文化、发展廉政文化、推广廉政文化不仅是党风廉政建设和反腐败斗争的客观需要，也是构建和谐社会的必然要求。作为文化部门工作者，对廉政文化建设有着义不容辞的责任。近几年来，我们各级文化部门工作者，对推进廉政文化建设，进行了认真思考和积极探索，开展廉政文化理论研讨，不断增强责任意识，发挥文化部门优势，组织廉政文艺作品创作，开展形式多样、丰富多彩的一系列廉政文艺演出，举办一系列廉政文化活动，在全社会营造了浓厚的廉政文化氛围，有力地推动了廉政文化建设深入开展。下面就如何发挥文化部门优势，推进廉政文化建设，谈谈我们的思考和探索。

一、廉政文化继承发展了中国优秀传统文化成果，是先进文化的重要组成部分，各级文化部门对廉政文化建设有着义不容辞的责任

在中国优秀的文化传统中，存在、延续着廉政文化的重要

文化价值

资源，值得充分地吸收和继承。在中国共产党优良的文化传统中，更包含着十分鲜明的廉政文化精神，更值得充分地发扬光大。廉政文化继承发展了中国优秀传统文化成果，是先进文化的重要组成部分，培育、弘扬和建设廉政文化，是当代中国共产党人的重大的文化使命，更是文化部门工作者义不容辞的责任。

（一）廉政文化继承发展了中国优秀传统文化成果

廉政文化是在吸收借鉴我国传统优秀文化成果，深刻总结我党长期以来反腐倡廉经验的基础上形成的。我国有五千多年的文明史，有其深厚的廉政文化基础，丰富的廉政文化底蕴和灿烂成果。在漫长的历史发展中，形成了独具特色的清廉文化，创造了许多内涵丰富的廉论、廉事、廉诗、廉文、廉对、廉谣、廉谚、廉戏、廉政格言警句等，如历史上流传下来的包公、海瑞等名垂青史的"清官"故事，流传下来的不少鞭策为官者的廉政名言："为官长当清、当慎、当勤，修此三者，何患不治乎"、"为政之要，曰公与清"、"惟公则生明，惟廉则生威"等，不仅深深影响了古代中国，而且也深深影响着当代中国。我们党执政以来，继承发展了我国传统优秀文化成果，始终把全心全意为人民服务作为"为官之道"，在奋斗历程中，形成了"谦虚谨慎"、"艰苦奋斗"、"密切联系群众"、"为民、务实、清廉"等优良传统和作风。以胡锦涛同志为总书记的党中央提出了一系列在新形势下开展反腐倡廉工作的重要理论观点，创立和发展了一系列廉政建设理论，赋予了廉政文化崭新的内涵，体现了优秀的文化传统和鲜明的时代精神。在新的历史条件下，我们加强廉政文化建设的任务之一，就是要引导人们特别是党员干部传承中华民族的优秀美德，汲取中华传统文化中的精华，用先进文化抵制腐朽文化，始终保持人们特别是共产党人的蓬勃朝气、昂扬锐气和浩然正气，廉洁奉公，勤政为民。

（二）廉政文化是社会主义先进文化的重要组成部分

廉政文化，是以先进的廉政制度为基础，以先进的廉政理论为统领，以先进的廉政思想为核心，以先进的廉政文学艺术为载体，具有深厚的历史渊源、广博的文化知识和丰富的社会实践。廉政文化是廉政建设与文化建设相结合的产物，是进步内容与完美形式的有机统一，是社会主义先进文化的重要组成部分，是社会主义先进文化在廉政建设方面集中而又具体的反映。廉政文化与先进文化在坚持马克思列宁主义、毛泽东思想和邓小平理论的指导地位，坚持以科学的理论武装人，以正确的舆论引导人，以高尚的精神塑造人，以优秀的作品鼓舞人等方面是完全一致、相辅相成的。先进文化是代表最广大人民群众的根本利益、反映民族精神和时代精神的健康向上的文化，它的作用，就在于能够不断丰富人们的精神世界，增强人们的精神力量。廉政文化承担着树立廉洁理念、提倡廉洁精神、营造廉洁环境的重要任务，它发挥着引导人、教育人、激励人、鼓舞人和激浊扬清、惩恶扬善的独特作用，它在引导人们特别是党员干部牢固树立立党为公、执政为民的价值观，促进领导干部廉洁自律，不断增强拒腐防变能力，端正党风等方面提供着精神动力和思想保证，是党风廉政建设不断取得进步和发展的内在灵魂。因此，我们要大力加强廉政文化建设，在全社会营造廉政文化氛围，让廉政思想去充实人们的精神境界，使全体社会成员特别是党员干部自觉地抵制各种落后腐朽思想的侵蚀，在全社会形成"以廉为美、以廉为乐、以廉为荣"的社会风尚，从而推动党风廉政建设工作的深入开展。

（三）建设廉政文化是各级文化部门工作者义不容辞的责任

廉政文化建设是文化部门工作者义不容辞的责任。一是廉政文化建设，需要以文学艺术为载体，才能在全社会形成浓厚的廉政文化氛围。廉政文化要通过以电视、电影、小说、戏剧、演讲、歌咏、书画展等为载体，去建立和营造强烈浓厚的廉政文化氛围，教育、引导、影响、感化人们，使人们在廉政文化熏陶中，思想得到升华。如一出包公戏，使刚正不阿、疾恶如仇的包青天形象流传千古，其反腐倡廉作用震古烁今。一部《水浒传》，把贪官污吏的嘴脸暴露无遗，把官逼民反的道理揭示得淋漓尽致，其警示训诫意义影响深远。这说明廉政凭文化之力，方可深入人心，使人们在获得知识、得到艺术享受的过程中，不知不觉地受到廉政文化的教育。二是宣扬正义、惩恶扬善是文艺创作永恒的主题。廉洁奉公、廉洁从政的价值观，顺应了时代发展的要求，反映了广大人民群众的意愿，代表着社会主义先进文化的本质要求和服务方向。这说明文化的发展繁荣，必然包含廉政文化的发展繁荣，才能真正代表社会主义先进文化的前进方向。文化部门工作者要自觉承担起建设廉政文化的责任，积极创作廉政文艺作品，大力宣传"为民、务实、清廉"的思想，为全社会营造廉政文化氛围，构建社会主义和谐社会创造良好的社会环境。

二、充分发挥文化部门的专业优势、人才优势和阵地优势，创作廉政文艺作品，组织廉政文艺演出，开展廉政文化活动，为党风廉政建设提供强有力的文化支撑

在廉政文化建设中，文化部门拥有其他部门所无法比拟的文化资源和优势。一是具有专业优势。各级文化部门长年从事各项社会文化工作，具有一定数量的专业剧团和各类书画院以及艺术研究院所等，这些单位都具有一定的专业技术和经验。二是具有人才优势。各级文化部门都有一批中高级以上职称的

文化专业人才队伍，并具有相当数量的高级艺术人才，在社会上具有很大的影响力。他们创作一部优秀艺术作品，可能影响几代人；一个名演员在一部倡廉戏中塑造一个廉政典型，在观众中的影响，所产生的共鸣是久远的，甚至是一生的。一次高水平的反腐倡廉展览，对观众心灵的陶冶和廉政理论的深化，也许胜过毕生的说教。三是具有阵地优势。各级文化部门拥有多种文化活动阵地，如文化馆、图书馆、美术馆、艺术馆、展览馆、博物馆、影剧院等，都是重要的文化活动场所，有着丰富的文化内涵，在廉政文化建设中扮演着重要的角色。这些得天独厚的优势，为开展廉政文化建设创造了极好的条件。近几年来，我们各级文化部门，在廉政文化建设工作中，进行了积极探索，注意发挥文化部门的专业优势、人才优势和阵地优势，创作了一系列廉政文艺作品，开展了一系列形式多样、丰富多彩的廉政文艺演出和廉政文化活动，将廉政文化作品积极推向了全社会，在全社会营造了浓厚的廉政文化氛围，为党风廉政建设提供了强有力的文化支撑。

（一）充分发挥文化部门的专业优势和人才优势，积极创作廉政文艺作品，组织大型廉政文艺演出，使观众在艺术享受中受到廉政文化的教育

近几年来，各级文化部门注意发挥专业优势和人才优势，创作了一批批廉政文艺作品，组织了一台台大型廉政文艺演出，使人们在艺术享受中受到了廉政文化教育，不仅对人们提升思想境界，激励人们进取向上，起到了积极的作用，而且对增强全体社会成员反腐倡廉意识，弘扬正气，促进廉政，鞭挞腐败起到了积极的作用。

一是积极创作演出以廉政为题材的文艺剧目。如江苏省创作演出的《你是一面旗帜》，四川省创作演出的《时代声音》、《先锋在前》、《牛玉儒》、《巴山秀才》，江西省创作演出的

《可爱的中国》、《井冈山》、《等你一百年》，安徽省创作演出的《揭托儿》、《知心村官》，黑龙江省创作演出的《任长霞》、《最后一夜》、《百姓局长》，河北省创作演出的《警钟》、《永不倾斜》、《雾漫人生》，河南省创作演出的《百姓书记》、《村官李天成》等剧目，在社会上演出后都产生了广泛的影响，一大批剧目获得了省级以上奖励。

二是积极创作廉政歌曲，开展廉政歌曲演唱活动。四川省创作反腐倡廉歌曲653首，组织反腐倡廉歌曲演唱会329场，参加演唱活动的干部群众达87万余人，得到了省纪委的好评，授予文化厅"廉政文化建设特殊贡献奖"。山东省创作廉政歌曲千余首，唱遍了齐鲁大地。各省文化系统都组织创作了一大批廉政歌曲，并开展了廉政歌曲大家唱活动，在全国文化系统形成了创作廉政歌曲，唱响正气歌的热潮。

（二）充分发挥文化部门阵地优势，举办廉政文化展览，宣传廉政文化思想，使人们在参观中受到廉政文化的熏陶

近几年来，各级文化部门注意发挥自己的阵地优势，利用文化馆、图书馆、美术馆、艺术馆、展览馆、博物馆、影剧院等活动场所，创作了一系列廉政文化作品，举办了一系列廉政文化展览，使人们真正受到了廉政文化的熏陶。

一是组织创作以革命传统教育为题材的展览。如江西省文化系统利用自己的阵地优势，创作并举办了《优秀共产党员先进事迹图片展》、《江西革命英烈事迹展》、《南昌起义陈列展》、《朱德生平图片展》、《贺龙光辉业绩展》等展览。二是创作举办以廉政为题材的各种展览。如四川、黑龙江、河南等省文化系统利用自己的阵地，创作举办了以廉政为主题的书法、美术、摄影展，党风廉政建设图片展、反腐倡廉警示教育图片展等，有的还创办了学习园地、廉政专栏等。通过创作举办一系列廉政文化作品展览，宣传了廉政文化思想，营造了廉政文化氛围，使人们在参观中受到了廉政文化的熏陶。

（三）积极将廉政文化作品推向全社会，使全体社会成员真正感受到廉政文化的氛围

近几年来，各级文化部门，为了扩大廉政文化的覆盖面、影响面、教育面，将创作的一系列廉政文化作品，积极推向了全社会，同时还利用我们的专业优势和人才优势，积极协助配合各级党委、纪委、政府有关部门，编写廉政文化读本和宣传资料，培养廉政文化宣传员队伍，打造廉政文化窗口、廉政人文景观等，在全社会营造了浓厚的廉政文化氛围，有力地推动了廉政文化建设的深入开展。

一是将创作的廉政文艺作品积极推向全社会，在全社会营造浓厚的廉政文化氛围。如四川省文化厅组织创作的大型反腐历史剧《大佛·海通》、《巴山秀才》等剧目推向北大、清华、南开、西南、成都等大学演出后，引起了强烈反响。四川乐山市文化局创作了一大批优秀的廉政文艺作品，深入到各区、县、乡镇、学校、社区演出了110场，受到了群众热烈欢迎。江苏省文化厅组织创编了"知荣辱、爱祖国、促和谐"专题戏剧曲艺节目，深入到学校、乡镇、部队及市民广场演出，江西省文化厅将近年创作排演的70多个反腐倡廉文艺节目在"广场文化"、"校园文化"、"节庆文化"等活动中进行演出等，受到了社会各界一致好评。同时，各级文化部门还开展了送图书、送节目、送电影"三下乡"活动，各地图书馆开展了廉政文化图书送学校、企业、农村等活动，成都市文化局编辑印制党风廉政艺术台历，制作反腐倡廉曲艺小品光盘免费发送全市区县党政机关，供干部群众观看。开展的这一系列廉政文化活动，丰富了机关、社区、学校、企业、农村廉政文化生活，使社会成员真正感受到了廉政文化的氛围。

二是积极配合各级党委、纪委、政府有关部门，培养廉政文化宣传员队伍，编写廉政文化资料，打造廉政文化窗口、廉政人文景观等，使廉政文化渗透到社会的各个角落。四川省各级文化馆、图书馆和乡镇文化站针对基层文化队伍薄弱，文艺创作人员缺乏的情况，加大了对基层特别是农村文艺骨干的培养和指导，培养了一大批廉政文化宣传员，创作了一批深受群众喜爱的廉政文艺节目。如眉山市文体局组织区县文化馆和乡镇文化站人员为农村培养了一批文艺骨干队伍，指导创作了一批廉政文艺节目，全市组织了12支农村廉政文艺演出队，深入乡村巡演76场，深受农民群众的喜爱。同时，眉山市文体局还协助党委、政府有关部门编印发放了《农村干部廉政文化读本》、《农村群众廉洁文化读本》、《廉政文化宣传资料汇编》，扶持建设了一批廉政文化大院、廉政文化之家，极大地推动了基层特别是农村廉政文化建设的深入开展。为使廉政文化渗透到社会的各个角落，四川各级文化部门协同新闻、广电、城建等部门，创作廉政公益广告，发放廉政宣传卡片，打造廉政文化窗口，廉政人文景观，如清风亭、清风廊、廉政一条街等，使廉政警句、诗词、民谣、书画、镌刻等与自然环境融为一体，使廉政文化渗透到了社会的各个角落，营造了浓厚的廉政文化氛围，有力地推动了廉政文化建设的深入开展。

三、加强对廉政文化建设的领导，建立健全廉政文化建设工作机制，保证廉政文化建设健康有序的深入开展

廉政文化建设是一项复杂而艰巨的社会系统工程，需要充分发挥"大宣教"工作格局的作用，统筹安排，分类指导，相互协作，密切配合，运用综合手段，使用综合力量，才能推动廉政文化建设深入开展。

（一）加强对廉政文化建设的领导，建立廉政文化建设责任机制

加强对廉政文化建设的领导，是开展廉政文化建设的关键。只有加强党对廉政文化建设的领导，才能把握廉政文化建设的正确方向，保证廉政文化建设健康有序的开展。近几年，各级文化部门为增强领导干部对廉政文化建设工作的责任意识，召开廉政文化建设理论研讨会，从部领导到省市文化厅局领导以及文艺单位的领导发表了一系列加强廉政文化建设的理论研讨文章，使文化系统广大干部和文艺工作者，提高了对廉政文化建设重要性的认识，增强了开展廉政文化建设工作的责任意识，调动了开展廉政文化建设工作的积极性、主动性和创造性。为加强对廉政文化建设的领导，保证廉政文化建设工作得到有效落实，各级文化部门都将廉政文化建设纳入了先进文化建设的整体规划，纳入了党风廉政建设责任制中，明确了各级党政主要领导是廉政文化建设的第一责任人。在工作中，坚持廉政文化建设工作和其他各项工作统一安排、统一部署、统一落实。江苏、江西、四川、安徽、黑龙江等省文化厅下发了一系列关于加强廉政文化建设文件，提出了要求，明确了责任。有的还成立了廉政文化建设的领导机构，制定了具体实施方案，坚持与本单位本部门的主要工作一起安排、一起部署、一起推动、一起考评，保证了廉政文化建设工作健康有序的开展。

（二）加强廉政文化建设工作的协调配合，建立廉政文化建设协调机制

加强廉政文化建设工作的协调配合，建立廉政文化建设协调机制，对推动廉政文化建设工作的开展起着极其重要的作用。各级纪检、纪委部门承担着组织协调廉政文化建设工作的责任，因此各级纪检、纪委部门要强化协调配合意识，建立协调机制，发挥组织谋划作用、聚集合力作用、监督检查和督促指导作用，推动廉政文化建设工作的开展，确保廉政文化建设工作任务的有效落实。近几年来，文化系统不少单位纪检组、纪委积极发挥了以上三个作用，如河北、江苏、江西、四川等省文化厅纪检组在廉政文化建设工作中，一是积极组织谋划，制订方案，提出建议，协助厅党组进行部署和落实，发挥了组织谋划的作用。二是建立协调配合、信息反馈和情况通报等制度，发挥桥梁纽带作用和聚集合力的作用。纪检组长对廉政文化建设工作，主动向党组书记、厅长沟通汇报，积极与厅内各单位以及下属各单位进行组织协调，整合各单位力量和文化资源，形成了整体合力。同时还加强了与各级党委、纪委、政府有关部门的协助配合，保证了各级党委、纪委、政府有关部门廉政文化建设工作的顺利开展。三是发挥监督检查和督促指导的作用。纪检组对本系统廉政文化工作经常进行监督检查，随时掌握各部门各单位工作进展情况和任务落实情况，召开现场会、工作会，交流会，进行督促指导，推动了廉政文化建设工作深入开展。

（三）建立廉政文化建设工作激励保障机制，调动和发挥干部群众对廉政文化建设工作的积极性、主动性、创造性

建立廉政文化建设工作激励保障机制，对保证廉政文化建设工作深入持久地开展起着极其重要的促进作用。因此，各级党委、纪委以及各部门一是要建立廉政文化建设工作的激励机制，每年要对廉政文化建设工作开展一次评选活动，对创作的廉政文化优秀作品和重大廉政文化建设项目以及在廉政文化建设工作中有突出贡献的单位和个人给予表彰和奖励。这有利于调动和发挥各部门、各单位以及干部群众对廉政文化建设工作的积极性、主动性，有利于激发创作人员创作出更多更好的廉政文化优秀作品，有利于廉政文化建设的繁荣和发展。二是要

建立廉政文化建设工作保障机制,给予廉政文化建设必要的经费投入,从组织、人员、经费等方面给予支持,帮助解决廉政文化建设工作中的实际问题,从而保证和推动廉政文化建设工作深入持久的开展。

以上是我们在开展廉政文化建设工作中的一些思考和探索。今后,我们要继续发挥文化部门的专业优势和人才优势,创作出更多更好的廉政文艺作品推向社会,继续发挥我们的阵地优势,开展丰富多彩的廉政文化活动,让人们浸润在一股浓浓的廉政文化氛围之中,让廉政文化如阵阵清风催人清醒,充实人们精神境界。为推进廉政文化建设工作,在全社会形成"以廉为美、以廉为乐、以廉为荣"的社会风尚,作出我们应有的贡献。

完善农村公共文化体系

文化部社会文化司

文化部门在农村基层党风廉政建设中,承担着建设廉政文化的重要责任。社会文化司是文化部农村廉政文化建设的牵头司局,承担具体组织实施工作。近两年来,我司按照业务职能,大力推进农村文化建设,将廉政文化建设与社会文化工作相结合,与公共文化服务体系相结合,在各项业务工作中,贯彻廉政文化建设的要求,落实廉政文化建设各项工作任务,推动了农村基层党风廉政建设的深入开展。

一、制订农村廉政文化建设规划,明确工作任务。社会文化工作紧密联系基层,贴近群众,在农村廉政文化建设中具有独特的人才优势、阵地优势和资源优势。在基层文化工作中,我们注意将廉政文化纳入其中,作为工作的重要内容予以安排和落实。按照中央要求,2007年我司牵头起草了《农村廉政文化建设规划》,以文化部的名义下发。《规划》明确了农村廉政文化建设的指导思想、工作目标、工作思路和具体措施,为各地文化部门推进农村廉政文化建设提供了及时指导。我们还专门下发通知,要求各地制定具体实施方案,提出加强廉政文化建设的具体措施,切实推动农村廉政文化建设。《规划》下发后,引起各地文化部门的高度重视,许多地方文化部门都将廉政文化建设纳入了文化建设整体规划,下发了文件,提出了要求，明确了责任。有的还成立了廉政文化建设的领导机构，制定了具体实施方案。2008年，我司又起草并下发了《2008年农村廉政文化建设计划》，对2008年工作做出具体安排。

二、加强农村公共文化设施建设，巩固农村廉政文化阵地。县图书馆、文化馆、乡文化站是为基层农民群众提供文化服务的公共文化设施，也是农村廉政文化建设的重要阵地。在"十一五"期间，要完善农村公共文化服务体系，保障广大人民群众基本文化权益，努力实现县有文化馆、图书馆，乡镇有综合文化站，行政村有文化活动室。在"十五"期间基本完成"县县有图书馆、文化馆"建设目标的基础上，实施乡镇综合文化站建设规划。中央财政将在"十一五"期间，新建和扩建2.7万个农村综合乡镇文化站，到2010年，基本实现乡乡有综合文化站的目标。2007年已安排中央预算内（国债）投资1亿元，用于启动乡镇文化站建设试点。乡镇综合文化站是农村基层具有综合功能的公共文化服务机构，加强廉政文化建设是乡镇综合文化站的重要职能之一，要发挥阵地优势，强化服务能力，成为农村廉政文化建设的重要平台。

三、发挥公共文化单位的作用，广泛开展廉政群众文化活动。目前全国共有2385个县级图书馆、2851个文化馆、38362个文化站，这些基层文化单位发挥阵地作用，创作演出了一系列短小精悍、灵活多样的廉政文化作品，开展了以廉政文化为内容的各种展览、讲座等活动，廉政文化教育的触角延伸到了农村基层，进一步扩大了廉政文化的覆盖面、影响面、教育面，使广大农村党员干部群众受到了廉政文化的熏陶和教育。我司在"群星奖"群众文艺评奖活动和"老年合唱节"等重大导向性活动中，推出了一批为群众喜闻乐见的廉政文艺作品。一些地方还把廉政文化建设纳入文化先进县建设中，纳入领导干部的议事日程，这些做法有力地推动了农村廉政文化建设的开展。特别是在各地举办的各类群众文化活动中，将廉政文化建设内容有机纳入，多层次、多类别建设廉政文化，使党风廉政建设以更加鲜活的形式贴近群众、贴近生活，增强廉政文化的亲和力和感染力。

四、实施重大文化工程，为农村提供优秀廉政文化资源。近几年，文化部和财政部联合实施了全国文化信息资源共享工程、送书下乡工程等一些重大文化项目，带动了农村文化资源的整合，促进了农村文化建设。全国文化信息资源共享工程应用现代科学技术，将中华民族的优秀文化信息资源进行数字化加工和整合，以卫星网、互联网、镜像、移动存储、光盘等方式，实现优秀文化信息资源在全国范围内的共建共享。截至目前，中央财政对文化共享工程的累计投入达到9.07亿元，地方累计投入超过7亿元，数字资源量达到65TB。与农村党员干部现代远程教育工程、农村中小学现代远程教育工程密切合作，共建基层服务点分别超过20万个，辐射人群上亿。"十一五"期间，将建成资源丰富、技术先进、服务便捷、覆盖城乡的数字文化体系，使共享工程基层服务点覆盖100%的县和乡镇、行政村，全面实现文化共享工程村村通。2007年，文化共享工程推出了"廉政文化"专题资源库，并在门户网站上开设了专栏，受到基层群众的欢迎和好评。该专题库由廉政律令、廉政动态、优良新风、惩腐案件、廉政文学、廉政漫画、廉政故事、廉政作风教育影片、廉政作风教育戏剧、廉政作风教育讲座组成，内容十分丰富。充分利用惩腐案例、历史故事、文学、漫画、讲座、戏剧、电影等多种形式，形象生动地把廉政教育与理想信念教育、党的优良传统和作风教育、法律法规教育结合起来。其中电影《雷锋之歌》、豫剧《村官李天成》、歌剧《军营儿女》等优秀文艺作品都是生动活泼的廉政教育教材，使人在深受艺术感染之余受到了深刻的思想作风教育。

送书下乡工程也专门选送一批普及法律知识、倡导良好党风的廉政文化书籍，送到中西部农村地区。送书下乡工程是文化部、财政部为解决基层群众看书难问题而实施的文化工程。这些图书内容健康，实用性、可读性强，受到农民群众的广泛欢迎。2003年至2006年中央财政拨款8000万元，对国家级扶贫开发重点县实施送书下乡工程。在送书下乡工程遴选书目和资源配送过程中，我部将廉政文化资源建设作为重要任务，予以重点考虑。

五、总结经验，明确思路，进一步推动农村廉政文化建设工作。我们要继续充分发挥社会文化工作的优势，按照建设社会主义先进文化的要求，积极推进廉政文化建设工作，进一步拓宽廉政文化宣传教育的社会覆盖面。

一是认真实施廉政文化建设规划，为农村基层党风廉政建设创造良好文化氛围。要按照廉政文化建设的任务分工，以落实《农村廉政文化建设规划》为重点，在公共文化服务体系建设、农村文化建设和非物质文化遗产保护工作中，融入廉政文化的内容，在扩大覆盖面，增强实效性，提高廉政文化建设的渗透力、有效性上下功夫，使廉政文化自然地融入人民群众的日常生活起居和行为习惯中，达到潜移默化、润物无声的效果。要利用文化部政府网站司局频道等开展反腐倡廉宣传，大量充实廉政文化建设内容。加强和改进重大群众文化活动的监督，保证"公开、公正、公平"进行，防止不廉洁行为发生，促进依法行政、廉洁从政。

二是加强阵地建设，构建廉政文化工作网络。加强廉政文化建设，要把阵地建设作为重要载体，进行全方位、多层次的廉政文化建设。最近几年，我部将按照中央关于加强公共文化服务体系建设的精神，重点推进乡镇综合文化站建设，由中央

文化价值

财政投入在全国乡镇建设一批功能完善、设备齐全的乡镇综合文化站。同时，进一步加强全国文化信息资源共享工程基层服务点建设。在建设过程中，我们将使县图书馆、县文化馆、乡镇综合文化站、村文化室承担廉政文化宣传的重要任务，把这些农村文化基础设施建设成为开展文化活动，普及法律知识的重要阵地，把县、乡、村公共文化服务网络建成倡导廉洁、弘扬正气的文化长城。积极探索把廉政文化延伸到乡镇机关、村组、企业和学校，把反腐倡廉教育纳入农村文化先进县和先进乡镇等创建活动之中。充分利用文化信息资源共享工程等新的信息传播方式，拓展廉政文化的宣传面、覆盖面。

三是开展丰富多彩的廉政文化活动，营造廉政文化氛围。一是要结合"文化遗产日"活动，开展丰富多彩的廉政文化活动，展示优秀传统文化，加强对廉政文化的宣传。二是要组织力量，创作演出一批廉政题材的群众文艺精品。组织全国农民文艺会演等农民文化活动，要把廉政文化作为重点内容，扩大廉政文化的影响。三是要进一步丰富文化资源。在文化共享工程资源建设和非物质文化遗产普查工作中，加强廉政文化资源的搜集、整理和保存，并通过各种渠道、方式，加以有效利用，切实发挥廉政文化资源的重要作用，把优秀的廉政文化资源送到广大农村地区。

把廉政文化融入反腐倡廉建设之中

故宫博物院纪委

反腐倡廉建设需要廉政文化的支撑。近几年，我们把廉政文化融入反腐倡廉建设之中去谋划，去推进，着力营造廉洁和谐的文化氛围、风清气正的良好环境。

一、以先进的廉政文化价值观"内化"人，突出廉政文化的教化功能，夯实拒腐防变的思想道德根基

我们清醒地认识到，反腐败与腐败之间是一场政治斗争，也是"文化较量"；产生腐败的原因除了"制度缺失"外，"文化缺失"也是一个重要原因，腐败的背后是理想信念的动摇，缺口则往往是从道德品质问题上打开的。为此，我们注重从源头上进行文化反腐防腐，将廉政教育的关口前移"内化"，直达个体，直指内心，筑起"不想腐败"的思想大坝。

一是坚持不懈地灌输廉政文化价值理念。为使党员干部全面把握和理解社会主义廉政文化的价值理念，我们坚持每年组织一项主题教育，2003年以"艰苦奋斗、廉洁从政"为主题，2004年以学习贯彻《中国共产党党内监督条例（试行）》和《中国共产党纪律处分条例》为主要内容，2005年以学习贯彻

文化价值

《实施纲要》为中心，2006年和2007年分别围绕学习贯彻党章、"八荣八耻"道德规范和新时期作风建设，2008年我们针对中层干部调整变化、新成分多的实际，开展了"遵纪守法、勤政廉政"主题教育活动。通过上述主题教育活动，系统地向党员干部灌输"为人民服务"、"三个代表"重要思想、"群众利益无小事"、"立党为公，执政为民"等经典廉政理论，植根中国特色社会主义廉政文化的核心价值，建构观念层廉政文化，让每一名党员干部熟知党关于廉政建设的制度、纪律、要求，并内化为自己的行为准则。

二是体现"以人为本"的保护理念。我们把培养和教育党员干部，尽可能地保证我们的同志不犯错误或少犯错误，作为纪检工作的目标之一。组织开展了如"读书修德，以德律己"、"廉文荐读，以文修廉"、"算账讨论"（算好因违法违纪和贪污腐败引发的政治账、经济账、名誉账、家庭账、亲情账、自由账、健康账）、廉政知识竞赛、给科以上干部发送廉政台历和廉政日志等活动，在温馨善意的提醒中体现以人为本的防范理念，将概念化、口号化的教育变成了更具人文关怀的教育实践，督促党员干部谨慎从政、谨慎用权、谨慎治家、谨慎交友，帮助他们构筑起了以廉洁自律为核心的权力安全观和自我尊严观。

三是坚持典型励廉与案例警廉结合。认真开展勤政廉政先进典型宣传活动，组织观看《郑培民》、《任长霞》等专题片、电影等；组织开展了向我院离休干部、"全国老有所为精英奖"获得者江明学习的活动，在党员干部中立起了一根勤政廉政的标杆。同时积极开展警示教育，组织党员干部到法庭旁听对腐败分子的审判；参观最高人民检察院主办的《惩治与预防职务犯罪展览》和北京市纪委主办的反腐倡廉警示教育展览，收看《忏悔录》、《贪婪的代价》、《直击腐败》等宣传教育片。通过形象直观的警示教育,带给党员干部以心灵的震撼,植入人的心田,使广大党员干部懂得了正确运用权力,使人活得平安幸福,活得有尊严有价值。

二、用刚性的制度约束"变通"的人情,充分发挥廉政文化的规范功能,封堵腐败行为的制度通道

廉政文化是无形的制度,制度则是有形的文化,二者相互依存和相互促进,只有抓住制度建设和文化建设两个轮子,才能把廉政文化建设不断向前推进。基于上述认识,我们在用廉政文化观念对党员干部行为进行"软约束"的同时,注重把廉政文化观念外化于制,强调用制度为党员干部提供规范、对行为进行"硬约束",用制度筑起一面预防腐败的"防火墙"。

一是完善廉洁从业各项制度规定。成立了以常务副院长李季同志为组长的规章制度起草小组,注重将管理文化融入廉政文化中,把廉洁从业的要求体现到我院各项管理制度的制定之中,不断完善廉洁从业规定,努力搭建符合我院实际的廉洁从业制度体系。经过这几年的努力,已经逐步建立了包括规范"三重一大"(重大决策、重要干部任免、重大项目安排、大额度资金使用),规范财务管理、经济责任审计、工程招标、物资采购,规范内部监督工作等四套制度体系,将廉政文化核心价值具体固化在对人、财、物的管理和业务流程中。我们还十分注重信息技术和网络技术的运用,通过我们的信息化工作平台,把科学的计算机程序设置和监督管理制度设计有机地结合起来,初步形成了管理控制、电子监察、政务服务和管理信息的完整系统,既涵盖政务公开、行政审批、工程招投标、物资采购等领域,又涉及内务管理、内部监控、办公办文等各个

环节，如人事报批、多种申请单据的在线签批、采购申请、合同审批等工作流程均在办公自动化平台上进行。它的好处是在规范权力运行、防止权力滥用方面，设置了一面"防火墙"；它的独特之处在于用无情的电脑管住有（私）情的人脑，用格式化程序取代人情化关系，用刚性的制度约束变通的人情，用永不下班的"电子眼"取代可能打盹的人眼，从而从技术层面上为党员干部提供了强力的保护。

二是完善廉政责任制。我们在实行廉政工作"一把手"负总责的基础上，向责任分解、责任考核、责任追究的重点环节用气力、求实效。每年年初，院纪委按照惩防体系的要求，将任务逐项分解到分管领导和责任部门，并向院党委、院领导报送责任分解报告（分工报告书），告知当年所负责的体系构建工作安排和建议；给各部门下发任务通知（任务通知书），明确全年体系构建工作任务，并提出具体的目标和要求。年中，结合半年工作总结，各部门向院纪委报告上半年体系构建工作落实情况和下半年工作打算；院纪委向院党委和院领导提出落实任务的建议（建议书），请其对所负责的工作进行督促了解，对下一步工作提出意见和要求。年底，各部门将责任落实情况向院党委作出专题报告；院党委向部直属机关党委报告全年体系构建任务的完成情况，同时抄送院纪委。通过"三书两报告"这一有效载体，落实责任分工，明确工作规范，充分发挥党委（支部）和行政领导及各部门在惩防体系构建中的主体作用，进一步强化了党风廉政建设的责任机制。

三是完善廉政监督体系。建立健全监督机制，是廉政文化建设的又一重要途径。我们十分重视培养和强化实施监督和接受监督的意识，大力培育监督主体，完善民主参与机制。健全组织，设置了法律处、审计室、纪检监察办公室等专门机构。积极引导广大职工参与民主实践，每年召开一次职工代表大会，让职工群众参政议政，为院里的建设献计献策，几年来收集提案 900 余件，被院采纳的提案达 87%；坚持重大决策提交职代会讨论制度，这几年我院出台的各项规划和措施，均通过职代会广泛征求了职工群众的意见，保证职工的知情权、参与权和监督权。完善工程领域监督制衡机制，组建了工程建设指导小组，同时下设了工程建设指挥办公室和监察审计联合办公室，由两位分管副院长分别负责；实行工程、财务、审计三个机构由三位分管副院长负责的管理机制。注重强化事前监督、事中监督、事后监督，主要抓了两条，一条是严格执行招投标法的各项规定要求，使权钱交易者无空子可钻，另一条是纪检监察部门参加招投标工作，实行全过程监督，廉政工作介入设计、施工、监理、采购等工程建设的各个招投标环节。加强党内监督，建立了谈话制度，全面启动任前谈话、定期谈话、诫勉谈话、警醒谈话机制；定期开展领导班子民主生活会"正廉"、中层以上干部大会"述廉"、全体同志参加"评廉""考廉"活动，增强了廉政文化的预警性。

三、努力探寻和拓展廉政文化建设的渠道，充分发挥廉政文化的凝聚功能，营造健康宽松和谐的内部环境

文化如水，滋润万物悄然无声。实践启示我们，正是因为文化的柔情似水但又固若金汤，所以才要在它的传播与建设中必须注重一定的形式，使人们在潜意识里不知不觉地对其认可、接受并传承。为此，我们将廉政文化移植、镶嵌到职工的日常工作和生活中，通过各种雅俗兼具的文化安排和设计，给予广大职工极具亲和力和感染力的价值认同与鼓励，致力于营造春风化雨式、充满人情味的廉政文化氛围与宽松和谐的内部

环境。

一是以弘扬"故宫人精神"凝聚人心。成立于1925年10月10日的故宫博物院,是在明清两代皇宫和宫廷旧藏文物基础上建立起来的,是以宫廷建筑群、古代艺术品及宫廷文化史迹为主要展示内容的大型综合性国家级博物馆。故宫博物院走过的83年历史,凝练成了自己的观念、理性、胸襟、情怀、品行、气节和志向,有着极为丰富的内涵,"已经形成了一种突出的文化思想、文化气节和文化精神"(孙家正同志语)。我们把概括、提炼故宫人精神,作为弘扬廉政文化的一个重要载体,自2006年3月开始,通过"故宫人精神大家谈"、"故宫风采征文比赛"、"故宫人精神再讨论"、编辑出版《论故宫人精神》等形式,组织了历时两年的概括提炼"故宫人精神"活动,使以"守护典藏、敬业奉献,崇文厚德、兼容和谐,承古创新、奋发图强"为内核的"故宫人精神"成为全院职工共同的信念和追求,提升了反腐倡廉工作的文化底蕴和亲和力。

二是以大众文化体育活动愉悦身心。每年结合各大节日,我们都要组织主题鲜明的文体活动。如"青春的风采"文艺晚会、"廉政歌曲大家唱"与"和谐之声"歌咏比赛、"紫檀杯——诚信守法,共建和谐故宫"摄影、书画比赛活动,以及广播操和太极拳比赛、千人环故宫健步走等群众喜闻乐见的活动,已成为故宫博物院的一种文化特色,既丰富了职工群众业余文化生活,也使广大职工在文体活动和文艺欣赏中接受教育,净化心灵,提高境界,增强了廉政文化的渗透力、有效性。

三是大力开展传播活动,让廉政思想、廉政意识深入民心。故宫博物院有着丰厚的文化资源。故宫三大殿——太和殿、中和殿、保和殿就是传统廉政文化中关于人与自然的和谐、人的身心和谐、人与人和谐价值理念的集中反映。我们以自觉传承祖国的传统文化为己任，建载体、搭平台，积极宣扬"财富均衡"、"中正和谐"、"勤俭朴素"、"修养官德"、"以义制利"等传统廉政文化理念。由院领导和专家学者主讲的"永远的故宫"（系列讲座）进高校，现已在北大、清华等首都高校举办讲座18场，听众近万人。由我院宣传教育部承办的"共享故宫文化，恢弘紫禁荣光"——紫禁城文化进社区活动，已历时2年，深受居民的欢迎；"故宫知识课堂"是在学生寒假期间针对青少年推出的一项特色教育活动，已成功举办2期，学生和家长报名踊跃，仅去年就接到8000多个报名电话。我院与中央电视台合作拍摄的百集电视系列片《故宫》精华版，于2005年10月在黄金时间播出后，社会反响强烈，DVD盘一直畅销不衰。在每年中秋之夜借助社会力量举办的"太和邀月"已经成为著名品牌。我院紫禁城出版社出版的《紫禁城》、《故宫博物院院刊》、《故宫经典丛书》、《紫禁书系》（丛书）一直具有相当的品牌美誉度。不断完善自动讲解器的讲解内容并新增语种，语种已达23种，高居世界博物馆前列。"数字故宫"荣获文化部创新奖，故宫网站一直吸引着国内外观众，当前日点击率为60余万次。我们还对内开通了廉政网，在网站上开设廉政文化信息动态、廉政时评、廉文荐读、警钟长鸣、学习园地、警句格言等栏目，大力宣传廉洁理念，营造廉洁文化舆论氛围。

弘扬廉政文化　促进和谐发展

中国艺术研究院纪委

近几年来，中国艺术研究院加强了廉政文化建设，为全院的全面协调健康发展提供了有力保证。

一、深入贯彻落实科学发展观，大力推进廉政文化建设，形成廉政文化建设的高效体制机制

中国艺术研究院认真贯彻落实科学发展观，求真务实、奋发进取，建立健全了党委统一领导、党政齐抓共管、纪委组织协调、相关部门发挥优势、广大干部群众积极参与的廉政文化建设的领导体制和工作机制，形成了廉政文化建设的整体合力，摸索出了一套行之有效的建设廉政文化的办法和措施，有力地推动了廉政文化建设的深入开展。

一是领导重视，将廉政文化建设列入重要议事日程。中国艺术研究院领导班子对廉政文化建设高度重视，将廉政文化建设和反腐败工作列入全院工作重要议事日程，并严格执行党风廉政建设责任制，保证了廉政文化建设顺利开展。

二是深入开展廉政文化教育。我们面向全院开展了廉政文化教育，不断拓宽廉政文化教育的覆盖面、影响面，让廉政文化深入人心，使清廉之风吹遍每一个角落，在全院形成了以廉

为荣、以贪为耻的良好风尚。

三是加强制度建设，保证廉政文化建设深入开展。我们制定了加强廉政文化建设有关规章制度，做到与业务工作统一安排、同步推进，促进了廉政文化建设深入开展。

四是打造过硬队伍，宣传廉政文化。我们加强了科研队伍建设、纪检干部队伍建设，学习、研讨廉政文化，增强做好廉政文化建设责任感和使命感，在全院宣传廉政文化、建设廉政文化、推广廉政文化，使全院形成了风清气正的环境氛围。

二、大力加强廉政文化建设，形成敬业谋事的精神面貌、风清气正的环境氛围，推动全院工作和谐健康发展

近几年来，中国艺术研究院把廉政文化建设融入保持共产党员先进性教育、社会主义荣辱观教育和促进社会主义文化大发展大繁荣等活动之中，使廉政文化建设生机勃勃，充满活力，成效明显，在全院形成了风清气正的氛围和环境。

廉政文化建设形成的风清气正、公道正派的工作和生活环境，使全院工作人员精神面貌昂扬向上，干群关系和谐，以王文章院长为班长的院领导班子具有很高的威信和良好的群众基础。由于政策到位、制度健全、措施得当，职工的收入不断提高，全院上下关系融洽，呈现出团结一致谋发展的局面。在最近五年文化部人事司组织的院领导班子及成员的述职考评中，考核优良率均在96%以上，这既表明了干部职工对研究院日益繁荣发展的充分肯定，又表明了大家对院领导班子成员的高度认可。通过廉政文化建设形成的良好工作环境和氛围，中国艺术研究院创造性地将无漏洞管理与效益管理结合起来，在采购办公设备、办公用品、基建工程项目上严格执行政府采购和

招投标制度，使我院在财务管理上更加规范与科学，并顺利通过了国家有关审计机构的审计。

在廉政文化建设中，中国艺术研究院充分发挥廉政文化教育、引导、塑造人的作用，使全院工作人员开拓创新、干事业的意识明显增强，精神面貌昂扬向上，干部队伍也更加和谐团结、积极进取。全院工作人员形成了廉洁做事的思想意识，养成了务实进取、敬业谋事的精神和作风，思想素质和工作能力大幅提高。全院上下把心思用在工作上，一心一意谋发展、尽心尽力促繁荣，风清气正、政通人和，有力推动了中国艺术研究院的全面协调、和谐健康发展。

三、通过廉政文化建设，大幅提升全院工作人员思想素质，有效提高工作的积极性、主动性、创造性

通过廉政文化建设，中国艺术研究院形成了风清气正的氛围和敬业谋事、实干进取的风气。在这种氛围和精神的作用下，为了中国艺术研究院的发展和繁荣，全院上下不计个人得失，为了工作不怕苦、不叫累，忘我地、主动地、创造性地投入工作之中，一门心思把精力用在如何更好地工作上、如何为院里的发展做出更大的贡献上。

2006年元宵节期间，在国家博物馆举办非物质文化遗产保护成果展时，展厅温度较低，也没有坐椅等可以休息，但所有工作人员都不叫苦、不叫累，以在廉政文化建设中形成的风清气正、敬业谋事、团结进取的思想和作风，全身心投入工作之中，准时到岗，热情服务，确保了展览的成功，也赢得了社会各界的好评。

在廉政文化建设中形成的过硬思想、优良作风，使我院工

作人员除了坚持艺术史论的研究之外，还主动、高效地为社会提供政策咨询和智力服务，在理论成果为现实服务方面走出了新路。2005年我院与河南省郑州市政府等合作，启动了郑州国际城市雕塑年活动。结合郑州城市的历史与实际，进行城市雕塑创作、国际建筑创作会展、中国绘画艺术作品展等系列活动，并为之起草了十年艺术活动的规划草案，为制定郑州城市文化发展战略提供了理论依据和操作框架。2007年，我院与天津市东丽区文化局合作，完成了《天津市东丽区文化产业发展可行性报告》；参与、撰写了中宣部文化体制改革办公室在2007年颁布的《文化体制改革与发展年度报告》；为中宣部文明办撰写了艺术创作领域文化核心价值观的调查研究报告。此外，我院学者还以不同方式参与了许多地方文化建设发展的咨询工作。通过这些合作，不仅使我院的研究职能有所扩大，而且在促进理论研究向社会实践转化的同时，也为党和政府有关部门制订政策、为国家社会主义文化建设提供了现实的政策咨询、智力支持。

我院科研人员在自觉加大对廉政文化理论学习和研究的同时，还积极组织并参加廉政文化建设研讨活动，并圆满完成了上级交办的相关研究工作和任务，例如，2005年的廉政文化载体研究，2007年的作为廉政文化重要内容的健康商业文化研究。

在廉政文化建设中，中国艺术研究院还按照社会主义核心价值体系的要求进行工作，不仅使全院工作人员形成了清廉、公正的思想和务实、敬业的作风，还使大家思想坚定、政治过硬、爱憎分明，极富爱国热情。今年年初以来，以拉萨"3·14"打砸烧抢事件、奥运圣火传递活动等为由头，国外一些别有用心的媒体、政客，借机发表反华、辱华言论，引起了中国人民的极大愤慨。由于在廉政文化建设中进一步坚定了社会主义核心价值观，我院职工和学生清醒地认清了这些媒体和政客的险恶用心，纷纷通过各种形式理智地表达对平息"藏独"活动、传递奥运圣火的支持。同样是由于社会主义核心价值观的深入人心，在今年春节前后我国南方部分地区遭受低温雨雪冰冻灾害，以及"5·12"四川汶川突发大地震灾害时，全院上下发扬高度的爱国主义精神和团结友爱精神，主动、积极捐款，交纳特殊党费，在极短的时间内，先后筹集善款1400多万元，以实际行动支援灾区人民抗击自然灾害。捐款数额连续刷新了本院历次募捐的纪录，同时，也先后两次成为文化部直属单位为灾区筹集善款最多的单位。

四、廉政文化建设使全院工作人员的思想境界大为提高，形成了廉洁高效、公正务实、团结进取的工作作风，使艺术科研、艺术教育、艺术创作相得益彰

我院汇集了一大批在艺术各学科领域卓有建树的著名学者和艺术家，其严谨的学术理论和专业的治学方法不仅形成了我院的学术传统，也相应的建构起研究生教育专业框架，形成了以科研带动教学、理论结合实践、学科相互借鉴的独特教育理念。几年来，50多项艺术科研成果获得省部级以上奖励，其中国家图书奖6项，文化部文化艺术科学优秀成果奖26项；成功举办60多场研讨会和论坛，并在学术界引起强烈反响，进一步奠定了中国艺术研究院在艺术学学科中的核心与主导地位。我院的艺术教育得到进一步发展，近几年来，先后被国务院学位委员会批准为全国第一个艺术学一级学科博士、硕士学位授予单位，招收艺术实践类硕士研究生单位，并且面向港澳台地区招收博士、硕士研究生，面向国外招收留学生；被国家

人事部批准为艺术学博士后科研流动站设站单位。每年招生数量从四年前的20人左右发展到现在的每年招生130余人。目前，我院研究生院在读的博士、硕士研究生近500人，加上访问学者及各类进修生，学生已逾千人。

艺术创作异军突起，自2004年以来我院先后成立的中国美术创作院、中国书法院、中国篆刻艺术院、中国雕塑院和陶艺创作研究中心等专门从事艺术创作的分支机构，不仅汇聚了一批国内专业艺术创作的一流人才，而且举办了多场中国书画、陶瓷、篆刻、油画、雕塑艺术展，向学术界和社会公众展示了我院在艺术创作方面的重要成果。这些创作机构还主持了一系列高质量的研讨和教学活动，在国内外也产生了重要影响。

为了做好国家的非物质文化遗产保护工作，我院借助已有的学术优势，将一部分科研力量转向了非物质文化遗产保护和研究领域，2001年、2003年和2005年，我院受文化部委托，先后成功地将中国昆曲和古琴艺术、新疆维吾尔木卡姆艺术、蒙古族长调民歌（与蒙古国联合申报）向联合国教科文组织申报为第一批、第二批和第三批世界"人类口头和非物质遗产代表作"。我院非物质文化遗产保护中心还在指导全国各地的保护工作以及全国各地非物质文化遗产项目普查、国家级名录评审等方面做了大量工作。

我院在出版及编刊工作中，注意坚持正确导向，注意以良好的学风引领学术方向，最近五六年，出版社和刊物都没有出现政治性问题，特别是《文艺研究》、《美术观察》等刊物，在深化改革、弘扬学术及经济效益方面都取得很大成绩。《文艺研究》被北京大学《中文核心期刊要目总揽》列为"综合艺术类核心期刊"排序的第1位，"文艺理论类核心期刊"排序第2位，国家教育部委托南京大学将其列入艺术类核心期刊；其论文转载率在我国三大文摘系统（《新华文摘》、《中国社会科学文摘》、《中国人大报刊资料复印中心》）中排名靠前或名列榜首。《美术观察》在全国众多美术类刊物中名列第一，也是唯一荣获过国家期刊奖提名奖的美术刊物。2008年2月，我院文化艺术出版社出版的《梅兰芳访美京剧图谱》获第一届中国出版政府奖（图书奖）、《京剧大师程砚秋》获第一届中国出版政府奖提名奖（图书奖）。

面向世界的文化交流，也是中国艺术研究院积极开展的一项工作。近几年来，通过举办研讨、展览、演出、考察及互访，中国艺术研究院已先后同五十多个国家建立学术联系与交流。2001年以来，每年我院都举办70多起中外学术交流、互访及展览、会议等活动，如"首届中国古琴艺术节"、"文化产业发展与文化交流国际学术研讨会"、"20世纪与中国音乐学国际学术研讨会"、"四川目连戏国际学术研讨会"；以及"古琴艺术进校园"（3年来已进入全国30所重点大学），2006年在国家博物馆、2007年在世纪坛的展览，随温家宝总理访问日本的演出，在联合国教科文组织（巴黎）的展演，都在国内外引起极大反响。此外，赴法国巴黎和香港、澳门地区的民族乐器展，赴意大利、日本的篆刻展等，也都产生了重要的影响。广泛的交流，不仅促进了国际学术研究的发展，同时也为扩大我院的国际知名度发挥了重要作用。

加强文化设施建设，利用我院图书馆陈列室和展览馆，展出优秀传统文化、非物质文化遗产中的廉政文化资源和内容，使院内外参观者受到高品位的传统文化教育、廉政文化教育。

发挥优势，积极协助筹办全国文化系统廉政文化书画展。院领导非常重视此次全国廉政文化书画展，王文章院长亲自组织、出席动员会，把创作邀请函交到40位艺术家手中，使各位艺术家认识到书画展在廉政文化建设中的重要性，认识到廉政文化建设的重要性。各位艺术家深入学习廉政文化知识，深刻认识廉政文化建设的重要性，充分激发艺术创作热情，积极投入艺术创作之中，纷纷表示要把创作廉政书画的过程，当成学习并贯彻廉政文化的过程。目前，我院已投入经费26万元用于雕塑创作。我们坚信，廉政文化书画展必将使参观者受到生动、形象、深刻的廉政文化教育，从而在廉政文化建设中发挥重要的宣传、引导、教育作用。

中国艺术研究院在职能不断增加、规模不断扩大、交往不断增多、影响不断提升的大好局面下，全院上下将继续积极学习贯彻党的十七大精神，以邓小平理论、"三个代表"重要思想为指导，深入贯彻落实科学发展观，使廉政文化建设再创佳绩，进一步为中国艺术研究院的全面协调、和谐健康发展提供支持，早日实现把中国艺术研究院建成以艺术科研为中心，艺术科研、艺术教育、艺术创作三足鼎立，全国一流、世界著名的艺术科学研究中心、艺术教育中心和国际艺术交流中心的宏伟战略目标。

廉政文化建设大有可为

江苏省文化厅厅长 章剑华

廉政文化建设,对于提升廉政建设的文化内涵,提高廉政建设的有效性,是一种有益的探索和创新。这几年,我厅根据中央有关精神,按照文化部、省委、省政府的要求,在廉政文化建设中做了一些工作,发挥了积极的作用。

一、深化认识,自觉把廉政文化建设作为文化部门的重要责任

中共中央《建立健全教育、制度、监督并重的惩治和预防腐败体系实施纲要》下发后,文化厅党组认真组织了学习,一致认识到,廉政文化是以廉洁从政为思想内涵、以各种文化产品为载体和表现形式的一种文化,是廉政建设与文化建设的产物。我们感到,廉政文化与文化部门有着一种天然的紧密联系。首先从廉政文化与文化建设的关系看。文化建设就包含了廉政文化的内容,廉政文化是文化建设的重要组成部分,是社会主义先进文化建设的题中应有之义。廉政文化建设的加强,无疑会有力地推进整个文化建设事业的发展。其次从传统廉政文化与当代廉政文化的关系看。廉政文化历史久远,在以廉政思想为内核的发展过程中,我国历史上产生过许多廉论、廉

事、廉诗、廉文、廉对、廉谣、廉戏、廉政格言警句等，构成了内容丰富、形式多样的中国古代廉政文化体系。在改革开放、社会主义市场经济发展的新时期，党和政府不仅坚决惩治腐败，而且长期坚持对党员干部的理想、信念教育，在全社会大力倡导"以廉为荣、以贪为耻"的风尚，充分利用各种"激浊扬清、扶正祛邪"的功能，综合治理腐败现象，形成了当代中国先进的廉政文化。当代廉政文化继承和发扬了传统廉政文化的精髓，反映了当代中国先进文化的价值取向，是当代中国先进文化不可缺少的重要组成部分。再从自身廉政建设与廉政文化建设的关系看。虽说文化部门是"清水衙门"，但并不能放松自身廉政建设，而要抓好"文化廉政"，首先要建设廉政文化，文化部门作为廉政文化的建设者更应具有廉政文化的良好素质，文化部门的廉政建设实践本身也是廉政文化的组成部分之一。我们形成了这样一个共识，新时期廉政文化建设任务的提出，为建设有中国特色的社会主义先进文化事业、建设江苏"文化强省"、推进全省文化系统党风廉政建设提供了重大历史机遇。文化厅作为政府主管文化的部门，应当主动承担起建设廉政文化的重大责任和神圣使命。

二、积极作为，扎实抓好廉政文化建设的各项工作

在建设廉政文化的实践中，我们注重利用文化部门的系统优势、专业优势、阵地优势和人才优势，积极主动地融入廉政文化建设中去，切实抓好廉政文化建设的各项工作，大力营造崇廉倡廉的社会氛围，取得了较好的实际成效。

一是积极参与全省性的廉政文化建设工作。廉政文化建设是一项系统的社会工程，必须多部门、多方位协调行动，整体推进。为此，我们与有关部门相配合，共同开展廉政文化建

设。我们先后承办了省纪委的"廉政之光"、"廉政之声"大型文艺晚会,配合省纪委评选命名了两批全省廉政文化建设示范点,积极协助省纪委抓好廉政文化主题演讲比赛和廉政歌曲的创作、评选、推荐工作。尤其是在廉政歌曲创作活动中,文化厅具体承担了省纪委交办的有关歌曲的重点创作。推荐9首歌曲参加全国廉政歌曲创作评比,共获得二等奖2个、三等奖2个。协助省纪委编辑出版了《廉政文化在中国》江苏卷大型丛书。积极参与组织省级机关"反腐倡廉歌曲大家唱"歌咏比赛活动和"廉政书签"的设计制作等工作。2005年,配合省委党员先进性教育办公室联合主办了以弘扬我省优秀共产党员勤政廉政事迹的大型纪实性文艺演出《你是一面旗帜》,在全省巡回演出,各地反响强烈。

二是大力推进全省农村廉政文化建设。我厅在调查研究的基础上,制定了《省文化厅关于进一步加强农村廉政文化建设的意见》,明确各级文化部门在农村廉政文化建设中的职责与任务。在具体工作中,我们依托逐步完善的农村公共文化服务体系,以乡镇文化站为主阵地,运用农家书屋、墙报、板报、专栏等多种形式和广播、电视、报纸、网络等现代传媒途径,在镇村、社区开展经常性的廉政文化宣传。建立镇、村农民廉政文化宣传队伍,并扶持其开展多种形式的廉政文艺创作和演出活动;组织演讲会、报告会、故事会等,使农村廉政文化活动丰富多彩;借助文化信息资源共享工程平台,整合一批宣传廉政文化的数字化资源,在农村基层服务点开展宣传。

三是主动策划本系统廉政文化活动。在全省文化系统广泛发动,围绕廉政文化建设开展工作研究和理论研讨,探索廉政文化建设新思路、新途径并专题召开廉政文化建设研讨会。我厅撰写的《深入推进我省农村廉政文化建设的调查与对策思考》,被文化部纪检监察网站全文转载。厅领导撰写的《发挥职能作用，推进廉政文化建设》和《努力构建廉政文化，深入推进党风廉政建设》研讨文章分别在《新华日报》和《群众》杂志上发表。全省文化系统组织了以"学廉、知廉、倡廉、守廉"为主题的廉政文化演讲比赛；面向全社会举办廉政格言警句创作有奖征文活动；举办了文化厅系统学党章知识竞赛，纪念建党85周年文艺演出和"庆七一、话廉政"文艺演出；广泛开展廉政歌曲大家唱活动。组织文化厅党组全体成员与文化厅系统，参加了省级机关"反腐倡廉歌曲大家唱"歌咏比赛，并获得团体第一名。我们还依托利用各种媒体，积极组织廉政文化建设的宣传报道。在中国纪检监察报、新华网、中纪委每日情况、中国文化报、文化部纪检监察简报、新华日报和省纪委监察动态、宣教工作信息及江苏文化周讯等媒体上发送廉政文化建设方面信息，广泛深入地开展廉政文化宣传。同时重视发挥网络这一新兴媒体的作用，将廉政文化创建活动内容全部转发到江苏文化网上，扩大了宣传效果。

三、开拓创新，不断提高廉政文化建设有效性

新时期廉政文化建设从提出到兴起还只是很短的时间，有许多问题都需要我们在实践中不断探索、不断推进、不断总结。我们将把廉政文化建设作为一项具有挑战性、长期性的工作任务，坚持不懈、持之以恒地抓下去，使廉政文化建设取得更大成效。

做到"三个融入"。一是把廉政文化建设融入学习、实践科学发展观活动之中。建设廉政文化是落实科学发展观的重要保证。要把努力实现以人为本、全面协调和可持续发展，积极构建社会主义和谐社会，作为廉政文化建设的基本出发点和落脚点，更加自觉、更加主动地把廉政文化建设融入学习实践科

学发展观的过程。二是把廉政文化建设融入江苏新一轮经济社会发展的总体格局之中。通过廉政文化创建活动，推动反腐倡廉建设与社会主义经济建设、政治建设、文化建设、社会建设协调发展，为建设美好江苏、率先全面建成更高水平的小康社会提供有力保证。三是把廉政文化建设融入文化建设的新高潮之中。廉政文化是先进文化的重要组织部分，也是文化大发展大繁荣的重要方面。兴起文化建设的新高潮，包括兴起廉政文化建设的新高潮。因此，深入推进廉政文化建设，是文化部门义不容辞的责任。高度重视廉政文化建设工作，自觉把廉政文化建设有机融入文化建设的日常工作之中，做到思想到位、组织到位、工作到位、保障到位，真正把廉政文化建设落到实处。

实现"三个突破"。一是在廉政文化建设的理论上有所突破。积极参与文化部、省纪委开展的廉政文化理论研讨。进一步在全省文化系统广泛发动，围绕廉政文化的功能、作用及其意义；廉政文化建设的有效载体及组织实施；廉政文化建设与先进文化、和谐社会建设的关系等内容，认真进行理论研究，积极探索廉政文化建设的新思路、新途径，不断总结新经验。二是在江苏廉政文化建设的特色上有所突破。积极挖掘江苏历史人文资源和革命历史题材，形成具有江苏特色的廉政文化教材，并把这些内容贯穿到特色文化乡镇、特色文化团队、特色文化家庭、特色文化标兵的"四特"活动之中，唱响正气歌，弘扬时代主旋律。充分发挥以博物馆、图书馆、文化馆和文化站为主体的廉政文化阵地优势，建立街道、镇、村业余文艺宣传队，培养一批扎根基层、乐于为基层服务的廉政文化宣传队伍，运用本地特色文化资源和时代先进典型事迹，开展群众喜闻乐见的廉政文化活动，形成廉政文化特色。三是在提高廉政文化建设的实效上有所突破。扎实抓好文化厅机关和直属单位自身的党风廉政建设，重点开展好文明处室创建工作，提高干部职工的整体素质。逐步建立廉政文化建设的督查机制，促进依法行政、廉洁从政。省级"三馆一院"等窗口单位，要利用免费开放的契机，加大宣传和创建工作力度，力争建成一些省级廉政文化建设示范点。同时，积极动员和组织广大文艺工作者创作一批以宣传勤政廉政为主题的文艺作品，举办全省农村基层廉政文艺调演活动，不断增强廉政文化的渗透力、感染力，不断拓展廉政文化建设空间，使之取得实实在在的效果。

关于廉政文化建设的几点思考

广东省文化厅厅长　方健宏

坚决惩治和有效预防腐败，是关系人心向背和党的生死存亡的重大政治任务。党的十七大从扎实推进惩治和预防腐败体系建设，增强党的执政能力和先进性的高度，提出了"加强廉政文化建设"的新课题，这是以胡锦涛为总书记的党中央在新时期领导廉政建设和反腐败斗争的一个重大理论和实践创新，体现了我们党对新形势下党风廉政建设和反腐败斗争规律的新认识和新把握，既开辟了反腐倡廉工作的新途径，又对新时期新阶段丰富文化建设的内涵、拓宽文化建设的领域提出了新的更高的要求。面对这一崭新的课题，文化战线必须大力弘扬中华民族优秀文化传统，吸收人类先进文化的精华，结合新时代的要求，按照文化建设和反腐倡廉工作的规律，大力加强中国特色的廉政文化建设，为构筑惩治和预防腐败体系提供强有力的文化保障和智力支持。我结合文化工作的实际，谈谈自己对加强廉政文化建设的几点思考。

一、加强廉政文化建设，必须弘扬中华优秀文化传统，汲取人类先进文化的精华

廉政文化作为廉政建设与文化建设相结合的产物，是关于

廉政的知识、理念、规范和与之相适应的社会生活方式、社会评价的总和,是廉洁从政行为在文化和观念上的反映。廉政文化以廉政为思想内涵、以文化为表现形式,具体表现为用文化的视角来探索、研究廉政的思想、信念、意识、价值等,并用文学艺术等鲜活的文化形式来传播。廉政文化既具有鲜明的民族性和历史的传承性,又具有普世的共通性和突出的时代性。当前,我们建设中国特色的廉政文化,必须进一步突出民族性、体现世界性、增强时代性:

一是继承和发扬中华民族优秀文化传统,打牢新时期廉政文化建设的基础。我国是一个有着深厚廉政文化传统的国家,早在3000多年前的西周时期,"廉"就已成为一种治国理念和道德观念。春秋战国时期,诸子百家都对廉政作了重要论述,如孔子就提出"临官莫如平,临财莫如廉,廉平之守,不可攻也。"几千年来,我国历史上涌现了包拯、海瑞、于成龙等一大批清官廉吏,出台了大量奖廉肃贪的法令,提出了博大精深的廉政理论体系,也积累了丰富多彩的廉政文艺作品,对民族文化精神的塑造和政治文化传统的形成产生了深远的影响。我们党在新民主主义革命、社会主义革命和建设、改革开放时期,三代领导人都把反腐倡廉作为坚定的政治追求,赋予了廉政文化崭新的内涵。这些优秀的传统和宝贵的文化资源都是新形势下加强廉政文化建设的基础和前提,必须坚持"古为今用"的原则,认真加以研究、提炼和充分利用,将历史上的廉政文化资源转化为现实的廉政文化发展优势,使中华民族的廉政文化不断发扬光大。

二是吸收借鉴国外先进文化成果,丰富新时期廉政文化的内涵。与中华民族一样,世界各国各民族在其历史发展过程中,也形成了各种类型的廉政文化传统,积累了大量的廉政文化成果。如古希腊思想家亚里斯多德就在他的政治学著作中阐述了政体腐败的形态，法国启蒙思想家孟德斯鸠在《论法的精神》中也系统论述了腐败及其防治问题。当代世界各国也都非常重视廉政文化在政府反腐倡廉工作中的重要作用。许多国家的廉政状况之所以良好，除了加强制度建设，构筑完善的反腐败体系外，一个重要原因就是采取多种形式，努力在全社会营造一个浓厚的廉政文化氛围。如新加坡就注意运用媒体和文艺手段，把"清廉"作为立国之本、执政之根、为官之道来宣传，在公务员中树立为国民服务的思想和奉献精神。北欧国家普遍认为"文化是制度之母"，也十分重视廉政文化的培养。我们建设中国特色的廉政文化，必须具有世界眼光，坚持"洋为中用"的原则，努力吸收借鉴人类创造的一切优秀文明成果，以我为主、为我所用，使廉政文化的内涵更加丰富。

三是适应时代发展的需要，增强新时期廉政文化的生命力。新时期的廉政文化不仅要具有历史传承性，更要具有时代先进性。要不断适应社会主义市场经济条件下的反腐倡廉形势和先进文化发展的要求，体现当代社会主义政治文明和精神文明建设的需要，不断赋予新的时代内涵。只有立足现实，突出文化的时代性和创新性，不断增强时代气息，廉政文化建设才有生命力。因此，我们必须以时代的、发展的眼光来审视中外优秀廉政文化，用创新的理念来研究廉政传统，并根据时代发展的需要，赋予新的内涵、载体和形式，与时俱进，推陈出新，在继承中发展，力求使廉政文化建设把握时代脉搏，顺应时代潮流，把适应现代化建设和社会主义市场经济的公平正义、效率诚信和民主法制等富有时代特征的新观念、新道德，作为廉政文化继承和创新的内在核心，使廉政文化建设更具科学性和时代性。

二、加强廉政文化建设，必须把握文化工作的特点和规律

"廉政文化"顾名思义，"廉政"是宗旨和目的，"文化"是方式和手段。建设廉政文化既要遵循反腐倡廉工作的规律，又要按照文化建设的内在特点和规律来进行，注重突显廉政文化的思想性、艺术性和大众性，充分发挥文化春风化雨、潜移默化的教育、示范、熏陶和导向作用，使廉政文化真正富于魅力，真正为广大党员干部和群众所接受，真正在全社会形成廉洁高尚的文化氛围：

一是突出廉政文化的思想性。思想是文化的灵魂，缺少了思想性，廉政文化就失去了核心与基础。廉政文化必须具有鲜明的思想性和政治性，以马克思主义廉政理论和党的反腐倡廉方针政策为指导，加强中外廉政文化研究和反腐倡廉理论建设，以培育立党为公、执政为民的理想信念为宗旨，以倡导廉洁奉公、弘扬清风正气为主要内容，以增强党的执政能力为目标，把廉政思想扎根在全社会，扎根在党员干部的灵魂深处，从而促进党员干部特别是领导干部廉洁从政，为巩固党的执政地位服务，切实实现好、维护好、发展好最广大人民群众的根本利益。

二是发挥廉政文化的艺术性。廉政文化是一种特殊的文化形态，必须充分运用文化艺术的形式和手段，实现思想内容和表现形式的有机统一。在廉政文化建设过程中，要遵循和把握廉政文化的艺术规律，运用小说、戏剧、曲艺、诗歌、对联、书法、美术等艺术形式，贴近群众、贴近生活、贴近实际，打造一批廉政文化精品，充分体现廉政文化的艺术魅力，这样才能吸引人、感染人、鼓励人，才能流传于世，扎根于人们的思想灵魂深处，在寓教于乐中使广大读者和观众接受廉政的理

念，感受心灵的震撼，提高审美的品位，形成健康的心理，产生精神的动力，发挥出廉政文化的教化功能。

三是增强廉政文化的大众性。廉政文化建设的重点在基层、在群众。要不断创新廉政文化的载体，充分利用报刊、广播、电视、板报、广告牌、互联网、电子屏幕、手机等多种媒介，利用图书馆、博物馆、美术馆、文化馆、影剧院和爱国主义教育基地等各种文化艺术场馆和设施，经常性地举办廉政展览、讲座、报告会，播放廉政影视作品，组织廉政文艺演出，提供廉政图书资料等，提高廉政文化活动的开放度和群众参与度。还要把反腐倡廉教育渗透到各种群众性精神文明创建活动中去，综合利用社区文化、企业文化、乡村文化、广场文化、校园文化、军营文化等有效形式，让廉政文化走进千家万户。

三、加强廉政文化建设，必须抓好文化队伍自身的廉政建设

俗话说"打铁还靠自身硬"，文化系统作为廉政文化建设的主力军，一方面要增强廉政文化建设的使命感、责任感和紧迫感，充分发挥专业、人才、资源和阵地优势，为党风廉政建设和反腐败斗争提供强有力的文化支撑；另一方面，文化系统还要认真抓好队伍自身的廉政建设，真正成为廉政文化建设的组织者、推动者和实践者：

一是强化理想信念教育，筑牢思想道德防线。要把社会主义核心价值体系建设作为基础和重要内容，以此来推动文化系统的廉政文化建设。要加强对党员领导干部的反腐倡廉教育，认真落实"八个坚持、八个反对"的要求，深入开展理想信念和从政道德教育、党的优良传统和作风教育、党纪条规和国家法律法规教育，引导广大党员干部自觉建立社会主义核心价值

观，牢固树立马克思主义世界观、人生观、价值观和正确的权力观、利益观、地位观，模范遵守社会公德、职业道德、家庭美德，消除陈旧观念、突破陈规陋习，坚决抵御各种腐朽落后思想文化的侵蚀，始终做到在是非面前有辨别能力、在诱惑面前有自控能力、在警示面前有自省能力，保证权力干净运行，从根本上防治腐败。

二是坚持惩防并举、标本兼治的原则，建立健全反腐倡廉工作体系。在推进文化系统廉政文化建设的过程中，必须坚持惩防并举、标本兼治的原则，既要加大预防腐败的工作力度，不断铲除腐败滋生的土壤，努力把腐败减少到最低程度；又要加大查处违纪违法案件的力度，依法严惩腐败分子，严肃党的纪律，使广大党员、干部受到教育。特别是要准确把握文化工作的特点和规律，深刻分析文化系统容易滋生腐败的部位和环节，从教育、制度、监督、改革、纠风、惩处六个方面，全面推进惩防体系建设的各项措施，把改革的推动力、教育的说服力、制度的约束力、监督的制衡力、惩治的威慑力结合起来，增强惩防体系建设的综合效能，并针对案件中暴露出来的薄弱环节，及时制定规章、堵塞漏洞，努力开创文化系统反腐倡廉建设的新局面。

三是发挥文化系统自身优势，营造浓厚的廉政文化氛围。文化系统各级党组织要充分发挥战斗堡垒作用，运用自身的专业优势，通过开展丰富多彩的文化活动，创新机关和单位的廉政文化建设方式，使广大干部群众在文化艺术活动中受到了廉政文化教育，提升干部群众的思想境界、增强他们的反腐倡廉意识。还要在基层党组织和党员中深入开展廉政文化创先争优活动，建立相应的测评考核机制和激励机制，检验廉政文化建设发挥的作用、产生的效果，使廉政文化建设始终充满生机和活力，营造出浓厚的廉政文化氛围。

从根本上建设廉政文化

黑龙江省文化厅厅长　白亚光

　　建设廉政文化，遏制腐败文化，要依靠先进文化和优秀文化。要以马克思主义特别是中国化的马克思主义为指导，继承民族优秀文化，借鉴人类有益文化。本文仅就弘扬中华优秀文化，建设中国廉政文化，谈几点不成熟的思考。作为一家之言，抛砖引玉。

　　文化深深地熔铸在民族的生命力、创造力和凝聚力之中。文化是民族的根，精神是民族的魂，传统是民族的本。任何民族文化的断裂，必然导致民族的衰退。民族振兴始于文化复兴，文化复兴基于文化传承。党的十七大报告特别强调：要"弘扬中华文化，建设中华民族共有精神家园"，高度赞美"中华文化是中华民族生生不息，团结奋进的不竭动力"，要求我们"全面认识祖国传统文化，取其精华、去其糟粕，使之与当代社会相适应，与现代文明相协调，保持民族性，体现时代性。"这为我们继承中华优秀文化，建设中国廉政文化，指明了一条重要途径。

　　古代中国是人类四大文明发源地之一。中华文明源远流长，光辉灿烂。这是我们一直引为自豪的。但更值得我们自豪的是这样一个惊人的事实，就是中华文明是唯一延续至今的文明，而其他古老文明早就消亡了。这的确是一个令人惊叹的奇迹。这个奇迹本身，雄辩地证明了中华文化巨大的生命力、创造力和凝聚力。对如此光辉灿烂的伟大文化，必须继承和发展。然而令人遗憾的是，近百年来中国在向西方学习的偏颇中，在社会主义事业的失误中，造成了中华传统文化血脉的长期梗阻和断裂。这是造成腐败文化蔓延，廉洁文化疲软深层的文化原因和历史原因。

中华优秀文化博大精深，它深含着关于建树廉政文化或廉洁文化深厚的思想文化资源，很值得我们去精心盘点，深入发掘，仔细梳理，科学借鉴，古为今用，推陈出新，使之成为当代廉政文化建设的重要文化基础。中华优秀文化对当今廉政文化建设的功能，有的是显在的，有的是潜在的，有的是直接的，有的是间接的。我们认为，文化要经过深厚积累，不断发展，长期熏陶，普遍渗透，才会在实践上发生妙用。对文化不能采取急功近利的形式主义态度，而要本着寓大用于无用的哲学精神去对待，按文化创造与发展规律办事情。

中华传统文化，熔儒家文化、道家文化和佛教文化于一炉。儒家文化是核心和主导。其中与廉政文化或廉洁文化直接或间接相关的，我认为大致有以下几方面根本性的优秀思想文化。

一是天人合一。天人合一是中华文化之大"道"。天人合一的"道"理，普遍渗透在中华民族的哲学美学、文学艺术、医学养生、建筑艺术、生产劳动以及日常生活当中。天人合一之"道"，反映出中华民族朴素的自然观和人生观。在天人合一之"道"中，蕴育着人与自然和谐，人与人和谐，人自身身心和谐等和谐理念；蕴育着顺天应人，乐天知命的乐观文化思想；还蕴育着朴素辩证法这一自然律，让人们顺应"天道"按辩证规律办事，断不可逆"天道"而行。

天人合一的"道"理，发源于道家经典《易经》。《易经》

是中华文化的根本,更是中国学问的根本。它所演绎的哲学思想,所揭示的人生智慧,可以用当今一句流行的广告词加以评价,即"高度决定视野,角度改变观念,尺度把握人生"。《易经》的高度是"道"。这个高度让人首先做一个有"道"的高人。形而上谓之道,形而下谓之器。不站在形而上的"道"的高度,人势必心为物役,身为物累,为欲所牵,为情所困。"道"是安身立命之根。士大夫们往往"志于道,依于仁,据于德,游于艺"。为人首先要有为人之道,为官首先要有为官之道。人无道不足以立身,官无道不足以为官。《易经》的角度和尺度,就是朴素的对立统一的辩证思想。对立统一的辩证思想,改变人生观念,影响人生尺度。《易经》的辩证思想告诉人们,凡事是对立统一,相互转化的。物极必反,祸福相依。要亢龙有悔,居安思危。绚烂之极,归于平淡。大红大紫,要如履薄冰;大富大贵,要如临深渊。得意不可忘形,失意不要气馁。要俯仰天地,顺天应人,自强不息,厚德载物。要适可而止,不可得陇望蜀。清代诗人龚自珍诗曰:"《未济》终焉心缥缈,百事翻从缺陷好。吟到夕阳山外山,古今谁免余情绕?"

《易经》的天人合一之"道",后来在老子和庄子那里得到丰富和发展。老庄道家思想的清静淡泊,笑傲江湖,逍遥畅神,洁身自好等思想,对中国古代政治家、思想家、艺术家们都发生过深刻的影响。

二是以仁为本。以孔子学说为代表的儒家思想文化,对封建社会政治气象、社会风气和人民风尚,具有深远的影响。儒家思想的基本精神,是倡导人们在现实人生中践行仁义礼智信。封建统治者把礼义廉耻确立为国之四维。仁义礼智信,核心是"仁",关键是"仁"。"仁"是儒家学说的精髓。儒家思想以仁为本。仁是仁爱,仁义,善良,诚信。人要有仁心,做善人不做恶人；士要有仁心，做君子不做小人；官要有仁心，做清官不做赃官。君为轻，民为贵，官吏要亲民爱民，为官一任，造福一方。人君要施仁政，使天下百姓衣食丰足，其乐融融，海晏河清，天下太平。

儒家以仁为本的伟大思想，在中华传统文化中根深蒂固，源远流长。这个核心思想在历史发展的实践中，体现出爱国思想，民本思想，和合思想，群体思想，人格思想，践行思想，敬业思想，忧患思想，自强思想，侠义思想，淡泊思想，勤俭思想，革新思想，乐天思想。这些思想都是仁的体现。这些以仁为本的思想，不仅是正直官员、士大夫、仁人志士的道德操守和行动力量，而且是广大劳动人民千百年来融入日常生活的文化血脉。有一副老百姓春节期间供奉祖宗的典型对联，足以表明这一点。这副对联说："衍祖宗一脉真传乃仁乃义；教子孙两条正路曰耕曰读。"

儒家以仁为本的伟大思想顺天应人，是中国古代最伟大的思想。这一伟大思想，以极为普遍而又高尚的力量，像擎天柱一样支撑着中华文化大厦。中华文明能延续至今，一个顶天立地的"仁"字起到了举足轻重的作用。以仁为本作为立身立国的根本思想，体现出一种大智慧。仁爱思想同人不为己天诛地灭的利己文化，同主张仇恨主张复仇的暴力文化，主张弱肉强食胜者为王的霸权文化，主张醉生梦死纸醉金迷的享乐文化，以及悲观厌世游戏人生的玩世文化相比较，犹如高山入云，博大崇高，芙蓉出水，温馨美丽。儒家的仁爱思想是真善美的集中体现。尽管在中国封建时代，曾充斥血腥杀戮、阴谋诡计、贪官污吏、魑魅魍魉，但儒家以仁为本的伟大思想，一直是透过黑暗云层的一缕霞光。这缕霞光激励并塑造着前仆后继的仁人志士，使他们或多或少地有益于人民，或快或慢地推动了历史的进步，成为中华民族的脊梁。以仁为本启示人们，一个人或一个官或许文化不高，但不能不仁；一个人或一个官既要文化高深，更要宅心仁厚。

廉政文化和廉洁文化关乎全社会各个领域各个阶层，但仅就政治文明而言，廉政抑或腐败，归根结底是官员与人民的关系问题，也就是官员对人民群众仁义不仁义的问题。仁民亲民，情系于民，必然勤政廉政；如果严重脱离人民群众，对人民不仁义，就可能腐败。

三是修身正己。这是儒家文化的根基。儒家文化的理想是修身、齐家、治国、平天下，主张达则兼济天下，穷则独善其身。修身是第一位的，是儒家的首要功课和终身功课，被确立为一个人安身立命的基本准备。儒家把修身养性作为人生的第一件大事，就是让人自己完善自己，自己管理自己，"从心所欲，不逾矩"。进而自己发展自己，利家利国，利益天下，干一番事业。

修身养性，就是修养个人的身心行为。就是修心、修德、修智、修行。儒家强调，正人必先正己，正己必先正心。心是最根本的。儒家的修心要领，就是修养仁爱之心，使人心具备仁义礼智信的思想素质。当然，儒家修心还包括修静修定的心理训练，养成"制心一处"集中智慧做好事情的定力。从修身理念出发，儒家历来强调"慎独"，强调"慎终追远"；强调诚敬天地，暗室不欺；注重省察自身，检点言行，反躬自问，反求诸己。由此不断开辟"日新日日新"的心灵境界，使心地越来越正大光明，行为越来越光明磊落。儒家的修身理念，尤其强调知行合一，身体力行。对夸夸其谈、巧言令色不以为然，倡导"讷于言，敏于行"，少说多做。身体力行，既体现于个人的社会实践活动，也包括养成良好的生活习惯和生活方式。值得强调的是，儒家的修身理念和实践，始终包含着一种敬畏人天，警惕未来的"敬警"心理。这种有所敬畏，有所不为，造福于前，避祸于先的思想，是合乎唯物辩证法的。

修身养性不容易。人不是神。一般人很难摆脱生存法则，利益法则，欲望法则。所以《尚书》很早就发出"人心惟危"的感叹。正是因为洞察到了这一人性的奥秘，儒家才极力倡导修身养性，升华人性。从中也不难看出，修身养性是一个艰难的人格升华的过程，必须下功夫才行。

修身养性之所以重要，一是"心"或思想道德决定人的行为；二是修身养性的心灵成果，会转化为生活习惯和行为方式，成为一种自觉的生活实践。就像"腹有诗书气自华"一样。我们许多老一辈无产阶级革命家，他们的廉洁自律和勤政爱民，已成为他们做人或从政的本色。这是因为他们在长期的革命斗争实践中，为马克思主义先进文化所塑造，并为中华优秀文化传统所熏陶，具备了很好的党性修养和人格修养。

四是慈悲善良。中国传统文化深受佛教文化影响。仅就主流文化而言，宋明理学就是此前的儒家文化与佛教文化（主要是本土化佛教禅宗）相融合的产物。中国古代许多知识分子和达官贵人，都与佛教有不解之缘；在民间老百姓当中，佛教也相当普及，深入人心，其影响远远超过其他外来宗教和中国本土的道教。因此，在谈到中华文化时，必须实事求是地重视佛教文化的影响。

佛教文化博大精深。其中具有深远文化影响的，是慈悲善良的人文情怀。佛教文化悲天悯人，主张众生平等，对人和一切生命慈悲为怀。倡导利他主义，主张舍己为人；倡导人类和平，反对流血战争；倡导淡泊生活，反对骄奢淫逸。"众善奉行，诸恶莫做，自净其意，是诸佛教"。佛教主张慈悲，仁爱，向善，反对愚昧，残忍，怯懦。佛教坚决反对把自己的幸福建立在他人的痛苦之上，而极力主张牺牲个人利益去解脱别人的痛苦。佛教的慈悲同儒家的仁爱水乳交融，并蒂花开，成为中华民族心灵的阳光。这缕阳光照耀着一些仁人志士的为官之路，使他们有了做清官的精神力量，也照耀着许多人的人生之路，使他们形成了做好人的人生追求。

佛教文化认为因果律是大自然律。认为一切事物有因有缘，有因有果；因是内在原因，缘是外在条件。因缘成熟了，必然出现结果。种什么因，结什么果，种瓜得瓜，种豆得豆，种善因结善果，种恶因得恶果。佛教的万有因果律，是一种宇宙观，也是一种生命观和人生观。作为生命观和人生观的因果律，是以悲天悯人的情怀，勉励人们从善如流，警诫人们不要作恶。

五是乐感文化。西方文化是罪感文化；中华文化是乐感文化。中华传统文化之所以是乐感文化，是儒家文化和道家文化所决定的。儒家文化既不像西方宗教那样认为"人有原罪"，也不认同佛教的"人生是苦"，它不主张出世，"六合之外，存而不论"；而主张入世，并且乐生，在世俗生活中享受人生的快乐。儒家以仁为本的思想，积极肯定现实生活中人的丰富感情和正当欲望，甚至主张"王道本乎人情"，认为缺乏人情味的政治不足为训，这样的人也是没有出息的。道家文化虽然有虚无的色彩，但对现实人生不仅充分肯定，而且对人生采取艺术的态度或审美的态度，追求日常生活艺术化和审美化，对日常生活采取鉴赏主义的态度。这种人生态度在《庄子》那里很突出，《庖丁解牛》就是一个典型的例子。庄子认为："至乐无乐"，"至美至乐"，"得至美而游乎至乐，谓之至人"。

于是，在中华传统文化中，形成了以乐感文化为根基，以鉴赏主义为特征的人生观和幸福观。在这种人生观和幸福观看来，大红大紫、大富大贵不是人生的目标，而且不是人生的真正幸福。我们认为，中华传统文化的人生观和幸福观，不妨用"适意观"来说明。"人生贵适意，富贵复何为"，道出了个中玄机。什么是适意？天人合一顺天应人是适意；安贫乐道知足常乐是适意；身心合一心灵安详是适意；"学而时习之不亦乐乎"是适意；"有朋友自远方来不亦乐乎"是适意；"饭蔬食饮水，曲肱而枕之，乐亦在其中矣"是适意；"发奋忘食，乐以忘忧，不知老之将至"是适意；"先天下之忧而忧，后天下之乐而乐"是适意；为官一任造福一方是适意；心游万仞笔歌墨舞是适意；登山放歌观海起舞是适意；男欢女爱花好月圆是适意；等等。总之，以适意为快，以适意为乐，以适意为美。

适意是简约适度的物质生活与恬淡和乐的精神享受的完美结合。其中的精神享受和心理幸福是首要的追求。比如，"室雅何须大，花香不在多"，"宁可食无肉，不可居无竹"，对"室""肉"等物质需求看得比较淡，而对"花""竹"等精神需要追求得很高。"雅""香"则体现了对简单物质生活的审美要求和精神追求。"适意"可感知为幸福感。法国新任总理萨科齐最近提出了重建法国人幸福感的问题，这是现代人普遍关注的大问题。中华民族对现实生活素朴的乐感态度和鉴赏精神，对某些物欲横流的现代人群尤其是官员来说，是值得感悟和借鉴的。

这种乐感的、艺术的、鉴赏的生活态度，在官僚阶层和士大夫阶层集中体现于刘义庆的《世说新语》、陶渊明的《归去来辞》、诸葛亮的《诫子书》、刘禹锡的《陋室铭》、李笠翁的《闲情偶寄》，以及诸多诗文当中。在人民群众生活中，人们赞美"穷家常扫地，贫女勤梳头"；品味粗茶淡饭、青菜豆腐；享乐儿孙绕膝，夫唱妇随；男耕女织，自得其乐；家常日用，百事可乐；平常生活，皆可艺术；漫漫人生，苦中有趣。乐在身边，美在咫尺。

这种鉴赏主义的生活态度，崇尚精神追求，淡化物质生活；崇尚勤俭朴素，鄙视挥霍奢侈；崇尚家常日用，热爱平淡

文化价值

人生。让人比较洒脱超迈，比较知足常乐，比较安贫乐道。

　　中华优秀文化历史悠久，博大精深，独树一帜，特色鲜明。她是建设中国特色社会主义得天独厚的珍贵遗产，是发展先进文化，构建和谐文化，建设廉政文化，遏制腐败文化源远流长的宝贵资源。只要我们以马克思主义先进文化为指导，以改革创新的时代精神为统领，取精用宏，潜移默化，那么中华民族的优秀文化，就一定会使先进文化的金秋更加灿烂，就一定会催生出廉政文化的美好春天。

积极探索廉政文化建设的
有效途径和方法

湖北省文化厅纪检组组长　杨甫念

廉政文化作为社会主义先进文化的重要组成部分,是新形势下开展党风廉政建设和反腐败工作的一种新的载体和途径。廉政文化建设任务的提出,为建设和谐文化、推进文化系统党风廉政建设提供了重大历史机遇。加强廉政文化建设已不仅是一项文化工作任务,更是一项重大的政治任务。

一、湖北文化系统廉政文化建设的基本做法

近几年来,湖北省文化厅系统积极发挥部门优势,利用各种文化资源和文化手段,采取多种措施,大力推进廉政文化建设,为构建和谐社会建设作出了积极贡献。

(一) 上下齐抓共管,形成廉政文化建设的推动力

一是明确职责。将廉政文化建设纳入党风廉政建设责任制,明确主要领导是廉政文化建设的第一责任人。在工作中,坚持廉政文化建设工作和其他各项工作统一部署、统一落实。二是组织协调。各单位纪委积极发挥组织谋划作用、桥梁纽带作用、组织协调作用,有力地推动了廉政文化建设工作的不断深入。三是建章立制。文化厅系统从健全、完善和规范制度入

手,在人事、工程建设、物资采购、资金使用以及如何管好亲属和身边人等问题上,对领导干部都作了明确的刚性规定,同时认真抓好落实。

(二)借助传媒力量,扩大廉政文化的影响力

1. 积极参加"政风行风热线节目"。2006年,厅长杜建国等五位厅领导相继走进电台直播室,直接与全省听众进行对话交流。节目非常成功,全国多家新闻媒体予以公开报道。2007年,杜建国等四位厅领导在紧锣密鼓筹备"第八届中国艺术节"的关键时期,挤出时间再次上线,受到省纪委领导充分肯定。今后文化厅将把参加热线节目作为固定工作长期坚持下去。

2. 摄制廉政题材影视片。省话剧院与省纪委合作,联合拍摄了两集反腐题材电视剧《以共产党员的名义》。该剧在多家电视台播出,收视率一直较高。

3. 利用网络传播廉政文化。省文化厅和直属单位不仅有网络廉政专栏,还利用文化信息资源共享工程开办的湖北农村党员远程教育频道来宣传党的方针、路线,加强廉政文化的宣传,拓宽廉政工作领域。

(三)运用艺术形式,增强廉政文化的感染力

1. 利用歌曲艺术唱廉

省文化厅积极配合省纪委、省监察厅组织开展全国反腐倡廉歌曲评选和演唱活动湖北选区选拔赛的有关工作,不仅组织系统知名词作家进行创作,而且协助省纪委组织全省范围专家和业余作者进行一度和二度创作,并在此基础上精心组织了廉政歌曲演唱和比赛活动,取得了良好成绩。

2. 利用展览艺术赞廉

省图书馆举办了反腐倡廉为主题的大型书法作品巡回展、电影观摩展;省博物馆、省辛亥革命纪念馆开辟了革命英烈专

栏展；省美术院组织创作廉政文化书画作品并参加展览。

3. 利用舞台艺术颂廉

省群众艺术馆举办廉政曲艺小品征集评选活动；省话剧院创作的反腐倡廉小品多次受邀参加演出；厅系统职工创作的多部廉政题材小品、曲艺、小戏获得全国大奖。

（四）拓宽教育领域，扩展廉政文化的辐射力

1. 树立典型。厅纪检组在厅系统建立了廉政建设激励机制，每两年表彰一批厅系统党风廉政先进集体和先进个人，还将情系纪检20年的监察室主任事迹在公开刊物发表。

2. 丰富内容。一是对系统党员干部进行全方位的党风廉政教育；二是积极组织廉洁从政知识测试和知识竞答活动；三是以"党风廉政建设宣传教育月"活动为契机，集中抓党风廉政宣传教育；四是杜建国等主要厅领导每年带头讲党课，对领导干部进行全面系统的党性、党风和党纪教育。

3. 活化形式。一是创建廉政图书屋。省图书馆将廉政建设有关书籍、画册、图片等进行收集整理、集中展示和借阅，受到一致好评，各地图书馆竞相效仿；二是开展"读书思廉"活动。组织党员干部学习讨论推荐的优秀廉政文章。

（五）搞好探讨研究，提高廉政文化建设的预见力

撰写理论文章。近几年来，省文化厅系统杂志发表有关廉政研究文章几十篇。文化厅纪检组领导带头进行理论研究，在报刊杂志和网站上公开发表纪检监察理论研究文章多篇，有两篇廉政论文分别获得省监察学会2006年度优秀论文一等奖和三等奖，并被收录到省纪委出版的两本论文集中。

编辑出版图书。由杜建国和杨甫念同志主编，厅监察室人员和厅系统数位党政干部参编的《党德》一书由中央党校出版社出版，该书探讨党德建设与政党建设互动之种种，被省委宣传部列为省社会科学基金项目，中央党校出版社为此书发行

文化价值

专门召开高规格的座谈会，《光明日报》、《中共党史研究》等媒体高度评价，广泛报道。

二、文化厅系统廉政文化建设主要经验

（一）充分发挥文化厅系统人才队伍特长

文化厅系统有一批中高级宣传文化专业人才，有一支从事宣传文化工作的专业队伍，实践证明，充分发挥他们的聪明才智，利用各种艺术形式写廉、唱廉、画廉、播廉，把反腐倡廉这一严肃的政治内容与人们喜闻乐见的文艺形式有机结合，能取得良好的社会效益。

（二）充分利用文化厅系统专业和阵地优势

在廉政文化建设中，文化厅系统拥有其他部门所无法比拟的得天独厚的宣传文化专业和阵地优势。只有充分发挥这些专业和阵地优势，才能更好地宣传廉政文化思想，营造廉政文化氛围。

（三）领导干部率先垂范

实践中，我们深深地体会到，廉政文化建设的关键是党员领导干部必须率先垂范。只有领导干部做出表率，全社会的廉政文化建设才能健康向前推进。

（四）突出廉政文化活动的主题

廉政文化活动的内容必须紧紧围绕"廉政"进行。不能只重视"文化"而忽略"廉政"的主题，要避免出现弱化廉政的法律性和纪律性所具有的强制性规范要求。

（五）把握廉政文化活动的原则

1. 注重理论与实践的结合，突出指导性，实践性。

理论来源于实践，又指导实践。廉政文化建设是一项理论性和实践性都很强的工作，只有在理论上取得突破，才能在实

践中有所发展。因此，要注重从理论与实践的结合上推进廉政文化建设。既认真研究廉政文化现象和人民群众的生动实践，从中概括经验，提炼理论，揭示规律；又坚持研以致用，用科学的理论指导实践，推动工作。

2. 注重历史与现实的结合，突出创新性、多样性。

实践证明，廉政文化活动要形式多样。既要注重吸取传统文化的精华，又要根据时代特点，唱响立党为公、执政为民的主旋律；既要注重党员领导干部的廉政教育，又要兼顾社会普通民众宣传；既注重运用书法绘画、文艺演出等传统教育方式，又充分利用现代科技、现代信息、现代传媒等手段；既采取有形的、见效比较快的方式，又要注重细雨润物、潜移默化式的教育。

3. 注重共性与个性的结合，突出特色性、针对性。

廉政文化活动必须区别对象，根据不同地域、不同范围和不同层次来开展。文化厅系统各个单位工作职责不同，每个干部的工作岗位不同，其所面临的潜在的腐败因素也必不相同。因此，发挥廉政文化建设的作用解决实际问题，就必须因人而异、因地制宜，根据本单位人员素质状况，采取恰当的形式和方法。

4. 注重高雅与通俗的结合，突出大众性、广泛性。

廉政文化建设是一个庞大的系统工程，人人有责。廉政文化，人人受益。加强廉政文化建设、弘扬廉政文化是全社会的共同责任。廉政文化活动要有广泛性。要通过经常的、广泛的、持久的廉政文化建设活动，让廉政文化拥有深厚的群众基础。

5. 注重务虚与务实的结合，突出经常性、实效性。

开展廉政文化活动要有经常性。廉政文化活动必须长期地、经常地坚持下去，形成反腐倡廉的浓厚氛围。廉政文化活动还要有实效性。只有考虑活动的实际效果，力求社会效果和经济效果的统一，才能用最小的付出，取得最大的收益。

三、文化厅系统廉政文化建设存在的主要问题及对策思考

（一）存在的主要问题

1. 对廉政文化建设的认识还不足。当前文化建设任务非常重，有一部分同志认为搞廉政文化建设，影响了中心业务工作，还有的同志认为廉政文化建设是纪检部门的事，与自己关系不大。个别单位未将廉政文化建设作为党风廉政建设的重要项目列入议事日程，统筹安排考虑。由于认识不够到位，廉政文化建设在不同的单位开展的程度和取得的成效也参差不齐，发展不够平衡。

2. 廉政文化建设的范围还不够广。各单位在廉政文化建设中普遍把领导干部作为主要对象，要求领导干部树立正确的权力观、价值观、名利观和政绩观，自觉廉洁从政，这是十分必要的。但仅仅如此是远远不够的，目前各单位对普通党员干部的教育力度明显不够，廉政文化建设的范围还须扩大，只有将范围扩大到单位的全体党员干部和群众，才能形成浓厚的廉政建设氛围，彰显廉政文化建设的效果。

3. 廉政文化建设的形式还不够活。虽然各单位在廉政文化建设的形式多样化上都作了一些有益的探索，也取得了一定成效，但总体来讲，廉政文化建设的创新性还不够，开展活动的方式方法还比较传统，不少单位是采取上党课或警示教育等形式，造成廉政教育出现了老一套现象，缺乏足够的吸引力和感染力。

4. 廉政文化建设的制度还不够全。目前不少单位还没有

形成关于廉政文化建设的配套制度。在廉政文化制度建设方面，不少单位只满足于按要求下发了活动的计划，制订了活动方案，而且这些计划和方案，更多的是侧重于文化层面的，对于廉政文化建设制度、体制上的设计和安排则缺乏系统性，不够健全和完善，刚性约束力和可操作性不强。

（二）对策思考

为充分发挥廉政文化建设在党风廉政建设中的作用，努力推进文化厅系统的党风廉政建设，提出如下对策建议。

1. 加强教育，提高认识。通过深入宣传廉政文化建设的重大和现实意义，帮助文化厅系统广大干部职工正确认识廉政文化建设的地位和作用，及时消除廉政文化建设"无用论"、"无关论"等错误认识，引导干部职工认识到廉政文化建设不是单纯治标，而是一项治本之策。

2. 理顺关系，摆正位置。首先要理顺廉政文化建设与文化业务的关系。二者相辅相成，互为促进，同为服务大局提供精神支撑。其次是要理顺廉政文化建设与反腐倡廉的关系。全面推进反腐倡廉工作就必须抓好廉政文化建设，而抓好廉政文化建设就能促进反腐倡廉工作。再次是要理顺廉政文化建设与精神文明建设的关系。廉政文化建设是民主政治建设的重要组成部分，与精神文明建设同属意识形态范畴，前者侧重于强化廉政意识，营造一种廉洁氛围，构建一种正确的价值观念，后者则从宏观上对人和社会提出了一种精神追求目标。

3. 完善机制，形成合力。要形成"领导班子负总责，机关党组织主抓，纪检部门协调监督，依靠群众积极参与"的领导体制和工作机制。将廉政文化建设纳入工作全局进行统筹考虑，形成一套完整的目标管理体系和保障体系。机关党组织要开展丰富多彩、为干部职工喜闻乐见的廉政文化活动，自觉为廉政文化建设出力尽责。纪检部门要切实履行监督职能，努力保证廉政文化建设在健康的轨道上运行。全体干部职工要积极参加各项廉政文化建设活动，形成廉政文化建设的浓厚氛围。

4. 创新手段，活化形式。在廉政文化建设中，效果是最根本的，是第一位的。要提高廉政文化建设的效果，就必须勇于创新，不断拓展方式方法。一是要让廉政文化建设从文件走向舞台。二是要让廉政文化建设从参观走向参与。三是要让廉政文化建设从推动走向互动。四是要让廉政文化建设宣传从传统媒体走向现代媒体。帮助干部职工自觉做到警钟长鸣，防微杜渐。

认真推进廉政文化建设

山东省文化厅纪检组监察室

近几年来,驻山东省文化厅纪检组按照省纪委和文化部关于大力加强廉政文化建设的总体部署和要求,充分发挥文化部门优势,积极协助厅党组认真扎实开展廉政文化建设工作,为全面推进党风廉政建设、促进文化事业发展做出了积极努力。

一、提高认识,加强领导,自觉担负起廉政文化建设的责任

廉政文化是先进文化的重要组成部分,也是社会主义和谐社会的重要内容。加强廉政文化建设是落实科学发展观的内在要求,也是构建惩治和预防腐败体系、深入开展反腐倡廉建设的重要举措。作为文化部门和文化工作者,对廉政文化建设有着义不容辞的责任。近年来,我们从发展先进文化,建设和谐文化,满足人民群众精神文化需要的高度,深刻认识廉政文化建设的重大意义,全省各级文化部门自觉把廉政文化建设纳入到文化建设之中,作为发展文化事业的一项大事来抓,自觉承担起了文化部门建设廉政文化的责任,积极创作廉政文艺作品,开展丰富多彩的廉政文化活动,努力营造廉政文化的浓厚

氛围。

（一）加强领导，构建机制。2007年省纪委制定下发了《加强廉政文化建设的实施意见》，建立了廉政文化建设工作联席会议制度。省文化厅作为联席会议成员单位，制定了相应的工作机制，由纪检组牵头，有关处室配合，成立了工作机构，负责系统的廉政文化建设。全省自上而下普遍成立了廉政文化工作领导小组，文化局的主要负责同志亲自挂帅，下设办公室，明确工作任务和责任分工，使廉政文化建设各项工作有计划、有步骤、分阶段地有序推进。

（二）明确目标，统筹规划。省文化厅高度重视廉政文化建设，在年度工作计划、党风廉政建设和反腐败工作实施意见中，明确提出了廉政文化建设的目标任务。特别是党的十七大召开后，文化厅党组把廉政文化建设作为文化建设的重要组成部分，摆上重要工作日程，纳入文化工作整体规划，纳入党风廉政建设责任制中，明确了党政负责同志是第一责任人。全省各级文化部门也都制定印发了加强廉政文化建设的意见，将廉政文化建设纳入责任目标管理体系，与业务工作一起部署、一起落实、一起考核，保证了廉政文化建设顺利开展。

（三）认真组织，积极配合。各级文化部门纪检组认真履行职责，充分发挥组织协调作用，通过召开现场会、调度会、交流会，加强对廉政文化建设工作的督促指导。积极配合同级党委、纪委有关部门，发挥文化部门优势，开展了一系列廉政文化建设宣传教育活动，在社会上产生了较好影响。驻厅纪检组被省纪委授予"全省反腐倡廉宣传教育工作突出贡献奖"，"全省反腐倡廉宣传教育工作先进集体"，驻厅纪检组的两位同志也被省纪委评为"全省反腐倡廉宣传教育工作先进个人"。

二、发挥优势，开展活动，努力营造廉政文化氛围

近年来，我们充分发挥文化部门的专业优势、阵地优势和人才优势，将廉政文化建设融入文化工作之中，积极创作了一批批廉政文艺作品，组织了一台台廉政文艺演出，开展了形式多样的廉政文化活动，将反腐倡廉的内容有机融入各类文化产品之中，融入各种文化活动之中，增强廉政文化的吸引力和感召力，发挥廉政文化潜移默化的作用，使人们在艺术享受和娱乐活动中受到廉政教育，增强了全社会反腐倡廉意识，对营造以廉为荣、以贪为耻的良好社会风尚起到了积极作用。

（一）积极创作演出以廉政为题材的文艺剧目。全省118个县级以上专业院团每年演出2万多场，5万多个民间文艺团队活跃在全省城乡，形成了"泉城大舞台"、"送戏下乡"等演出品牌。近年来，全省文化部门的专业艺术工作者创作（改编）演出了大量廉政题材的剧（节）目。潍坊市吕剧院以全国劳动模范、寿光三元朱村党支部书记王乐义为原型，创作排演了大型吕剧《王乐义》，塑造了一个一心为民，廉洁奉公，带领乡亲勤劳致富的农村党员干部的光辉形象。他们创作的廉政现代吕剧《碧水长流》，在全省巡回演出100多场，并进京汇报演出，获得中宣部"五个一工程"奖。菏泽市戏剧院排演的歌颂传统美德的大型现代戏山东梆子《山东汉子》获文化部文华大奖，演出400多场。青岛话剧院创作演出的反腐倡廉话剧《天堂向左，地狱向右》，济南市的吕剧《"大官儿"皮景生》，滨州的现代京剧《乡镇书记》等剧目，受到领导和社会各界观众好评。聊城的《女纪委书记》、《长清街》获山东省五个一工程奖。淄博歌颂牛玉儒先进事迹的现代戏《草原之子》，至今已有4万名党员干部观看，五音戏《红色罚款单》

获国家小戏调演二等奖。这些剧（节）目通过鲜活生动的艺术形象，热情讴歌廉洁从政的先进典型，无情鞭挞腐败分子，深入基层演出，受到人民群众的广泛称赞。各级文化部门以促进乡风文明为核心，开展文化下乡，在送戏下乡中演出了一大批风格多样的、宣传反腐倡廉的优秀剧（节）目，加强了农村的廉政文化建设。按照中纪委和省纪委统一部署，全省广大文艺工作者开展了创作廉政歌曲活动，创作廉政歌曲千余首，唱遍了齐鲁大地。2007年，省直专业文艺院团积极创作多台弘扬时代精神、讴歌先模人物、抨击丑恶现象的剧（节）目，并服务群众，寓教于乐，深入机关、学校、厂矿和农村演出宣传近300场，受到群众普遍欢迎，广大观众也在娱乐中受到了廉政文化教育。

（二）积极开展丰富多彩的廉政文化活动。根据省委、省政府和省纪委关于廉政文化建设的责任分工，文化厅既作为主办单位，又作为参与活动单位，充分发挥文化部门优势，主动承担起配合省纪委抓好全省廉政文化建设的责任，纪检组积极牵头，组织文化系统干部职工参与活动。近年来，山东省文化厅多次与省纪委、省委组织部、宣传部等部门联合，在全省范围内举办了一系列廉政文化活动。2006年协助省纪委举办了"全省廉政文化理论研讨会"、"全省廉政文化建设现场会"等。2005、2006连续两年与省纪委、省委组织部、宣传部联合举办了"齐鲁正气歌"——全省廉政大型文艺演出。我们组织省歌舞剧院、京剧院、吕剧院、话剧院等单位创作了反腐倡廉情景剧、小品、歌舞、戏曲联唱和诗朗诵等节目，节目内容和形式的完美统一，演员们的精彩表演，烘托了舞台气氛，提高了演出质量，受到省委领导和社会各界观众的高度赞誉。山东卫视对演出实况进行了转播，全省500多万党员组织收看，收到了明显的教育效果。2007年配合省纪委在省图书馆承办了

"全省反腐倡廉书画作品展",出版了《山东省反腐倡廉书画作品选》,社会反响强烈,促进了"廉政文化建设年"活动有声有色地开展。全省各级文化部门也积极主动配合同级纪委组织了廉政文艺会演、廉政歌曲大赛和廉政书画展览等活动。

(三)发挥文化阵地优势,为廉政文化建设提供广阔平台。各级文化部门拥有多种文化活动阵地,掌握着众多的文化活动场所,这就为开展廉政文化建设提供了广阔的舞台。近年来,我们充分利用各级博物馆、美术馆、图书馆、文化馆、影剧院、文化广场等文化设施,组织开展多种形式的廉政文化活动,举办形式多样的演出、展览、讲座,放映影视作品,提供图书资料等,提供廉政文化服务,宣传廉政文化思想,营造了廉政文化氛围。全省市县的绝大多数图书馆建立了廉政文化图书阅览室,设立廉政文化图书专架;各级美术馆、博物馆举办了一系列廉政文化展览;各级文化馆、文化站专业人员深入社区、农村、厂矿、学校、机关,编排、辅导廉政内容的优秀文艺节目;许多市建立了廉政文化建设示范点,在机关建立了"廉政文化墙"、"廉政文化室",社区建立了廉政长廊、廉政书屋,有的还开办了廉政论坛网,在电台、电视台和当地报纸开办了廉政建设专栏等。各市文化局把廉政文化融入广场文化活动之中,如济南的"树立社会主义荣辱观"主题广场文化活动、菏泽的"廉政之夏"广场文艺晚会、潍坊的"鸢都流韵"消夏晚会、青岛的市民节庆广场演出等,把夏秋广场文化活动变成宣传廉政文化的阵地和舞台,有力地促进了廉政文化建设。济宁市文化局连续三年举办的"廉政广场演出周"活动,共举办25次专场演出,新创作100个廉政文艺节目,观众达7万余人次,收到了良好的社会宣传教育效果。各级电影公司和影剧院,会同当地纪委、宣传部、组织部等部门,结合对广大党员干部的专题教育,推出一批以理想信念、廉政教育为主题的优秀国产影片。近年来，放映了《郑培民》、《焦裕禄》、《孔繁森》、《人民的公仆——牛玉儒》、《信天游》、《张思德》等一批以现实典型人物先进事迹为题材的影片和警示教育影片。基层农村廉政建设中，各级文化部门积极提供廉政文化"三下乡"服务，免费送书、送戏、送电影，加大流动性廉政文化服务，努力培育廉政土壤和良好村风民俗；充分利用文化信息资源共享工程，在网站上建立廉政文化栏目，加大宣传力度，不断扩大廉政文化的教育面、影响面、覆盖面。全省文化部门和广大文化工作者在廉政文化"六进"活动中发挥了骨干作用。同时，我们还加强了对文化市场和娱乐场所的监管，坚决取缔和严厉打击传播腐朽思想文化的违法经营活动，净化了社会文化环境。全省上架音像制品正版率达到75%以上，居全国第一位。网吧管理在全国率先实现了省、市、县三级监管中心联网运营和对1万多家网吧、50多万台终端的实时监控。

三、抓好自身，强化教育监督，加强系统内部廉政文化建设

近年来，我们一方面积极主动配合省纪委抓好全省面上的廉政文化建设，同时，我们又结合文化系统的实际，紧紧围绕文化中心工作，认真开展系统内的廉政文化建设，形成了浓厚的廉政文化氛围。

一是加强廉政文化宣传思想教育，促进领导干部廉洁从政。我们在全系统党员干部中开展了一系列廉政文化主题教育活动，通过党课、报告会、演讲会、参观学习等活动，大力宣传先进人物的先进事迹，弘扬正气，激励先进，使广大党员干部坚定理想信念、增强宗旨观念，从思想上树立科学的发展观和正确的权力观，牢固树立立党为公、执政为民的理念，为廉

政文化建设夯实了思想基础。通过组织党员干部参观监狱、听服刑人员忏悔、观看腐败案例教育片等活动，开展反腐倡廉警示教育，强化党员干部廉洁自律意识，教育、引导广大领导干部筑牢拒腐防变的思想防线，促进领导干部廉洁从政。

二是建立健全制度监督体系，为廉政文化建设提供保障。厅党组狠抓党风廉政制度建设，建立和完善各项规章制度，强化了对重要部门、重要岗位、重要环节的监督，用制度管人、管事，使党员领导干部知道可为和不可为，从源头上有效预防了违纪违规及腐败问题的发生，推进廉政文化建设的顺利开展。

整合优势资源　丰富内容形式

陕西省文化厅纪检组监察室

近几年来，我省文化系统坚持把加强廉政文化建设作为反腐倡廉的重要举措和基础工程来抓，借助文化系统自身优势，积极开展廉政文化建设的探索和实践，坚持在加强组织领导，整合优势资源，丰富内容形式，跟进融入服务上下功夫，努力增强廉政文化的感染力、渗透力和影响力，促进了"以廉为荣、以贪为耻"社会风尚的形成，为建设西部强省、构建和谐陕西提供了强有力的文化支持和舆论保证。

一、强化组织领导工作力度，切实把廉政文化建设融入和谐文化建设实践中

一是从领导机制上强化组织力度。厅党组对廉政文化非常重视，领导亲自主持召开廉政文化会议和参加文化系统的廉政文艺演出、廉政文化成果展映等活动，多次为厅直属单位领导干部讲廉政党课，到基层检查廉政文化建设工作。各级文化部门坚持把廉政文化建设列入党风廉政建设责任制中，形成了"党委统一领导，党政齐抓共管，主管部门牵头协调，广大干群积极参与"的领导机制和工作局面。

二是从工作机制上强化落实力度。为确保廉政文化建设各

项工作的健康、持续、有效开展，我省各级文化部门建立了相关工作的协调联系制度，及时整合本系统的优势和文化资源，研究部署工作，组织协调活动，形成了纪检监察部门统筹协调，文化业务部门和直属文艺单位齐抓共管、各展所长的联动效应。各级文化部门立足长远，着眼当前，对廉政文化建设做出具体规划和近期工作安排，建立有关工作落实制度和考核激励机制，并从经费、人力等方面采取保障措施，保证了廉政文化建设具体工作的有效落实。

三是从示范机制上强化引导力度。我省各级文化部门积极参加了廉政文化基层示范点建设活动，省文化厅协助省纪委举办了"陕西省廉政文化建设成果展"，展出各类书画、摄影作品、音像制品、书籍刊物、器具物品3000余件，充分展示了全省各级示范点廉政文化建设的成果和经验，起到了很好的示范带动作用。

二、把握廉政文化的特点抓建设，坚持在跟进结合中推进工作深入开展

一是找准结合点及时切入。围绕服务我省经济社会发展和民主政治建设，营造廉洁的执政氛围和反腐倡廉的社会环境，我们利用文化系统自身优势，先后配合省纪委举办了"正气歌——陕西省反腐倡廉文艺节目汇演"、"陕西省廉政文化建设成果展"和省直机关"树荣辱观，唱正气歌"歌咏比赛等大型活动，传扬了廉洁执政的理念和社会主义荣辱观。我们还借助全省文化系统的配套工程建设项目，把廉政文化建设的内容融入其中，在舞台艺术繁荣工程、农村电影放映工程、文化信息资源共享工程和"两馆一院一站一室"建设工程中，提出了增加廉政文化建设内容、丰富活动形式的要求，使文化建设的

主阵地能够发挥更大的宣传教育辐射作用。如，2004—2006年，省文化厅、财政厅连续三年开展送书下乡工程，共向全省101个县图书馆、40个乡镇文化站赠送了包含廉政文化内容的340万元的图书资料。2006年，文化厅在全省开展了为期一年的"永葆先进性，文化扶三农——百场红色经典影片、百部农业科教片巡映百县万村"活动，用鲜活的荧幕形象教育感染广大群众，歌颂党的光辉业绩，激发对党、对祖国、对社会主义的热爱之情，为我省新农村建设提供了有力的精神支撑。

二是把握着力点重点推进。近几年，我们坚持以党员干部为主体，突出各级机关和领导干部这个重点，通过开展多种形式的反腐倡廉学习教育和廉政文化主题实践活动，引导党员干部树立正确的世界观、人生观、价值观和地位观、利益观、权力观，进一步筑牢拒腐防变的思想防线；通过完善和遵守廉洁从政的各项规章，规范党员干部的行为，努力实现道德自律与法规制度约束的统一。在艺术创作演出中，我们坚持弘扬正气、鞭挞腐败的正确舆论导向，鼓励文艺工作者创新、整理改编和演出了一大批反映廉政文化内容的优秀剧（节）目，这些题材以当代为主，兼顾历史，内容健康向上，雅俗共赏，或歌颂先进，弘扬正气，表现优秀共产党员清正廉洁；或揭露腐败，鞭挞丑恶，抨击社会不正之风。艺术形式多样，既有大型戏曲、话剧，又有小戏、小品及歌曲、相声、快板等，富有很强的时代气息和现实教育意义，起到了历史文化与现实社会在精神层面上的传承与交融，凝聚了人心，推动了社会的文明、和谐。

三是抓住支撑点扩大辐射。我们着眼开展群众性活动抓建设，切实把廉政文化辐射到社区、农村、机关、学校、企业、家庭，使之植根于群众的现实生活中。全省文化部门每年举办"三下乡"群众性文艺演出1000多场，培训农村文艺骨干1万余人次，深入村镇辅导文化活动30余万人次。动员全省民间艺人和社会各界人士创作秦腔剧、眉户戏、商洛花鼓、陕北民歌、关中道情等廉政剧目和歌曲2800部（首）。既扩大了廉政文化的社会覆盖面，又收到了良好的社会效益。

三、注重拓宽工作领域和载体创新，务求在反腐倡廉实践中提升廉政文化建设成效

一是抓渠道拓宽，充分发挥廉政教育主阵地作用。加强廉政文化建设，用先进的廉政文化占领思想"阵地"和社会"市场"，需要探索教育新路子，拓宽和巩固廉政教育的主阵地。我们坚持把廉政文化建设作为提高党员干部思想道德素质和科学文化素质的重要途径，抓住信念、道德、法纪这些核心内容，通过组织党员干部特别是领导干部观看廉政内容的电教片，参与反腐倡廉文艺演唱、举办廉政文化建设征文、参观反腐倡廉成果展等形式，开展了主题鲜明、内容丰富的廉政教育活动，既丰富了教育内容，又增强了廉政文化的感染力和教育效果。近几年，为强化文艺演出的社会教育功能，在创作和演出中，我们加大了反映廉政文化内容作品剧目的分量，如省戏曲研究院创作演出的大型秦腔历史剧《太尉杨震》、小品《瓜女子》，省京剧团的《清风驿》，商洛市的大型历史剧《御史还乡》，西安话剧院的大型话剧《命断赣江》、《郭双印连他的乡党》，西安市豫剧团的现代豫剧《任长霞》，省人民艺术剧院的报告剧《郭秀明颂》和小品《办公室的故事》，渭南市的迷糊小戏《风门》，宝鸡市的小品《送礼》等。这些优秀作品不仅为城市观众演出，还长期到部队、企业、厂矿、学校、农村进行演出，有的剧目连续演出上百场，受到观众的热烈欢迎，引起强烈反响，收到良好的社会效益，为推进我省反腐倡

廉建设营造了浓厚的文化氛围。

二是抓载体创新，切实搭建形式多样的廉政文化展示平台。运用各种文化阵地、艺术形式和现代传媒手段，丰富廉政文化的内容形式，创新活动载体，是推进廉政文化建设的有效途径。近几年来，根据群众的文化需求和反腐倡廉工作实际，我省文化系统利用文艺演出、图片和书画展览、廉政报告会、读书演讲、征文、知识竞赛、宣传橱窗、影视展播、送书下乡、公益广告等行之有效的形式，宣传和展示廉政文化，增强其渗透力和感染力，营造了浓厚的廉政文化氛围。同时，我们还借助大众媒体覆盖面广、影响力大的优势，运用文化信息网络、报纸杂志等手段，宣传反腐倡廉的方针政策和成就，宣扬廉勤兼优典型的先进事迹，传播廉政思想和道德，扩大了廉政宣传的声势和效果。2007年，我们举办了省直文化系统廉政文化建设座谈会，对本系统开展廉政文化建设的理论和实践问题进行认真探讨和总结，展示了省直文化系统开展廉政文化建设的初步成果。2008年，我们将结合举办陕西省第五届艺术节，与省纪委共同主办陕西省廉政文化建设专题文艺晚会，进一步展示近年来我省廉政文化建设的艺术成果，推动我省廉政文化建设的深入开展。我们还积极适应现代科技对社会文化发展提出的新要求，在廉政文化建设中加大科技含量，利用我省文化信息资源共享工程，以文字、图像、电子邮件等便捷的传播方式，交流传递廉政信息，进行网上答疑，引导网上舆论，实现读者观众与传媒的双向互动，拓宽廉政文化宣传阵地，增强廉政宣传教育的吸引力和亲和力。

三是抓力量整合，利用好廉政文化社会资源。廉政文化建设是一项社会系统工程，需要各方面协同配合。我省是文化资源大省，在挖掘廉政文化遗产，整合文化资源方面，更需要发挥文化部门在"大宣教"工作格局的作用。近几年，我们注意发挥自身优势，每年都要组织文艺工作者深入基层，深入生活，为人民群众创作和演出优秀的廉政文艺作品或剧目，较好地满足了社会对廉政文化建设的需求；各级文化部门利用图书馆、影剧院、展览馆、文化艺术馆（站）等设施，积极宣传廉政知识，把廉书、廉戏、廉文化送到社区乡村和千家万户，扩大了廉政文化的影响力和感召力；还注意用好报纸杂志和信息网络等传媒手段，通过开设专题栏目，加强廉政文化宣传报道，营造反腐倡廉的舆论氛围；文艺理论研究部门也加强对廉政文化建设实际问题的研究，为廉政文化建设提供智力支持。特别是各级文化部门重视发挥我省红色革命根据地的文化资源优势，积极建造廉政文化景观，建立廉政文化传播基地，发挥了明显作用。在挖掘整理历史廉政文化遗产中，韩城市举办了"风追司马"廉政文化活动，铜川市开展了"笔祭柳公，昭古示今"主题活动，都弘扬了民族优秀文化。同时，我们还注意突出时代特征和陕西文化特色，坚持在继承传统和彰显特点中推进廉政文化建设，形成了具有时代特点和陕西特色的廉政文化。比如，各地建造了一批富有地方历史文化底蕴特别是具有红色革命根据地文化特色的廉政文化景观广场；户县发挥农民画乡的优势，通过举办反腐倡廉农民画展，让群众在参与中自觉受教育；利用秦腔和陕南陕北丰富的地方剧种，打造特色鲜明的地域廉政文化艺术精品；利用民间说唱、民间雕塑、剪纸、编织艺术等表现手法，制作和塑造了大量表现廉政主体、物化廉政理念的民间文化艺术产品和作品，体现了独特的地方文化魅力，极大地丰富了我省廉政文化建设资源，产生了比较强的社会影响力。

突出特色
大力推进廉政文化建设

福建省文化厅纪检组监察室

加强廉政文化建设,是党的十七大提出的重要任务。近年来,我省各级文化部门发挥"职能、人才、阵地"优势,突出特色,从文化的视角、方法研究探索反腐倡廉教育新形势新任务新要求,并以戏剧、歌舞、美术等文艺形式进行推介和传播,弘扬廉政文化建设,在营造浓厚的廉政文化氛围上取得了良好成效。

一、发挥职能优势,扎实推动廉政文化建设

加强廉政文化建设是反腐倡廉建设的必然要求,文化部门作为各级政府管理文化事业发展繁荣的主要职能机构,应当自觉承担责任,主动履职,积极作为,为促进全社会形成以廉为荣、以贪为耻的社会风尚做出应有的贡献。

(一)纳入规划求持续

廉政文化建设的成效体现在廉洁廉政成为党员干部群众的一种自觉追求,一种精神境界。这种成效的呈现,是一个潜移默化持续的长期积淀的历史过程,非一朝一日所能凸显。因此,必须按照"既要立足当前,更要着眼长远"的要求,统筹

规划。厅党组自觉地将廉政文化建设纳入文化强省战略目标，在2008年全省文化系统党风廉政建设会议上，厅党组书记、厅长宋闽旺再次强调在调整充实"十一五"文化建设规划时，要将廉政文化建设纳入"十一五"文化建设规划，纳入年度文化工作的近期目标，同计划、同部署、同督察、同考核。此外，为了将廉政文化建设真正落到实处，厅党组将廉政文化建设纳入党风廉政建设责任制考评的重要内容，依托党风廉政责任制抓落实，抓督察，抓考核。

（二）融入活动求深入

在实践活动中，我们主动融入，准确融入，真正融入。主动融入就是不另起炉灶，不单纯就廉政文化抓廉政文化，而是乘风借势，有机地融入学习实践科学发展观、文化强省、海西建设工作大局，融入公共文化服务体系、艺术生产创作演出、文化市场管理、非物质文化遗产保护等具体业务工作中，实现整体推进。准确融入就是融入社会主义先进文化、和谐文化建设之中，融入党风廉政建设、精神文明创建活动之中，融入保持共产党员先进性教育活动和先进性建设全过程，融入反腐倡廉大宣教格局之中，做到在各项活动中有廉政文化的内容。真正融入就是以党风廉政建设责任制为抓手，通过责任制来落实、督促、考评各单位廉政文化推进情况，实现廉政文化融入的常态化。

（三）强化管理求净化

在实践中，我们强化文化市场管理，通过行使文化市场管理职能，一方面扶持先进文化尤其是具有廉政文化特色的文化产业群体和业主，为他们提供优良的经营环境，拓展他们的市场空间，扩展他们的影响范围；另一方面，加大对腐朽落后文化的打击力度，遏制他们的泛滥势头，压缩直至消除他们存在的空间，这实际上也是对先进文化包括廉政文化的支持和弘扬。

(四) 完善机制求活力

一是做活联席会议机制。依托大宣教联席会议,主动参与全省性的廉政文化建设工作,配合省纪委成功组织举办了"廉政之光"专场文艺晚会、廉政歌曲创作活动和"福建省反腐倡廉书画作品展"。此外,还建立省厅与各地市各单位联系交流平台,定期交流开展廉政文化建设的经验和做法。二是完善保障机制。专门划出经费,用于推动廉政文化建设。三是探索激励机制。树立培养在廉政文化建设中涌现出来的先进典型,发挥他们的示范和表率作用,进一步推进廉政文化建设。

二、发挥人才优势,创作演出廉政主题文化作品

创作演出廉政文化主题文艺作品,是推动廉政文化建设的重要抓手。在这方面,文化部门具有人才和专业的资源优势。厅党组要求广大文艺工作者坚持"三贴近"(贴近现实、贴近生活、贴近群众)、"三为重"(人民为重、艺术为重、作风为重),深入反腐倡廉第一线,体验生活,找准感觉,既注重反映,又注重引领;既注重廉政文化内涵,又注重艺术表现力,努力创作热情讴歌清正廉洁形象和无情抨击腐败丑恶现象的精品力作,让广大党员干部群众在美的享受和欣赏中接受廉政文化的熏陶和教育。

(一) 着力创作反映现实的廉政题材作品

近年来,我省专业艺术工作者加大现实廉政题材作品的创作力度,创作出一大批群众易于接受、乐于参与的反腐倡廉歌舞、小品等多种题材的文艺作品,其中多个作品荣获大奖。福建人民艺术剧院结合反腐倡廉教育,把许多执政为民、艰苦奋斗、廉洁自律的先进形象搬上舞台,创作了反映优秀共产党员

群体形象的情景剧《我是共产党员》，公演后，深受广大党员干部的欢迎，成为省直机关共产党员先进性教育的必看剧目；福建省文艺音像出版社摄制了以我省宁化县石壁镇石壁村党支部书记张仁和为原型，以生动反映其清正廉洁，勤政务实，带领干部群众艰苦奋斗奔小康的感人事迹为主题的数字电影《村支书张仁和》，荣获全国纪检监察系统第四届电教片"卫士杯"一等奖和我省广电局、省文联主办的第十二届福建省电视艺术作品奖评选电视剧二等奖；厦门市歌舞剧院以长征为题材的音乐话剧《雁叫长空》和泉州市高甲戏剧团高甲戏讽刺喜剧《连升三级》荣获第十届中国戏剧节优秀剧目奖；在第十二届"文华奖"评选中，由厦门歌仔戏剧团创作演出的反映民间艺人邵江海爱国精神的歌仔戏《邵江海》荣获文化部第十二届"文华奖"文华大奖和文华编剧奖、导演奖、音乐奖、舞美奖、演员奖6个单项奖；龙岩市的小品《市长和他的父亲》与《苦果》，分别荣获中国剧作家协会的小品大赛奖和华东第七届小品相声奖；宁德市的小品《不能没有你》参加了CCTV全国小品大赛决赛，成为全国唯一一个由纪检监察机关选送的作品，此作品还参加了中央纪委与中央电视台联合举办的廉政广告大赛颁奖晚会演出。

（二）着力创作福建特色的廉政题材作品

福建是戏剧强省，现存的地方剧种20多种，专业剧团93个，民间剧团更是有800多个，在广大基层人民群众中有广阔的市场空间。我们以三年一次全省戏剧会演为契机，精心组织全省戏剧工作者创作演出以廉政为主题的戏剧精品，传播廉政思想。如在我省23届全省戏剧会演中，在参与会演的33个剧目中，以廉政为主题的剧目就有15个。有表现艰苦奋斗、清正为民先进人物先进事迹的梅林戏《张仁和》、南词戏《武夷寒兰》等4个剧目；有表现廉吏清官故事的高甲戏《万民疏》、闽剧《功德碑》等4个剧目；有表现社会伦理、提倡社会公德的高甲戏《阿搭嫂》、闽剧《王茂生进酒》等7个剧目。这些优秀剧目在全省各地上演，形成八闽大地的艺术盛会，广大人民群众在享受艺术的同时，也受到廉政文化的熏陶。

（三）着力把文艺演出送到基层、送到群众身边

一是市场化运作。与中国移动通信集团福建有限公司、福建两岸文化传播公司共同合作开展"情满海西——新农村文化百镇行"活动，组织省属艺术院团，深入全省110个乡镇，开展公益性文艺演出活动，把包括廉政文化在内的优秀的文化产品送到基层、送到群众身边。二是主题化演出。如为落实省委、省政府关于重点建设"提高两个比重"、"发挥四大作用"的工作要求，激励广大重点项目建设者的热情和斗志，以优异成绩迎接国庆58周年以及党的十七大胜利召开，我们组织了以"喜迎十七大，奉献在海西"为主题的慰问演出活动，先后赴福建炼化一体化泉港工地、莆田LNG燃气电厂秀屿工地、福厦铁路福清制梁场、浦南高速公路建阳工地等地进行现场慰问演出，受到了广大建设者的热烈欢迎；在开展社会主义荣辱观宣传教育活动中，莆田市开展了现代小戏百团调演活动，以莆仙戏为载体，向广大人民群众宣传社会主义道德思想；在推进社会主义新农村建设过程中，省委宣传部、省文联和我厅联合举办了"福建省建设社会主义新农村题材小戏小品征文"活动，创作出一批优秀的作品，其中有不少反映以廉政文化为主题的好小品，如：《请客》、《红包》、《门神》等。三是节日化演出。我们不仅注意在一年一度的"三下乡"活动时组织精兵强将走进农村基层，而且把每年的元旦、春节、"七一"、"八一"、"十一"等节假日，作为送文化下乡的好时机。如"八一"期间，我们组织了"我们的队伍向太阳"福建省庆祝中国人民解放军建军80周年文艺晚会。同时，积极协调组建"一家亲"艺术团，以文艺演出小分队形式，赴山区、海岛等偏远地区为基层部队演出，军民共铸鱼水情深；2008年元旦期间，我厅与龙岩市人民政府共同在长汀县开展了"情系海西红土地——2008福建省文化厅赴长汀老区慰问演出活动"等。

三、发挥阵地优势，开展形式多样的群众文化活动

依托阵地载体，开展群众文化活动是增强廉政文化建设渗透力和实效性的关键。我们充分利用文化馆、艺术馆、图书馆、博物院（馆）、纪念馆、美术馆、影剧院等活动场所，积极协调，不定期、全方位、多层次地组织各种主题鲜明、内容丰富、方法灵活、形式多样的廉政文化活动，多途径、多渠道、多手段地进行廉政文化的传播宣扬，使广大党员干部群众真正感受到廉政文化的熏陶。

（一）突出阵地载体建设

一是硬件、软件建设"两手抓"，为先进文化在基层的传播提供载体和人才支撑。在硬件方面，实施年百个乡镇综合文化站改造完善工程，扎实推进农村文化设施建设；在软件方面，加快农村文化队伍建设，实施"村级文化协管员"制度，为包括廉政文化在内的农村文化活动的开展提供人才支撑。目前全省近1.5万个行政村已基本完成了文化协管员的选聘工作。我们连续举办了10期农村文化协管员培训班，对他们进行岗前培训，厅长宋闽旺还亲自为他们授课。二是加快海西文化共享工程建设步伐，拓展先进文化的传播渠道。南平市延平区等8个县（市、区）已成为国家级文化信息资源共享工程试点县；省级分中心的资源征集和扩容工作取得显著进展，省财

政两年投入 300 万元共享工程资源征集经费;"福建文化信息网"已全面改版,内容更加丰富,版面更加活泼,资讯更加快捷,点击率明显上升。

(二)突出群众文化活动

一是以"三馆"(图书馆、博物院(馆)、美术馆)为重点,开展廉政文化宣传教育活动。近年来,全省公共图书馆除了把反腐倡廉教育寓于读书活动之中,为读者推荐提供廉政建设、艰苦奋斗、爱国主义教育题材的书籍外,还结合开展"世界读书日"全民阅读活动和"服务宣传周"活动,组织讲座、咨询、展览等宣传活动,倡导以廉为荣以贪为耻的社会风尚;全省博物馆系统除了充分利用教育基地所蕴含的廉政文化资源,加强对广大干部群众和青少年的反腐倡廉教育外,还注重开展各类专题图片展等活动,如《谷文昌事迹展》、《保持共产党的先进性、反腐倡廉教育展》、《绿色丰碑》等大型图片展,宣扬人民公仆良好形象,倡导良好风气;省博物院以免费不免票的形式对社会群众完全免费开放参观,使广大群众更方便地享受到先进文化的熏陶;省美术馆,也把廉政文化作为展览的主旋律,先后承办了《省直文化系统反腐倡廉书画作品展》、《福建省反腐倡廉书画作品展》等,把廉政文化通过书画艺术形式展现在广大干部和群众面前,营造良好氛围。二是以"五进"为载体,开展文化惠民活动。我们组织了"海西文化直通车"活动,把好戏名角献给群众,把先进文化带到基层。首场演出选调了省文化厅直属文艺单位 50 多名演职员,艺术水准高,不乏在国内外获大奖、包含廉政文化内容的优秀节目。群众高兴地说:"省、市高层次的文艺演出和服务到农村来,不仅让农民开了眼界,还出力支持基层文化建设,使'三下乡'成为'常下乡',变'送'文化为'种'文化,我们很欢迎";厅精心组织开展"文化进社区"活动,创作了一批以反腐倡廉、艰苦奋斗为主题的群众喜闻乐见的优秀社区文艺节目，如：小品《远亲近邻》、《赶送节》。其中《赶送节》被选调进京参加"第五届全国四进社区文艺展演主会场"颁奖晚会。厅还开展了丰富多彩的以迎接十七大贯彻十七大为主题的文艺演出活动，共举办了5场大型演出，6000多名省市专业文艺表演团体和群众表演队伍的演员参加了演出，近10万名市民观看了精彩节目，产生了巨大的社会反响；厦门市文化局配合市纪委、市委宣传部组织实施廉政文化"五进"活动，组织创作了一批反映广大农村党员干部勤政廉政、建设社会主义新农村题材的作品，如小品《村长送礼》、《弯弯直直》等，深入农村巡回演出，为广大农民群众提供健康丰富、喜闻乐见的文艺作品，深受广大农村党员群众的欢迎。三是以"2131"工程为依托，开展廉政电影放映活动。近年来，我们依托农村数字电影院线、"千场电影进农村"、"农民电影节"、"千队万村"电影展映等活动，组织一批反映反腐倡廉、执政为民为主题的如：《郑培民》、《生死抉择》、《暖秋》、《太行山上》、《生死牛玉儒》、《任长霞》、《村支书张仁和》、《脊梁》等一批主旋律影片在全省各地放映，深受广大群众的欢迎。

（三）突出服务品牌推进

一是"农村文化行"品牌。近年来，我们着力推动文化工作重心下移，全力打造品牌性农村文化活动，组织省属和有关市属文化单位深入基层农村，送文化下乡，以主题巡演活动、海西文化直通车等形式，把包括廉政文化在内的先进文化送到基层，送到群众身边。二是艺术扶贫工程。艺术扶贫工程是我省农村文化发展的又一品牌项目。近年来，我省的文化馆以关注农村、关注教育、关注贫困的社会视角，在全国率先推出"艺术扶贫工程"，让怀艺在身的艺术专业人员定期为全省贫困地区的学童上门提供免费的艺术辅导，创出一条"文化下

文化价值

乡"的新路,既满足贫困山区孩子对艺术的渴求,也拓展了农村群众文化服务的新途径,收到了孩子、家长、学校、政府、社会"五满意"的效果。

积极推进农村廉政文化建设

江苏省文化厅纪检组监察室

农村廉政文化建设是农村基层党风廉政建设的重要内容，是社会主义先进文化的重要组成部分，是社会主义政治文明和精神文明的重要体现。加强农村廉政文化建设不仅是党风廉政建设的客观要求，也是构建和谐社会的必然要求。

近年来，江苏省文化厅纪检组，按照中办、国办《关于加强农村基层党风廉政建设的意见》、《文化部关于加强农村廉政文化建设的规划》和江苏省委、省政府、省纪委关于加强农村廉政文化建设的部署要求，认真履行职责，加强组织协调，采取有力措施，打造自身特色，积极推进农村廉政文化建设，努力营造农村崇廉尚洁的良好氛围，取得了明显成效。

一、履行职责，组织协调各级文化部门切实承担起农村廉政文化建设的责任

农村廉政文化建设任务的提出，为建设先进文化、和谐文化，建设文化江苏，提供了新的机遇和舞台。作为政府主管文化的各级文化部门，应当主动承担起建设农村廉政文化的重大责任和光荣使命。

（一）开展调研，制定意见

一是深入进行农村廉政文化建设专题调研。由厅党组成员、纪检组长王世华同志带队，分别到南京、连云港、徐州、泰州、南通等市、县、乡镇、村就此进行了调查研究，了解当前我省农村廉政文化建设的基本现状、总结基层群众在廉政文化建设实践中创造的鲜活经验。并在此基础上，完成了《深入推进我省农村廉政文化建设的调查与对策思考》的调研报告，被文化部网站全文转载。二是召开了全省文化系统纪检监察工作座谈会，传达学习中办、国办《关于加强农村基层党风廉政建设的意见》、《文化部关于加强农村廉政文化建设的规划》，交流各地各单位开展农村廉政文化建设的基本做法和成功经验，研究探讨加强农村廉政文化建设的思路与打算。三是研究制定了《省文化厅关于进一步加强农村廉政文化建设的意见》，从五个方面就进一步推动农村廉政文化建设工作提出了新的要求。江苏省纪委对此《意见》给予了充分肯定，并以苏纪办通报转发全省各地。

（二）主动融入，摆上位置

根据文化部门自身主抓文化工作的实际情况和有利条件，切实把农村廉政文化建设融入社会主义先进文化建设之中，融入文化江苏、文化强省建设之中，融入和谐文化、和谐社会建设之中。为此，我们要求各级文化部门都要自觉地把农村廉政文化建设放在重要位置，列为文化部门的重点工作之一，认真研究，统一计划、统一部署、统一开展农村廉政文化创建工作。

（三）区分层次，明确职责

我们对各级文化部门在农村廉政文化建设中的职责与任务进行了区分和明确。省、市文化部门主要是加强对农村廉政文化建设工作的研究和指导。根据具体情况，制订阶段性的农村廉政文化建设的规划或意见，深入基层对农村廉政文化建设工作进行经常性的督察与指导，适时组织省市级范围的农村廉政文化大型展览和文艺汇演，组织农村廉政文艺创作队伍和业务骨干的集中培训，及时总结推广经验，促进工作整体发展。泰州、常州等市文化局成立了以局长为组长、局纪委牵头、文化和艺术等处室参与的农村廉政文化建设工作领导小组，对农村廉政文化建设实行分类指导和协调。县以下文化部门则是集中精力做好农村廉政文化建设的具体组织实施工作。充分发挥以县乡文化馆、站为主体的农村廉政文化阵地优势，运用本地特色文化资源，开展农民群众喜闻乐见的廉政文化活动，形成地方廉政文化工作特色。

二、创新载体，充分运用现有文化阵地大力开展农村廉政文化创建活动

我省各级党委和政府把廉政文化建设和经济工作统筹考虑，统筹安排，党委、政府有关部门自觉地把廉政文化作为农村文化建设的重要内容之一，充分运用各种文化阵地和各种艺术手段开展廉政文化建设，使全省农村廉政文化创建活动精彩纷呈。

（一）多措并举，开展创建

泰州市通过"三送"活动，把廉政文化"送"到农村；通过网络媒体，把廉政文化"传"到农村；通过"阵地"建设，把廉政文化"贴"到农村。依托农村基层文化站建设、"农家书屋"工程和农村文化室等建设，在规划建设之中，就把廉政文化的"阵地"预留，建设"廉政书架"、"廉政影像"区等，紧贴农村基层文化工作实际，把建设廉政文化活动阵地，放在重要的位置上；通过大型活动，把廉政文化"播"到

农村。连云港市东海县各乡镇采取政府补贴经费的办法，建立农民艺术剧团，写廉戏演廉戏，走村串户，定期为农民群众巡回演出，受到广泛欢迎。

（二）建设网络，突出主题

无锡市将农村廉政文化建设与"文化绿洲工程"结合，以"文化示范点"为引导，以"农家书屋"、"文化开放户"、"激情周末"广场文艺演出为特色，积极构建政府主导、部门合作、社会共建、群众广泛参与的农村廉政文化服务网络。南通市加强公共文化服务的基础设施建设，努力形成市、县、镇三级政府，市、县、镇、村四级管理的公共文化服务网络，为基层农村廉政文化建设搭建平台。开展了"千戏下基层，唱响新农村"主题活动。淮安市开展"文化进农家，和谐你我他"主题活动。

（三）打造特色，立体宣传

宿迁市在农村廉政文化建设中，注意把廉政文化与乡土文化结合起来，编排以反腐倡廉为主要内容的曲艺、歌舞等群众喜爱的节目，组织廉政文化演出小分队，进村到组进行专题巡回演出。宿豫区广文局实施廉政文化"四个一"立体宣传工程：即一面惩腐漫画宣传墙、一个廉政信息宣传廊、一条廉政文化宣传街、一项倡廉特色活动，使廉政文化宣传家喻户晓。徐州市铜山县通过廉政文化专栏、黑板报、展板，格言警句、书画作品和勤政廉政小品、戏剧、歌曲的创作及演出，强化农村廉政文化建设。扬州市创作了舞蹈《唱响正气歌》、快板演唱《廉内助说枕头风》、小扬剧《夫妻酒考》、评话《手莫伸》、小品《撞上门的女婿》等一批文艺作品，深入农村演出。盐城市大力实施并坚持先进文化下基层"三百工程"，配合市纪委进行廉政文化优秀节目评选，共选出 14 个节目集中演出，市电视台进行现场直播，并制作成光盘下发至基层播放。2007年,全省"三送"工程共为农村基层送书76万册;送电影12.9万场,观众2500万人次;送戏2771场,观众近300万人次。全省各地农村廉政文化的广泛开展,为深入推进农村基层党风廉政建设和社会主义新农村建设发挥了积极作用。

三、求真务实,不断推进农村廉政文化建设的深入发展

农村廉政文化建设工作刚刚起步,仍然存在一些薄弱环节,如农村廉政文化建设的发展不够平衡;相关部门责任不够明确;基层廉政文化群众基础不够牢固;基层廉政文化建设效果不够明显等。针对上述问题,我们要着力做好以下工作:

(一)要进一步明确各级文化部门在农村廉政文化建设中的职责与任务

各级文化部门都要自觉地把农村廉政文化建设放在重要位置,列为文化部门的重点工作,认真研究,统一计划、统一部署、统一开展农村廉政文化创建工作。各级文化部门要在当地党委、纪委的领导下,从自身职能出发,切实履行职责,积极主动地做好农村廉政文化建设各项工作。

(二)要深入研究,积极探索农村廉政文化建设的有效路径

一是依托逐步完善的农村公共文化服务体系,以乡镇文化站为主阵地,运用农家书屋、墙报、板报、专栏、橱窗、广告、标语等多种形式和广播、电视、报纸、网络等现代传媒途径,在镇村、社区开展经常性的廉政文化宣传,营造浓厚的廉政氛围,不断扩大廉政文化活动的开放度和影响力,使廉政思想、廉洁理念深入人心,增强广大干部群众的参与热情。二是精心组织送书、送戏、送电影下乡的"三送"工程,突出廉政

文化的内容。重点选择一批普及法律知识、倡导廉洁风气、反映社会主义新农村生活的廉政文艺作品、书籍、影片和小戏小品,送到全省广大农村,丰富基层干部群众精神生活,进行廉政思想的熏陶。三是加强文化馆、站业余团队建设。建立镇、村农民艺术团、文艺宣传队,培养一批扎根农村、乐于为农民服务的廉政文化宣传队伍,并积极引导、扶持其开展多种形式的廉政文艺创作和演出、展示等活动;组织演讲会、报告会、故事会,廉政书法、绘画、征文等,使农村廉政文化活动丰富多彩。四是利用特色文化资源优势,创建廉政文化建设品牌。积极挖掘本地历史人文资源和革命历史题材,形成具有本地特色的廉政文化乡土素材,编辑成册向群众发放,巩固和拓展廉政文化建设成果。把崇廉尚洁内容融入特色文化乡镇、特色文化团队、特色文化家庭、特色文化标兵的"四特"活动之中,唱响正气歌,弘扬时代主旋律。借助文化信息资源共享工程平台,整合一批宣传廉政文化、加强思想教育的数字化资源,在农村基层服务点开展宣传服务。利用群众婚嫁喜事和民间传统节庆等时机,组织进行廉政文艺宣传,倡导新风正气。五是整合资源,多方联动,形成合力。要加强与民政、妇联、共青团、农委等基层组织及农村群众自治组织的联系,把农村廉政文化建设与有关部门组织的活动紧密结合起来。建立长效协作机制,协调各方不断拓展农村廉政文化建设空间,使之取得实实在在的效果。

(三)要切实加强农村廉政文化建设的组织领导

各级文化部门的党政领导班子和领导干部要高度重视,做到思想到位、组织到位、工作到位、保障到位,文化系统的相关业务部门要自觉把农村廉政文化建设有机融入本职业务工作之中,各级文化系统纪检监察部门要对廉政文化建设工作认真组织、协调和谋划,积极提出建设性方案,努力争取党政领导和纪检监察机关的支持，同时加强对下属单位和本系统廉政文化建设工作的督察指导。要主动发现和培育先进典型，及时总结经验加以推广。加大对农村文艺宣传骨干培训和开展廉政文化创建活动的指导力度。建立经费保障和激励机制，将农村廉政文化建设作为反腐倡廉重要内容，纳入政府工作目标考核。鼓励各地主管部门对农村基层廉政文化工作开展比较好的部门和单位，及时予以总结表彰。并结合农村实际，开展廉政文化宣传标兵、十佳家庭、优秀廉政文化艺术作品、廉政文化主题教育活动、农村廉政文化示范点和优秀廉政文化建设基地等创评活动，充分调动广大农民群众参与的积极性，为农村廉政文化建设开辟渠道、拓展舞台、提供保障、增添动力。切实推动农村廉政文化建设的深入开展，为全面达小康、建设新江苏作出新的贡献。

从实际出发　加强廉政文化建设

黑龙江省文化厅纪检组监察室

廉政文化是以廉政为思想内涵、以文化为表现形式的一种文化，在廉政建设中具有引导人、教育人、塑造人、鼓舞人的重要作用，其功效是其他的教育手段所无法比拟和替代的。几年来，我们将此项工作作为重点，不断努力，积极探索，在注重"四个结合"、"四个体现"上下功夫，做了一些积极有益的尝试，也收到一定成效。

一、注重廉政文化建设工作与开展党风党纪教育相结合，体现廉政文化的思想性

一是领导重视。为建设一支敬业、为民、清廉的高素质干部队伍，创造一种高效、务实、廉洁的事业发展环境，厅党组十分重视廉政文化建设工作。厅党组书记、厅长白亚光同志在认真研讨的基础上，撰写了题为《弘扬中华优秀文化　建设中国廉政文化》的理论文章，为全系统党员讲党课，并在每年年初召开的全系统纪检监察工作会议上强调加强廉政文化建设工作的重要性，各位副厅长按照党风廉政建设责任制分解落实方案自觉抓好各自分管的工作，主管纪检监察的厅领导积极组织协调廉政文化建设工作。全省广大文艺工作者积极致力于廉政

文化建设工作，着力打造集思想性、政治性、艺术性、观赏性、教育性于一体的廉政文艺作品，在选择题材上注重抓正反典型，围绕中心、服务大局，在表现手法上注重运用多种艺术表现形式，使群众喜闻乐见、易于接受。从而搭建廉政文化建设平台，拓宽廉政文化建设渠道，实现廉政文化教育目的。二是开展教育活动，营造廉政文化建设氛围。在抓日常对党员干部的理想信念、党风党纪、职业道德教育的基础上，每年集中利用一段时间，组织一至两项主题教育活动，通过开展正反典型教育，提高党员干部拒腐防变的自觉性，通过组织知识竞赛，创新教育方式方法，扩大群众的参与度，增强教育的感染力，使廉政文化意识深入人心。三是采取有效措施，加强干部作风建设。通过采取发放廉政台历，督促党员干部加强学习；讲授廉政党课，明确廉政教育内容；放映廉政碟片，进行正反典型教育；开展廉政提示，明辨是非荣辱观念；推出廉政承诺，明确所应履行的职责；加强廉政考核，严格兑现奖惩；进行廉政谈话，对干部起到警示作用；建立廉政档案，为干部的成长提供重要依据等有效措施，保证领导干部廉洁奉公、勤政为民。

二、注重廉政文化建设工作与精品打造相结合，体现廉政文化的艺术性

一是举办赛事活动，激发文艺工作者的创作热情。在全省范围内组织开展了反腐倡廉歌曲的征集活动，并举办颁奖晚会《廉歌飞扬》。举办了全省反腐倡廉文艺作品调演、巡演活动，征集、评选各类优秀文艺作品，并组织到各地巡演，由此产生了许多为群众所喜闻乐见的好作品，丰富了廉政文化建设内容。省评剧院创作演出了大型现代评剧《任长霞》，在全省范围内进

行巡回演出，行程近万公里，观众达 3 万余人次；齐齐哈尔市话剧团创作演出了大型反腐倡廉剧《最后一夜》，该剧运用时空交错、写真与写实交错、情与理交错等多变的艺术手法，刻画了一个昔日的优秀领导干部因经不起金钱、美色的诱惑，一步步远离党和人民，最终自取灭亡的人物形象，具有强烈的艺术感染力和震撼力。该剧在全省范围内巡回演出 400 余场，观众达 15 万人次，省国土资源厅等单位还专门邀请该剧组到其单位演出，收到很好的教育效果。二是组织专场演出，弘扬时代主旋律。在举办的"庆七一"和"迎十一"、贯彻宣传"十七大"精神等专场文艺晚会中，安排了部分以反腐倡廉为主题的节目，配合纪检监察部门开展反腐倡廉教育，策划排演了专场文艺演出，如黑河的《清风颂》、双鸭山的《加强作风建设、促进廉洁从政》"廉歌飞扬"大型文艺专场演出。三是送演出到基层，丰富群众的精神文化生活。省曲艺团、评剧院"送欢笑进乡村"演出队 3 个月时间在基层演出近百场，曲艺团的廉政小品、廉政快板、廉政歌曲深受百姓欢迎，省评剧院的《八女投江》更是使群众受到深刻教育。鹤岗市艺术剧院利用"演出大篷车"赴鹤岗市东山区红旗乡长胜村慰问演出了以反腐倡廉为主要内容的文艺节目之后，又先后赴绥滨、萝北两县以及新华农场等地宣传"十七大"精神，进行各类慰问演出 36 场，观众达 16 万余人，所到之处受到广大观众的热烈欢迎。

三、注重廉政文化建设工作与发挥阵地作用相结合，体现廉政文化的大众性

一是举办各类展览，开展廉政文化上版面活动。举办了《黑龙江省反腐倡廉警示教育展》，共展出 280 余场，观众多达 80 余万人次，在社会上引起较大反响。齐齐哈尔市举办全市

文化系统廉政文化成果回顾展览活动，这是廉政文化教育的新尝试，吸引了广大市民踊跃参观。各地市也相应举办了一些警示教育展览活动。二是确定优秀题材，开展廉政电影进农村活动。放映《张思德》、《信天游》、《孔繁森》、《任长霞》、《大道如天》等影片，组织省直所有党员干部、中小学生、各市地县党员干部观看，共放映21000余场，400余万人观看。组织开展了弘扬主旋律的红色电影放映周活动、爱国主义教育红五月电影放映月活动，组织反腐倡廉影片深入社区、街道、企业、厂矿、农村进行演出。三是积极面向群众，开展丰富多彩的群众文化活动。充分利用举办大型主题系列文化活动"城市之光"和"金色田野"之机开展廉政文化活动，全省以"迎庆党的十七大，构建和谐黑龙江"为主题的"城市之光"群众文化活动使百余万群众参与到活动之中。群众艺术馆组织艺术家深入乡镇和村屯无偿进行艺术辅导，帮助乡镇培养、建立廉政文化宣传员队伍。图书馆为党政部门提供决策信息支持服务，编印农村致富信息小报，在基层建立图书活动站，派出汽车图书馆，举办图书服务宣传周，展出科技、党建、反腐倡廉知识方面的书籍，受到社区群众和农民的欢迎。"送文化下乡"和"送书下乡"深入开展，全省各级文化单位全年送演出、送展览下乡千余场，年培训农村文艺骨干近万人，全省300多个文化单位与县、乡建立了对口联系点。新颖丰富的廉政文化载体，使党风廉政教育从"文件"转向"文化"、从"会场"走向"广场"、从"领导"走向"大众"。

四、注重廉政文化建设工作与本地文化资源特色相结合，体现廉政文化的多样性

作为黑龙江省唯一的地方戏剧种，省龙江剧院发挥自身特

色，挖掘自身潜力，整合资源，开展活动，加强调研，推出精品，积极推进廉政文化建设工作。一是开发百姓剧场，开辟了廉政文化建设阵地。省文化厅副厅长、省龙江剧院院长白淑贤通过市场化运作，建起了集办公、排练等多种功能于一体的6000平方米综合楼，将剧院二楼的多功能厅改造成百姓剧场，常年坚持每周一场演出，以丰富多彩的剧（节）目宣传党的方针政策、宣传廉政建设、宣传社会主义新文化，走进百姓剧场的人越来越多，龙江剧院百姓剧场作为廉政文化建设宣传阵地的作用与成效逐步得以显现。二是创办龙江剧发展联合体，使廉政文化建设活动得以推广和延伸。以省龙江剧院为龙头，在全省范围内吸收了14个分院，龙江剧院总部在编剧、导演、作曲以及表演等方面给予支持，各分院创作生产了一批颇具龙江地域特色、贴近现实生活、引领时代精神的龙江剧优秀作品，如《女检察官》、《路》、《厚土丰碑》、《黑土芳香》等，在丰富各地文化市场的同时，宣传了党的廉政公仆形象，讴歌了社会主义新农村的新气象。三是积极抓好创作和演出，做廉政文化建设活动的使者。作为黑龙江省唯一的地方戏剧艺术品牌，龙江剧始终把用优秀的作品鼓舞人、用优秀的作品教育人、积极为人民大众服务、为社会建设服务作为自己义不容辞的责任和义务。一方面抓精品创作，创排了现代题材大型反腐倡廉龙江剧《百姓局长》。该剧以黑龙江省"廉洁从政十大标兵"徐颖的先进事迹为素材，塑造了一位鲜活的党的公仆形象。《百姓局长》剧组一行50人赴全省各地进行了巡回演出，因其贴近百姓生活实际、真实反映了社会现状和党的亲民、爱民政策，所到之处均受到广泛赞誉，被称之为一部好看的、现实意义极强的反腐倡廉力作。截至目前，《百姓局长》已在全省演出30余场，近5万党员干部接受了反腐倡廉教育。另一方面积极主动地参加社会公益演出，坚持常年送戏下基层。创排了一部以青少年德育教育为主题的文艺节目，赴齐齐哈尔、牡丹江等地开展"德育演出进校园"活动，共演出16场，近8万中小学生、教师观看了演出；为宣传十七大精神，省龙江剧院赶排了一台综艺晚会，并赴双城市韩甸镇等地进行了"送戏下基层"演出；赴人民大会堂参加振兴东北老工业基地"东北之夜"演出；举办中纪委、监察部全国信访工作座谈会《廉政赞歌》主题晚会、全国非物质文化遗产保护工作会议演出、全国特奥会开幕式演出、"梅花奖"艺术团赴基层大型演出、捐助农民工子女入学献爱心大型公益演出等，据不完全统计，近几年的公益演出共计在百场以上。同时，为适应工厂、矿山、田间、地头、街道、学校不同演出场所的要求，创排形式灵活多样、内容丰富多彩的、展现龙江风土人情和精神风貌的精品龙江剧节目，如拉场戏《刨根问底》以树立党的好干部的形象，廉洁奉公，依法办事为主题；龙江剧表演唱《漂亮寡妇》展现农村精神文明建设新风貌，在送戏下乡过程中均受到群众好评。四是创办龙江剧院白淑贤艺术基地，为龙江廉政文化建设积蓄力量。以省龙江剧院白淑贤艺术基地为依托，以省曲艺团、省歌舞剧院、省群众艺术馆、省艺术研究所等多家文艺团体为成员单位，组建了北大荒特色廉政文化建设基地。力图通过基地建设，整合资源，发挥组合优势，突出黑龙江文化特色，打造廉政文化建设品牌，进一步构建具有黑龙江特色的廉政文化建设体系。基地组建后，以大型反腐倡廉龙江剧《百姓局长》带来的两个效益为实例，总结廉政文化建设经验和教训，着力创作宣传社会主义核心价值体系和廉政文化思想的剧（节）目；建立黑龙江特色廉政文化建设人才库；以百姓剧场为主阵地，演出群众喜闻乐见，思想性、艺术性俱佳的廉政文艺作品，努力营造浓厚的廉政文化氛围。

努力实践　不断创新

广西壮族自治区文化厅纪检组监察室

近年来，我厅在深入开展反腐倡廉、建立健全惩治和预防腐败体系工作中，着力构筑廉政文化机制，在创新廉政文化载体，拓展廉政文化阵地，挖掘地方廉政文化资源，夯实廉政文化基础上狠下功夫，不断探索运用先进文化开展反腐倡廉工作的新路子、新方法，取得了比较明显的成效。

一、树立廉政文化理念，增强抓好廉政文化责任感

一是加强学习，提高认识。通过举办反腐倡廉讲座、召开廉政文化建设工作座谈会、领导带头撰写廉政文化建设理论文章等方式，提高广大干部和文艺工作者对推进廉政文化建设重要意义的认识，增强做好廉政文化建设的责任感和主动性。

二是加强领导，明确责任。为加强廉政文化建设，成立了领导机构、工作小组，明确了党政主要领导是廉政文化建设的第一责任人，分管领导履行岗位职责，并结合本单位实际情况，制定抓好廉政文化建设的具体措施，促使廉政文化建设常态化、长效化，切实取得实效。

三是加强谋划，周密部署。为了加强对廉政文化建设工作的组织领导，推进廉政文化建设的深入开展，厅制定了《关于

加强廉政文化建设工作方案》和《加强农村廉政文化建设的实施方案》，明确了加强廉政文化建设的指导思想、工作目标、原则、内容、措施及要求，把廉政文化建设纳入先进文化建设的总体规划，坚持将廉政文化建设与本单位、本部门的各项工作一起部署、一起考核，整体推进。

四是加强督察，狠抓落实。纪检监察部门认真履行组织协调职能，深入基层召开现场会、工作汇报会、经验座谈会，及时掌握本系统廉政文化建设工作进展情况和任务落实情况，进行督促指导，确保廉政文化建设工作任务的有效落实。

二、拓展廉政文化领域，创新廉政文化载体

一是开展廉政文化建设宣传活动，大造廉政文化宣传教育声势，营造廉政文化氛围。

二是充分利用文化阵地，大力构建廉政文化宣传平台。我们紧紧抓住文化场所这个优势和平台，在厅直单位的影剧院、图书馆、博物馆等文化场所，积极开展廉政展览、讲座、报告会、文艺表演、播放影视作品、提供图书资料等活动，设立廉政文化教育基地。如广西图书馆开辟了"八桂讲坛"知识讲座，举办了如《树立社会主义荣辱观》、《和谐社会建设与领导素养漫谈》等210场专题讲座和报告会，听众近2万人。广西博物馆承办了《广西党风廉政建设和反腐败工作成果展览》、《广西反腐倡廉书画展》、《上饶集中营革命斗争史爱国主义教育展览》等反腐倡廉内容的展览，还设置了流动博物馆，将展览延伸到校园、社区、乡村，让人们在有限的时间和空间领略中华民族优秀文化，接受廉洁思想；广西电影公司等单位在影剧院放映《任长霞》、《脊梁》、《张思德》等一批反腐倡廉教育影片；广西演出公司及艺术院团的专业剧场在承办

国内外各种优秀文艺节目演出活动的同时，还承办了其他社会团体的廉政文艺表演、廉政歌曲演唱、主题演讲等各种活动，发挥了反腐倡廉宣传教育窗口和阵地的重要作用。

三是开展廉政文化"五进"活动，促进廉政文化特色化。廉政文化进机关生动新颖。针对机关特点，突出为民、务实、清廉的主题。我们在厅机关办公楼张挂由厅领导和党员干部书写的书法作品，将"团结、勤奋、廉洁、高效"的条幅悬挂在厅大堂之中，作为厅机关工作人员的座右铭，激励全厅干部奋发向上，树立勤政廉政的形象。在厅机关办公楼内还专门安装了一套播放系统，每层楼都有音响设备，每天上班和下班时都播放廉政歌曲，以廉政歌声取代上下班铃声，营造了愉悦和谐的环境，渲染了廉政教育氛围。逢年过节，我们通过发放廉政贺年片、廉政短信等，在送去"新年快乐、吉祥如意、清清廉廉、好运连连"等浓浓祝福的同时，也提醒大家过年要过好"廉"关。廉政文化进社区丰富多彩。通过开展群众文化活动、艺术表演等，把廉政文化带进社区。廉政文化进校园喜闻乐见。区直艺术院团积极开展戏曲进校园活动，把廉政文化内涵融入课本教材内容和文娱活动中，如广西京剧团演出京剧传统剧目《铡美案》、《赤桑镇》等，向学生展示古代戏曲人物正直清廉的思想境界，在课堂上向学生讲解京剧人物脸谱形象涵义，使之区分丑美善恶，传承传统艺术、陶冶情操，提高明辨是非能力，收到了很好的效果。广西艺术学校、区直文化系统幼儿园把"敬廉崇洁"渗透到教学之中，通过在学校开辟廉政文化宣传栏，组织学生学习廉政诗词、廉洁格言等，使学生们受到了潜移默化的影响，形成了"廉政文化校园化，校园文化廉政化"的格局。廉政文化进农村实在实用。我厅坚持组织区直艺术表演团体文化"三下乡"，编排了不少树立新风正气且又适合农村特点的文化节目为农民群众演出，每年到农村演出的场次均在300场以上。廉政文化进企业诚信经营。通过开展职工喜爱的各种文体活动，把廉政文化融入生产经营和企业文化建设中去，促进企业廉洁从业，依法经营。如广西音像出版社通过组织观看《贿随权集、权随贿腐——县级党政"一把手"腐败案件透析》等电教片、用身边的案例开展警示教育，增强了依法管理、守法经营的意识。

三、整合廉政文化资源，丰富廉政文化内涵

一是挖掘传统文化资源，在本土文化中注入廉政文化元素。广西是个多民族聚居的自治区，民族优秀文化传统源远流长，特色浓郁，是广西文化大发展大繁荣的重要基础和优势所在，也是廉政文化建设的不竭源泉。在对文化遗迹、历史文物、史诗歌谣等进行整理、挖掘时，紧密结合民族习俗、民族形态蕴含的廉政资源，丰富廉政文化的内涵，从而使廉政文化更加鲜活，深受广大群众喜爱和欢迎。如广西博物馆和广西文物商店共同举办文物特别展，通过挖掘陶瓷器、玉石器、竹木牙角雕等历史文化遗物上的图案纹饰，整理出了民国时期的"掐丝珐琅彩晴莲纹洗"器皿图案上的蜻蜓和莲花，意寓"清廉"，而另一个器皿则直称"一品清廉"，通过莲花图案来寓意居高位而不贪，赞颂公正廉洁的品德。这些文物的图案纹饰，揭示了其中蕴含的廉政思想，增加了历史文化的厚重感。在民间民俗活动中注入廉政文化的元素。我们举办的全区"万人齐唱山歌会、共抒美好新篇章"山歌擂台赛，以山歌的形式宣传党的十七大精神，用形象生动的比喻，诙谐幽默的语言，宣传社会主义思想道德和精神文明，树立了新风正气，体现了群众积极向上的精神风貌，给人以直观的教育和启迪。民俗民间文化注入时代和廉政元素，贴近生活，贴近群众，显示了很

强的生命力和影响力。

二是发挥专业优势,打造廉政文化精品。我厅大力鼓励和扶持创作、排演宣扬正义、惩恶扬善,弘扬"为民、务实、清廉"思想题材的优秀剧目。如我厅组织指导、由桂林市桂剧团创作排演的反映崇尚清廉、求真务实的大型历史戏剧——《大儒还乡》,荣获"国家艺术精品工程十大精品剧目奖"、全国地方戏剧目展演比赛一等奖、中宣部"五个一工程"优秀剧目奖和2007"文化部第十二届文华奖文化剧目奖"四个大奖项,先后在北京、宁波、广东等地演出了300多场,深受欢迎。为了发挥其品牌效应,我们与自治区党委、自治区纪委共同组织策划,将该剧作为领导干部转变作风和廉政教育的形象教材,在全区巡演19场,现场观众2万多人。演出受到高度评价,观众反映强烈。广西彩调团发挥剧种特长,集中创作了《村长醉酒》、《追》等反映基层干部勤政廉政的系列小戏,塑造了新时期的农村干部的新形象,获得了"首届中国戏剧奖最佳剧目奖"、第二届中国滨州·博兴国际小戏艺术节的最高奖项"大奖第一名"等多个奖项,由此编排了一台党风廉政建设为主题的专场晚会赴乡镇农村巡演了40多场,受到当地党、政领导及广大农民观众的热烈欢迎,交口称赞,增强了农民群众崇尚廉洁的意识。多年来,我厅借助广西群众文化的最大平台——"八桂群星奖"活动,着力打造群众性的舞台艺术精品。围绕精神文明、改革开放的主题,改编和创作了一批弘扬新风正气的节目,如小品《下班前的电话》、《疏通》、《兵妈妈》等,获得了各种奖项,好评如潮,有力地推动了廉政文化建设的深入开展。

打造精品　唱响廉政文化主旋律

江西省文化厅纪检组监察室

党的十七大报告提出"加强廉政文化建设，形成拒腐防变教育长效机制"，这既是新时期党对反腐倡廉建设提出的新的更高的要求，也是对文化建设提出的新的更高的要求。近年来，江西省文化厅围绕构建社会主义核心价值体系，根据廉政文化建设的内在要求，深入挖掘地方特色文化资源优势，突出反腐倡廉主题，打造了一批廉政文化精品，在推进廉政文化建设方面进行了积极的探索和实践，在廉政教育实践中产生了较好影响。

一、提高认识，加强领导，形成了廉政文化建设的高度自觉

近年来，江西省文化厅党组高度重视廉政文化建设工作，把加强廉政文化建设作为构建和谐社会、落实科学发展观、提高执政能力建设的重要工作来抓；把廉政文化建设作为建立教育、制度、监督并重的惩治和预防腐败体系的基础性工作；把廉政文化建设纳入全省文化工作总体部署，纳入基础性文化业务工作，与其他文化业务工作一起研究、一起部署、一起考核、一起落实。

文化价值

厅党组根据中央反腐倡廉的大政方针和决策部署，不断拓展廉政文化建设的广度和深度，努力构建具有江西地方特色的廉政文化建设体系，用廉政文化精品引导社会廉政文化建设，努力营造良好的廉政文化社会氛围。近年来，我们创作了一批以树立马克思主义的世界观、人生观、价值观和正确的权力观、地位观、利益观为基本内容的戏剧、小品、歌舞、音乐节目在社会上进行演出，开展了具有影响的廉政文化展览活动，使艰苦奋斗、勤政廉政、尊廉崇洁、积极向上、无私奉献的道德风尚在广大干部群众中产生了潜移默化的作用。

二、依托特色，突出主题，着力打造廉政文化精品

江西自古是物华天宝、人杰地灵之地。江西为新中国的建立做出了突出贡献，是中国革命的摇篮、人民军队的摇篮、共和国的摇篮、中国工人运动的摇篮。深厚的文化底蕴，特色的文化资源，是我们进行廉政文化建设取之不尽的源泉。近年来，我们精心打造了廉政文化精品。

一是精心打造廉政文化歌曲，创作了以获"五个一工程"优秀作品奖的《清贫颂》为代表的一批优秀歌曲，在全国唱响。近年来，江西在"五个一工程"歌曲创作上始终保持了领先的优势，我们充分利用这一优势，组织专门力量进行廉政歌曲的创作，由省纪委、省委宣传部、省文化厅联合组织，在全省范围内广泛开展廉政歌曲的创作演出活动，形成了一股浓烈的廉政文化歌曲创作之风。廉政歌曲《热血忠魂天地间》、《森林里飞来啄木鸟》、《不变的你》、《大实话》、《和谐社会树新风》，少儿歌曲《八个为荣八个为耻》、《知荣明耻歌》、《红领巾、红领带》、《诫子书》、《红孩儿、红井冈》等等的出现，标志着江西步入了廉政歌曲创作的丰收期。在此基础上，我们组织专家对涌现的廉政歌曲进行精选和再加工，推出了《清贫颂》这一获得第十届"五个一工程"奖的精品歌曲，《清贫颂》还荣获中央纪委全国百首优秀新创廉政歌曲特等奖。

二是精心打造舞台艺术精品，涌现了大型情景歌舞《井冈山》等一批受欢迎的剧（节）目，在全国热演。革命历史题材舞台艺术创作是江西的一贯优势，自文华奖、"五个一"工程奖设立以来，江西获奖的舞台艺术作品中，反映革命历史、反腐倡廉、道德法制、社会正气等廉政文化的约占80%，这极大地鼓舞和促进了我省廉政文化的创作和生产。《木乡长》（第六届"五个一工程"奖）、《古井巷》（第七届"五个一工程"奖），《燃烧的玫瑰》（第十届"五个一工程"奖）等一批具有较强思想性、艺术性、创新性、时代性的舞台艺术精品纷纷登上我省廉政文化的演出舞台。大型情景歌舞《井冈山》自2005年以来，已在全国各地公演100余场，观众人数达10万余人次。该剧经文化部选调晋京演出，场场爆满，好评如潮，中央各大新闻媒体均做了大量报道。音乐诗画剧《可爱的中国》取材于方志敏的革命事迹，作为省委加强党风党纪教育的推荐剧目，在全省各地进行巡回演出，受到社会各界和中央有关部门的高度评价。

三是精心策划主题展览，推出了《井冈山精神》等一批革命历史题材精品展览，在全国巡展。如我省依托红色文化资源，精心策划的《井冈山精神》大型展览在北京展出，吴官正、李长春等中央领导以及京城12万观众观看了展览。该展览赴上海等5个城市巡展，观众近150万人次。《血染的丰碑——上饶集中营革命斗争事迹》爱国主义教育全国巡回展在中国革命博物馆首展后，在全国30多座大中城市巡回展出，历时两年，累计观众近200万人次。近年来我们还同时推出了《先锋颂——优秀共产党员先进事迹图片展》、《永远的丰碑——江西革命英烈事迹展》等展览,在全国全省都引起了轰动。

四是精心展示红色文化,形成了以井冈山为龙头的一批红色旅游线路,在全国走红。近年来,江西依托丰厚的红色文化资源,积极创作具有鲜明时代特点和江西特色的红色文化产品。江西率先提出了"红色旅游"口号,推出了系列文化旅游产品,每年举办一次全国红色旅游博览会,打造出4条全国红色旅游精品线和5个全国红色旅游经典景区。这些红色旅游线路均以江西革命文物的陈列和展示为基础,让广大游客在旅游观光的同时,身临其境地接受革命传统教育,大大增强了廉政教育的感染力。为进一步增强江西红色旅游的吸引力,我们充分挖掘江西本地的"红色"资源,组织对一批革命旧址、旧居进行修复,对一批革命文物采用新展示手段进行陈列。3年来,共投资4.6亿元对井冈山革命博物馆、南昌八一起义纪念馆、瑞金中央革命根据地纪念馆、安源路矿工人运动纪念馆进行改扩建,其陈列展览全部采用现代声光电技术,感染力强,教育效果好。为了更好地发挥红色资源育人、励人的作用,江西省内的全国重点爱国主义教育基地在全国率先全部免费向社会开放。

三、多方联动,精品带动,在全社会唱响廉政文化主旋律

廉政文化建设是社会主义先进文化建设的有机组成部分,是反腐倡廉的一项重要内容。文化厅在抓好廉政文化精品创作的基础上,紧密依靠纪检、宣传部门,主动配合其他行业和主管部门,充分发挥廉政文化精品的引领作用,在全省形成精品带动、社会参与、齐抓共建、多方联动的廉政文化建设良好局

面，在全社会唱响了廉政文化主旋律。

一是广泛开展廉政文化下基层活动，让廉政文化精品走到基层干部和群众的身边。开展了廉政文化精品的巡展、巡演，广泛宣传廉洁精神，充分运用在江西已经形成的较为完善的覆盖全省城乡的文化活动服务体系，在农村文化三项活动、"百团下农村，百戏送农民"、"名剧名人下基层"以及"三下乡"、"四进社区"等等文化下基层活动中，有意识地组织投放廉政文化戏剧、小品、歌曲、廉政主题影片等廉政文化精品进机关、进社区、进学校、进企业、下农村，通过不同形式的廉政文化精品展演，不仅使人民群众真正受到了廉政文化的熏陶，而且对基层干部群众起到了较好的教育、激励、导向作用。

二是广泛开展主题文化活动，扩大廉政文化精品的影响力。我省廉政文化精品的创作，其教育效果得到了社会的公认。省纪委在此基础上，联合省文化厅等有关部门在省内广泛开展了"赣鄱清风——优秀廉政歌曲演唱"活动，在此次活动的基础上，组织了一台以党风廉政建设为主题的《清风颂》文艺晚会。我厅抽调精干力量，承担晚会策划、撰稿、导演等工作，组织创编大型歌舞《清风颂》等节目参与晚会演出。省委、省政府领导，省直机关党员干部1600多人出席观看演出。晚会制成光盘在全省发行，开展党风廉政教育。文化厅还与省纪委等有关单位联合举办了全省反腐倡廉书画作品展，省四套班子领导集体参观展览，省直单位和南昌市共有7万多名党员干部观看了展览，同时将获奖作品编辑成《翰墨颂清风——江西省反腐倡廉书画作品选》出版发行，进一步扩大了廉政文化精品的影响力。

三是广泛开展廉政文化创建活动，在全社会营造出崇尚廉政文化的浓厚氛围。我省通过廉政文化精品的建设，较好地带动了各行业、各部门、各单位参与廉政文化建设的积极性，激发了广大干部群众参与廉政文化建设的政治热情。靖安县编排了采茶剧《十五贯》、锣鼓戏《我们村的党员干部好清廉》等节目，在全县巡回演出；"三湾改编"的发生地永新县组织文艺骨干创作了具有永新地方特色的小鼓戏《两个条例就是好》、《廉洁奉公写新篇》等廉政文艺节目；井冈山市坚持以红色文化为基点，邀请作曲家谱写《四大纪律八项要求》、《八个坚持八个反对》等廉政歌曲；泰和县加快了廉政文化进新农村的建设步伐，创作出14个集思想性、艺术性、娱乐性为一体的廉政文艺节目深入农村巡演；武宁县以"清廉乡风进农村"为主旨，精心创作和编排了一批群众喜闻乐见的节目，积极开展"廉戏乡村行"活动，深受群众欢迎。全省各地党风廉政文艺晚会、党风廉政形势报告会、廉政建设诗歌朗诵会、廉政知识竞赛、廉政书画展览等等文化活动常年在城市社区广泛开展，以文艺活动的形式，开展廉政文化创建活动，引导党员干部牢固树立"立党为公、执政为民"的理念，在全社会形成"以廉为荣，以贪为耻"的良好氛围。

求新　求精　求实

安徽省文化厅纪检组监察室

近年来，安徽省文化厅以科学发展观为指导，把廉政文化建设作为新形势下反腐倡廉工作的一个有效载体和重要抓手，充分发挥全省文化系统资源优势，在继承中抓创新，在普及中抓提高，在管理中抓落实，努力求新、求精、求实，不断推进我省廉政文化建设。

一、求　新

我省作为文化资源大省，有着丰厚的廉政文化底蕴，历史上有"循吏第一"的楚国名相孙叔敖，"倜傥重节义"的唐朝大臣朱敬则，清廉的宋代名臣包拯；近代有"捧着一颗心来，不带半根草去"的教育家陶行知，有艰苦创业、诚信合作的徽商精神，以及大量民间廉政箴言、诗词、故事、戏曲、标语、牌坊等亦是我省廉政文化的宝贵资源，形成了我省廉政文化史上的光辉标杆。

我们十分珍惜并着意弘扬这些优秀的廉政文化资源，以史为鉴进行教育，全省各类学校在教学中都有这样的内容，报纸杂志和各级领导在讲话中经常引用一些警句、典故；黄山市编印了《古徽州之清官廉史》一书送发各级领导干部；合肥市将包公园、包公祠打造成全国廉政文化教育基地，包河区委书记带领全区 150 多名正科以上干部在包公像前宣誓清廉。这些做法受到群众的欢迎，起到较好的效果。但我们绝不满足于这些做法，我们努力在继承的基础上不断创新，使我省廉政文化建设体现出与时俱进的时代要求和安徽的地方特色。

一是用社会主义核心价值体系创新廉政文化理念。我们认真组织广大干部群众学习《中国共产党党章》、党纪党规和有关法律法规，学习廉洁从政的有关知识，学习胡锦涛等中央领导同志的重要讲话，认真组织领导干部参加廉政文化理论研讨。利用党组中心组学习、领导干部上党课、作风建设教育月活动等各种机会，扎实灌输廉政、勤政思想，用新时期廉政文化理论武装头脑，统一思想，指导工作，使广大文化工作者进一步明确廉政文化建设在党的建设中的重要地位和作用，增强自身的责任感和使命感。

二是用群众创造的多种多样活动方式方法创新廉政文化形式。各地文艺团体充分利用我省黄梅戏、花鼓灯、泗州戏、凤阳花鼓、新安书画、文房四宝等丰富多彩的文艺形式来宣传廉政文化。黟县把廉政文化与文化生活用品结合起来，组织创作与廉政有关的笔筒、镇纸、扇子、竹雕、壁画。全省各地利用文化资源，编排了多种形式的反腐倡廉文艺节目，在基层进行巡回演出，受到了广大群众的普遍赞许。

三是用大量新时代的英雄模范、廉政楷模、民主监督范例更新我们的廉政文化内容。根据一心为民的好村官曹发贵，勤廉双优的气象干部倪高峰，无所畏惧，英勇献身的纪检干部杨志杰，科技扶贫的痴心教师何家庆等英模人物的感人事迹，创作了大批的现实题材新剧；在今年初抗击冰雪灾害中，及时宣传了一批抗御雨雪冰冻灾害中新时代党员的光辉形象；我们还对一些反面典型和事例进行深刻剖析，制作成反面教材，广泛开展警示教育，做到警钟长鸣；我们还按照更加注重制度建设的要求，以文艺形式宣传一些在反腐倡廉制度建设方面的好做法好经验。铜陵市用制度形式将实践中的成功经验、做法固定下来，摸索建立廉政文化建设责任考核、经费投入、奖励扶持、人才培养等制度，形成推动廉政文化活动的长效机制。淮南市结合开展保持共产党员先进性教育活动，制定了《市文化局干部廉政制度》，把具体的制度条文，转变为干部思想中对规章制度的自觉认识，使制度变成行动。

四是用不断发展的新科技创新廉政文化传播手段。随着新科技的不断发展，我省各地各单位普遍开展电化教育，收看有关录像，制作党风廉政网页；安徽省文化信息资源共享工程网页的"特色资源"栏目中设立了"廉政文化在安徽"专栏；巢湖市制作廉政公益广告在宣传栏张贴、电视上播放、邮局寄送，《人民日报》刊出他们的图片报道后，引起中纪委领导的重视，并作出批示；六安市创作报告文学宣传廉政文化等等。目前，全省已经形成报刊上有文章，电视上有图像，电台里有声音，大街上有广告，互联网上有专页的五维一体廉政文化宣传格局。

二、求 精

近年来，我省各地通过深入发动，广泛参与，全面普及，开展了丰富多彩的廉政文化活动。全省创作廉政歌曲2300首，举办各类文艺晚会、广场演出2万多场次，征集廉政格言数万条，发布廉政广告2万余幅，各地还普遍开展看廉政电影、录像，举办读书会，看展览等廉政文化活动。在群众中找廉政文化，让群众演廉政文化，使群众享受廉政文化，在群众中传承廉政文化，努力营造廉政文化大环境，使群众精神文化生活境

文化价值

界进一步提高,使党员干部拒腐防变能力进一步增强,以廉为荣以贪为耻的社会风气进一步形成。

在广泛开展群众性廉政文化活动的基础上,我们着重发挥文化系统在人才队伍、专业阵地等方面的优势,着力提升群众开展廉政文化活动的水平,努力打造一批叫得响、立得住、传得开、留得下的特色廉政文化品牌。

一是发挥主力军作用,帮助指导群众开展廉政文化活动。近5年来,省直院团积极配合省纪委举办了"清风颂"、"万人同唱正气歌"、"风清旗更红"等多场反腐倡廉大型文艺晚会,并在电视上多次播出,受到社会各界和领导的多次好评。"万人同唱正气歌"曾获得中纪委第四届卫视杯奖(文艺类)二等奖。各地文艺团体纷纷承担协办反腐倡廉文艺演出、演唱、联欢等活动。淮南市推出了如"清官颂"等一批反腐倡廉少儿节目,在全省产生很好的影响。黄山市坚持文化广场"月月演",举办首届"中国廉政教育·黄山论坛"等,得到了中纪委的充分肯定。我们还要在开展创建文化社区活动中,努力打造廉政文化活动品牌。

二是发挥主渠道作用,发掘、推广一批廉政文化题材的艺术作品。几年来,我们组织创作了诸如黄梅戏《知心村官》、小戏《刘老实送礼》、《红军宴》等一批廉政文化题材的优秀艺术剧作。去年我省第八次艺术节期间,又出台了新编黄梅戏《六尺巷》、新编豫剧《谢丹亭》、黄梅戏《槐树谣》和一些歌曲小品等节目。我们对这些好节目、好剧本,予以表彰、提炼和推广,努力打造出一批反腐倡廉为主要内容的精品力作。

三是发挥主阵地作用,提高廉政文化活动质量。近几年来,我们注意发挥文化系统的主阵地作用,利用演出剧院、博物馆、图书馆、美术馆、展览馆等活动场所,举办了一系列廉政文化展览等。省博物馆多次举办如"长征中的安徽人"等重大展出，省图书馆举办了"好八连展览"，省文化馆举办了"新四军书画展"等高质量的专业展览，我们还开辟了以反腐倡廉为主要内容的读书专栏，为读者提供一些高品位的廉政文艺作品。这些活动有效地起到了示范带头作用，推动了全省各地廉政文化建设的开展。从2008年开始，省博物馆、渡江战役纪念馆、皖西革命纪念馆等一大批展览馆将长期免费开放，图书馆、文化馆也将进行信息资源共享。

四是发挥主院线作用，推动电影2131工程。建立新安农村数字电影院线省级管理平台，开展"国产新片进农村"等公益放映活动工作，坚持每月每村放映一场电影。全省农村电影公益性放映场次两年累计31.1万场，观众7000万人次，2007年安徽省第八次艺术节期间，专门设立"请农民兄弟看电影"专项，共组织10万场电影进乡村，推选《孔繁森》、《焦裕禄》、《长征》等优秀影片，进行巡回放映活动，把廉政文化活动延伸到社区、农村、学校、厂矿、山区等社会方方面面。2008年将创建城市数字电影广场，进一步扩大优秀电影覆盖面。

三、求 实

作为文化主管部门，我们认真履行管理职能，不断加强对演出、音像、网络、歌舞厅等文化娱乐场所的管理，坚持弘扬先进文化，扶持健康文化，抵制腐朽文化，取缔违法文化，为廉政文化创造更大空间、更优环境。同时积极参与廉政文化体系建设，参与制定《安徽省关于加强廉政文化建设的意见》，与党建、学校、广电、出版、旅游、城建等部门协作，整合、共享廉政文化资源，为廉政文化提供更活的机制，更多的资源。我们还加强对各市文化部门开展廉政文化活动的指导，传达布置有关工作，召开座谈会，交流各地工作经验，提供更好的指导，更有力的组织。在发挥宏观管理，整合资源，协调指导的基础上，努力在廉政文化建设中抓落实、办实事。

一是加强对基层文化设施的投入，为廉政文化提供更好的平台。安徽艺术职业学院新校区一期工程建成启用；总投资3亿元的省博物馆新馆和安徽百影汇、艺术电影院改扩建工程开工建设，省歌舞剧院剧场续建工程启动。各地也加快了基础设施的投入，2006年我省投入1000万元，2007年投入1500万元，而且以每年增加50%的速度递增，不断加强农村文化基础设施建设，使之成为农村思想道德教育的重要阵地，丰富农民群众精神文化生活的重要场所，传播科学文化知识的重要课堂和农村乡镇社会事业发展的重要平台。

二是加强队伍建设，不断提高业务水平，为廉政文化建设提供高素质人才。我们大力加强队伍建设，开展人才培养、岗位培训、业务竞赛、廉政学习等各项工作，全面提高广大文艺工作者的综合素质，以适应廉政文化建设工作的需要。

三是实施送戏下乡，直接为群众提供廉政文化大餐。省直文艺团体做好"江淮情"、童心大舞台等大型文艺节目下基层演出的组织工作，这些文化活动以政府买单形式，定期或不定期地下基层演出，让更多群众更便捷地享受文化大餐。

四是加强机关作风和效能建设，增强自身服务意识，为廉政文化提供更好的服务。我厅政风效能建设已进行了多年，几年来，我们以能力建设为核心，以群众满意为标准，以制度建设为保证，抓效能、抓服务、抓建设、树形象，努力争先进，取得了明显成效。2008年将开展每月一个主题的政风效能建设主题月活动，围绕转变工作作风、推进效能建设、提高履职能力，倡导"学习型、创新型、服务型、和谐型、节约型"机关，努力打造一支思想过硬、业务过硬、作风过硬的文化管理队伍。

努力营造清正廉明氛围

河北省文化厅纪检组监察室

胡锦涛总书记在十七届中央纪委二次全会上强调,"要把廉政文化建设纳入社会主义精神文明建设总体部署,不断增强全社会的反腐倡廉意识,为反腐倡廉建设营造良好社会环境。"近几年来,河北省文化厅把加强廉政文化建设作为反腐倡廉建设的重要内容,充分发挥自身优势,为营造以廉为荣、以贪为耻的良好社会氛围作出了积极努力。

一、加强领导 明确责任 保证廉政文化建设的顺利开展

文化厅党组把廉政文化建设作为落实科学发展观、构建社会主义和谐社会的一项重要任务,纳入了重要议事日程,坚持把廉政文化建设和各项文化工作统一研究、统一部署、统一检查、统一考核。一是开展廉政文化理论研讨活动,使各级领导干部提高了对廉政文化建设重大意义的认识,增强了做好廉政文化建设工作的责任意识。二是加强对廉政文化建设工作的领导、指导和组织协调。为加强廉政文化建设,我们成立了廉政文化建设领导小组,组长由厅党组书记、厅长担任,党组副书记、副厅长,党组成员、纪检组长任副组长,相关处室负责人

为成员，纪检组监察室负责组织协调。三是把廉政文化建设纳入文化工作的整体规划，每年都要确定具体的廉政文化建设工作目标和重点工作。四是将廉政文化建设纳入党风廉政建设责任制之中，列为责任目标并签订责任书。责任书中明确了各单位各部门党政主要领导是廉政文化建设的第一责任人，厅领导班子成员和各单位各部门领导按照各自职责，落实责任分工。五是加大考核奖惩力度。为保证廉政文化建设的顺利开展，我们把廉政文化建设作为年度考核的一项重要指标，对工作不重视、不落实的，不得评为实绩突出单位，单位主要领导不得评为年度优秀以上等次。

二、积极组织廉政文化创作演出活动，使群众在艺术享受的同时，受到廉政文化的教育

全省各级文化部门和广大文艺工作者近年来创作演出了一大批贴近群众生活，反映社会现实，深受干部群众喜爱的廉政文化精品。这些作品将反腐倡廉教育寓于群众乐于接受的文艺形式中，并赋予其崭新的时代内涵，打造出具有燕赵特色的廉政文化。在2006年全省戏剧节上，反映廉政题材的剧目就有15台，占整个戏剧节剧目的三分之一。保定市创作的反映刘青山、张子善一案的话剧《警钟》，先后为河北省委全会和全国干部监督工作会议及中央部委机关、河南、陕西等省市演出300多场。省话剧院创作的被胡锦涛总书记称为"千千万万农村基层干部的优秀代表"李家庚先进事迹的话剧《春打六九头》，以感人至深的艺术形象，塑造了当代共产党人的廉洁奉献精神，被省委确定为保持共产党员先进性教育一项重要活动在全省巡回演出，观众达5万多人次。邯郸平调落子剧团拍摄的反映党员干部扶持下岗职工再就业题材的电视连续剧《桃花

红了》，已在中央电视台播出。衡水市的评剧《林秀贞》、承德市的评剧《红军宴》、张家口市的二人台《神圣的职责》、戏曲小品《黑脸所长》等等，这些作品在社会上演出后，深受广大干部群众欢迎，同时使广大干部群众在艺术享受的同时，受到了廉政文化教育。

三、积极开展廉政文化活动，努力营造廉荣贪耻的社会氛围

我们在廉政文化建设中，注意把廉政文化融入群众文化活动之中，主动配合当地党委、纪委组织的廉政文化"六进"活动，大力扶持指导群众自发组织的各种廉政文化活动，有计划的选派业务骨干进行辅导，提升群众文化活动的档次和水平。在全国廉政歌曲创作活动中，文艺创作人员深入社区、军营、学校、企业、农村体验生活，充分挖掘各种素材，创作了廉政歌曲400余首，其中10首荣获中纪委特等奖、一、二、三等奖和优秀奖，67首荣获省纪委特等奖、一、二、三等奖。几年来，各级文化部门组织了一系列以反腐倡廉为主题的文艺演出和送图书、送电影、送戏曲下乡以及廉政文化辅导活动。如遍及全省的"清风颂"、"高扬主旋律、唱响正气歌"文艺晚会，"万众同唱廉政歌"、"高雅艺术下基层"、"太行情·老区行"、"廉政文化乡村行"、"城市因你而美丽——文化艺术进工地"等系列演出以及组织举办的"新农村新农民新生活"美术书法摄影作品全省巡展和百部优秀影片展映月等活动。保定市文化局组织了廉政文化"大篷车"进农村活动，利用农村集日、庙会、传统节日等时机，把廉政文化送到田间村头，为农民群众演出文艺节目，播放影视作品，发放宣传资料；省心连心艺术团常年坚持下基层演出，足迹遍及我省近200个县

乡、军营、学校和厂矿。他们用戏曲、歌舞、小品、相声、快板等多种形式，讴歌时代风貌、鞭挞腐败行为，为廉政文化建设营造了浓厚氛围，被誉为"活跃在燕赵大地上的文艺轻骑兵"，多次受到中宣部、文化部和省委、省政府的表彰和嘉奖。

四、发挥文化阵地优势，开展廉政文化教育活动

河北是革命老区，拥有爱国主义教育基地38处，其中，国家级示范基地15处，有革命圣地——西柏坡中共中央旧址、八路军一二九师司令部旧址、冉庄地道战遗址、华北军区烈士陵园、李大钊纪念馆等。这些爱国主义教育基地是我们开展廉政文化工作的极其宝贵的资源，是广大党员干部接受反腐倡廉教育的重要阵地。几年来，我们注重挖掘和利用这些场馆中所蕴含的廉政文化内涵，开展了丰富多彩的廉政文化教育活动。如西柏坡纪念馆举办的《新中国从这里走来》、李大钊纪念馆举办的《李大钊生平事迹展》、涉县129师陈列馆举办的《我们在太行山上》等展览，每年吸引省内外观众达800多万人次。全省纪念馆还充分利用各种法定节日、传统节日、历史人物诞辰日、重大历史事件纪念日等举办各种宣传活动，对广大人民群众进行中华民族优秀传统和革命传统教育。全省各级公共图书馆积极开展"全民读书月"活动，推荐廉政书籍，举办廉政知识竞赛、开设廉政文化专栏。省图书馆还在一些党政机关、事业单位开设阅览室，并尝试在社区开设图书室，扩大图书馆的服务范围和辐射面。省民俗博物馆充分利用自身优势，制作了《中华传统美德》系列课件，以讲座和展览形式开展民俗文化进校园活动，积极引导未成年人树立正确的理想信念，受到社会高度关注和积极评价。河北文化信息资源共享中心开辟了"农村廉政文化建设"、"网上跟我唱"、"我的DV网上

行"等栏目，不断扩大廉政文化的教育面、影响面、覆盖面，被文化部评为全国文化信息资源共享工程先进单位和全国先进文化工作先进集体。

五、加强文化市场监管，促进文化市场健康发展

在推进廉政文化建设的同时，我们为净化、优化文化市场发展环境，加大了对文化市场的监管力度。在网络文化市场，建立了省市县三级联网监管平台，建立了六千余名的义务监督员队伍，完善了部门之间的协作机制；在音像市场，加强了知识产权保护工作，严厉打击盗版侵权，疏通正版制品流通渠道；在演出市场，支持发展演出中介组织，优化市场结构。近几年，我们集中开展了保护知识产权专项行动，取缔无照娱乐场所特别是电子游艺场所和无证照经营的非法演出活动，销毁非法音像制品2000多万张（盘）。坚持对文化市场经营者的教育培训，使经营者自觉树立"文明经营、和谐发展"理念，树立了行业新形象，促进了文化市场的健康发展。

六、以廉政文化建设促进领导干部作风建设

领导干部既是廉政文化的推动者，也是受教育者。在推进廉政文化建设的过程中，我们一是开展了主题教育活动。结合文化系统领导干部思想实际，着力在解决世界观、人生观、价值观上下功夫，先后开展了以"艰苦奋斗、廉洁从政"、"立党为公、执政为民"、"为民、务实、清廉"、评选表彰优秀领导干部等为主要内容的系列主题教育活动。二是坚持谈话制度。即对新提拔任用干部，进行廉政谈话并赠送廉政书籍；对有苗头性问题的领导干部，进行诫勉谈话；与直属单位党政负

责人进行廉政工作谈话。三是采取多种形式进行廉政教育。每年向160余名处以上领导干部发送六期《党风廉政教育通讯》，每期刊发一个典型案例，并加以剖析；组织参观警示教育基地，听职务犯罪人员现身说法；举办"预防职务犯罪专题讲座"；开展党纪政纪知识竞赛；组织先进人物事迹报告会；为领导干部发放廉政桌牌、廉政笔记本；利用电子屏滚动播放廉政警句等。几年来，我们通过采取多种形式，实行灌输教育和自我教育相结合、警示教育和示范教育相结合、日常教育和集中教育相结合，促进了领导干部的作风建设，在文化系统形成了勤政廉政、昂扬向上的浓厚氛围。

几年来，我们坚持在推进中创新，在创新中发展，廉政文化工作不断深入，取得了一定成绩，得到上级领导和有关部门的充分肯定。驻厅纪检组连续三年获得"全省纪检监察宣传教育工作突出贡献奖"。唐山、保定、承德、张家口等市文化局纪检组因在推进廉政文化工作方面成绩突出，也多次受到当地党委纪委的表彰和奖励。

积极探索　大胆实践

四川省文化厅纪检组监察室

随着党的十七大将文化建设作为中国特色社会主义事业"四位一体"总体布局的战略地位的确定,在推进中国社会主义文化大发展大繁荣的进程中,如何高扬主流文化的大旗,坚持先进文化的导向,特别是作为新时期先进文化重要组成部分的廉政文化,如何在大文化大发展中抓机遇,寻求新的突破,对此,我们进行了积极探索和大胆实践,有力地推动了廉政文化建设。

一、发挥系统优势,抓特色,谋创新

(一)发挥文化主干作用,走廉政文化建设创新之路

首先,省厅党组一班人通过学习党的十六届四中全会和党的"十七大"以来一系列关于反腐倡廉、加强廉政文化建设的方针、政策,从"执政之责、乐民之道、强省之策"的高度,认识到廉政文化建设是文化部门建设文化、管理文化、引导和发展文化的履职之需,尽责之要。在工作部署上:我们不仅率先在省内将廉政文化建设纳入了文化厅党组年度党风廉政建设和反腐败工作安排意见之中,而且还将廉政文化工作列入年终工作目标考核验收,使廉政文化建设不仅进入总体工作"大

盘"，而且通过年终考核验收起到了"定盘星"、"加油标"的重要作用。近几年我们先后制定了《四川省文化厅关于开展学习贯彻〈实施纲要〉推进廉政文化建设系列活动的意见》、《四川省文化厅关于加强农村廉政文化建设的实施意见》等规范性文件。在总体指导上：我们强调要在省委、省政府的统一领导下，在省纪委和省委宣传部的组织协调下，主动以廉政文化的"项目"去拿"工程"，文化系统不能只满足于做默默无闻的马前卒，而要充当廉政文化的主力军，要勇于自己搭台自己唱戏；在工作思路上：突出"立足本土资源，紧贴实际，注重创新，谋求特色"。在工作目标上：明确了一年调研摸家底，考察明思路，两年探索建试点，三年点面结合，整体有所突破，四至五年实现廉政文化"省有精品活动，市有基地，县有亮点，乡有特色"，全面上台阶。在工作机制上：省厅每年召开一次全省廉政文化专题研讨会、工作会，现已召开两届，共写出廉政文化专题文章44篇。主动与省纪委、省委宣传部对接，每年筹划组织一次全省性廉政文化文艺调演或汇演，每年举办1~2次廉政文化的大型社会活动；同时，我们还积极建议，由省纪委、省委宣传部牵头，建立省廉政文化建设领导小组，组织全省的廉政文化活动，活动经费由领导小组统一作出年度预算报省财政，省文化厅则可以项目（文艺调演、美术书法、摄影、理论研究等）承揽方式向领导小组组织承接廉政文化的大型活动。同时还要求各地方政府要将廉政文化建设工作纳入各级政府文化工作的总盘子，作好年初预算计划。通过这些举措，四川廉政文化的大势已初步肇动，四川文化系统充当廉政文化主力军作用的格局也基本形成。

（二）依托本土资源，打造亮点，走廉政文化建设特色之路

在构建省、市、县、乡、村、社区廉政文化网点时，我们特别强调要依托和开发本地文化资源亮点，力求在"独"字上

积极探索　大胆实践

留印象，在"特"字上铸闪光，在"新"字上树形象。并通过大抓项目来抓大项目，大抓活动来抓大活动。近几年我们通过抓红色文化成功运作了邓小平纪念馆（我省廉政文化教育基地，下同）开展以及邓小平百年诞辰、朱德元帅故居开馆及诞辰纪念，新建陈毅元帅故居、广元红军纪念馆等并开展大型活动，不仅使这些项目在国家和各级政府的扶持下顺利建成开馆，成为远近闻名的廉政文化教育基地，而且还成为旅游观光的圣地，有效地促进了当地经济发展。在历史文化方面，我们将开展纪念诸葛亮武侯祠、杜甫草堂祠，增加了清廉、刚正不阿、斥腐反贪的教育内容。现正在斥资6000万元重新打造纪念苏轼三杰的"三苏祠"，并专门设计开辟了三苏怒斥反腐，讴歌清廉为民的名言名句展厅，作为警示后人的廉政教育基地。

同时，我们还注意运用现代高科技手段，利用全国文化信息资源共享工程覆盖面宽（网络可延伸到村、社、家庭），信息量大的科技优势，以廉政为龙头，充分聚焦放大文化元素，通过近两年来我们与省图书馆反复研修制作，成功地在该工程信息网上开辟出四川廉政文化宣传教育平台。省纪委对此十分重视，当即表示四川省纪委将利用他们特有的资源，与省厅共建"四川廉政文化网"。

在基层社区、农村，我们大力推行"文化根系工程"，充分利用已全面开展的"一县一特色，一乡一品牌"的民间文化创建活动，挖掘本土文化资源，弘扬地方特色，培育扶持基层业余文化骨干，以群众喜闻乐见的文化形式为活动载体，打造出了眉山市丹棱县桂花村农民王作平廉政文化家庭示范大院，德阳市绵竹县年画、罗江县廉政诗歌、廉政漫画创作教育基地，峨眉山市杨柳社区廉政文化示范点，德阳市中江县黄继光纪念馆廉政文化教育基地，成都市康庄社区、滨江社区四川清音、金钱板，四川莲花落廉政文化示范点等，极大地丰富了廉

405

政文化活动的内涵和形式。

二、发挥优势，唱响主旋律，创精品，强队伍，固阵地

（一）发挥专业院团主力军作用，创精品，导主流，造大势

改革奋进的时代需要与之相适应、相合拍的时代艺术精品，经济上逐渐富裕起来的人民更渴望文化的需求。我们以省属专业文艺团体为龙头，以群众文化艺术馆为支撑，将省歌舞剧院、省话剧院、省川剧院、省曲艺团、省剧目创作室、省川剧研究院、省音舞研究所作为廉政文化的创作演艺基地，创作演出了一批廉政文艺节目。如省川剧院编排的以弘扬正气，鞭挞腐败为主题的大型历史川剧《变脸》、《巴山秀才》，不仅摘取了国家梅花奖、文华表演金奖，而且被列为全国十大戏曲精品、"五个一工程"大奖，并首开进北大、清华、南开、复旦、西南财大、电子科大、四川大学等全国各知名学府展演川剧艺术精品之先河。

省话剧院紧贴时代脉搏，及时编排演出的讴歌共产党员、全国优秀复转军人林强扶贫救弱、致富麻风村的现代多媒体情景话剧《走进巴布罗哈》，不仅被中央点名进京展演，而且在"八艺节"、国家戏剧精品展演中获得"特别贡献奖"、文华表演优秀剧目奖。我们还聚集省属四个专业院团和四川艺术职业学院的精英，编排创演了讴歌中国共产党人改革开放精神面貌的大型主流文化廉政文化专场文艺演出《时代声音》，并在全省各地、县巡演59场，观众达10余万人。为唱响主旋律，省川院还改编排演了讴歌党的好干部的情景式川剧音乐剧《牛玉儒》，并在全省巡演84场。

我们在全省还组织开展了全省反腐倡廉歌曲创作、演讲大赛。全省共创作反腐倡廉歌曲653首，获中央纪委、文化部

一、二等奖、优秀奖9首，获省一、二、三等奖、优秀奖43首。全省共组织反腐倡廉歌曲演唱会329场（次），参加演唱活动的干部群达87万余人，我们因此被授予"廉政文化建设特殊贡献奖"。

几年来，我省各级专业文艺团体在廉政文化建设中，横刀立马，履职尽责，充分展现出廉政文化建设主力军的核心主导作用，紧贴基层实际，努力用身边人演身边事，让人民群众感到可亲、可信、可敬、可爱。一位基层的县委书记看了廉政文艺节目后称赞说：不愧是主流文化、先进文化，这些节目有很强的可"听"性，听后余音绕梁；有很强的可"看"性，看后赏心悦目；有很强的可"律"性，能收到入脑入心的效果；有很强的可"学"性，能加以学习、借鉴和效仿；有很强的可"思"性，能给人以启迪，引发心灵共鸣，让浮躁的心态趋于平和，让烦躁的情绪逐渐趋于理性。

（二）发挥阵地优势，以开展"品牌活动"为依托，以基层两馆为重点，抓实廉政文化教育宣传基地、示范点建设

文化部门在廉政文化建设中，除具有文化艺术表演的独特优势外，还担负着基层社区文化、农村文化、社会文化建设的培育、指导任务。多年来，我们始终把各级文化馆、图书馆包括乡镇文化站作为我们文化阵地建设的重中之重。为了确保两馆能切切实实地发挥骨干和支撑性作用，我们首先针对基层基础设施薄弱的问题，在省委、省政府的关心支持下，在全省开展了面向基层、面向百姓的"八大文化惠民工程"，即："文化共享工程"、"农村电影2131工程"、"送文化下乡工程"、"文化扎根工程"、"文化创建工程"等。为使阵地建设能真正使民受益，起到牵民心、暖民意、文化惠民、乐民的作用，我们在全省开展了"八大文化品牌活动"。向13个市州基层文化部门发放了价值400余万元的13辆基层文化舞台流动专用车；

文化价值

全省文化部门组织了 1500 支农村、社区电影放映队为群众放电影，组织了 400 万码样的图书送到基层；全省 60 余个文艺院团，30 多个文化小分队送文化到 3200 多个乡镇；这些实实在在的文化惠民乐民行动，极大地丰富了基层人民群众的精神文化生活，也强烈地激励了人民群众建设社会主义新农村、追求文明健康精神生活的热情，同时通过这些活动，也有效地改善了文化主阵地的基础条件，激发了基层主阵地为基层百姓服务的热情。各基层两馆和文化站、室不仅加大了对群众文艺积极分子的培训力度，还不断扩大了群众文化的志愿者队伍，一支支用乡里话说乡里事演乡里人的业余群众文化队伍活跃在工地、社区、田间地头。眉山市组织了 12 支农村廉政文艺演出队深入各基层村社巡回演出 76 场；凉山州组织廉政文化宣传队深入到 18 个偏远彝族山寨进行廉政文化巡回演出；南充市将当地优秀村共产党员雍宗满的先进事迹创编出大型反腐方言剧《村官情》到市属各县区巡回演出。这些文艺演出队通过主阵地的引导培育，大大延伸了基层廉政文化宣传教育的触角，也极大地提高和扩大了廉政文化教育的受众面和覆盖率。人民群众通过政府埋单、文化上门服务，不仅饱尝了文化惠民、乐民、为民的甜头，又亲历了从被动享受到主动融入、从旁边看戏到自己演戏、从听别人教育到自己教育别人的自豪和幸福，人民群众主动参与村务公开、阳光政务、廉政文化教育的热情空前高涨。按照原定工作目标，2007-2008 年是我们建立廉政文化教育宣传基地示范点的摸索试点期，但目前随着两馆建设、队伍素质的不断提高，群众主动参与廉政文化宣传的热情不断高涨，各地原定先期少量试点的计划均已打破，各基层单位纷纷主动要求上级文化部门前去考核验收，争先恐后地希望成为省市廉政文化教育宣传示范点的第一批授牌单位。

立足实际　齐抓共建

河南省文化厅纪检组监察室

近年来,我们立足河南实际,以完善公共文化服务体系为抓手,突出重点,突出特色,大力推进廉政文化建设,为崇廉、尚廉良好社会风尚的形成作出了积极努力。

一、加强领导,明确责任,形成廉政文化建设齐抓共建的良好局面

在近年来的工作中,我们深刻认识到,廉政文化是社会主义先进文化的重要组成部分,是社会主义先进文化在廉政建设方面集中而又具体的反映。只有将廉政文化建设融入艺术创作、公共文化、群众文化等具体文化工作中,才能将概念化的规定和要求变成群众喜闻乐见的文艺作品和文艺形式,才能使廉政观念深入人心。为此,厅党组明确提出,建设廉政文化是文化部门的重要任务,是广大文艺工作者义不容辞的责任。为做好这项工作,我们首先建立起相应的责任机制和工作协调机制,做到职责清楚、任务明确、责任落实。一是成立省文化厅廉政文化建设工作领导小组,由厅党组书记、厅长任组长,纪检组长和有关业务副厅长为副组长,办公室、社文处、艺术处、计财处、监察室等处室负责人为成员。领导小组下设办公

室，办公室设在驻厅纪检组监察室，负责廉政文化建设的日常协调工作。二是建立责任机制。把廉政文化建设纳入党风廉政建设责任目标，明确厅长是廉政文化建设的第一责任人，把廉政文化建设列入文化整体工作日程，统筹谋划，和业务工作一起安排，一同部署，一同落实。根据党风廉政建设责任制的要求，各有关处室分工负责，协同配合，初步形成了廉政文化齐抓共建的良好局面。

二、结合工作实际，大力推进廉政文化建设进基层进农村

廉政文化建设只有面向基层、面向群众，才能在全社会形成崇尚廉洁、反对腐败的浓厚氛围。河南是农业大省，农业人口占全省人口的80%。农村基层廉政文化建设的任务十分繁重。近年来，我们结合农村地区工作和基层文化建设实际，认真抓好"五个结合"，大力推动廉政文化进基层，进农村。

一是与文化信息资源共享工程相结合，扩大廉政文化宣传教育阵地。我们成功地与省委组织部开设的农村党员干部现代远程教育网络系统相对接，创造性地完成了文化信息资源共享工程整合工作，构建了省、市、县、乡、村五级贯通的网络信息工程，同时，注重增加廉政文化在共享工程资源库中的比重，通过开设廉政文化专题放映等活动，大力宣传廉政文化建设，受到基层群众的认可和欢迎，促进了先进文化的传播。目前，我省已建设村级基层服务点4万多个，覆盖了全省农村96%以上的行政村。

二是与农村电影改革放映工程相结合，创新廉政文化传播手段。电影是现代信息社会传播文化的有效手段。近年来，在省文化厅的积极引导和鼓励下，河南新华农村数字电影院线公

司与北京世纪东方数字电影院线公司联袂合作，在全省城镇（主要是县城）大规模建设数字电影广场。目前，全省81个县城（含县级市城区）、4个集镇、10个省辖市城郊园区，已建起了106个数字电影广场。同时推进农村电影放映工程试点工作，组建了6个农村数字电影院线公司，建立了375个农村数字电影放映队，精选《生死抉择》、《郑培民》、《张思德》、《焦裕禄》、《孔繁森》、《任长霞》、《暖秋》、《村官李天成》等291部影片，在36个县（市）、335个乡镇、7561个行政村放映数字电影4.5万场，惠及农民群众1350万人次。2005年以来，全省组织放映36000场（次），观影人数1080万余人（次），受教育党员干部756万余人（次）。我省建设数字电影广场工作取得了显著成绩。

　　三是与精品艺术生产相结合，抓好廉政文艺作品创作和演出。优秀的文艺作品在教化思想、影响行为上具有强烈的渗透力和感染力，常常能穿越时空，历久弥新，优秀的廉政文艺作品也是如此。近年来，我们和省纪委监察厅、省委宣传部密切配合，采取多种措施，强化专业艺术院团廉政文化建设的主体意识，抓好廉政题材作品的创作和演出。广大文艺工作者牢牢把握主旋律，以贴近生活、贴近群众、贴近时代为原则，创作演出了一大批有影响的优秀的廉政文艺作品。2007年根据豫剧大师常香玉的生平编排的豫剧《常香玉》，在中国第八届艺术节上荣获第十二届文华大奖及七个单项奖。根据村支部书记李连成的感人事迹编排的豫剧《村官李天成》，获得"全国舞台艺术精品工程入选作品奖"、中宣部"五个一工程"提名奖、河南省"五个一工程"奖。根据焦作煤矿集团普通工人谢延信的感人事迹编排出的豫剧《谢延信》，2008年2月首演以来，已演出20余场，引起广大观众的强烈反响。根据全国优秀纪检监察干部、中央电视台感动中国十大人物梁雨润的事迹创作的话剧《百姓书记》，在省内外演出100余场，获得省文华新剧目奖、黄河戏剧奖"优秀剧目奖"、省"五个一工程"入选作品奖。另外还有《洪战辉》、《大爱无言》、反映全国优秀纪检监察干部杨正超事迹的《忠诚卫士》等剧目也都受到了广大人民群众的热烈欢迎和好评。我们还多次参与省纪委监察厅组织的大型反腐倡廉文艺汇演、反腐倡廉书画展览、创作廉政歌曲等，都收到了很好的宣传效果。

　　四是与公共文化单位文明创建相结合，丰富廉政文化宣传教育的内容和形式。在各级公共文化单位，如公共图书馆、群众艺术馆、文化馆、文化站、文化大院等文明创建过程中，我们始终把廉政文化建设作为创建工作的重要内容进行考评，促进这些单位开展丰富多彩的廉政文化活动，丰富了廉政文化宣传教育的内容和形式。全省不少图书馆、图书室开设了廉政书架，不少地市如焦作、平顶山等市文化馆、文化站根据当地阶段性文化中心工作，将宣传廉政文化建设纳入重要工作日程，开展了以廉政建设为主要内容的书画、诗歌、楹联展览比赛活动。全省不少社区街道和文化大院都设立了廉政文化宣传墙，加大了廉政文化建设和宣传力度。在平顶山市社区文化中心主办的文化艺术节中，通过歌舞、独唱、相声、快板、配乐诗朗诵等艺术形式进行的廉政文化宣传，因其形式活泼、内容昂扬、讴歌勤政廉洁，鞭挞腐败丑恶而引起了现场观众的深深共鸣和一致好评。此外，在新乡辉县市等农村还结合社会公德和家庭美德教育，开展了"红白理事会"管理和"五好家庭"、"好媳妇"、"好妯娌"评选活动，有效杜绝了农村铺张浪费，促进了乡风的和谐文明，增强了全社会的廉政意识，营造了良好的廉政氛围。

　　五是与重大节庆活动相结合，把廉政文化送进千家万户。在节庆日尤其是农历节庆日举办的全省"春满中原"、清明踏青诗文会、"地方大舞台"民间戏曲调演、小戏小品展演等系列文化活动中，我们都将反腐倡廉的内容融入其中，使广大群众在娱乐中受到反腐倡廉教育。省群众艺术馆群星艺术团每年都下乡10多次，每次都有反腐倡廉方面的内容，累计观众百万人。省文化厅还组织多名知名艺术家、千余演职人员赴全省各地下乡演出，受到农民群众的热烈欢迎。

三、创新工作，努力拓宽廉政文化建设新思路

廉政文化建设是一项社会性工程，只有拓宽视野，动员社会力量共同参与，才能形成合力，促进整个社会廉政意识的提高和廉政风气的形成。近年来，我们积极探索促进廉政文化建设的新思路，并取得了较大收获。一是制定出台了《河南省社会文艺创作扶持和奖励办法》，对社会文艺创作提出政策性鼓励和制度性支持，进一步调动了全社会参与廉政文化建设的积极性，繁荣了全省社会文化创作。二是加大对民间文艺团体和文化工作者的扶持，鼓励和吸引他们加入到廉政文化建设队伍中来。河南是文化大省，民间艺术团体和民间艺人众多，民间艺术非常广泛。为了充分发挥民间艺人走乡串户开展文艺活动的优势，使廉政文化建设深入人心，我们一方面组织县乡文化馆、站对民间艺人进行培训，增加他们廉政节目演出的分量；另一方面和省人事厅共同研究制定了《民间艺术人才职称评定办法》，对优秀民间艺人授予民间艺术职称资格。同时，在资金等政策上也予以扶持，2007年，省文化厅在为文化艺术展演团体配备流动舞台车时，专门将其中的5台配发到民间艺术院团，极大地方便了他们下基层演出，调动了民间艺术院团的积极性。我省民营剧团小皇后豫剧团以刘胡兰故事为素材编排的豫剧《铡刀下的红梅》，被评为2007年度"国家舞台艺术十

大精品剧目奖"。三是重视历史文化遗产的开发和利用。河南有着丰富的廉政文化资源。这里有被称为封建社会官场文化活标本的内乡县衙，有为纪念我国古代著名清官包拯而建的包公祠，还有一代英才彭雪枫纪念馆，县委书记的好榜样焦裕禄纪念馆，等等。每一处景观都是进行廉政勤政教育的好阵地。各地注重对这些廉政文化资源进行充分挖掘、整理，并以适当的形式展现出来，组织广大干部群众参观教育，收到了比较好的效果。

加强农村公共文化服务体系建设

吉林省文化厅纪检组监察室

加强农村公共文化服务体系建设，推进农村廉政文化建设深入开展，是我们要着重思考和实践的问题。

一、加强农村乡镇村的文化基础设施建设，创建农村廉政文化建设载体

县图书馆、文化馆、乡文化站是为基层农民群众提供公共文化服务的重要文化设施，也是加强农村廉政文化建设、弘扬精神文明的重要阵地。截至2005年底，我省有县级图书馆43所，文化馆67所，电影发行放映机构38个，全省624个乡镇全部设置了乡镇文化站机构，基本上实现了"十五"规划制定的"县县有文化馆、图书馆，乡乡有文化站"的目标。这些文化机构和设施为各地农村文化工作的开展奠定了物质基础。充分利用这些设施和资源建设廉政文化阵地，是我们面临的重要任务。在开展廉政文化建设进农村活动中，我们牢牢把握阵地建设这个载体，为廉政文化活动开展提供展示平台。要求图书馆专门设有廉政文化书橱，文化馆要有廉政文化活动室。要建设廉政文化园地，创建廉政文化建设示范点，各村主要街道和公路两旁醒目位置要有廉政标语，村委会要有宣传廉政文化专

栏。农村党员干部手中要有廉政教育读本，县有线电视台要开设廉政节目，形成人人讲廉政、人人议廉政的良好氛围。集安市以乡村镇文化设施为依托，开展了"读廉报、学廉官、绘廉画、唱廉歌"为主要内容的"廉政文化进农村"活动，收到较好效果。不容忽视的是，长期以来，由于农村文化建设投入不足、乡镇文化基础设施落后的问题始终没有得到根本解决，乡镇文化站面积狭小、设施陈旧，开展活动所需器材和设备普遍紧缺。我省大约还有 476 个文化站没有房舍，被称为"背包"文化站。全省 41 个县（市）图书馆中有 8 个没有购书费。这种状况一定程度上制约了廉政文化活动的开展。争取加大对农村文化建设的投入，引导和鼓励社会力量多渠道投入，是农村廉政文化建设的迫切需要和重要内容。2007 年 3 月，我们协调东北风文化艺术发展有限公司，陆续投资在长春周边乡镇建立了 9 个"欢乐庄稼院"示范点，农民可以在这里看报、看电影、看演出，探索出了一条加强农村文化阵地建设的新途径。

二、加快文化信息资源共享工程农村服务点建设，拓宽农村廉政文化建设传播渠道

文化信息资源共享工程是文化部、财政部于 2002 年共同实施的一项文化创新工程，其主要内容是，应用现代科学技术，将中华民族的优秀文化信息资源进行数字化加工和整合，以卫星网、互联网、镜像、移动存储、光盘等方式，实现优秀文化信息资源在全国范围内的共建共享。这项文化工程，为开展廉政文化建设、传播廉政文化创造了有利条件。我省文化信息资源共享工程实施五年来，累计投入资金 1000 多万元，共建立文化信息资源共享工程网点 1118 个，与农村党员远程教

育合作建立村级点3706个，已初步形成了以省级分中心为龙头，以市（州）、县（市、区）、乡（镇、街道）图书馆、文化馆（站）为依托，以社区、村屯为重点的服务网络。全省已完成2112个广播电视盲村的"村村通"，解决了180多万人听不到广播、看不到电视的问题。文化信息资源共享工程丰富了群众的文化生活，为开展廉政文化建设提供了宣传平台和教育基地。从我省已经建成的基层服务点发挥作用情况看，它对于抵制腐朽没落文化侵袭，满足农民群众的文化娱乐和实用致富信息需求，实现广大人民群众特别是农民的基本文化权益，促进经济社会协调发展起到了重要作用。廉政文化建设要有好的内容，更要有好的组织传播形式。如果不重视形式、载体和途径，廉政文化建设的效果也可能大打折扣。廉政文化建设几乎可以采取现有的各种传播、教育、学习的载体和方式，像网络、电视、广播、报纸、图书，以及教育、培训、宣传、展览、广告、研讨、报告会、研讨会、参与式学习、游戏、文艺演出等等。把廉政文化资源建设纳入到文化信息资源共享工程中来，把网络和电视这样的当代主流传媒作为廉政文化的重要传播渠道，可以极大地丰富廉政文化的内容，加快廉政文化的传播速度和广度。在充分利用和发挥已有社会渠道、系统和力量的同时，坚持利用现代科技手段，积极创新载体，扩大廉政文化建设的覆盖面，提高了廉政文化的感染力、亲和力和说服力。

三、广泛开展农民群众喜闻乐见的文化活动，丰富农村廉政文化建设内容

农村廉政文化建设是一项系统工程，是一项长期的工作任务。廉政文化建设决不能流于简单的说教，要使廉政文化入

心、入耳、入脑，必须坚持在寓教于乐中推进，坚持贴近农村实际、贴近农民生活的"两贴近"方针。用基层农村人民群众喜闻乐见的文化形式，使群众充分参与并真正成为推进农村廉政文化建设的主体。针对社会主义市场经济条件下农民群众思想活跃、文化需求多样的特点，要努力使廉政文化融思想性、艺术性、知识性、趣味性于一体，增强廉政文化的影响力和吸引力。为使廉政文化走进千家万户、被广大老百姓接受和欢迎，我们积极组织开展丰富多彩的廉政文化活动，如戏剧、歌舞表演、廉政漫画展，开展送戏下乡、电影下乡等活动，传播廉政文化，开展廉政教育。组织干部群众创作廉政歌曲、小品、相声、快板、二人转、戏曲、诗歌、故事等文艺作品，唱响反腐倡廉主旋律，讴歌真善美，抨击假恶丑，把歌颂典型人物的优秀事迹和农村的新风尚作为廉政文化建设的主要内容，使农村党员干部和广大基层群众在参与中受到教育。利用民间文化大集、传统节日、群众婚丧嫁娶等重要时机，大力开展廉政文化宣传活动，在娱乐中受教育，在潜移默化中增强廉洁观念，通过农民群众易于接受的内容和形式，使廉政思想深入民心。我们注重依托农村地域文化资源，为廉政文化建设服务。如东北二人转、黄龙戏、新城戏等地方戏曲，双阳的宝凤剪纸、东丰的农民画、吉林市的浪木根雕等民间手工艺，都是本地的人文景观优势，我们重点梳理本地廉政文化文脉，充分挖掘本地历史底蕴，因地制宜，突出特色，在"润物细无声"中开展廉政文化建设。努力挖掘、提炼历史文化资源中廉政方面的生动教材，用历史廉政名人、现代廉政楷模来引导和激励干部群众。通过大力开展廉政文化创建活动，使廉政文化建设更加贴近群众、贴近实际、贴近生活，增强廉政文化建设的社会效果。使群众在享受文化、参与文化中受到感染、接受教育。

四、发挥文化部门人才优势，培养农村廉政文化宣传队伍

队伍建设是农村廉政文化建设的关键所在。文化部门所属的文化艺术表演团体、艺术创作研究院、博物馆、图书馆等，这些部门几乎囊括了各地文化艺术方面的专门人才，并且有相当数量的高级人才，文化部门所具有的专业优势和人才优势，在农村廉政文化队伍建设中能够发挥重要的作用。首先，加强教育和引导，强化文化馆、站廉政文化建设的责任意识。群众文化工作者既是群众文化工作的组织者，也是廉政文化的宣传员，要发挥其扎根基层、贴近群众、宣传廉政文化、实现公共文化服务职能的重要作用。其次，加强组织和协调，强化专业文艺院团廉政文化的宣传意识。在创作和演出实践中，突出廉政题材文艺作品，大力弘扬正气，倡导新风，充分发挥艺术专业人才的专长和才智，使之成为廉政文化建设的生力军。在"三下乡"活动中，组织专场廉政文艺演出，提高农村廉政文化活动的层次和氛围。第三，抓好农村文化干部培训工作，提高农村文化干部的素质。2005年，省政府组织实施了免征农业税乡镇事业单位配套改革，保留了乡镇文化站，对文化站工作人员重新进行定编、定岗，一批新的工作人员走上文化站岗位，他们有热情，但也迫切需要提高文化素质和业务能力。省文化厅将2006年确定为农村乡镇文化干部培训年，将廉政文化建设列为培训的重要内容，增强了乡镇文化干部开展廉政文化建设的自觉性。第四，培养一批农民自己的廉政文化宣传队伍。依托农村老党员、老干部、文艺积极分子等力量，组建本村、本镇廉政文化宣传队。辉南县庆阳镇成立的"白山黑土艺术团"；艺术团的演员都是爱好艺术的农民群众自发组织起来

文化价值

的，节目是艺术团自编自排的，虽然有些不够专业，但很贴近百姓生活，农民朋友们看得津津有味。文化馆要充分发挥培训辅导功能，对他们的活动给予大力的支持和帮助。

关于廉政文化建设的思考与探索

宁波市文化广电新闻出版局纪检组

加强廉政文化建设,是党中央加强党风廉政建设的重要举措。我们文化行政管理部门,如何发挥文化系统优势,搞好廉政文化建设,为推进反腐倡廉工作作出应有贡献,对此,我们进行了思考和探索。

一、发挥文化人才集聚的优势,整合力量,壮大廉政文化建设队伍

人是社会实践活动的主体。廉政文化建设也必须拥有一批优秀的文化人才。相对于其他行政部门来说,文化系统正是文化人才的聚集之地。如果对此进行有效的整合利用和引导,使他们成为廉政文化建设的有生力量,必将对推进廉政文化建设起到很大促进作用。

一是加强组织领导。根据沙子烧制成砂轮的原理,我们现有分散在文化系统各个岗位的文化人才,好比一粒一粒的沙子,只有把他们凝聚在一起,经过特殊的"烧制",才能使他们在廉政文化建设中发挥"砂轮"的功效。为此,应当通过建立文化行政部门纪委统一领导下廉政文化人才领导协调小组和各类廉政文化建设人才组织网络的方法,按照不同专业、不同

类型分类建立廉政文化人才组织。

二是确定职能任务。廉政文化建设人才组织网络建立起来后，首要的任务应是制定各类小组织的职能和任务。为此，文化系统廉政文化建设人才领导协调小组应当制定各类组织职能、工作目标和年度计划，尤其是要建立落实工作目标的运行协调机制，比如可制定定期召开工作协调会议制度、工作交流和研讨制度、跟踪检查落实工作制度等等。各类廉政文化建设人才小组也要制定落实工作计划的方案和措施，把每一项工作落实到具体人身上，使每个小组和每个人都明确自己的职能和任务。

三是强化培训指导。首先是强化学习培训。除要求文化人才进行自学外，要通过举办各类如何进行廉政文化建设的培训班来提高他们的廉政文化建设能力。比如对各类小组长举办如何开展廉政文化活动的策划、组织、实施等培训班，对文化人才可举办各类廉政文化创作、表演等培训班。其次是交任务压担子。在强化学习培训的同时，要结合廉政文化建设的工作计划，安排他们开展各类廉政文化活动，使他们把学到的理论知识用到实践中去锻炼。再次是不断总结提高。定期组织他们进行开展廉政文化活动的经验总结，交流体会，吸取教训，与时俱进地进行研究和探讨，不断提高他们推进廉政文化建设的能力。

四是建立激励机制。首先是建立精神激励机制。可以长期设立各类廉政文化活动的奖项，并定期开展会演、会展评比和颁奖活动，对获得金奖荣誉者，还可以把它作为评定职称的条件，对突出贡献者还可给立功、嘉奖或通报表彰。其次是建立物质奖励机制。根据财力设立廉政文化建设奖励基金，对每个奖项给予一定的物质或经济奖励，以此激励文化人才积极做好廉政文化活动的热情。

五是充分发挥作用。首先要发挥文化建设"专业兵"作用。文化建设"专业兵",是指以院团、场馆、站所等为主体的专业文化队伍,要通过给他们布置任务、检查督促、考核奖惩等手段,组织他们积极从事廉政文化理论研究和创作,努力创作一批廉政文化专著、理论文章、电视剧、电影、戏曲等精品力作。其次要发挥文化建设"业余兵"作用。文化建设"业余兵",是指常年活跃在社会上的文化人才,如社区舞蹈队、老年合唱团、民间曲艺队、书画摄影协会、电影放映队等。要采取组织廉政文艺汇演、廉政文化作品会展、广场廉政文化、廉政文化"直通车"、社区廉政文化节、农民廉政文化节等群众喜闻乐见的形式,发挥他们利用文化宣传廉洁廉政、弘扬正气、摒弃丑恶的作用。

二、发挥文化阵地多广的优势,发掘利用,拓展廉政文化传播渠道

任何文化作品都需要通过必要的文化场馆和文化载体等平台来传播。就文化阵地而言,文化系统相对于其他行政部门有着显著的优势,不仅文化阵地多,而且文化载体广。对此,我们应该努力发掘,充分利用,使其在廉政文化建设中发挥应有的功效。

一是努力发掘利用媒体"宣"廉的功效。首先是运用电台、电视台进行"宣"廉。比如在电视台、电台开办《廉政文化视点》、《廉政伴你行》等栏目,定期在主要频道播出反腐题材的电视剧、广播剧和反腐倡廉的新闻报道。其次是运用报刊进行"宣"廉。比如也可在党报或都市报开辟廉政文化专栏和举办廉政文化征文活动,讨论反腐倡廉工作的热点、难点

问题，增强反腐倡廉宣传的声势和效果。再次是运用网站进行"宣"廉。比如可在各地廉政网或文化网上举办廉政文化名人网上讲座、网民与纪检监察部门领导对话等活动，广泛听取社会各界对反腐倡廉工作的意见与建议。通过精心筹划和实施，使廉政文化建设做到"电视上有影、电台上有声、报刊上有栏、网络上有页"。

二是努力发掘利用名迹"展"廉的功效。首先要立足现有展馆，挖掘廉政文化内涵。有的地方可能没有像包拯、海瑞、于成龙等历史上具有重要影响的清官廉吏的事迹展馆，但是应该具有本地广为传颂的优秀人物的事迹展馆，比如我们王阳明故居、柔石故居、张苍水纪念馆、镇海海防遗址等展馆，都蕴涵着勤奋学习、珍爱书籍、艰苦奋斗、爱国爱民等清廉的精神内容。我们应该去深入挖掘，寻找发现清廉拒腐的文化内涵。其次是不断提炼创新，使其赋予时代精神。依据基本的历史事实，按照胡总书记倡导的"八荣八耻"进行提炼创新，把它建成反腐倡廉教育基地和爱国主义教育基地，向全社会开放，扩大并延伸它的社会效应。

三是努力发掘利用场馆"拓"廉的功效。文化系统拥有众多的剧院、影院、美术馆、展览馆、图书馆等场所，这些硬件资源具有人流量大、受众面广等优势，我们应当在不影响正常工作同时，适当增加和拓宽廉政文化题材的内容，比如：在图书馆设立廉政图书、报刊专区，供广大群众免费阅览，也可以开展群众性的读"廉"书、征"廉"文、听"廉"课、赛"廉"知、做"廉"人的主题活动；在美术馆、展览馆开展以反腐倡廉为主题的图片、摄影作品和书画作品展览；在群艺馆和艺术剧院可以开展群众性的唱"廉"歌、跳"廉"舞、排"廉"戏活动；在影院、剧院可以开展放"廉"映、演"廉"剧活动。

三、发挥文化内容丰富的优势，精心策划，扩大廉政文化覆盖领域

内容是文化的灵魂，文化活动是文化内容的表现形式。廉政文化也是如此，它需要丰富的活动内容来表现和推进。文化系统不仅组织协调全社会的各类文化活动，而且本系统的文化活动内容丰富、种类齐全。对此，我们应当通过精心策划，充分发挥以"文"化"人"的功能。

一是充分发挥图书的启迪功能，筹划实施读书"思"廉系列活动。具体可以每年开展"十个一"的读书"思"廉系列活动：第一是在全社会开展一次群众性的读廉书月活动；第二是在全系统所有图书馆、阅览室开设一个廉书专柜；第三是在系统文化网上开设一个廉书专栏；第四是向读者推荐一批优秀廉书；第五是开办一个论廉讲坛；第六是开展一次思廉征文评奖活动；第七是开展一次读廉书知识竞赛；第八是编辑出版一本读书思廉文集；第九是评比一次"十个藏廉书读廉书"家庭；第十是评比表彰一批读书思廉、躬身践廉的模范。

二是充分发挥艺术的感化功能，筹划实施文艺"绎"廉系列活动。可以筹划和开展以下十项文艺"绎"廉系列活动：第一是唱廉歌，在全社会广泛开展以颂廉贬贪为主题的歌咏活动；第二是演廉戏，创作排练和演出颂廉贬贪的各类戏剧；第三是跳廉舞，创作排练和演出颂廉贬贪舞剧、舞蹈；第四是说廉话，创作排练和演出颂廉贬贪的话剧、小品、相声；第五是奏廉乐，创作排练和演奏颂廉贬贪的管弦乐曲与民乐；第六是弹廉弦，创作排练和举办颂廉贬贪的钢琴、小提琴、扬琴、琵琶等音乐会；第七是绘廉画，创作和举办颂廉贬贪的国画、油画、水彩画、漫画等廉政画展；第八是写廉书，创作颂廉贬贪

的文学作品和书法作品,举办出版发行仪式和书法展;第九是摄廉影,举办廉政摄影展和评比活动;第十是展廉灯,每年的元宵节举办颂廉贬贪的灯会。

三是充分发挥媒体的宣教功能,筹划实施媒体传"廉"系列活动。首先是电台架起"民心桥"。通过电台与纪委联合举办"阳光热线"、"民心桥"、"监督台"、"廉政讯"等活动,从而更好地听民声、察民意、推民主、集民智、凝民心、解民难。其次是电视台开办"廉政直击"。电视台可与纪委联合举办"廉政频道",分为"廉政前线"、"廉政透视"、"廉政话题"、"廉政风采"、"廉政访谈"、"以案说纪"、"廉政剧播"等栏目,以"直击"的方式,深度报道反腐倡廉工作和动态,监督直击不正之风。再次是报纸开设"廉政直通车"。可以在党报或都市报开设"廉政直通车"专版,分为"廉讯直通车"、"廉文直通车"、"廉知直通车"、"民意直通车"、"监督直通车"、"服务直通车"等栏目,编发充分反映民意的主打稿件,定期选择一至两个热点、难点问题明察暗访,公开曝光,督促落实。第四是网站开设"廉政明镜"。可在纪委廉政网站或文化网开设"廉政明镜"网页,分为"政策文件"、"廉政动态"、"民意恳谈"、"监督直击"、"廉政对话"、"热点跟踪"等栏目,发挥网站在反腐倡廉中的宣传平台、监督平台、工作平台的功能。

四、发挥管理社会文化的优势,科学统筹,推进廉政文化纵深发展

一是积极发挥管理文化市场优势,铲除不"廉"的土壤。腐败现象在精神文化领域表现也是形式多样,比如渲染恐怖暴力、权钱交易和淫秽色情的各类出版物、黄色网站,都属于腐

朽堕落精神文化产品。对此如不坚决铲除和打击，势必对整个社会风气产生不良影响。为此，文化行政部门要强化文化市场的监管职能，把廉政文化建设向净化文化市场的方向延伸，具体可以做到"六个结合"：第一是坚持"疏"、"堵"结合，既抓繁荣，又抓管理；第二是坚持"教"、"管"结合，既搞好法制宣传，又坚决严厉打击非法经营活动；第三是坚持"建"、"治"结合，既注重抓长效监管机制的建设，又抓好整个市场秩序的综合治理；第四是坚持"专"、"常"结合，既抓好专项整治，又抓好日常监管；第五是坚持"标"、"本"结合，既堵源头，又抓截流；第六是坚持"点"、"面"结合，既查大案要案挖窝点，又抓整个市场规范有序。

二是积极发挥管理群众文化优势，营造清"廉"的氛围。群众文化具有广泛的群众参与性和可以吸纳更多的观众等优势。如果做好了群众文化和廉政文化结合这篇文章，可以让廉政文化渗透到全社会的各个领域，使更多的群众受到廉政文化的熏陶和教育。为此，文化行政部门要努力营造清"廉"的社会文化氛围。具体可以社区文化、广场文化、企业文化、校园文化、村落文化、民俗文化、节庆文化等为平台，扎实开展廉政文化"五进"活动：第一是进社区，以"创清风家园"为主题，促进文明社区、和谐社区的创建；第二是进家庭，以"树廉洁家风"为主题，促进党员干部家庭助廉活动；第三是进学校，以"敬廉崇洁"为主题，培育他们"廉洁光荣、腐败可耻"的价值观念；第四是进企业，以"诚信廉洁"为主题，促进企业依法经营、诚实守信、廉洁自律；第五是进农村，以"创清廉村风"为主题，促进农村基层干部遵纪守法、廉洁自律、公正办事意识。

三是积极发挥管理社会文化优势，打造"宣"廉的品牌。通过近几年来积极探索和努力实践，各地都创作生产了一批廉政文化精品，起到了宣廉、倡廉、赞廉和贬贪的作用。文化行政部门应当发挥统筹协调社会文化的功能，通过精心谋划，大胆创意，精雕细刻，提炼创新等举措，把它打磨成廉政文化的品牌，以进一步扩大廉政文化的影响力。比如结合我们宁波的廉政文化建设实际，可以把以下廉政文化的精品打造成廉政文化品牌：在媒体"倡"廉方面，可以电台的《阳光热线》为样板，举一反三地打造报刊、电视台、网站等媒体"倡"廉品牌；在艺术"颂"廉方面，可以越剧《清官赞》为典型，以点带面地打造话剧《王延勤》、越剧《江南女巡按》、电视剧《至高利益》、主题歌《卫士情怀》等文艺"颂"廉品牌；在文学作品"宣"廉方面，可以《中国廉政文化丛书》为示范，研究创作和打造一批文学作品"宣"廉品牌；在场馆"展"廉方面，可以《清风园》为龙头，挖掘提炼和打造一批场馆"展"廉品牌；在讲坛"论"廉方面，可以把《天一讲堂》打造成讲坛"论"廉品牌等等，使之真正起到文化"倡"廉、"颂"廉、"宣"廉、"展"廉、"论"廉的作用。

开展丰富多彩的廉政文化活动

厦门市文化局纪检组

近年来,厦门市文化局积极探索党风廉政建设和文化建设有机结合的新思路,运用文化系统的资源优势,创新廉政文化建设和教育形式。以廉政文化建设为抓手,把人们关于廉政知识、信仰、规范和与之相适应的生活方式、社会评价通过文化艺术表现给社会,在全市的廉政文化创建工作中发挥主力军作用。

一、丰富廉政文化内涵,创新廉政文化形式

厦门市文化局重视加强廉政文化建设,充分发挥文化部门的人才、阵地、资源优势,积极主动承担起廉政文化建设的任务,多做工作,有所作为。引导和鼓励广大文化、文艺工作者努力创作体现社会主义核心价值体系和廉政文化思想的文艺作品,开展贴近群众、贴近实际、贴近生活,寓教于乐、寓教于理,正面引导、反面警示的廉政文化活动。充分利用图书馆、文化馆、美术馆等公共文化场所,开展形式多样的廉政文化活动。

一是通过舞台文艺形式开展生动活泼的廉政文化艺术活动,创作优秀廉政文艺作品,开展主题鲜明、内容丰富,具有

广泛性，人民群众喜闻乐见、生动有趣的廉政文化活动。让廉政文化深入到人民群众生活当中，使人民群众真正受到廉政文化的熏陶，努力营造特区廉政文化氛围，提高城市竞争力和改善投资环境。2005年，以厦门市文化局为主承担筹办"厦门市反腐倡廉文艺汇演"，组织策划导演组，对剧本的修改、审阅、演员的调配、排演进行组织协调。经过精心加工修改，举办了厦门市反腐倡廉文艺汇演，分别向全市副局级以上领导干部和处级领导干部演出专场，市委书记等五套班子领导观看了演出。还组织部分节目到厦门海关、城乡等基层演出，均取得较好的反响。厦门市有6个节目参加全省反腐倡廉文艺汇演及评奖，其中有三个节目《爱与恨的交响》、《翠竹颂》和一个大型综艺节目入选省汇演。厦门市组织的反腐倡廉文艺汇演在全省得到最好的成绩，厦门电视台专场录像并在黄金时段播放，成为全市党风廉政教育的专题片。

2006年，厦门市开展廉政文艺巡演活动，市文化局配合相关部门精心策划，带领编导人员深入到全市六个区进行具体指导，对内容形式认真把关。六个区共编排70余个节目，每个区都组织一台节目到农村演出，共深入基层农村巡回演出24场，受到广大农村党员群众的欢迎。这次廉政文艺进农村演出都是原创作品，针对农村特点，着重反映厦门市新一轮跨越式发展中广大农村党员干部勤政廉政、建设社会主义新农村题材，如小品《村长送礼》、《弯弯直直》等，并在厦门艺术剧院为全省廉政文化建设现场会暨理论研讨会的省市领导和全体代表举行"厦门市廉政文化进农村文艺汇演暨颁奖晚会"，演出效果受到省、市领导和全体代表的充分肯定。这次廉政文艺进农村巡回演出共有9个原创作品在参加"第三届厦门市群众艺术节"比赛中获得金银奖。

二是举办"百场廉政电影进农村"活动，市文化局负责整个活动的计划制定、组织协调和监督指导,组织一批反腐倡廉影片进农村放映,其中《村支书张仁和》、《张思德》、《脊梁》、《郑培民》等影片作为活动主题片,在全市六个区共放映136场廉政电影,廉政电影进农村活动的开展进一步增强农村基层广大党员干部廉洁自律意识和群众的法纪观念,提高了抵制腐朽文化的能力,促进了文明健康的生活方式和社会风尚的进一步形成,在全市农村营造了廉荣贪耻的良好氛围。目前厦门市的"百场廉政电影进农村"活动已成为品牌,列入每年的党风廉政工作计划。

三是在全市开展征集反腐倡廉书画作品活动,得到社会各界人士的积极参与,通过开展征集,增强廉政文化的吸引力、渗透力,扩大廉政文化的社会性和广泛性,让社会和群众自觉参与其中,在全社会形成一种以廉为荣、以贪为耻的社会文化氛围,这次活动共收到书画作品228幅。市征集组委会组织评审组对报送的作品进行了评审,从中选出80件优秀作品,参加福建省纪委、监察厅、省文化厅和省文联举办的"全省反腐倡廉书画作品展",在全省取得较好成绩。并举办为期一周的厦门市反廉倡廉书画作品展,全市有近百个单位组织党员干部参观展览。

四是举办温馨广场——反腐倡廉文艺专场演出,吸引广大市民观看,扩大廉政文化的影响,营造廉政文化氛围。

二、发挥文化部门优势,承担廉政文化建设指导工作

我们自觉把廉政文化建设与社会公德、职业道德、家庭美德、个人品德和法制教育结合起来开展廉政文化活动。2007年,市文化局积极配合市纪委等部门开展了全市廉政文化创建

工作,全面启动廉政文化"六进"活动,发挥了主力军作用。

一是开展以机关党员干部为重点的廉政文化进机关活动,结合创建和谐机关活动,广泛开展以促进机关勤政廉政建设为切入点的廉政文化活动,制作廉政文化宣传专栏和廉政文化走廊,召开廉政文化成果展示会,在机关营造廉政勤政文化氛围。

二是开展以"清风家园、廉洁社区"为主题的廉政文化进社区活动,培育社区居民廉政理念和社会公德,激发社区居民支持和参与反腐倡廉的积极性和责任感,树立厦门金山社区廉政文化进社区示范点,以点带面建设了一批廉政文化社区,并建立了一支社区廉政文艺宣传队。

三是开展以"廉洁家风、文明家庭"为主题的廉政文化进家庭活动,以构建家庭廉政防线为目标,以推动家庭促廉洁为主线,举办家庭助廉读书活动,开展家庭助廉成果展示会,挖掘并表彰一批勤廉兼优贤内助活动,同时组织优秀作品参与省妇联组织的"家庭廉和谐美"文艺演出。

四是开展以"敬廉尚洁,诚实做人"为主题的廉洁文化进校园活动,结合师德和学生思想品德教育开展系列活动,促进教育系统各级领导班子廉洁从政,教师廉洁从教,学生廉洁修身。召开"廉洁教育进校园"座谈会,并拓展廉洁教育网络平台。

五是开展以"廉洁诚信,依法经营"为主题的廉政文化进企业活动,建立现代企业制度与反腐倡廉为一体的企业文化体系,结合国企领导人综合素质培训开设廉政教育讲座,培育廉政文化在国企的先进典型示范点。

六是开展以"清风正气,和谐农村"为主题的廉政文化进农村活动,以农村党员和村干部为重点,增强农村基层干部遵纪守法、廉洁自律和为百姓办事意识,同时结合文化下乡、新农村建设、文明村镇和基层文化活动中心建设，推动农村廉政文化设施建设。

通过积极开展廉政文化"六进"活动，营造了浓厚的廉政文化氛围，有力地推动了廉政文化建设的深入开展。

弘扬伟人风范
精心打造廉政教育基地

四川省广安市文体局

近年来,我们以邓小平故里爱国主义教育基地为依托,深刻挖掘廉政文化内涵,多方展示伟人崇高精神风范,生动再现小平同志波澜壮阔的精彩人生,使游人在参观邓小平陈列馆、瞻仰邓小平铜像、追寻伟人足迹时,受到感人至深的廉政教育。

一、深刻挖掘,多方展示,把纪念园建成廉政教育大课堂

在邓小平故里陈列布展和景区景点建设中,我们将邓小平理论中关于廉政建设的精辟论述突显展陈,从邓小平一波三折、跌宕起伏的伟大人生中领悟人生真谛,从古朴原始的景区景观中探究重要警示教育意义,多角度、多层次赋予邓小平故里丰富的廉政文化内涵。

(一)从邓小平理论中精选精辟论述予以展陈

小平同志生前非常重视反腐败,在多次谈话中讲到抓廉政建设、反贪污腐败问题。在陈列馆布展和重要景区景点建设中,我们注重从邓小平理论中搜寻了一系列论述加以整理,提

炼关键性词条,在陈列布展中特别提示,以警醒游人。

从小平同志在1980年12月中共中央工作会议上关于"要坚持党的领导,必须改善党的领导,改进党的作风。……极少数党员、干部的不正之风,非常不利于恢复党在群众中的威信。我赞成陈云同志讲的,执政党的党风问题是有关党的生死存亡的问题"讲话中提炼出"执政党的党风问题是有关党的生死存亡问题",在多媒体展示中以背景图提示出来,引起参观者警觉,发人深省。

我们对小平同志1985年9月至1986年1月阐述精神文明建设与物质文明建设之间的辨证关系时的一系列论述进行整理,提炼出"坚持两手抓,两手都要硬"词条,在陈列馆展陈中突出地予以标注,格外引人注目。

我们从小平同志在1980年关于"要有群众监督制度,让群众和党员监督干部,特别是领导干部。凡是搞特权、特殊化,经过批评教育而又不改的,人民就有权依法进行检举、控告、弹劾、撤换、罢免,要求他们在经济上退赔,并使他们受到法律、纪律处分"的论述中提炼出"要让群众和党员监督干部,特别是领导干部"的词条,在陈列布展中加以明示,给人留下深刻印象。

(二)从小平同志伟大曲折经历中感悟人生真谛

"三落三起"的伟大人生铸就一座"丰碑"。小平同志一生三次被打倒,又三次奇迹般复出的人生经历,表明了一个马克思主义者坚定的信念和不屈的斗志。我们将小平同志"三落三起"的壮丽人生经历融入纪念园大门造型上,将其设计成三下三上的三重叠檐建筑;将"三落三起"的壮丽人生经历融入纪念馆的外观构图上,将其建成川东民居式的穿木结构建筑左右三栋斜坡屋面相拼,中间屹立一座"丰碑",让人们时时处处被世纪伟人波澜壮阔的人生经历所震撼。

文化价值

"我是中国人民的儿子"成为伟人永远的回答。邓小平同志15岁离开家乡，为民族的解放、国家的繁荣、人民的富裕操劳一生，从没回过家乡。这成为每个瞻仰者心中的疑问。为了解疑释惑，我们在陈列馆的序厅幕墙上，镌刻了小平同志的一句名言："我是中国人民的儿子，我深情地爱着我的祖国和人民。"这样让每位参观者都知道：小平同志把自己定位为中国人民的儿子，并把毕生的精力都献给了中华民族的解放事业和社会主义建设事业。为了中国人民的事业，他一生奔波而无暇回老家；为了不给基层和乡亲添麻烦，他多次放弃回老家的机会。使每位参观者都领略到小平同志舍"小家"、顾"大家"的崇高风范，体会到小平同志一代伟人那博大坦荡的胸怀。

俭朴的生活令人难忘。小平同志厉行节俭，用餐经常是三杯酒、一碟南瓜子、一份回锅肉、一盘小菜、一碗米饭，从不铺张浪费。穿过的衣服也是缝缝补补，在邓小平故居陈列馆展厅中展出的一件毛衣上，清晰可见缝补过的破洞。一块手表从50年代一直用到90年代。一双在50年代穿过以后赠给家人的三接头皮鞋和他穿过的工作服，还原的小平同志在中南海的办公室场景，都是非常简朴、亲切。

严格要求自己和家人成为定律。小平同志严格要求家人不得以公谋私，一直坚持夫人卓琳不出来工作，孙子辈不随"邓"姓。1987年3月16日，邓小平召开了一次家庭会，再三要求家人不能搞特权，要夹起尾巴做人。在邓小平故居陈列馆展厅中展出的一张伙食费收据，更集中反映了小平同志严于律己的精神。

对后事的安排令人钦佩。展陈中将小平同志"逝世后不开追悼会，不留墓地，捐献眼角膜，将骨灰撒入大海"的遗嘱以细节的方式展示出来，使参观者真切地感受到一位唯物主义者超脱的生死观。

（三）从简朴自然的景区景观中体现廉政内涵

在邓小平故居、邓小平陈列馆、清风林、清水塘、德政坊、佛手山等景区景点建设中，渗透深厚的廉政文化内涵，将其建成游人接受廉政文化熏陶的场所。

保存完整的邓小平同志故居成为廉政教育的活教材。由小平同志祖上三代人陆续建造的具有浓郁川东特色的农家三合院——邓家老院子，1951年小平同志全家搬到重庆，曾指示将老屋房产全部交给当地政府。当地政府曾用来作过公共食堂、文化站、幼儿园、保管室等，后来又分给乡亲们居住。小平同志一生坎坷曲折，而故居也曾历经沧桑。故居的变迁经历在给世人讲述着小平同志那无私的情操和崇高的精神风范。

祖坟上的对联显示出祖上良好家风。故居和佛手山景色旖旎，山清水秀，常常有游客说邓家"风水"好。其实，在佛手山景区邓家的祖坟上有一幅由邓小平父亲邓绍昌亲笔题写的对联："阴地不如心地，后人需学好人。"这副对联在无声地告诉人们，小平同志祖上对后人的教育取向，他们要求子孙后代要做品行正、志气高、操守好、有作为的"好人"。

小平同志家乡的改变告慰了伟人的嘱托。小平老家牌坊村现在是城乡统筹发展的典范，是社会主义新农村建设的缩影，印证了改革开放在中国大地上结出的丰硕果实。80年代初，尽管牌坊村与中国其他农村一样贫穷，但小平同志从来没有利用手中的权力对自己的老家给予特殊照顾，而是寄望于家乡人民用自己勤劳的双手和智慧的头脑，创造美好的明天。"一定要把广安建设好"就是他对家乡父老乡亲的谆谆教诲、殷殷嘱托。

清廉之风浓郁四溢。纪念园内许多景点都以清风林、清枫树、清水塘命名，寓意小平同志一生清白、一生廉洁，表现清白做人的朴素道理。游人在欣赏美景的同时无形中受到清清白白做人，清清白白做官教育。

二、精心设计，厉行节俭，高标准建设廉政文化基地

突出自然亲切的设计取向。在规划设计邓小平故里园区时，我们抓住邓小平同志百年诞辰这一历史机遇，按照中央和省委的要求，聘请了国内一流的专家规划设计。专家们在规划设计上，既做到了尽量保持景区景观的风格统一，又达到了"郁郁葱葱、井然有序、自然亲切、令人仰慕"的创意效果，纪念园"山青、水清、树青、草青"，寓意小平同志一身皆清。

突出"家"的浓厚氛围。在陈列布展小平同志生平有关资料时，着力体现小平同志提倡的"实事求是"精神，尽最大力气恢复原貌、体现原有风格。在编撰工作中，主动寻访和请教当事人、知情者，查阅传记、文选、词典、画册和史料以及查看光盘等，对所得的材料进行反复比较、仔细考证；对无凭无据的事决不妄断、更不杜撰。经过修缮的故居，真实再现了当年小平同志及其亲人学习、生产、生活的情景，"家"的氛围十分浓厚。

突出高水准建设要求。在建设邓小平同志故里时，聘请到国内一流的工程队伍进行施工建设，高质量维修了邓小平同志故居以及与邓小平同志青少年时期相关的活动场所，高标准建设了邓小平铜像广场和邓小平同志故居陈列馆。邓小平同志故居粉墙黛瓦，修复如旧；邓小平同志铜像广场三面环山，绿树环抱，既庄严肃穆，又自然亲切；陈列馆将现代建筑与川东民居特色有机融合，独具匠心，获得了四川省建筑最高奖"天府杯"、国家优质工程二等奖。

突出"廉政"教育主题。我们将挖掘出来的廉政文化内涵

融入景区的各个景点、宣传手册、讲解词等载体之中，编印了廉政文化单行本，制作了进行廉政教育的光盘，选择了一批能够充分体现邓小平同志崇高思想风范的实物、图片和历史资料，自然融入景区景点展陈之中，制作了赋予廉政教育意义、具有较强艺术感染力的标志牌100余个。

三、纵深拓展，扩大影响，充分发挥基地教育功能

（一）广泛宣传，扩大影响力

采取"走出去、请进来"方式，利用会议、媒体、网络对邓小平同志故里进行大力宣传，让更多未到邓小平同志故里的人也能接受廉政教育，进一步扩大邓小平同志故里廉政文化基地的影响力。一是广泛参与国内外旅交会。积极组团参加"中国西部博览会"、"全国旅游交易会"、"香港国际旅游展销会"，以及公众咨询、旅游促销和招商引资洽谈活动，在香港、广州、成都、重庆、西安、贵阳等地召开邓小平同志故里旅游推介会。二是借助媒介宣传。通过电视、报纸、CCTV央视旅游频道、广东卫视、广安电视台等进行强势主题宣传，与成、渝两地各大新闻媒体联合宣传，联合中国移动、中国联通向成、渝等大中城市手机用户发送宣传短信。三是制作灯箱路灯广告宣传。在内宜、成乐、成绵、成雅等高速公路制作了路桥广告；在成都、重庆市区公交车上制作了车身广告；在绿色长廊制作了灯箱广告。四是搞好移动宣传。赴成、渝、绵阳、南充等地40多所高校进行广泛宣传，签订了暑期爱国主义教育友好合作协议，并印制了50万份特色宣传资料广泛发放。五是推出精品线路。发起组建了"川东精品旅游联合体"，形成了以邓小平同志故里为龙头，与华蓥山游击队活动遗址共同组成川东精品红色旅游线；与省内外50余家旅行社签订合作协

文化价值

议,在省内外各大宾馆、饭店、旅游景区发放宣传资料200余万份,扩大宣传声势。六是开通网上宣传。建立邓小平同志故里管理局网站,通过网上宣传介绍,让国内外网民都能接受到邓小平同志故里廉政文化教育。

(二)丰富活动,增强感染力

一是编辑教育资料,开展主题活动。以邓小平同志光辉一生为主题,出版了《丰碑——邓小平故居陈列馆图集》、《邓小平故居陈列馆馆介》、《永远的纪念》等图书,编辑了《邓小平生平事迹》资料、多媒体《红色经典·世纪伟人邓小平》系列丛书;面向全国出版发行了《东方地平线》、《永远的丰碑》电视纪念片,深受广大游客特别是青少年的喜爱。"五四"期间,在邓小平故居陈列馆与团市委共同组织开展"弘扬五四精神,缅怀革命先烈"为主题的"青春颂"大型文艺演出活动;"六一"期间,开展"缅怀伟人邓小平,当好革命接班人"的主题活动;"七一"、"八一"、"十一"期间,推出系列活动,营造良好的节日气氛,吸引游客前来参观、接受教育,并配合团省委开展了"和谐少年"活动,受到社会各界一致好评。

二是创新教育方式,开展特色活动。深入开展了"五个一"特色活动,即让广大青少年和共青团员在邓小平同志铜像广场宣一次誓,敬献一束鲜花,在邓小平同志故居陈列馆看一场《小平你好》电影,听一堂小平同志生平事迹报告,过一次少先队、共青团组织生活。2004年以来,前来参加"五个一"特色活动的少先队和共青团组织络绎不绝,累计接待青少年100余万人。

三是拓展教育领域,举办专题展览。在"5·18"国际博物馆日、红军长征胜利70周年纪念日,都要举办以小平同志生平为依托,以展示其波澜壮阔、丰功伟绩为主题的浓缩版专题展览，让广大游客尤其是青少年学生了解伟人，了解红军长征的艰辛历程，培养未成年人艰苦朴素、不怕困难的精神，从而培养廉洁勤俭意识。派出工作小组深入省内外40余所院校开展巡回展览，深受青少年学生欢迎。在纪念邓小平同志诞辰102周年期间，精心筹备了大型专题展览，以"我是中国人民的儿子"为主题，全面、生动、形象地阐释了小平同志从平凡走向伟大、从伟大走向平凡的光辉灿烂而又富有传奇色彩的一生，使广大游客既熟悉了历史，又提高了思想境界。

（三）多方合作，拓展受众面

积极与省内外共青团组织、教育系统进行合作，努力构建青少年廉政教育平台。2005年与团省委合作开展了"小平故里杯·和谐少年"、"红色之旅"活动，使相当大范围内的青少年接受了廉政教育，产生了积极影响；与重庆市革命传统教育办公室合作，与重庆工商大学缔结共建单位，共同组织共产党员、共青团员到邓小平同志故里参观，接受爱国主义和廉政文化教育。

2004年，邓小平同志故里被评为全国爱国主义教育示范基地先进单位、国家AAAA级风景区、四川省级文明风景区，接待游客106万人次；2005年，邓小平同志故里荣获四川省旅游金熊猫奖，《我是中国人民的儿子》展览获第六届全国博物馆十大陈列展览精品评选特别奖，接待游客101万人次；2006年，邓小平同志故里被评为2005年度全国红色旅游十大影响力品牌、第四批全国青少年教育基地，接待游客近75万人次。2004年1月至2008年4月，累计接待青少年学生100余万人次。目前，邓小平同志故里已成为人们追寻小平足迹、缅怀伟人功绩、接受爱国主义教育和廉政文化教育的重要基地。

后 记

秦建业、王喆、亓胜阁同志审阅了廉政文化建设部分的稿件。